S.F.
V.

Lynn Hunt

Symbole der Macht
Macht der Symbole

Die Französische Revolution und der Entwurf einer politischen Kultur

Aus dem Amerikanischen
von Michael Bischoff

S. Fischer

Die amerikanische Originalausgabe mit dem Titel
›Politics, Culture, and Class in the French Revolution‹
erschien 1984 bei University of California Press,
Berkeley and Los Angeles, California

Umschlaggestaltung: Buchholz/Hinsch/Walch
unter Verwendung eines Motivs von
LESUEUR les Frères, Plantation d'un arbie
de la liberté, F° 34. Paris. Carnavalet (0)
Satz und Druck: Wagner GmbH, Nördlingen
Einband: G. Lachenmaier, Reutlingen
Printed in Germany 1989
ISBN 3-10-034109-0

Für
J., S. und P.

Inhalt

Danksagung

Als ich 1976 die Forschungen zu diesem Buch begann, hatte ich eigentlich ein anderes Projekt im Sinn. Damals wollte ich über die lokalen Strukturen der politischen Macht in vier Städten während der Französischen Revolution schreiben. Während der Arbeit aber verschob sich mein Interesse, teils unter dem Einfluß meiner Freunde und Kollegen in Berkeley, teils aufgrund neuer Arbeiten französischer Geschichtswissenschaftler wie François Furet, Mona Ozouf und Maurice Agulhon. Meine ursprünglich geplante Sozialgeschichte der revolutionären Politik verschob sich zunehmend hin zu einer kulturwissenschaftlichen Analyse, in der die politischen Strukturen der vier Städte nur noch einen Teil ausmachten. Dennoch ist die Macht der zentrale Gegenstand meiner Studie geblieben, denn ich glaube, daß die Macht das zentrale Anliegen der französischen Revolutionäre war, ob sie nun in Paris, in den großen Städten der Provinz oder in Dörfern wirkten, die weitab vom politischen Hauptstrom lagen.

Ich habe in diesen Jahren die Hilfe zahlreicher Institutionen und Einzelpersonen erhalten. Meine Forschungsarbeit wurde von der University of Michigan Society of Fellows, dem American Council of Learned Societies und in letzter Zeit von der Guggenheim Foundation mit Stipendien unterstützt. Dank der finanziellen Unterstützung durch das Committee on Research of the University of California, Berkeley, und das Institute of International Studies in Berkeley konnte ich mir die Hilfe talentierter Graduate-Studenten als Forschungsassistenten sichern. Auf mehreren Reisen nach Frankreich wurde mir die Gastfreundschaft zahlreicher Bibliotheken und Archive zuteil. Ich danke dem Personal der Archives nationales; den Archives départementales der Departements Gironde, Haute-Garonne, Meurthe und Somme; den Archives municipales von Amiens, Bordeaux, Nancy und Toulouse; der Bibliothèque nationale in Paris; dem Musée Carnavalet in Paris; der Stadtbibliothek von Bordeaux sowie den Universitätsbibliotheken in Amiens und Toulouse. In London arbeitete ich im Public Record Office.

Meine Freunde, Kollegen und Studenten haben mich in vielfältiger Weise unterstützt. Die Graduate-Studenten, die mit mir zusammengearbeitet haben, gaben häufig Anregungen, die sich als fruchtbar erwiesen. In Frankreich hatte ich das Glück, daß zwei Freunde mir halfen: Leslie Martin arbeitete 1976 in lokalen Archiven, als ich Heiratsverträge und Steuerlisten durchsah, und Lizabeth Cohen beschaffte mir 1980 Daten aus Toulouse. Die beiden Karten hat Adrienne Morgan gezeichnet. Kollegen in Berkeley und anderswo lasen Teile des Manuskripts in frühen Fassungen; für ihre Kommentare bin ich ihnen sehr dankbar. Ganz besonders danken möchte ich Randolph Starn, Reginald Zelnik, Thomas Laqueur, Jack Censer und Victoria Bonnell, die das gesamte Manuskript lasen und mir wertvolle Anregungen für Verbesserungen gaben. Joyce McCann las das ganze Buch dankenswerterweise sehr aufmerksam durch und machte mir Vorschläge, die der Lesbarkeit des Textes zugute gekommen sind. Mehr als ich selbst es vielleicht wahrzunehmen vermag, haben meine Freunde mich zu einem breiteren und klareren Denken bewegt; dieses Buch trägt in vielem die Zeichen ihres Einflusses. Zum Schluß möchte ich noch den weniger spezifischen, aber darum nicht minder realen Beitrag würdigen, den die University of Berkeley beim Zustandekommen dieses Buches geleistet hat. Neben Geld und Zeit steuerte sie die unschätzbare Umgebung bei, die aus der ständigen Gesellschaft anregender Kollegen und Studenten erwächst.

Einführung
Zur Deutung der Französischen Revolution

»J'avais vu que tout tenoit radicalement à la politique, et que, de quelque façon qu'on s'y prit, aucun peuple ne seroit jamais que ce que la nature de son Gouvernement le feroit être; ainsi cette grande question du meilleur Gouvernement possible me paroissoit se reduire à celle-ci. Quelle est la nature de Gouvernement propre à former un Peuple le plus vertueux, le plus éclairé, le plus sage, le meilleur enfin à prendre ce mot dans son plus grand sens.«

»Ich hatte gesehen, daß alles im letzten Grunde auf die Politik ankäme und daß, wie man es auch anstellte, jedes Volk stets nur das würde, was die Natur seiner Regierung aus ihm machen würde. So schien mir die große Frage nach der bestmöglichen Regierung sich auf jene zurückzuführen: Welche Regierungsform ist dazu geeignet, das tugendhafteste, aufgeklärteste, verständigste, kurz das beste Volk im weitesten Sinne des Wortes zu bilden?«

Jean-Jacques Rousseau[1]

Als Rousseau die Behauptung aufstellte, »daß alles im letzten Grunde auf die Politik ankäme«, da traf er eine provozierende und durchaus mehrdeutige Feststellung. In seinen Augen bildete die Politik – und nicht Brauch, Moral oder Religion – die Grundlage des sozialen Lebens. Der Charakter eines Volkes hing von der Natur seiner Regierung ab. Und als er die »große Frage nach der bestmöglichen Regierung« aufwarf, da machte er damit zugleich deutlich, daß die Regierung auch anders beschaffen sein könnte, als sie es tatsächlich war, und vor allem, daß sie besser sein könnte. Doch woher sollte diese Regierung kommen? Wie sollte je ein Sterblicher entscheiden, was denn ein Volk zum »tugendhaftesten, aufgeklärtesten, verständigsten und besten« macht? Wie konnte eine Regierung aufgeklärter sein als das Volk, das sie formen sollte? Vor eben diesen Fragen standen die französischen Revolutionäre. Sie wählten sich Rousseau zu ihrem geistigen Führer, aber gerade dort, wo klare Entscheidungen anstanden, blieb Rousseau unscharf. Wenn die einmalige Chance bestand, den Gesellschaftsvertrag neu auszuhandeln, wie sollte er dann gestaltet werden? Wie war der allgemeine Wille Frankreichs in den neunziger Jahren des achtzehnten Jahrhunderts beschaffen? Welches war die bestmögliche Regierung »im weitesten Sinne des Wortes«, wie Rousseau sagt?

Die Revolution zeigte, wie sehr alles auf die Politik ankam, aber sie tat es auf eine Weise, die Rousseau sehr überrascht hätte, wenn es ihm vergönnt gewesen wäre, fünfzehn Jahre länger zu leben. Die Revolutionäre debattierten nicht allein über die klassischen Fragen der Regierung, über die jeweiligen Vor- und Nachteile von Monarchie und Republik, Aristokratie und Demokratie. Sie schritten auch zur Tat und schlugen dabei überraschende Wege ein. In der Hitze der Debatten und der politischen Auseinandersetzungen erfuhr der Begriff des »Politischen« eine Veränderung und Erweiterung. Die Struktur der Politik veränderte sich unter dem Einfluß der wachsenden politischen Partizipation und der Mobilisierung des Volkes; die politische Sprache, das politische Ritual und die politische Organisation nahmen neue Formen und Bedeutungen an. Auf eine Weise, die Rousseau zwar vorausgesagt hatte, von der er selbst jedoch nur eine verschwommene Vorstellung besaß, wurde aus der Regierung ein Instrument zur Formung des Volkes. So verkündete der Abgeordnete Grégoire im Januar 1784: »Das französische Volk hat alle anderen Völker überflügelt, aber das verachtungswürdige Regime, dessen Überreste wir gerade abschütteln, sorgt immer noch dafür, daß wir weit von der Natur entfernt sind; immer noch besteht eine tiefe Kluft zwischen dem, was wir sind, und dem, was wir sein könnten. Laßt uns diese Kluft schließen, so schnell es geht. Laßt uns die menschliche Natur wiederherstellen und ihr ein neues Gepräge geben.«[2]

Die bemerkenswerten Erfahrungen, die man mit diesem Wunsch nach Wiederherstellung und Regeneration machte, speisen die meisten unserer politischen Ideen und Praktiken. Am Ende des Revolutionsjahrzehnts hatte das französische Volk (und der Westen allgemein) ein neues politisches Repertoire erworben; das Konzept der Ideologie entstand, und konkurrierende Ideologien stellten die überkommene europäische Kosmologie von Ordnung und Harmonie in Frage; die Propaganda verband sich mit politischen Zielsetzungen; die Jakobinerclubs zeigten, welches Potential in politischen Massenparteien steckt; und Napoleon errichtete den ersten weltlichen Polizeistaat mit seinem Anspruch, über den Parteien zu stehen.

Die Franzosen haben weder die Politik noch das Konzept des Politischen erfunden, doch aus Gründen, die wir noch nicht ganz durchschauen, brachten sie es fertig, beides mit außerordentlicher emotionaler und symbolischer Bedeutung aufzuladen. Schritt für Schritt und oft ohne zu wissen, was da vor sich ging, begründeten sie eine revolutionäre Tradition, die bis in unsere Tage fortdauert. Paradoxerweise handelten gerade die radikalsten französischen Revolutionäre aus einem tiefen Mißtrauen gegen alles explizit Politische heraus, während sie doch zugleich die Formen und Bedeutungen von Politik vervielfältigten. Die führenden politischen Gestalten nannten sich nie selbst Politiker; sie dienten »der öffentlichen Sache« (*la chose publique*) und keinem engstirnigen »Parteiengeist« (*esprit de parti*). Politik und politisches Handeln wurden durchgängig mit Engstirnigkeit, Niedertracht, Zwistigkeit, Parteienkämpfen, Opportunismus, Egoismus und Eigennutz identifiziert. Während die Revolutionäre all diese Pervertierungen des alten Ideals vom *homo politicus* anprangerten, traten sie in die Moderne ein: Sie eröffneten eine neue, innere Front und ernteten die unerwarteten Früchte von Demokratie und autoritärer Herrschaft, von Sozialismus und Terror, von revolutionärer Diktatur und Guillotine. Die überraschende Erfindung der revolutionären Politik ist der Gegenstand dieses Buches.

Wir können heute nur schwer nachvollziehen, wie überraschend revolutionäre Politik in den neunziger Jahren des achtzehnten Jahrhunderts war. Jedes Lehrbuch bezeichnet das Jahr 1789 als die Wasserscheide zur Moderne, und die Französische Revolution gehört zu den Ereignissen der westlichen Geschichte, über die am meisten geschrieben worden ist. Doch eben weil dies zum Gemeinplatz geworden ist, ist die Neuheit verlorengegangen. Im Rückblick scheint die Wende nur allzu offensichtlich zu sein. Was wäre unsere Welt ohne Parteien, Ideologien, Diktatoren, Massenbewegungen und selbst noch ohne eine antipolitische politische Rhetorik? Auch in den neueren wissenschaftlichen Auseinandersetzungen um die Französische Revolution gilt die Sache selbst als gesichert. Die Kontroversen betreffen nicht den Charakter der Erfahrung, sondern lediglich deren langfristige Ursprünge und Folgen. Die Revolution dient allenfalls als Vehikel zwischen langfristigen Ursachen und Wirkungen; die Entstehung einer revolutionären Politik wird damit zur bloßen Selbstverständlichkeit. So beschäftigen sich alle drei wichtigen Forschungsansätze zur Französischen Revolution entweder mit den Ursprüngen oder mit den Folgen der Revolution.

Die marxistische Deutung der Französischen Revolution ist in den letzten Jahren unter heftigen Beschuß geraten, zum Teil weil sie die theoretisch anspruchsvollste Interpretation ist.[3] Marx selbst hat sich leidenschaftlich für die Geschichte der Französischen Revolution interessiert. Mitte der vierziger Jahre sammelte er Dokumente und las sehr viel, weil er eine

Geschichte des Nationalkonvents schreiben wollte.[4] Unmittelbar politische Interessen und später dann seine allgemeineren Studien zum Kapitalismus hielten ihn davon ab, dieses Projekt zu Ende zu führen. Doch in all seinen historischen Schriften diente die Französische Revolution als Prüfstein; sie förderte die Entwicklung des Kapitalismus, indem sie den feudalen Würgegriff sprengte, der die Produktion umklammert hielt; und sie brachte die Bourgeoisie als Klasse an die Macht. Diese beiden untrennbar miteinander verbundenen Elemente – die Schaffung eines geeigneten rechtlichen Rahmens für die Entwicklung des Kapitalismus und der Sieg der Bourgeoisie im Klassenkampf – sind seither kennzeichnend für die historische Darstellung der Französischen Revolution in marxistischer Sicht. Der jüngste Verfechter der »klassischen Historiographie der Französischen Revolution«, Albert Soboul, meint, die Revolution markiere »Geburt, Aufstieg und Triumph der Bourgeoisie«.[5]

In marxistischen Darstellungen war die Französische Revolution ihrem Wesen nach bürgerlich, weil ihre Ursprünge und ihre Ergebnisse bürgerlichen Charakters waren. Marxistische Historiker führen die Revolution auf die aggressive Selbstbehauptung der Bourgeoisie angesichts der aristokratischen Reaktion in den achtziger Jahren des achtzehnten Jahrhunderts zurück, und als Ergebnis gilt ihnen der ausschließlich bürgerliche Triumph der kapitalistischen Produktionsweise.[6] Die intervenierende Variable – die revolutionäre Erfahrung – wird als Beitrag zu diesem Szenario verstanden. Die Bourgeoisie mußte sich mit den Volksklassen verbünden, um der Feudalaristokratie das Rückgrat zu brechen; und sie mußte mit den Volksklassen brechen, als das System der Schreckensherrschaft außer Kontrolle zu geraten drohte; schließlich mußte sie sich mit Napoleon verbünden, um die bürgerlichen Errungenschaften im Bereich des Eigentums und der Rechtsreform zu sichern. Die Ergebnisse (die ökonomische und soziale Hegemonie der Bourgeoisie) folgten

scheinbar zwangsläufig aus den Ursachen (dem Klassenkampf zwischen Bourgeoisie und Aristokratie).
Die »revisionistische« Position stellt die marxistische Interpretation in nahezu allen Punkten in Frage, doch die meisten Revisionisten teilen stillschweigend die zentrale Prämisse der marxistischen Argumentation, wonach eine Interpretation der Französischen Revolution in der Analyse sozialer Ursachen und Folgen bestehen muß. In einem ersten weitreichenden Angriff auf die marxistische Orthodoxie stellte Alfred Cobban die These auf, die Französische Revolution sei nicht von der Bourgeoisie im Interesse der kapitalistischen Entwicklung gemacht worden, sondern von korrupten Beamten und Angehörigen der freien Berufe, die ihre Einkünfte schwinden sahen. Am Ende nutze ihr Tun den Landbesitzern allgemein; in Wirklichkeit aber verzögere die Erfahrung der Revolution die Entwicklung des Kapitalismus in Frankreich.[7] Der marxistische Ansatz oder die »soziale Interpretation«, wie Cobban sagt, täuscht sich sowohl hinsichtlich der Ursprünge als auch hinsichtlich der Folgen des Revolutionsjahrzehnts.
Im selben Sinne haben andere Kritiker eingewendet, es habe vor der Revolution gar keinen bewußten Klassenkonflikt zwischen Bourgeoisie und Aristokratie gegeben. Die Aristokraten seien der Bourgeoisie nicht im Wege gestanden; vielmehr hätten sie mit ihr zahlreiche ökonomische, soziale und politische Interessen geteilt.[8] Nicht eine frustrierte Bourgeoisie, sondern die liberale Aristokratie setze die Revolution gegen die despotische Monarchie ins Werk.[9] Wenn die Revisionisten dann selbst eine alternative Version anbieten, stützen sie ihre Analyse mit Cobban gleichfalls auf soziale Ursachen und Folgen. François Furet und Colin Lucas haben die revisionistische Position in zwei Aufsätzen sehr überzeugend zusammengefaßt.[10] Beide argumentieren, die Ursachen der Revolution lägen in einer Krise der sozialen Mobilität und in Statusängsten innerhalb einer amalgamierten Elite, die aus

Angehörigen des Adels und des Bürgertums bestände. Das Bevölkerungswachstum und die zunehmende Prosperität im achtzehnten Jahrhundert hätten keine entsprechende Erweiterung der Kanäle sozialen Aufstiegs gefunden; die Folge wäre eine wachsende Reibung in diversen »Spannungszonen« innerhalb der Elite gewesen. Diese Spannung sei zur Revolution eskaliert, als das Pariser Parlament hartnäckig darauf bestanden habe, daß die einberufenen Generalstände sich an die 1614 festgelegten Verfahrensvorschriften halten sollten. Die schicksalhafte Entscheidung hätte zu einem verständlichen, aber unnötigen Bruch zwischen den adligen und den bürgerlichen Teilen der Elite geführt.[11]

In diesem Argument bezüglich der Ursachen ist unausgesprochen die These enthalten, wonach das wesentliche Ergebnis der Revolution nicht der Kapitalismus war, sondern die Schaffung einer einheitlicheren Elite von Notablen, die sich in ihrer Selbstdefinition vor allem auf Landbesitz stützte:[12] Als Adelige und Bürgerliche den Preis für ihre Mißverständnisse und Fehleinschätzungen erkannt hatten, waren sie in der Lage, sich auf der Basis ihrer zentralen gemeinsamen Interessen in einer für Reichtum und Dienst offenen Gesellschaft zu verbünden. In der revisionistischen Darstellung verliert die Revolution ihren prädeterminierten Charakter, denn sie erscheint gleichsam als Irrtum. Ihre Bedeutung beurteilt man allerdings auch dort nach ihrem Beitrag zu langfristigen sozialen und politischen Folgen; die Revolutionserfahrung dient lediglich als Korrektiv für frühere Fehleinschätzungen sozialer und politischer Natur und als Lernprozeß, der auf Versuch und (zumeist) Irrtum basiert. So lernte die Bourgeoisie, daß es eine Gefahr für ihre Rechtsreformen und überhaupt für ihre Fähigkeit bedeutete, Recht und Ordnung aufrechtzuerhalten, wenn sie die Unterstützung der unteren Volksschichten suchte.[13] In dieser Perspektive war die Revolution eine dramatische, aber ephemere Abweichung vom Trend der Entwicklung hin zu einer liberalen Eliteherrschaft.

Am Rande der Debatte über die soziale Interpretation stehen Alexis de Tocqueville und die Modernisierungsthese. Tocqueville leugnete nicht die Bedeutung sozialer Spannungen, aber er stellte den sozialen Konflikt in einen wesentlich politischen Rahmen; für ihn bedeutete die Revolution eher eine Stärkung der Staatsmacht und des Zentralismus als den Triumph des Kapitalismus. Keine Klasse ging siegreich aus diesem Kampf hervor. Die Franzosen erlangten lediglich mehr Gleichheit in ihrer unbeabsichtigten Versklavung durch eine autoritäre Regierung. Tocqueville führte die Revolution (und die Spannungen während des achtzehnten Jahrhunderts) auf die Praktiken der absoluten Monarchie zurück. Um die Macht des Staates zu stärken, zerstörte die Monarchie die politischen Rechte des Adels und machte damit die sozialen Ansprüche der Aristokratie für andere soziale Gruppen unerträglich.[14] Die Revolutionäre glaubten zwar die monarchistische Regierung zu bekämpfen, aber am Ende schufen sie einen noch mächtigeren Staat, der nach dem Modell eben dieser absoluten Monarchie gebildet war. So war denn die Revolution auch für Tocqueville nur ein Glied in der Kette zwischen Ursachen und Folgen; die Revolutionserfahrung erleichterte unbeabsichtigt den Übergang von Ludwig XIV. zu Napoleon.

In einer kürzlich erschienenen vergleichenden Studie hat Theda Skocpol das Tocquevillesche Thema der wachsenden Staatsmacht wieder aufgegriffen.[15] Zwar teilt sie Tocquevilles Auffassung, wonach die wichtigste Folge der Französischen Revolution in einem stärker zentralisierten und bürokratisierten Staat bestand, aber in der Analyse der Ursachen kommt sie zu etwas anderen Ergebnissen: Wie später der russische und der chinesische Staat, so brach auch der französische Staat deshalb zusammen, weil er den militärischen Anforderungen des modernen internationalen Wettbewerbs nicht gerecht werden konnte. Die strukturelle Schwäche der »agrarischen Monarchien« machte sie überdies anfällig für

Bauernaufstände, die im Zusammenhang mit der Revolution alte agrarische Klassenbeziehungen zerstörten. Der Krieg (also wieder die internationale Konkurrenz) begünstigte die Entstehung revolutionärer Eliten, die auf Zentralisierung und Bürokratisierung drängten und das »moderne Staatsgebäude« errichteten. Trotz der Betonung sozialstruktureller Voraussetzungen und der Rolle von Bauernaufständen ähnelt Skocpols Argumentation der Tocquevilleschen in der Art und Weise, wie sie die Revolutionserfahrung zwischen deren langfristigen Ursachen und Folgen einschließt; das eigentliche Ereignis Revolution taucht nur in den Lücken des Schemas auf. Wie in Tocquevilles klassischer Analyse erscheint die Revolution als Vehikel für die Modernisierung des Staates.[16]

Da die Debatten über die Interpretation der Französischen Revolution vornehmlich um die Analyse der Ursachen und Folgen kreisen, überrascht es nicht, wenn sich die Forschungsanstrengungen zunehmend auf die Zeiten vor und nach dem Revolutionsjahrzehnt konzentrierten.[17] Die meisten Forscher haben sich um eine Überprüfung der marxistischen Darstellung bemüht. Armeeoffiziere, Beamte und kulturelle Eliteeinrichtungen des Ancien régime wurden daraufhin untersucht, ob in der vorrevolutionären Zeit tatsächlich eine Klassenspaltung festzustellen war.[18] Auch napoleonische und nachnapoleonische Eliten erforschte man, weil deren soziale Zusammensetzung bedeutsam für eine Analyse der Folgen der Revolution ist.[19] Zwar haben diese Untersuchungen zur Ausarbeitung einer revisionistischen Position beigetragen, doch sie vermochten die marxistischen Historiker nicht dazu zu zwingen, ihre Grundanschauung aufzugeben. Die Marxisten reagierten mit dem Argument, die Realität von Klasse und Kapitalismus sei an einem anderen Ort oder auf eine andere Weise zu suchen.[20]

Obwohl marxistische und revisionistische Historiker sich auch mit den Revolutionären und ihren Aktivitäten befaßt

haben, blieben diese Studien ohne großen Einfluß auf das an Ursachen und Folgen ausgerichtete Gesamtschema. Die Revisionisten vertraten die Auffassung, die Konflikte während der Revolution hätten keine spezifisch soziale Bedeutung besessen oder allenfalls eine sehr undifferenzierte und mehrdeutige (reich und arm, Stadt und Land, Paris und die Provinz).[21]
Als Einzelheiten des marxistischen Ansatzes immer heftiger unter Beschuß gerieten, zogen die marxistischen Historiker sich auf stärker strukturell orientierte Positionen zurück: Welchen Unterschied macht es schon, wer die Revolution initiierte oder wer zu einem bestimmten Zeitpunkt die Macht hatte, wenn man die Ursachen und Folgen nur weit genug in die jeweilige Richtung verfolgen kann, um den Einfluß des Klassenkampfes und die Entwicklung des Kapitalismus zu belegen?[22]

Die Tocquevillesche Deutung hat dagegen fast keine empirische Forschung angeregt. Zwar ähnelt sie der marxistischen und der revisionistischen Darstellung in der Betonung von Ursachen und Folgen, aber sie faßt diese Zusammenhänge derart weit, daß eine empirische Überprüfung sich als schwierig erwiesen hat. So verband Tocqueville selbst die Entwicklung der Staatsmacht nicht mit einer bestimmten sozialen Gruppe; »Demokratie« und »Gleichheit« galten ihm als universelle strukturelle Trends, und obwohl sie wie ein »gewaltiger Besen« gewirkt haben mögen, ist niemand auszumachen, der diesen Besen geführt hat. Deshalb kommt der Identität und den Absichten der Revolutionäre in Tocquevilles Darstellung wenig Bedeutung zu: Sie hatten »keine bestimmte Vorstellung davon«; sie taten dies, »ohne es zu wissen«, sie bewerkstelligten jenes, »ohne es zu wollen«; der »vorbestimmte Lauf« der Revolution hatte nichts mit dem zu tun, was die Revolutionäre zu bewirken glaubten.[23]

Alle drei Ansätze teilen dieses Desinteresse hinsichtlich der Absichten der Revolutionäre. Tocqueville und die Historiker, die sich von seiner Analyse haben leiten lassen, bestreiten, daß es wesentlich sei, wer die Revolutionäre waren oder was sie wollten, und zwar weil sie unbewußt in ihrem Traum von der absoluten Macht gefangen waren, der letztlich den Gang der Revolution bestimmte. Marxisten und Revisionisten dagegen scheinen die Bedeutung der sozialen Identität anzuerkennen, doch trotz ihrer unterschiedlichen Analysen gelangen sie am Ende gleichfalls beide zum Tocquevilleschen Mißtrauen gegenüber den Absichten und Zielen der Revolutionäre. Weil die Identität der Revolutionäre weder ins marxistische noch ins revisionistische Konzept paßt (die Revolutionäre waren weder Kapitalisten noch – nach 1791 – Angehörige des liberalen Adels oder der bürgerlichen Elite), leugnen beide letztlich die Bedeutung der Frage, wer die Revolutionäre waren und was sie zu tun glaubten. Nach der marxistischen Interpretation erleichterten die Revolutionäre den Triumph des Kapitalismus, selbst wenn sie aus ihrer Feindseligkeit gegenüber dem Kapital keinen Hehl machten; und in revisionistischer Sicht verhinderten sie unbeabsichtigt den Prozeß der Herausbildung einer liberalen Notablenherrschaft. Da die Absichten der Revolutionäre nicht mit den Folgen der Revolution übereinstimmen, zählen sie wenig. Und da der Schwerpunkt des Interesses auf den Ursprüngen und Folgen liegt, erscheint die revolutionäre Erfahrung selbst als irrelevant.

So entsteht vielfach der Eindruck, revolutionäre Neuerungen in den Formen und Bedeutungen von Politik seien entweder vorausbestimmt oder aber rein akzidentieller Natur. In der marxistischen Darstellung erscheinen liberales Verfassungsdenken, Demokratie, Schreckensherrschaft und autoritäre Herrschaft sämtlich als Mägde im Dienste der Festigung bürgerlicher Hegemonie. Nach Tocquevilles Analyse dienen sie der Erweiterung zentralisierter Macht. Die revisionistischen Ansätze zeigen in diesem Punkte weniger Einheitlichkeit, weil die Revisionisten nicht auf einen gemeinsamen Urtext wie die Werke von Marx oder Tocqueville zurückgreifen. Nach

Richard Cobb zum Beispiel ist die revolutionäre Politik Ausdruck des Ressentiments und der Frustration einer militanten Minderheit; hinter ihrem Tun steht keine zwingende historische Logik. So wurden Menschen denn zu Anhängern der »Schreckensherrschaft«, weil sie Groll und Mißgunst gegenüber ihren Nachbarn empfanden.[24] Während die Politik der Revolution bei Marxisten und Tocqueville-Anhängern durch den notwendigen Entwicklungsgang von den Ursprüngen zu den Folgen bestimmt ist, scheint sie nach dem revisionistischen Ansatz vom Zufall beherrscht zu sein, denn sie paßt nicht in das Schema von Ursprüngen und Folgen. Das Endresultat ist in allen Fällen dasselbe; die Politik verliert ihre Bedeutung als Forschungsgegenstand.

Dieses Buch möchte die Politik der Revolution rehabilitieren. Dennoch ist es keine politische Geschichte der Revolution. Ich werde keine Darstellung der revolutionären Ereignisse geben, sondern den Versuch machen, die Regeln des politischen Verhaltens aufzudecken. Um zu verstehen, was die handelnden Individuen damals zu tun glaubten, können Historiker nicht einfach alle Äußerungen der Beteiligten über ihre Absichten zusammenfassen. Wenn es überhaupt Kohärenz und Einheit in der revolutionären Erfahrung gab, dann speiste sie sich aus gemeinsamen Werten und Verhaltenserwartungen. Die Werte und Erwartungen stehen im Mittelpunkt meiner Darstellung. Die Werte, Erwartungen und unausgesprochenen Regeln, die den kollektiven Absichten und Aktivitäten Ausdruck und Form verliehen, bilden das, was ich die politische Kultur der Revolution nennen möchte; diese politische Kultur lieferte die Logik des revolutionären politischen Handelns.

Die meisten Historiker, die sich bei der Erforschung der Französischen Revolution auf die »Politik« konzentrieren, tun dies aus einer antimarxistischen Perspektive heraus. In einem einflußreichen Aufsatz über »nichtkapitalistischen Reichtum und die Ursprünge der Französischen Revolution« kommt

George V. Taylor zu dem Schluß, daß es sich »wesentlich um eine politische Revolution mit sozialen Auswirkungen und nicht um eine soziale Revolution mit politischen Auswirkungen« gehandelt habe.[25] François Furet glaubte die Unterscheidung zwischen »sozial« und »politisch« sogar zur Erklärung der Schreckensherrschaft heranziehen zu können; es gehe darum, schreibt er, »[...] wieweit das Gesellschaftliche einen Freiraum gegenüber dem Politischen gewinnt«.[26] Der Terror war die logische Folge aus der revolutionären Pervertierung des normalen Verhältnisses zwischen Gesellschaft und Politik; die Politik war nicht mehr die Arena für die Repräsentation konkurrierender sozialer Interessen, sondern ein terroristisches Instrument zur Umgestaltung der Gesellschaft. Beide Kritiker stellen die marxistische Auffassung vom Verhältnis zwischen Politik und Gesellschaft in Frage. Sie behaupten, die revolutionäre Politik sei nicht Ausfluß der sozialstrukturellen Bedingungen gewesen; vielmehr habe die Politik zumindest in einigen Momenten die Gesellschaft geformt.

Furets kürzlich erschienenes Buch *Penser la Révolution française* hat das Verdienst, die Aufmerksamkeit auf die Bedeutung des »Politischen« zu lenken. In dem Versuch, den marxistischen »Katechismus« zu unterminieren, hat Furet die Notwendigkeit herausgestellt, das Politische in einem umfassenderen Sinne zu begreifen, nicht nur im Sinne einzelner politischer Bestrebungen, Entscheidungen und Organisationen, sondern als Quelle und Ursprung neuer Formen des Handelns in dieser Welt. Seine eigene Diskussion der revolutionären Politik bleibt allerdings vollkommen abstrakt. Seiner Ansicht zufolge waren die politischen Neuerungen des Revolutionsjahrzehnts deshalb revolutionär, weil sie zur Umgestaltung der Gesellschaft eingesetzt wurden; aber er verwendet nur wenig Aufmerksamkeit auf die Frage, wie das geschah und wer sich an diesen Bemühungen beteiligte. So gelingt es ihm zwar auf bewundernswerte Weise, die mechanische Ableitung der Politik aus der Sozialstruktur in Frage zu stellen, aber die revolutionäre Politik erscheint bei ihm dann doch losgelöst von jeglichem Kontext. Die neue politische Kultur hat als Triebkraft nur die eigene innere Logik der Demokratie.[27]

Die Schwierigkeiten, die sich bei der Analyse des Verhältnisses zwischen Politik und Gesellschaft einstellen, resultieren zu einem Gutteil daraus, daß die Sprache der sozialen Analyse heute stark durch Gemeinplätze geprägt ist. Bei der Diskussion des »Politischen« verfallen wir nur allzuleicht auf Metaphern, die mit Strukturen und insbesondere mit der Hierarchie räumlicher Beziehungen zu tun haben: Ebenen, Reihen, Grundlagen, Fundamente. Die Politik scheint ganz selbstverständlich auf einer sozialen Grundlage oder einem Unterbau zu basieren, ganz gleich, ob man nun eine im engeren Sinne marxistische Theorie vertritt oder nicht. Man geht davon aus, daß sowohl für die bleibenden Muster als auch für die Veränderungspotentiale von Politik soziale Beziehungsgeflechte, Gruppen, Klassen oder soziale Strukturen verantwortlich zeichnen. So kommt es, daß die Debatte, im allgemeinen wie speziell bezüglich der Französischen Revolution, hauptsächlich das Verhältnis zwischen einer früheren sozialen Basis und dem spezifisch politischen Arrangement betrifft, das auf dieser Grundlage entstanden sein soll. Der Charakter der Politik wird durch den Bezug auf die Gesellschaft erklärt; Veränderungen der politischen Ordnung werden auf vorausgegangene Veränderungen in den sozialen Beziehungen zurückgeführt. Fast alle Diskussionen gehen von der Annahme aus, die wesentlichen Merkmale der Politik könnten nur durch deren Verhältnis zu einer sozialen Grundlage erklärt werden. Selbst die wenigen, die dieser Denkweise entfliehen möchten, bestätigen sie am Ende dennoch unwillentlich. So bezeichnet Furet die revolutionäre Regierung als in gewisser Weise pathologisch, und zwar deshalb, weil ihre Politik nicht im normalen oder erwartbaren Sinne den sozialen

Interessen entspricht. Wenn die Politik an erster Stelle steht, ist die Situation *per definitionem* anormal.

Ich habe mich in meiner Analyse bemüht, die Metapher der Ebenen zu vermeiden. Die politische Kultur der Revolution läßt sich nicht aus sozialen Strukturen, sozialen Konflikten oder der sozialen Identität der Revolutionäre deduzieren. Die politische Praxis war nicht einfach Ausdruck der »zugrundeliegenden« ökonomischen und sozialen Interessen. Durch ihre Sprache, ihre Bilder und ihre alltäglichen politischen Aktivitäten arbeiteten die Revolutionäre an der Neugestaltung der Gesellschaft und der sozialen Beziehungen. Sie versuchten bewußt, mit der Vergangenheit Frankreichs zu brechen und die Grundlagen für eine neue nationale Gemeinschaft zu legen. Dabei schufen sie neue soziale und politische Verhältnisse und neue Formen sozialer und politischer Teilung. Die Erfahrung des politischen und sozialen Kampfes zwang sie, die Welt neu zu sehen.

Zu den schicksalhaftesten Konsequenzen des revolutionären Versuchs, mit der Vergangenheit zu brechen, gehört die Erfindung der Ideologie. Zögernd und sogar widerstrebend gelangten die Revolutionäre und ihre Gegner zu der Einsicht, daß die Beziehung zwischen Politik und Gesellschaft zutiefst problematisch war. Die Tradition verlor ihre Fraglosigkeit, und das französische Volk erkannte, daß es nach Rousseaus Überzeugung handelte, wonach das Verhältnis zwischen dem Sozialen und dem Politischen (der Gesellschaftsvertrag) revidiert werden konnte. Als deutlich wurde, daß die Auffassungen über den Charakter dieser Revision auseinandergingen, erfand man die Ideologien, um diese Entwicklung zu erklären. Sozialismus, Konservatismus, Autoritarismus und demokratisches Republikanertum waren sämtlich praktische Antworten auf die theoretische Frage, die Rousseau aufgeworfen hatte. Die revolutionäre Politik war nicht Ausdruck einer Ideologie, sondern sie brachte Ideologie vielmehr erst hervor. Im Prozeß der Revolution verliehen die Franzosen den Kategorien des sozialen Denkens und des politischen Handelns eine neue Gestalt.

Das heißt jedoch nicht, daß die Revolution lediglich intellektueller Natur gewesen wäre oder die Politik den Primat über die Gesellschaft besessen hätte, oder auch umgekehrt. Die Revolution in der Politik war eine explosive Wechselwirkung zwischen Ideen und Realität, zwischen Absichten und Umständen, zwischen kollektiver Praxis und gesellschaftlichem Kontext. Die revolutionäre Politik läßt sich zwar nicht auf die soziale Identität der Revolutionäre zurückführen, sie kann aber auch nicht davon getrennt werden: Die Revolution wurde von Menschen gemacht, und manche Menschen ließen sich von der Politik der Revolution stärker anziehen als andere. Ein besseres Bild für das Verhältnis zwischen Gesellschaft und Politik ist der Knoten oder der Möbiusstreifen, denn beide Seiten sind unauflösbar ineinander verflochten, ohne daß ein konstantes »oben« und »unten« auszumachen wäre. Die Politik der Revolution zog manche Individuen und Gruppen an, die ihrerseits die revolutionäre Politik bestimmten. Die neue politische Klasse (wobei »Klasse« in einem weiten Sinne zu verstehen ist) wurde geradeso durch ihr Verhältnis zur revolutionären Politik geprägt, wie sie selbst diese Politik prägte.

Wenn wir die Logik revolutionären Handelns und revolutionärer Innovation rekonstruieren wollen, kommen wir daher nicht umhin, sowohl die Politik der Revolution zu untersuchen als auch die Menschen zu betrachten, die diese Politik gemacht haben. Ich behaupte nun, daß zwischen beiden Seiten wohl eine gewisse Affinität bestand, daß die eine sich aus der anderen jedoch nicht gänzlich erklären läßt. Die politische Kultur der Revolution bestand aus einer symbolischen Praxis, aus Sprache, bildhaften Vorstellungen und Gesten. Diese symbolische Praxis fand in einigen Regionen und bei manchen Gruppen größere Zustimmung als in anderen Regionen und bei anderen Gruppen. In mancherlei Hinsicht brachte die symbolische Praxis – die Verwendung einer bestimmten Rhetorik, die Ausbreitung bestimmter Symbole und Rituale – die neue politische Klasse hervor; die Rede von der nationalen Erneuerung und die Bundesfeste zum Beispiel gaben der neuen politischen Elite einen Sinn für Einheit und Zielsetzung. Andererseits hatten die Unterschiede in der Aufnahme der neuen Praxis durchaus auch Einfluß auf die Wirkungsweise revolutionärer Politik und insbesondere auf deren Erfolge und Fehlschläge. Die Rhetorik des Universalismus gefiel nicht jedermann, aber sie gefiel genügend Menschen, um ihr einen tiefgreifenden und nachhaltigen Einfluß zu sichern.

Aus analytischen Gründen habe ich die Politik und die Menschen, die sie betrieben, voneinander getrennt. In den drei Kapiteln des ersten Teils untersuche ich die Logik politischen Handelns in ihrem symbolischen Ausdruck: in der Art und Weise, wie die Menschen sprachen und wie sie die Revolution und sich selbst als Revolutionäre in Bildern und Gesten darstellten. Der zweite Teil befaßt sich mit dem gesellschaftlichen Kontext der revolutionären Erfahrung und insbesondere mit den Unterschieden innerhalb dieser Erfahrung. Welche geographischen und sozialen Trennungslinien lassen sich im revolutionären Frankreich ausmachen, und wo wurde die politische Kultur der Revolution am besten aufgenommen? In beiden Teilen steht die Frage nach der Schaffung einer neuen politischen Kultur, d.h. die Frage, wie »die Revolution« als kohärente Erfahrung Gestalt annahm, im Vordergrund. Es herrscht kein Mangel an wissenschaftlichen Arbeiten, die aufzeigen, daß die Revolution für verschiedene Menschen verschiedene Bedeutung hatte.[28] Ich habe dagegen zu zeigen versucht, wie es kam, daß sie bei aller Vielfalt dennoch eine gewisse Einheit besaß. Kohärenz und Einheit flossen aus mehreren Quellen, die hier unter zwei allgemeinen Rubriken abgehandelt werden, der symbolischen und der sozialen. Zu den symbolischen Quellen der Einheit gehörten die beständige Wiederholung von Schlüsselworten und Grundsätzen sowie gemeinsame Einstellungen gegenüber der Politik als Aktivität und die Verwendung gemeinsamer Symbole wie des Freiheitsbaumes oder der Darstellung der Republik als Frau. Zu den sozialen Quellen der Kohärenz gehörte der Umstand, daß Führergestalten ähnlicher Art als Speerspitzen revolutionären Handelns getrennt an verschiedenen Orten oder gemeinsam am selben Ort auftraten.

Obwohl dieses Buch sich mit Politik befaßt, ist darin wenig von einzelnen politischen Bestrebungen, Politikern, Parteikonflikten, formalen Institutionen oder Organisationen die Rede. Das Schwergewicht liegt statt dessen auf den zugrundeliegenden Mustern politischer Kultur, welche die Entstehung bestimmter politischer Bestrebungen und das Auftreten neuartiger Politikergestalten, Konflikte und Organisationen ermöglicht haben. Statt auf den Höchstpreis für Getreide etwa oder auf Robespierre und die Jakobinerklubs wird die Aufmerksamkeit hier auf die allgemeinen Prinzipien der revolutionären Sprache gelenkt und auf die Wirkungsweise revolutionärer Symbole sowie das verbreitete Interesse an Ritual und Geste. Die Aufladung symbolischen Handelns mit politischer Bedeutung verlieh einzelnen politischen Richtungen, Personen und Organisationen größeren Einfluß, als sie ihn in nichtrevolutionären Zeiten gehabt hätten.

Meine Vorgehensweise stützt sich auf die Arbeit dreier französischer Historiker, die in der Erforschung der politischen Kultur Pionierarbeit geleistet haben (sie benützen den Ausdruck »politische Kultur« nicht unbedingt selbst). Der erste ist François Furet, der mehr als jeder andere für die Wiederbelebung der geschichtswissenschaftlichen Debatte getan und sie in neue Richtungen gelenkt hat. Auf einem eng umgrenzteren Gebiet hat Maurice Agulhon aufgezeigt, in welcher Weise Darstellungen von der Republik auf Siegeln und als Statuen aktiv zur Gestaltung der politischen Wahrnehmung in Frankreich beigetragen haben.[29] Und Mona Ozouf hat dargelegt, auf welche Weise Revolutionsfeste dazu eingesetzt wurden, einen neuen nationalen Konsens zu schaffen.[30] Die Arbeiten von Agulhon und Ozouf zeigen, daß kulturelle Manifestationen integraler Bestandteil der revolutionären Politik waren, und insbesondere bei Ozouf wird deutlich, daß es eine Logik des revolutionären Rituals gab. Die Historiker können nicht länger so tun, als existierte die Politik in einem von der Kultur klar abgegrenzten Bereich.

Die wichtigste Leistung der Französischen Revolution war die Schaffung einer gänzlich neuen politischen Kultur. Die Revolution beeindruckte ihre Zeitgenossen nicht deshalb, weil sie die Grundlagen für die kapitalistische Entwicklung oder die politische Modernisierung legte. Die Engländer fanden wirkungsvollere Mittel, den Kapitalismus zu fördern, und die Preußen bewiesen, daß ein Land sich auch ohne Demokratie oder Revolution an die Modernisierung des Staates machen konnte. Die Revolution in Frankreich trug wenig zum wirtschaftlichen Wachstum oder zur politischen Stabilisierung bei. Was sie indessen hervorbrachte, das war die mobilisierende Kraft des Gedankens einer demokratischen Republik und die mitreißende Intensität revolutionären Wandels. Die Sprache nationaler Erneuerung, die Gesten von Gleichheit und Brüderlichkeit und die Rituale der Republik gerieten nicht so schnell in Vergessenheit. Demokratie, Terror, Jakobinismus und Polizeistaat gehörten von nun an zum festen Repertoire politischen Lebens.

Die Ursprünge der neuen politischen Kultur in den Jahren oder Jahrzehnten vor 1789 blieben vorerst genauso undeutlich wie die Folgen der politischen Kultur: Napoleon und nach ihm die Bourbonen bemühten sich nach Kräften, alle Überreste dieser Kultur zu beseitigen, und in vielerlei Hinsicht schien es ihnen zu gelingen. Doch die neue Tradition der Revolution mit ihren Werten und Erwartungen verschwand nicht. Selbst außerhalb Frankreichs lebte sie kraftvoll im Untergrund fort, und als Schreckgespenst geisterte sie durch die

Gedanken und Schriften der Verfechter jener neuen Ideologie, die wir Konservatismus nennen. Selbst in den neuen Polizeistaaten, die zur Eindämmung der Revolution geschaffen wurden, wirkte ihr Gedächtnis fort. Seit die Protagonisten der Französischen Revolution nach der Rousseauschen Überzeugung gehandelt hatten, die Regierung könne ein neues Volk hervorbringen, war der Westen nie mehr so, wie er einmal gewesen war.

Erster Teil
Die Poetik der Macht

Erstes Kapitel
Die Rhetorik der Revolution

»Worte und Dinge waren Monstrositäten.«

Nach dem Sturz Robespierres veröffentlichte der angesehene Literaturkritiker und Schriftsteller Jean-François La Harpe eine umfangreiche Betrachtung über den *Fanatismus in der revolutionären Sprache.*[1] La Harpes Argumentation war nicht in sich überraschend: Er führte die Perversionen der Revolution auf die Zivilkonstitution des Klerus zurück und die Raserei dieses »abscheulichen revolutionären Geistes« auf eine amoklaufende Philosophie. Aufschlußreicher ist dagegen La Harpes Überzeugung, wonach der Schlüssel zu den Verirrungen der Revolution in deren Sprache liege. Tatsächlich hat La Harpe diese Sprache kaum untersucht; ihm lag mehr daran, ihre Folgen aufzuzeigen, als ihre Ursachen und Funktionsweise zu untersuchen. Dennoch ist sein ätzendes Pamphlet wichtig, denn es zeigt, daß die Revolutionäre selbst erkannten, welche Bedeutung die Sprache in der Revolution besaß.

Der Zusammenbruch des französischen Staates nach 1786 führte zu einer wahren Inflation des Wortes, im Druck, in Gesprächen und in politischen Zusammenkünften. Während der achtziger Jahre waren in Paris ein paar Dutzend Zeitschriften auf dem Markt gewesen – von denen kaum eine so etwas wie »Nachrichten« verbreitete; zwischen dem 14. Juli 1789 und dem 10. August 1792 erschienen mehr als 500 Zeitschriften.[2] Eine ähnliche Entwicklung erlebte das Theater; während es vor der Revolution jährlich nur eine Handvoll Premieren gab, wurden zwischen 1789 und 1799 insgesamt 1500 neue Theaterstücke herausgebracht, viele davon zu Revolutionsthemen, und allein von 1792 bis 1794 kamen 750 auf die Bühne.[3] Auf allen Ebenen entstanden zahllose politische Klubs, und in den ersten hitzigen Jahren der Revolution scheinen fast ständig Wahlversammlungen getagt zu haben. Hinzu kamen die unzähligen Feste, die überall im Land zur Erinnerung an vielfältige Anlässe gefeiert wurden.[4] Kurzum, das Reden war allenthalben die Losung des Tages.

Worte ergossen sich wie eine wahre Flut, aber wichtiger noch war ihre einzigartige Magie. Von Anfang an waren die Worte in der Revolution mit großer Leidenschaft aufgeladen. Schon im Herbst 1789 war *Êtes-vous de la Nation?* das Kennwort bei den Patrouillen der Nationalgarde geworden.[5] Als die sakrosankte Position des Königs in der Gesellschaft dahinschwand, lud sich die politische Sprache zunehmend mit einer emotionalen Bedeutung auf, die vielfach auf Fragen von Leben und Tod zugespitzt wurde. Worte, die mit dem Ancien régime assoziiert wurden, und Namen, die nach Royalismus, Aristokratie oder Privileg klangen, waren tabu. *Procureurs* und *avocats* (Rechtsberufe im Ancien régime) wurden zu *hommes de loi* (zu »Männern des Gesetzes«), wenn sie ihre juristische Arbeit fortsetzen wollten; *impôts* (Steuern) wurde durch *contributions* ersetzt, weil das ein wenig mehr nach Freiwilligkeit klang. Namen, die in irgendeiner Weise mit dem Ancien régime identifiziert wurden, ersetzte man durch neue revolutionäre Bezeichnungen (die vielfach durch griechische oder römische Vorbilder geprägt waren). Kinder wurden nach klassischen Helden benannt; an die Stelle der historischen Provinzen traten geographisch bestimmte Departements, und rebellische Städte erhielten neue Namen, wenn man sie wiedererobert hatte. Auf dem Höhepunkt dieses euphorischen Interesses für Namen, im Jahre 1793, brachte eine Abordnung aus einer der Pariser Sektionen im Nationalkonvent den Vorschlag ein, Straßen und öffentliche

Plätze systematisch umzutaufen und sie nach »allen Tugenden, die für die Republik notwendig sind« zu benennen. So könne man dem Volk eine »stillschweigende Lektion in Moral« erteilen.[6]

Manche Schlüsselworte dienten als revolutionäre Beschwörungsformeln. »Nation« war wohl das geheiligteste darunter, aber auch »Vaterland«, »Verfassung«, »Gesetz« und, stärker auf die Radikalen beschränkt, »Erneuerung«, »Tugend« und »Wachsamkeit« sind hier zu nennen. In einem bestimmten Kontext geäußert oder in bald schon vertraute formelhafte Wendungen eingebunden, beschworen diese Worte nichts Geringeres als die Treue zur revolutionären Gemeinschaft. Die Revolutionäre schätzten die rituelle Verwendung von Worten deshalb so sehr, weil sie nach einem Ersatz für das Charisma des Königs suchten. An erster Stelle unter den rituellen Worten steht der Revolutionseid; La Harpe spricht hier abschätzig von »einer unheilbaren Manie für Eide«.[7] Wie Jean Starobinski ausführt, wurde der revolutionäre Treueeid zu einem wichtigen Ritual, weil er den Gegensatz zwischen nationaler Souveränität und königlicher Autorität so deutlich hervorhob. Die Könige empfingen bei der Krönung »die übernatürlichen Insignien [ihrer] Macht« im Namen eines transzendenten Gottes, während der Treueeid auf die Revolution eine Souveränität begründete, die aus der Gemeinschaft hervorging.[8]

Die Interpretationen der revolutionären Sprache decken sich nicht genau mit den drei Schulen, die ich in der Einführung kurz charakterisiert habe. Es gibt marxistische und Tocquevillesche Positionen in dieser Frage, eine revisionistische Position ist bislang noch nicht entwickelt worden. Das Interesse der Marxisten an der Sprache der Revolution ist relativ jung, und revisionistische Historiker halten sich bislang an die Grundzüge der Tocquevilleschen Analyse, wenn sie überhaupt Interesse an der Sprache zeigen. Ein dritter Ansatz in der Behandlung der revolutionären Sprache könnte als Durkheimsche Position bezeichnet werden, weil er die kulturellen und insbesondere die integrativen Funktionen der revolutionären Sprache betont. Alle drei Positionen gehen davon aus, daß die »wahre« Bedeutung der Sprache in gewisser Weise verborgen ist; deshalb weist man der Analyse zumeist die Aufgabe zu, diese Bedeutung zu enthüllen.

Für die Marxisten ist die politische Sprache Ausdruck einer Ideologie. Die revolutionäre Rhetorik verbirgt danach irgendwelche wahren Interessen, insbesondere die Ansprüche der Bourgeoisie als Klasse. Marx selbst hat nachdrücklich auf das falsche Bewußtsein der Protagonisten der Französischen Revolution hingewiesen: »[...] ihre Gladiatoren [die der bürgerlichen Gesellschaft] fanden in den klassisch strengen Überlieferungen der römischen Republik die Ideale und die Kunstformen, die Selbsttäuschungen, deren sie bedurften, um den bürgerlich beschränkten Inhalt ihrer Kämpfe sich selbst zu verbergen und ihre Leidenschaft auf der Höhe der großen geschichtlichen Tragödie zu halten«.[9] Nicos Poulantzas bewegt sich im selben Rahmen, wenn er bemerkt, der »bürgerliche Charakter des Jakobinertums« werde »verschleiert, weil er sich nicht einer politischen, sondern einer moralischen Sprache bedient«.[10] Und in einem ähnlichen Sinne sagt Jacques Guilhaumou von der revolutionären Rhetorik eines Père Duchesne, hier kleide sich ein bürgerliches Demokratieverständnis in »eine Form, die *sansculotte* sein möchte«.[11] Nach all diesen Auffassungen gibt der bürgerliche Diskurs lediglich vor, etwas anderes zu sein, als er in Wirklichkeit ist: ein ideologisches Instrument der politischen und sozialen Vorherrschaft des Bürgertums.

In letzter Zeit sind einige marxistische Historiker ein wenig von dieser reduktionistischen Auffassung der Sprache abgerückt. Guilhaumou selbst hat geschrieben, der jakobinische Diskurs könne nicht auf Verbergen und Mystifizieren reduziert werden. Doch auch wenn er und Régine Robin zugestehen, daß die Sprache mehr ist als ein Abbild sozialer Realität oder ein Mechanismus zu deren Reproduktion, so arbeiten sie doch weiterhin mit einem relativ unflexiblen analytischen Rahmen. Sie sehen den Diskurs in einer spezifischen »Konstellation« von Umständen begründet, und sie definieren diese Konstellation als »die Einheit der Widersprüche einer sozialen Struktur zu einer bestimmten Zeit, eine Einheit, die auf politischer Ebene überdeterminiert ist«.[12] Diese Auffassung mag der marxistischen Analyse der Revolutionssprache größere Komplexität verleihen, aber sie stützt sich weiterhin implizit auf das Bild von Basis und Überbau; die soziale Struktur liegt unter den Ebenen von Politik und Sprache, und die Sprache bringt diese zugrundeliegenden sozialen Widersprüche zum Ausdruck. Politischen Diskursen läßt sich nur dann Sinn abgewinnen, wenn man sie auf eine »außersprachliche« Ebene bezieht.[13]

Die Tocquevillesche Position sieht in der Sprache kein ideologisches Instrument der Klassenauseinandersetzungen, aber auch sie stellt das Moment der Selbsttäuschung besonders heraus. Tocqueville zufolge waren die Revolutionäre in dem Irrtum befangen, »die totale, plötzliche Umbildung einer so komplizierten und so alten Gesellschaft könnte sich ohne Erschütterung nur mit Hilfe der Vernunft und durch ihre alleinige Kraft vollziehen«. Ihr »Geschmack an allgemeinen Theorien, vollständigen Systemen der Gesetzgebung und genauer Symmetrie in den Gesetzen« machte sie blind für die Tatsache, daß sie in Wirklichkeit die absolute Macht des verhaßten *Ancien régime* reproduzierten.[14] In seinem Buch *Penser la Révolution française* greift François Furet die Tocquevillesche Position auf und gibt ihr eine semiologische Wendung. Für Furet verbirgt der Schleier der Sprache nicht nur die tatsächliche politische Kontinuität; die Sprache wird zugleich auch zum Ersatz für die Realitäten politischen Wettbewerbs: Das Reden tritt an die Stelle der Macht, und es entsteht eine Welt, »[...] in der das semiotische Kraftfeld absoluter Herr über die Politik ist«.[15] Da die gewohnten Beziehungen zwischen Gesellschaft und Politik zerstört sind, wird Politik zum Kampf um das Recht, für die Nation zu sprechen. Sprache ist dann Ausdruck von Macht, und Macht äußert sich in dem Recht, für das Volk zu sprechen. Die ungewöhnliche Bedeutung, die der Sprache in der Französischen Revolution zukam, zeigt, wie sehr die französische Gesellschaft aus dem Gleis geraten war.

Eine alternative Position hat Mona Ozouf in ihrer Untersuchung der Revolutionsfeste vorgetragen. Statt den sozialen Gehalt der Feste oder die darin enthaltene politische Täuschung zu enthüllen, untersucht sie in Durkheimscher Manier deren rituelle Funktionen. Durkheim selbst hatte auf das Buch von Albert Mathiez über Revolutionskulte zurückgegriffen, und oft führte er Beispiele aus der Französischen Revolution an, um seine Thesen über die Religion zu illustrieren.[16] Nach Ozoufs Auffassung zeigen die zahlreichen, scheinbar im Gegensatz zueinander stehenden Feste eine tiefgreifend »identische Konzeptualisierung«, »ein identisches kollektives Bedürfnis«. Die Feste verliehen der neuen revolutionären Gemeinschaft »sakrale Würde«. In der Institution des Festes machte »der Diskurs, den die Revolution über sich selbst hält«, den Versuch, eine neue Nation auf der Grundlage eines neuen Konsens zu formen.[17] Die Sprache des Rituals und die ritualisierte Sprache dienten der nationalen Integration und brachten das Bedürfnis nach gesellschaftlicher Solidarität zum Ausdruck.[18]

Die historische Sprachanalyse geht davon aus, daß Sprache sich in verschiedene Schichten unterteilen läßt; schließlich geht man gewöhnlich davon aus, daß die Sprache etwas zum Ausdruck bringt, das »wirklicher« ist als die Worte. Die Lektüre revolutionärer Sprache stützt sich gewöhnlich auf irgendeine vorgängige Annahme: daß Sprache ein Instrument des sozialen Konflikts sei – die marxistische Position –; daß Sprache ein Vehikel politischer Selbsttäuschung sei – die Tocquevillesche Position –; daß Sprache ein Mittel kultureller

Integration bilde – die Durkheimsche Position –. Jede dieser Auffassungen hat ihre Vorzüge, und sie sind auch nicht unbedingt unvereinbar. Wir möchten jedoch einen anderen Ausgangspunkt vorschlagen: die Rhetorik der Revolutionäre selbst nämlich. Statt Schichten von oben nach unten abzutragen, um herauszufinden, was die Sprache der Revolution wirklich »bedeutete«, schlage ich vor, die Sprache eher horizontal zu betrachten, also nach ihren internen Mustern und ihren Verbindungen zu anderen Aspekten der politischen Kultur zu fragen. Statt unter den Worten oder jenseits davon nach der Bedeutung des politischen Diskurses zu suchen, möchte ich mich zunächst einmal bemühen, ihren rhetorischen Kontext zu klären.

Die Sprache der Revolution war kein bloßes Spiegelbild der tatsächlichen revolutionären Veränderungen und Konflikte; sie wurde vielmehr selbst zu einem Instrument politischen und sozialen Wandels. In diesem Sinne war die politische Sprache nicht bloß Ausdruck einer ideologischen Position, die durch darunterliegende soziale oder politische Interessen bestimmt gewesen wäre. Die Sprache trug selbst dazu bei, die Wahrnehmung der Interessen zu formen, und damit trug sie auch zur Entwicklung der Ideologien bei. Anders gesagt, der politische Diskurs der Revolution war rhetorischer Natur; er war ein Mittel der Überredung, ein Instrument zur Rekonstruktion der sozialen und politischen Welt.

La Harpe wußte um die rhetorische Kraft der revolutionären Sprache, als er seine Absicht verkündete, die Revolution durch die »Untersuchung ihrer Sprache« zu charakterisieren, da die Sprache »ihr wichtigstes und überraschendstes Instrument« gewesen sei. Er wollte zeigen, daß »die Etablierung und gesetzliche Absicherung dieser Sprache ein einzigartiges Ereignis darstellte, einen Skandal, wie die Welt ihn noch nicht gesehen hatte und für den es nur eine Erklärung gibt: die Rache Gottes.«[19]

Göttliche Rache gehört heute nicht mehr zum Standardrepertoire historischer Erklärungen. Wenn wir verstehen wollen, auf welche Weise die politische Rhetorik zu einem Skandal werden konnte, »wie die Welt ihn noch nicht gesehen hatte«, und zum »wichtigsten Instrument« der Revolution, sollten wir, so meine ich, die Rhetorik der Revolution als einen Text im Sinne der Literaturwissenschaft behandeln. Nun gibt es, unnötig zu sagen, gar keine einheitliche Literaturwissenschaft. Die Literaturwissenschaftler sind untereinander in ihren Methoden mindestens ebenso uneins wie die Historiker. Strukturalisten, Poststrukturalisten, Rezeptionstheoretiker, um nur einige zu nennen, sind in nahezu jeder Frage unterschiedlicher Meinung.[20] Der Streit innerhalb der Literaturwissenschaft vermag den Historikern dennoch manche Einsicht zu vermitteln. Wenn wir die Äußerungen der Revolutionspolitiker als einen zusammenhängenden Text begreifen, so erhalten die Kontroversen um das Wesen des Textes und um die Methoden seiner Deutung unmittelbare Relevanz.

Ihrem Wesen nach warf die Rhetorik der Revolution in vielem dieselben Fragen auf, wie sie heute in der Literaturwissenschaft üblich sind. Die Maßstäbe politischer Interpretation waren im Revolutionsjahrzehnt geradeso strittig, wie die Maßstäbe literarischer Interpretation es heute sind. Und wie die Literaturwissenschaftler heute nach Autorschaft, Publikum, Erzählstrukturen und narrativen Funktionen fragen, so befaßte sich damals der politische Redner mit Autorität, Publikum und der richtigen Deutung der Revolutionsgeschichte. Als die Abgeordneten des Dritten Standes beschlossen, sich und alle, die sich ihnen anschließen mochten, zur »Nationalversammlung« auszurufen, stellten sie die überkommene Grundlage der Monarchie in Frage, und sie warfen Fragen allgemeiner Art nach dem Ort von Autorität auf. Die Abgeordneten forderten Souveränität für die Nation, doch in den Jahren, die nun folgten, sollte die Frage, wer für die Nation sprach, niemals endgültig geklärt werden.[21]

Anders gesagt, die Autorität – also die Autorenschaft für den revolutionären Text – blieb ungewiß. Das Charisma des Königs, des traditionellen geheiligten Mittelpunktes der Gesellschaft, schwand unablässig dahin, doch kein Mensch, keine Institution, kein Dokument vermochte seinen Platz einzunehmen. Wo sollte das geheiligte Zentrum der Nation wiedererstehen? Bevor Napoleon an die Macht kam, gab es keine einzelnen charismatischen Führer; Frankreich besaß keinen George Washington, obwohl so mancher die Rolle gern übernommen hätte, und die neue Nation mochte keine Gründungsväter anerkennen. Die Revolution hatte weder einen Vater noch eine klare Abstammung. Keine der vielen Verfassungen und Nationalversammlungen vermochte sich zum festen Bezugspunkt für die Nation zu entwickeln. Dieser beständigen Verlagerung der politischen Autorität ist es zuzuschreiben, wenn das Charisma seinen konkretesten Ort schließlich in den Worten fand, also in der Fähigkeit, für die Nation zu sprechen. Die Sprache der Revolution war »fanatisch« im Sinne La Harpes, weil sie mit sakraler Autorität aufgeladen war.

Obwohl der »Text« der Revolution heilig war, befand er sich doch in beständigem Wandel. Die Französische Revolution hatte keine Bibel, die als Quelle der Bestätigung und Absicherung revolutionärer Praxis dienen konnte. Die französische Rhetorik der Revolution mußte ihre eigene Hermeneutik schaffen; in der Praxis der Politik und des politischen Diskurses lag der Kanon, lagen die Prinzipien, an denen diese Praxis gemessen werden konnte. Die neue Rhetorik entstand nicht auf einen Schlag, und ihre Prinzipien wurden niemals endgültig festgelegt. Die Sache wird noch schwieriger, wenn man bedenkt, daß diese rhetorischen Prinzipien trotz oder gerade wegen ihres Anspruchs auf Neuheit zum größten Teil nicht überprüft wurden. Die Revolutionäre bildeten ihre Rhetorik nach 1789 schubweise aus; die Klärung ihrer Prinzipien erfolgte allein in der Hitze des politischen Kampfes.

Die Rhetorik der Französischen Revolution bezog ihre textliche Einheit aus der Überzeugung, daß die Franzosen im Begriffe waren, eine neue Nation zu gründen. Die Nation und die Revolution wurden beständig als Bezugspunkte angeführt, aber sie hatten keine Geschichte. Ein Revolutionär aus der Provinz sagte in einer Rede:

> »Eine Revolution kann man nicht halb machen; entweder sie ist total, oder sie wird zum Fehlschlag. Alle Revolutionen, welche die Geschichte uns überliefert hat, und all jene, die in unserer Zeit versucht worden sind, sind fehlgeschlagen, weil man neue Gesetze mit alten Bräuchen verbinden und neue Institutionen mit den alten Menschen lenken wollte. [...] *Revolutionär,* das heißt: außerhalb aller Formen und Regeln; *revolutionär* ist alles, was die Revolution bestätigt und stärkt, was jegliches Hindernis aus dem Weg räumt, das sich ihrem Fortschritt entgegenstellt.«[22]

Der Wille, mit der nationalen Vergangenheit zu brechen, unterschied die Französische Revolution von früheren revolutionären Bewegungen. Die neue Gemeinschaft der amerikanischen Radikalen war eine lebendige Tradition; die Amerikaner hatten immer in einer »neuen Welt« gelebt, die weit von all dem entfernt war, worin man die Verderbtheit der englischen Politik erblickte. Die englischen Radikalen bezogen sich auf das reinere Gemeinwesen der vornormannischen Vergangenheit und auf ihre Tradition der Abweichung. Die revolutionäre Rhetorik der Franzosen konnte auf Vergleichbares nicht zurückgreifen: In Frankreich gab es im Volk keine fest etablierte, auf religiöser Abweichung fußende Lesekultur, und es gab kein anerkanntes Geburtsrecht des »frei geborenen« Franzosen, das die revolutionäre Rhetorik hätte stützen und beflügeln können.[23] Statt dessen konzentrierten die Franzosen sich auf eine »mythische Gegenwart«, wie ich es nennen möchte, auf den Augenblick, da die neue Gemeinschaft geschaffen wurde, auf den geheiligten Moment des neuen Konsenses. Der rituelle Treueeid, der bei einem Freiheitsbaum oder in Massen auf den zahlreichen Revolutionsfesten abgelegt wurde, erinnerte an den Augenblick, da der Gesellschaftsvertrag abgeschlossen wurde, und ließ ihn gleichsam neu erstehen; die rituellen Worte ließen die mythische Gegenwart wieder und wieder lebendig werden.[24]

Die mythische Gegenwart war ihrem Wesen nach zeitlos, die Geschichte der Revolution daher ständig im Fluß. Die häufigen Veränderungen in den Revolutionsfesten zeugen von dieser zeitlichen Unschärfe; jedes Regime und jede Partei schuf eine eigene Interpretation der historischen Logik der Revolution, indem sie sich für bestimmte Daten entschied, die sie durch Feiern würdigte.[25] Der Tag des Sturms auf die Bastille (der 14. Juli) hatte stets die besten Chancen, als Gründungstag der neuen Gemeinschaft zu gelten, weil er allen übrigen Daten voranging; doch als die Revolution voranschritt, kamen neue Daten hinzu und beanspruchten eine ähnliche oder sogar höhere Bedeutung: die Abschaffung der Monarchie am 10. August (1792), die Hinrichtung des Königs am 21. Januar (1793) und der Sturz Robespierres am 9. Thermidor (des Jahres II). Doch trotz all ihrer Unterschiede hatten die Revolutionsfeste eines gemeinsam: sie sollten den Augenblick des neuen Konsenses wiederholen und wiederbeleben. Die Feste erinnerten die Teilnehmer daran, daß sie die mythischen Heroen ihres eigenen Revolutionsepos waren.

Die Sprache der Revolution wurde zwar mit religiöser Inbrunst vorgetragen, doch ihr Inhalt war entschieden weltlich. Als die Fronten zur Kirche klarer zutage traten – und das geschah schon sehr bald –, entfernten die Revolutionäre die meisten positiven Bezüge auf das Christentum aus ihrem Wortschatz. Mit dieser Abkehr von christlichen beziehungsweise katholischen Bezügen verdeutlichten sie ein weiteres Mal den revolutionären Bruch mit der französischen und europäischen Vergangenheit. Der neue Gesellschaftsvertrag bedurfte keiner Entsprechung zum Alten oder Neuen Bund der Bibel; er gründete in der Vernunft und in den natürlichen Rechten des Menschen. Die Revolutionäre griffen über die nationale Vergangenheit Frankreichs hinaus und wandten sich römischen und griechischen Vorbildern zu. Jeder gebildete Mensch des achtzehnten Jahrhunderts wußte ein wenig von der klassischen Antike, doch die radikalen Revolutionäre, Männer wie Camille Desmoulins, Saint-Just und Robespierre, fanden darin Lektionen für die Einrichtung einer neuen Ordnung; sie »utopisierten« die Geschichte der klassischen Antike zum Modell einer neuen, unschuldigen Gesellschaft, einer idealen Republik.[26]

Nach der Geschichtsauffassung der Revolutionäre hatten die Republikaner in Griechenland und Rom die Freiheit erfunden, und Frankreichs Aufgabe war es, diese gute Nachricht allen Menschen zu verkünden. Der konservative Herausgeber der *Gazette de Paris* erkannte die Implikationen dieser Auffassung bereits im Juli 1790. In einem Kommentar zum Föderationsfest erklärte er: Das Fest »wird mit denen in Griechenland und Rom verglichen. Dabei wird übersehen, daß hier beständig Republiken als Vorbild angeführt werden [...]. Wir aber sind eine Monarchie [...]. Seid weder Römer noch Griechen; seid Franzosen.« Und am folgenden Tag legte er die konservative Geschichtsauffassung auseinander:

> »Laßt uns nicht von unseren alten Formeln abgehen [*Vive le Roi* und *Vive la Reine* verloren an Boden gegenüber *Vive la Nation*]. Als Söhne der Franken, die ihre eigene Größe an der noch überragenderen Größe ihrer Führer maßen, wollen wir kämpfen, lieben, leben und sterben wie sie – getreu den Grundsätzen unserer Väter [...]; wir waren eine große Familie, versammelt unter den Augen ihres Oberhaupts [...]. Da wir geschworen haben, Brüder zu sein, haben wir alle einen gemeinsamen Vater.«[27]

Die konservative Position verband Monarchie, Tradition und väterliche Autorität mit dem historischen Vorbild der Franken – lange ein bevorzugter Anknüpfungspunkt für all jene, die adlige Vorrechte gegen absolutistische Übergriffe verteidigten. Und der Konservative bestand ausdrücklich darauf, an der traditionellen Rhetorik – »unseren alten Formeln« – festzuhalten. Die Schriften der Konservativen verwandten viel Raum auf Parallelen mit der Vergangenheit Frankreichs, und in der Nationalversammlung beriefen konservative Redner sich auf Beispiele aus der Geschichte, um ihre Argumente zu bekräftigen.[28]

Die Radikalen dagegen verbanden den Ruf nach Freiheit und den Bruch mit der Vergangenheit mit antiken Vorbildern, in denen die Vergangenheit nicht so sehr als Vorbild für eine zukünftige Gesellschaft fungierte. In einem Dokument aus dem Jahre 1793, das aus den Reihen der Radikalen stammt, heißt es: »Um wirklich Republikaner zu sein, muß jeder Bürger in sich selbst eine Revolution durchmachen, eine Revolution gleich der, die das Antlitz Frankreichs umgestaltet hat. Es gibt nichts, aber auch gar nichts Gemeinsames zwischen dem Sklaven eines Tyrannen und dem Bewohner eines freien Staates; die Gewohnheiten, Grundsätze, Gefühle, die Taten des letzteren, alles muß etwas ganz Neues sein.«[29] Der Nachdruck, mit dem man sich dem Neuen zuwandte, ging manchmal so weit, daß man sogar die Autorität der Antike bestritt. In Condorcets bahnbrechenden »Bericht und Projekt eines Erlasses über die allgemeine Organisation des öffentlichen Erziehungswesens« vom April 1792 heißt es:

> »Da alles gesagt werden muß und kein Vorurteil Bestand haben darf, [bin ich der Ansicht] daß das lange sorgfältige Studium der alten Sprachen [...] möglicherweise eher schädlich als nützlich wäre. Wir suchen nach einer Erziehung, die die Wahrheit bekannt macht, und diese Bücher sind voll von Irrtümern. Wir wollen die Vernunft lehren, und diese Bücher können auf den falschen Weg führen. Wir sind so weit von den Alten entfernt, sind ihnen auf dem Wege zur Wahrheit so weit voraus, daß die Vernunft eines Menschen schon wohlgerüstet sein muß, damit sie von diesen kostbaren Relikten bereichert und nicht korrumpiert wird.«[30]

1 Das Fest der Freiheit, Oktober 1792
Die Freiheitsstatue stand auf dem Sockel, der zuvor das Denkmal Ludwig XV. getragen hatte

Dem radikalen Bruch mit der Tradition und mit der Legitimation von Autorität durch den Bezug auf geschichtliche Ursprünge entsprach auch die Abkehr von paternalistischen oder patriarchalischen Autoritätsmodellen. Auf dem Staatssiegel, in den Stichen und Drucken mit Darstellungen der neuen Republik und in den *lebenden Bildern* der Feste traten weibliche Allegorisierungen antiker Herkunft an die Stelle der Abbildungen des Königs (siehe Abbildung 1). Diese weiblichen Figuren – lebende Frauen oder Statuen – saßen oder standen stets allein und waren zumeist von abstrakten Emblemen der Autorität und der Macht umgeben. Die Republik mochte ihre Kinder und selbst ihre männlichen Verteidiger haben, einen Vater indessen sah man nie.[31]

Die in die Verteidigung gedrängten Konservativen erkannten als erste, daß historische Vorbilder, Familienmetaphern und die Natur der Autorität in der politischen Rhetorik aufs engste miteinander verknüpft waren. Sehr viel länger dauerte es, bis man die disparaten Elemente der radikalen Rhetorik – in weitaus geringerem Maße – miteinander verknüpfen konnte. Allerdings hatten die Radikalen sich gleich zu Beginn von den überkommenen familialen Analogien der Macht abgewandt. In der Rhetorik töteten sie ihren Vater, den König, lange bevor der Konvent das Todesurteil sprach. Die Radikalen waren Brüder, die *la Nation* und *la Liberté* verteidigten, sie waren keine französischen »Sons of Liberty«. Einige Radikale im fernen Departement Gers erkannten diesen Sachverhalt, als sie in einer ihrer Adressen feststellten: »Das französische Volk will und darf nur eine Familie von Brüdern sein, die alle gleichermaßen von ihrer gemeinsamen Mutter geliebt und geschützt werden.«[32] Im Jahre 1793 nahm der implizite Mord am symbolischen Vater explizitere Gestalt an.[33] Der König wurde hingerichtet, und in der Dechristianisierungsbewegung wurde selbst der christliche Gott in Frage gestellt. Überall im Lande übernahm auf den Festen der Vernunft die Freiheitsgöttin die Orte des Heiligen.

Als die Revolutionäre sich aus den Fesseln patriarchalischer Autoritätskonzepte befreiten, sahen sie sich mit hochgespannten Gefühlen konfrontiert, die eine deutliche Dichotomie aufwiesen: Auf der einen Seite stand die heitere Aussicht auf eine neue Zeit, auf der anderen Seite eine düstere Vorahnung hinsichtlich der Zukunft. Mythische Gegenwart und charismatische Sprache bildeten eine allzu zerbrechliche Grundlage für eine neue Gemeinschaft, deren Grenzen nur schlecht bestimmt waren. Die Kehrseite der mythischen Gegenwart nationaler Erneuerung bildeten heftige kollektive Zweifel an der Festigkeit des neuen Konsensus. Schon lange bevor die englischen Puritaner des frühen siebzehnten Jahrhunderts die Möglichkeit erhielten, in der nationalen politischen Arena aktiv zu werden, waren sie von ihrer »Berufung« und ihrem »Auserwähltsein« überzeugt.[34] Die amerikanischen Radikalen des späten achtzehnten Jahrhunderts konnten wenigstens auf ein Jahrzehnt intensiver politischer Erziehung und Praxis zurückblicken, als sie sich tatsächlich daran machten, die Kolonien von England zu lösen; und als sie diesen Weg beschritten, sprachen sie jene Sprache, die vor ihnen von den englischen Whigs und Radikalen entwickelt worden war.[35] Die französischen Radikalen dagegen standen mitten in der Revolution, bevor sie überhaupt Gelegenheit gehabt hätten, über ihre schwierige Lage nachzudenken.

Das Neue an der Rhetorik der Französischen Revolution liegt nicht in deren formalen Eigenheiten, d. h. in deren rhetorischer Struktur im herkömmlichen Sinne des Wortes. Die kirchlichen *collèges* des Ancien régime hatten die Revolutionäre und die Nichtrevolutionäre gleichermaßen mit einem Grundbestand klassischer und neoklassischer Gemeinplätze versorgt.[36] Fast alle Reden, die in den verschiedenen Nationalversammlungen gehalten wurden, waren bereits geschrieben und folgten in der Regel der Ordnung oder *dispositio* des Quintilian: zunächst das *exordium* oder die allgemeine Einführung; dann die Darlegung des Falles, zumeist in Form einer Darstellung von Ereignissen; danach die Argumente zugunsten der Position des Redners und eine Widerlegung gegnerischer Einwände; und schließlich der Redeschluß, in dem der Redner seine Sache zusammenfaßte und die Zuhörer durch den Appell an ihre Gefühle dafür einzunehmen suchte.[37] Es überrascht nicht, daß dieser klassische Redeaufbau aus der juristischen Rhetorik stammte und jenen Juristen also, die die nationale Politik während der Revolution beherrschten, bestens bekannt war. Der Aufbau der Reden, die Benutzung von Figuren und Paradigmen und der Rückgriff auf klassische Beispiele läßt sich auf die rhetorischen Übungen von Schuljungen zurückverfolgen.[38]

Die politischen Ideen, die in dieser klassischen rhetorischen Form ausgedrückt wurden, waren entscheidend geprägt von den intellektuellen und politischen Entwicklungen des siebzehnten und achtzehnten Jahrhunderts. Wie Kingsley Martin vor mehr als fünfzig Jahren feststellte, war »das neue Glaubensbekenntnis, das im siebzehnten Jahrhundert nach und nach in den Köpfen von Wissenschaftlern und Gelehrten Gestalt angenommen hatte, bei den Deputierten, die in den Generalständen zusammenkamen, zur Religion geworden«.[39] Locke, Newton, Bayle, Fénélon und die *philosophes* hatten den Boden bereitet. Selbst in aristokratischen Kreisen hatte man sich der Sprache der Aufklärung bedient, um der Krone entgegenzutreten; schon in den siebziger und dann noch entschiedener in den achtziger Jahren des achtzehnten Jahrhunderts war das Parlament von Paris für die Rechte der »Bürger« und »die Nation« eingetreten.[40] Selbst republikanisches Denken und Demokratie oder die Entgegensetzung von Tugend und Korruption waren keine französische Erfindung; sie waren Teil der von J. G. A. Pocock so genannten »atlantisch-republikanischen Tradition«, die er bis ins Florenz der Renaissance zurückverfolgt hat.[41]

Was Reform und Opposition betraf, lernten die französischen Revolutionäre ihre Sprache bei den *philosophes* und *parlementaires* (den Mitgliedern des Obersten Gerichts), doch die Sprache der Revolution mußten sie selbst erfinden. Die dünnbesiedelten Kolonien jenseits des Atlantiks in Amerika erklärten ihre Unabhängigkeit; das volkreichste Land Westeuropas machte sich daran, etwas in der Welt radikal Neues zu verwirklichen, eine Revolution – ein Wort, das vor 1789 selbst in Amerika gewöhnlich als Rückkehr zu einem früheren Zustand und nicht als Sprung in die Zukunft verstanden worden ist.[42] Es gab kein in historischem oder religiösem Sinne Goldenes Zeitalter in der französischen Vergangenheit, zu dem zurückzukehren die Radikalen hätten hoffen können; es gab nur Mut und Kühnheit angesichts einer nicht voraussehbaren Zukunft und einer instabilen Gegenwart.

Die Ungewißheit über den Fortgang der Revolution läßt sich an der Transformation der Erzählstrukturen ablesen, welche die revolutionäre Rhetorik erfuhr. In den ersten Monaten der Revolution war die Rhetorik meistenteils unbewußt geprägt

2 Föderationsfest, Paris, Juli 1790

durch den von Northrup Frye so genannten »generischen Plot« der Komödie.[43] Die Komödie stützt sich auf einen Konflikt zwischen einer älteren Sozialordnung (der Begriff *Ancien régime* wurde in dieser frühen Zeit geprägt) und einer neuen; und dieser Konflikt wird oft dargestellt als Streit zwischen einem Vater und einem Sohn, der nach Freiheit von seinem despotischeren und stärker der Konvention verhafteten Vater strebt. In der Komödie werden die »hemmenden Figuren« (der Vater, in Frankreich der König) zumeist versöhnt und nicht völlig abgewiesen. Die Versöhnung am Schluß, die glückliche Entstehung einer neuen Gesellschaft, wird durch ein festliches Ritual signalisiert, das oft am Ende der Handlung steht.

Nichts enthüllt die für die Komödie typische Struktur in der revolutionären Struktur besser als die Kommentare zum Föderationsfest am 20. Juli 1790 (siehe Abbildung 2). Gleich ob von Konservativen oder angehenden Radikalen verfaßt, alle Beschreibungen des Pariser Festes betonen den Wunsch nach Versöhnung und glücklicher Vereinigung: »In den Straßen, an den Fenstern, auf den Dächern, überall standen die Menschen freudig erregt beieinander, und ihre gemessene Freude glich keineswegs der entfesselten Freude von Sklaven.«[44] Aus Untertanen waren Bürger geworden, und selbst der König schien die Entstehung einer neuen Gesellschaft zu billigen. Unter Führung Lafayettes legten die neuen Amtsträger, die Nationalgarde, reguläre Truppen und dazu noch Bataillone von Kindern zwischen acht und zehn Jahren gemeinsam einen Eid ab, wonach sie auf immer treu zur Nation, zum Gesetz und zum König stehen wollten. Es kam zu öffentlichen Dankeserklärungen für »dieses unlösbare Band zwischen allen Franzosen, ohne Ansehung des Geschlechts, des Alters, des Standes oder Berufes«.[45] Selbst die angesehene konservative Zeitung *L'Ami du Roi* sprach davon, die Föderation feiere »die erstaunlichste Epoche in unserer Geschichte«. Der Herausgeber berichtete von diversen Vorfällen, die »von der angeborenen Liebe aller Franzosen für den König und die königliche Familie« zeugten.[46] Das Fest ließ die Franzosen wieder zu einer Familie werden, mit der Erkenntnis, daß der Vater den drängenden Forderungen seiner Söhne nachgegeben hatte.

Die Versöhnung hielt jedoch nicht lange an, und die Revolutionsgeschichte war 1790 nicht zu Ende. Der König hatte nur scheinbar nachgegeben, und die Radikalen gaben sich nicht zufrieden mit der Wiederherstellung der familiären Harmonie. Als die Radikalen 1792 und insbesondere nach der Ausrufung der Republik im September den Diskurs zu beherrschen begannen, verschob der generische Plot sich von der Komödie zur Romanze. Nun erschien die Revolution eher als ein Kampf, deren Helden die Brüder einer revolutionären Bruderschaft waren, die eine Reihe von Kämpfen auf Leben und Tod mit den dämonischen Kräften der Konterrevolution zu bestehen hatten.

Nach Frye legt die Romanze keinen sonderlichen Wert auf komplexe oder subtile Charaktere: Auf der einen Seite stehen die nahezu mythischen Helden, auf der anderen die Schufte, Feiglinge und Unmenschen.[47] 1792 und 1793 betonten die Republikaner den titanischen Charakter ihres Kampfes zur Befreiung Frankreichs, ihre Abkehr von der Vergangenheit, die Tugenden ihres Strebens und die abgrundtiefe Verderbtheit ihrer Gegner. Das Bild der einen glücklichen Familie war verschwunden, aber es gab immer noch sehr viel Vertrauen in die Fähigkeit der Republikaner, Frankreich nach dem Bilde der Tugend umzugestalten. Ein wenigbekannter Deputierter erfaßte die ganze Dringlichkeit des Kampfes, als er erklärte: »Die Katastrophe ist da. Nun müssen alle Vorurteile mit einem Streiche fallen. Wir müssen sie austilgen oder wir werden zermalmt. Wir müssen zwischen dem 10. August [1792] und dem 1. Januar 1793 mit Mut und Kühnheit die Spanne mehrerer Jahrhunderte überwinden.«[48] Als er dies sagte, Mitte Dezember 1792, war die Frist, die er nannte, bereits fast abgelaufen. In seiner Rede ermahnte er seine Mitdeputierten zu eben jenen Tugenden, die auch für die Romanze so typisch sind: Mut, Kühnheit und zielstrebiges Handeln.

Als der erwartete Sprung in die Zukunft zunehmend auf Hindernisse stieß, als »die gewaltige Kluft zwischen dem, was wir sind, und dem, was wir sein könnten«, die Grégoire im Januar 1794 sah, keine Anstalten machte, sich zu schließen, da trat eine Unterströmung des dritten generischen Plots an die Oberfläche. In der Tragödie kommt der halb göttliche, halb menschliche Held (in Frankreich die zunehmend isolierte republikanische Führung) dem Ziel ihres Strebens so nahe, daß er es fast mit Händen zu greifen vermag, und der Ruhm seines Bemühens verblaßt niemals ganz. Die Tragödie liegt darin, daß dieses Ziel so gut und richtig war, das Streben danach jedoch unvermeidlich scheiterte. Die Helden, die dennoch nach diesem Ziel strebten, opferten sich in edler Gesinnung für die Gemeinschaft. Daher, so Frye, verlangt »die Rhetorik der Tragödie nach der edelsten Sprache«.[49] Ende 1793 und Anfang 1794 sprachen die Republikaner ihre dramatischsten

3 Maximilien Robespierre

Sätze. In einer wichtigen Rede Anfang Mai 1794 zum Beispiel ließ Robespierre (siehe Abbildung 3) in die weiterhin anklingenden Themen nach Art der Romanze manche tragische Note einfließen:

»Im Bereich der physikalischen Ordnung hat sich [dank der Erfolge der Wissenschaft] alles verändert; in der moralischen und politischen Ordnung muß sich gleichfalls alles ändern. Zur Hälfte ist die Revolutionierung der Welt bereits vollzogen; die andere Hälfte muß folgen. [...] Wir werden [Europa] die Namen und Tugenden der Helden lehren, die ihr Leben im Kampf für die Freiheit gelassen haben [...]; wir werden ihnen die Stunde nennen, da den Unterdrückern der Welt die Todesglocke läutete. [...] Ich bin Franzose; ich bin einer eurer Repräsentanten. [...] O du erhabenes Volk! Nimm mein ganzes Sein zum Opfer! Glücklich, wer in deiner Mitte geboren. Noch glücklicher aber, wer für dein Glück sterben darf!«[50]

Es scheint, daß er das Schicksal voraussah, das ihn wenige Wochen später ereilen sollte.

Der Übergang von der Komödie zur Romanze und schließlich

zur Tragödie wurde durch die obsessive Fixierung der französischen Revolutionäre auf die Verschwörung beschleunigt. Wenn die mythische Gegenwart der zu neuem Leben erweckten nationalen Gemeinschaft das Paradies der Revolutionäre war, dann war die Verschwörung dessen Schlange. Die Feinde der Revolution zerstörten die scheinbare Versöhnung des Jahres 1790. Die Feinde der Republik vereitelten beständig das Streben nach moralischer und politischer Erneuerung. Kaum war eine Verschwörung aufgedeckt, da traten schon neue an deren Stelle. Die Angst vor der Verschwörung war allerdings kein Spezifikum der Franzosen. Die amerikanischen Kolonialisten der sechziger und siebziger Jahre des achtzehnten Jahrhunderts handelten nach der Überzeugung, daß korrupte Minister in England sich gegen sie verschworen hätten, um ihnen ihre natürlichen und althergebrachten Rechte zu rauben.[51] Doch auch wenn die Rhetorik der Verschwörung keine Besonderheit der Französischen Revolution darstellte, so trat sie, selbst als der Bruch mit dem Ancien régime vollzogen war, nicht in den Hintergrund, sondern beherrschte weiterhin den politischen Diskurs. In Amerika hingegen einte die Verschwörungstheorie die Kolonisten gegen ein fernes Mutterland, und nach dem Bruch beschäftigten sich die amerikanischen Revolutionäre weitaus stärker mit der Frage, wie die Interessen der verschiedenen Regionen und sozialen Gruppen im neuen Staat ihre Vertretung finden sollten.[52] In Frankreich handelte es sich um eine Verschwörung unter Brüdern und damit um Brudermord, und die Beschäftigung damit wurde nach 1789 noch intensiver. Furet hat die Auffassung vertreten, die Zwangsvorstellung der Verschwörung sei das zentrale Organisationsprinzip der revolutionären Rhetorik in der Französischen Revolution gewesen.[53] Das Komplott beherrschte die Revolutionsgeschichte.

Weil das stets überall lauernde Gespenst der Verschwörung die Revolutionäre verfolgte, sprachen sie unablässig von Demaskierung. Radikale Journalisten wie Marat und Hébert spezialisierten sich geradezu auf diese Rhetorik der Denunziation, doch auch auf anderen politischen Ebenen sprachen die Menschen eine ähnliche Sprache, und das von den ersten Tagen der Revolution an. Schon im Juli 1789 gab es eine Zeitschrift mit dem Titel *Le Dénonciateur national*. 1793 gehörte die Phraseologie der Verschwörung zur Normalität und wurde Teil der revolutionären Rhetorik. Ein etwas unbeholfener anonymer Plakatanschlag erfaßte den vertrackten Charakter dieses Begriffs:

> »Sansculotte, es ist Zeit, laß den Generalmarsch schlagen. [...] Sei mißtrauisch, es ist Zeit, der Bürgerkrieg kommt. Du bist der Spielball all der Schurken. Die sozusagen die Republik regieren, das sind alles Verschwörer und all die Händler von Paris. Ich zeige sie an, mehrere von denen, die meine wenigen Worte lesen werden, die die reine Wahrheit sind, werden sagen, daß ich ein Verschwörer bin, weil ich die Wahrheit sage.«[54]

Die Revolutionstribunale der Jahre 1793 und 1794 gaben der Rhetorik der Verschwörung ihre rechtliche Form, aber sie erfanden nicht deren Verwendung.

Die revolutionäre Zwangsvorstellung der Verschwörung hatte zwei verschiedene soziale Ursprünge: zum einen die Volkskultur, zum anderen die »patriotische« Furcht vor einer Konterrevolution der »Aristokraten« im Jahre 1789. Der Gedanke der Verschwörung war im französischen Volk von alters her fest verwurzelt; die Zwänge der Subsistenzwirtschaft und die Kommunikationsstruktur einer Gemeinschaft, die ganz auf die mündliche Weitergabe von Neuigkeiten angewiesen war, gaben ihm reichlich Nahrung. Der im Volk verbreitete Glaube an verborgene Schätze inspirierte Geschichten von geheimen Waffenlagern der Aristokraten, von heimlichen Zusammenkünften oder gehortetem Getreide.[55] Der Hunger und die drohende Gefahr des Hungertodes ließen die Angst vor Verschwörungen nur um so berechtigter erscheinen.[56] Hungersnöte waren nichts Neues, und Volksaufstände wegen angeblicher Spekulation und willkürlicher Preisfestsetzung konnten auf eine lange Geschichte zurückblicken. In den letzten Jahrzehnten des Ancien régime jedoch wurde das Gerede über Horten und Spekulation zunehmend mit nationalen politischen Fragen verknüpft. In den sechziger und siebziger Jahren des achtzehnten Jahrhunderts versuchte die Regierung abwechselnd, den Getreidehandel zu liberalisieren und ihn durch nicht angekündigte Interventionen zu stützen. Kritiker der Regierung beschuldigten führende Minister und sogar den König selbst, aus Profitgier künstlich Hungersnöte herbeizuführen, und die Regierung verbreitete im Gegenzug, unbotmäßige Magistrate seien die Urheber der Krise.[57] Die gegenseitigen Beschuldigungen und höchste Regierungskreise schürten das Mißtrauen im Volk, und selbst hochgestellte Persönlichkeiten glaubten, daß die lebensnotwendige Versorgung mit Getreide Gegenstand politischer Manipulationen sei.

Im Jahre 1789 trafen die auf Grund steigender Kornpreise im Volk kursierenden Verdächtigungen mit einer Verfassungskrise zusammen. Als die Deputierten der neuen Nationalversammlung Tausende von Soldaten nach Paris und Versailles einrücken sahen, glaubten auch sie fest an eine aristokratische Verschwörung, diesmal politischer und nicht sozialer Art. Einer von ihnen schrieb am 26. Juni nach Hause und berichtete von einem Versuch, wie er es sah, »die Ketten unserer Sklaverei fester zu ziehen«.[58] Am 10. Juli schrieb derselbe Deputierte (ein politisch gemäßigter Kaufmann): »Jedermann ist davon überzeugt, daß sich hinter dem Vorrücken der Truppen irgendein Plan zur Gewalt verbirgt«, und er schreibt diesen Plan der »teuflischen Intrige [...] der Aristokratie« zu, »die uns mit eisernem Besen regiert«.[59] Die Entlassung Neckers, der im Ruf stand, den Forderungen der Nationalversammlung wohlgesonnen zu sein, führte zu einer brisanten Mischung von Verschwörungsängsten in Volk und Bourgeoisie.

Die Rhetorik der Verschwörung durchdrang den politischen Diskurs auf allen Ebenen, aber in erster Linie war sie die Losung der Radikalen. In der konservativen Darstellung der Ereignisse waren die Urheber des Übels keine Verschwörer, sondern die Ungeheuer, die Lumpen, die Barbaren und Kannibalen, die der Zusammenbruch der traditionellen sozialen Bindungen hervorgebracht hatte. Im Januar 1792 schrieb der Herausgeber der *Gazette de Paris,* es seien »unsere elenden Neuerer«, die das Volk vom rechten Wege abbrächten: »*Propaganda* hat sich allenthalben unter den Völkern der Erde breitgemacht [...]; die Erde hat sich aufgetan, und Tausende von Schlangen haben sich in Menschen verwandelt. Diese neue Sippe hat die Moral, den Charakter und das Genie jenes Ungeheuers, das sie hervorgebracht hat.«[60]

Es dauerte indessen nicht lange, bis die Rhetorik der Verschwörung alle Bereiche des politischen Diskurses in Frankreich durchdrungen hatte. Schon 1791 veröffentlichten rechtsgerichtete Zeitschriften ihre eigenen Versionen von protestantischen und freimaurerischen Komplotts, von angeblichen Intrigen des Herzogs von Orléans und heimtückischen Versuchen, das Volk zu betrügen.[61] Die wirkungsvollsten konservativen Verschwörungsberichte wurden allerdings erst nach dem Sturz Robespierres geschrieben; man präsentierte sie als Erklärung für den gesamten revolutionären Prozeß und nicht als tagespolitischen Kommentar im Stile politischer Kommentatoren.[62] Die für das Volk bestimmten radikalen Broschüren, die Artikel in den radikalen Zeitschriften, die Reden der Jakobiner im Konvent, die Anklagen vor den von Radikalen beherrschten Revolutionstribunalen, sie alle waren gespickt mit langatmigen und minutiösen Untersuchungen der politischen Worte und Taten jener, die unter Beschuß standen.[63] Was als Reaktion auf die Angst vor Preismanipulationen und geheimen aristokratischen Manövern begonnen hatte, entwickelte sich zu einer systematischen und obsessiven

Beschäftigung, die sämtliche Aspekte des öffentlichen politischen Lebens durchdrang.

Was die zeitgenössischen Beobachter (und die Historiker bis heute) am meisten erstaunt, ist die merkwürdige Verbindung von Vagheit und Präzision in den Denunziationen von Verschwörungen. Jedermann war ein potentieller Feind, und die eigenen Freunde ganz besonders. War ein Verräter inmitten der angeblichen Freunde der Revolution erst einmal ausgemacht, scheute man keine Mühe, um die Geschichte seines Tuns in diesem veränderten Licht neu zu lesen. Als sich Saint-Just zum Beispiel im Frühjahr 1794 mit den Anklagen gegen Danton und dessen Freunde auseinandersetzte, empfand er es als notwendig, alles, was Danton seit dem Beginn der Revolution getan, und jeden, den er gekannt hatte, zu überprüfen. Wenn der verräterische General Dumouriez sich lobend über Fabre-Fond geäußert hatte, den Bruder von Fabre d'Eglantine, der wiederum ein Freund von Danton war, »kann dann noch ein Zweifel an eurem kriminellen Komplott zum Sturz der Republik bestehen?«[64] Verschwörungen ließen sich fast überall aufdecken, und nach jeder Aufdeckung mußte die Geschichte neu geschrieben werden.

Die zentrale Bedeutung, die der Verschwörung in der revolutionären Rhetorik zukam, läßt sich nicht allein historisch erklären. Es war mehr als das überkommene, aus dem Hunger geborene Ressentiment, mehr als ein Ausfluß höfischer Intrigen und mehr als eine uralte moralische Sensibilität, die der christliche Glaube an das Böse als eine verborgene Kraft geprägt hatte.[65] Alle diese Faktoren trugen dazu bei, die Verschwörung glaubhaft und emotional zwingend erscheinen zu lassen. Doch zu einer systematischen Zwangsvorstellung wurde die Verschwörung erst, als die Revolutionäre mit dem neuen Phänomen einer Politik der Massen konfrontiert wurden. Furet beschreibt dieses Dilemma als die beiden Seiten der »demokratischen Fiktion der Macht«, und er fährt fort: »Ebenso wie der Volkswille ist die Verschwörung ein Machtwahn.«[66] Auf der einen Seite Demokratie, Volkswille und Revolution; auf der anderen das Komplott, das Gegenprinzip, die Negation. In dieser Formulierung des Problems erhält das Verhältnis zwischen Demokratie und Konspiration etwas von einer philosophischen Notwendigkeit. Die amerikanische Erfahrung zeigt indessen, und zwar zur selben Zeit, daß dieses Verhältnis nicht notwendig war; die amerikanische Republik wurde nicht von einer endlosen Beschäftigung mit Verschwörungen gegen den Staat unterminiert. Der Unterschied lag darin, daß in Frankreich alle organisierte Politik vom Gedanken der Verschwörung durchdrungen war.

Im achtzehnten Jahrhundert war das Mißtrauen gegen organisierte Politik bei gebildeten Menschen auf beiden Seiten des Atlantiks weit verbreitet. Jedermann schien Hinterzimmerpolitik, geheime Machenschaften und Parteienkämpfe zu fürchten. Doch in Frankreich gab es keine liberale »Wissenschaft von der Politik«; man war nicht vertraut mit den Mechanismen ministerieller Revirements, hatte keine praktische Erfahrung mit Patronagesystemen und der Bildung von Interessengruppen.[67] Der Übergang von der abgeschotteten Politik des Ancien régime zur scheinbar unbeschränkten Partizipation an der neuen Politik erfolgte ungewöhnlich abrupt. Die Franzosen mußten sich sehr viel mehr erklären als den Wechsel der Politik bei einem weit entfernten oder französischen Minister. Sie hatten weit mehr zu befürchten als den Wandel der Untertanenpflichten oder ein leichtes Auf und Ab in der Kontrolle der nationalen Politik durch das »Land«. Der Kampf zwischen der neuerwachten französischen Nation und ihren angeblichen Feinden hatte etwas entschieden Trennendes, weil hier drei Dinge zusammentrafen: die Neuartigkeit der politischen Mobilisierung, die Intensität des sozialen Antagonismus (wie er in dem Gerede von den Hungerkomplotts beispielhaft zum Ausdruck kommt) und das beispiellose Bewußtsein, etwas völlig

Neues zu tun. Auch Amerikanern und Engländern fiel es nicht leicht, das Aufkommen der Parteipolitik und des Wettbewerbs zwischen Parteien zu akzeptieren; doch die Franzosen lehnten es entschieden ab, solche Entwicklungen zu dulden. Und die Folgen dieser Weigerung waren um so verheerender.

Während die amerikanischen Republikaner ihren Weg hin zu Parteipolitik und Interessenvertretung gingen, so wechselhaft er auch gewesen sein mag, bestritten die Franzosen trotz bester Absichten die Möglichkeit einer »liberalen« Politik.[68] Die sozialen und selbst die politischen Unterschiede zwischen einem Jefferson oder Madison und einem Robespierre oder Saint-Just waren minimal. Der herausragendste Unterschied zwischen ihnen war der Kontext, in dem sie sprachen. Sie hatten dieselben rhetorischen Fertigkeiten erworben und zu einem großen Teil dieselben Bücher gelesen. Doch wenn Robespierre oder Saint-Just im Konvent aufs Rednerpodium stiegen, dann hatten Worte und Rhetorik eine andere Bedeutung. Wenn die französischen politischen Redner sprachen, benutzten sie zwei Register zugleich: ein politisches und ein sakrales. Da es keine gewohnheitsrechtliche Tradition gab und auch kein allgemein anerkanntes heiliges Buch, auf das man sich beziehen konnte, mußte die Stimme der Nation unablässig zu hören sein. Das Sprechen und Bezeichnen erhielt eine gewaltige Bedeutung; es wurde zur Quelle von Bedeutung.[69] In Amerika, so J. R. Pole, erlangte die niedergeschriebene Verfassung die Vorherrschaft; der politische Diskurs konnte sich damit auf Fragen der Interessen, des Eigentums, der Rechte, der Interessenvertretung und der Ökonomie konzentrieren.[70] In Frankreich blieb das gesprochene Wort die oberste Instanz (zumindest bis 1794, möglicherweise auch bis 1799), und der politische Diskurs war durch Begriffe geprägt wie Transparenz, Öffentlichkeit, Wachsamkeit und Terror.

Im Frankreich des Revolutionsjahrzehnts war Parteipolitik

gleichbedeutend mit Verschwörung, und »Interessen« war nur ein anderes Wort für Verrat an der geeinten Nation. Nichts Partikulares (und »Interessen« waren *per definitionem* partikular) durfte den allgemeinen Willen spalten. Beständige Wachsamkeit und die Öffentlichkeit jeglicher Politik boten die Möglichkeit, die Entstehung partikularer Interessen und Faktionen zu verhindern. Dahinter stand der Glaube der Revolutionäre, daß »Transparenz« zwischen den Bürgern, zwischen ihnen und ihrer Regierung sowie zwischen dem individuellen und dem allgemeinen Willen möglich und erstrebenswert sei.[71] Deshalb durfte es keine künstlichen Sitten oder Konventionen geben, die die Menschen voneinander trennten, und keine Institutionen, die eine freie Kommunikation zwischen den Bürgern und ihren Vertretern unterbanden. So verstanden, verlieh die Transparenz sowohl dem Bürgereid als auch den Revolutionsfesten ihre Bedeutung, denn beide gründeten in begeisterter Zustimmung, das heißt, in der Aufhebung der Distanz zwischen den Bürgern wie auch zwischen dem Einzelnen und der Gemeinschaft. Die Gemeinschaft war ihrem Wesen nach diese Transparenz – ein anderes Wort für die Manifestation der mythischen Gegenwart.

In politischer Hinsicht meinte Transparenz, daß kein Bedarf an Politikern bestand und daß es keinen Platz für die professionelle Manipulation von Gefühlen und Symbolen gab. Jeder Bürger hatte mit sich selbst zu Rate zu gehen, in der Stille seines Herzens, frei von den schädlichen Einflüssen der Beziehungen, der Protektion oder der Partei. Héberts *Père Duchesne* war die grobschlächtige Sansculotten-Version des Modellpatrioten, reinen Herzens und geradeheraus. Er brachte nur die einfachsten und klarsten Gefühle zum Ausdruck, zumeist entweder »große Freude« oder »Zorn«. Am 1. September 1791 gab Père Duchesne seine Empfehlung für die kommenden Wahlen: »Bürger, wenn ihr nicht betrogen werden wollt, dann hütet euch vor dem bloßen Schein. Glaubt nicht denen, die mit goldenen Zungen reden. [...]

Laßt euch nicht von schönen Versprechungen blenden. [...] Wenn ihr einen Bürger kennt, der unscheinbar und frei von Ehrgeiz ist, dann solltet ihr *ihn* wählen.«[72]

Die radikalen Deputierten sprachen eine weniger grobe Sprache, aber auch sie legten Wert auf authentisches Gefühl. Sie verbanden rednerisches Geschick mit Reinheit und Tugend des Herzens. Unter den Tugenden, die nach Robespierres Verständnis notwendig für einen Vertreter des Volkes waren, räumte er der »Beredtheit des Herzens, ohne die wir nicht zu überzeugen vermögen«, einen hohen Vorrang ein.[73] Vor allem in der Rhetorik des Konvents tauchte immer wieder das Verbum *frémir* (erzittern, erbeben, schaudern) auf; die Redner sprachen unmittelbar zu den Herzen der Zuhörer (wenn auch selten frei) und hofften unmittelbare Gefühle in ihnen wachzurufen.[74] Diese Erwartung war die Übersetzung des Rousseauschen Gedankens der Authentizität in die politische Praxis: Authentizität als Bedingung, unter der Bürger einander transparent sind.[75]

Die Politik von Herz zu Herz sollte in der Öffentlichkeit stattfinden. Alle Bürger und alle gewählten Repräsentanten sollten ihre Erwägungen öffentlich, vor den anderen Bürgern, anstellen. Der wahre Patriot konnte nichts zu verbergen haben. Die Zusammenkünfte der politisch Aktiven in den allergemeinsten Vierteln und die Versammlungen der gewählten Legislatoren des ganzen Landes hatten dies gemeinsam: daß sie öffentlich stattfinden mußten. Lokale Klubs wählten »Zensoren«, die während der Versammlungen durch den Saal patrouillierten und »Privatgespräche« unterbanden.[76] Die Sansculotten trieben das Prinzip der Öffentlichkeit, den »Schutz und Schild des Volkes«, am weitesten. Gegen das Gesetz bestanden mehrere Pariser Sektionen auf namentlichen Abstimmungen und selbst auf Abstimmungen per Akklamation. Sie waren der Ansicht, dies sei die Art und Weise, wie ein freier Mann, ein Republikaner, wähle.[77] Die Öffentlichkeit der Politik machte Wachsamkeit möglich, und

Wachsamkeit war nötig, weil man nicht glauben konnte, daß Menschen, die erst vor so kurzer Zeit und so unvollkommen zu neuem Leben erwacht waren, politische Transparenz würden durchhalten können, zumal die aufgedeckten Verschwörungen zeigten, wie recht man damit hatte. Das untrügliche Zeichen tätiger Wachsamkeit war die Denunziation. Natürlich hatte es Informanten und Denunzianten schon bei der Polizei des Ancien régime gegeben, doch in der Revolution wurde die Denunziation in den Rang einer Tugend, einer Bürgerpflicht, erhoben.

Öffentliche Wachsamkeit und Denunziation wurden während der Schreckensherrschaft institutionalisiert. Robespierre erläuterte:

> »[...] in dieser Situation muß es die oberste Maxime unserer Politik sein, das Volk mit Vernunft zu leiten und den Feinden des Volkes mit Terror zu begegnen. [...] Terror ist nichts anderes als Gerechtigkeit, rasche, harte und unbeugsame Gerechtigkeit, und damit ein Ausfluß von Tugend. [...] Zerbrecht die Feinde der Freiheit mit Terror und ihr werdet gerechtfertigt sein als Gründer der Republik. Die Herrschaft der Revolution ist die Despotie der Freiheit über die Tyrannei.«[78]

Für Robespierre und die übrigen Radikalen war der Terror ein Ausdruck von Tugend, weil er für die Sicherheit der neuen Republik notwendig war. In einem gewissen Sinne folgte er logisch aus den Prämissen der revolutionären Sprache.[79] Wenn die Revolution in erster Linie die Schaffung einer neuen Gemeinschaft war, dann war Robespierres »Herrschaft der Revolution« dazu bestimmt, die Gemeinschaftsdisziplin zu stärken, sie war »die Despotie der Freiheit über die Tyrannei«. Sie sollte nicht als Schiedsrichter zwischen gegensätzlichen Interessen fungieren (Landwirtschaft gegen Handel zum Beispiel), sondern dafür sorgen, daß der vielfältige Wille der Einzelnen zu einem einzigen, allgemeinen und nationalen Willen verschmolzen wurde.

Im Gegensatz zur Auffassung mancher Wissenschaftler wie J. L. Talmon gab es zur Zeit der Schreckensherrschaft keinen totalitären Ein-Parteien-Staat, sondern einen kommunitären Staat ohne Partei.[80] Die Prinzipien der revolutionären Rhetorik hinderten selbst die Jakobiner daran, hinter den Kulissen wirkende Agenten des Staates zu werden. Die Jakobinerklubs übernahmen den revolutionären Staat nicht, sie wurden mehr oder weniger von ihm absorbiert und fungierten allenfalls als Sprachrohr für die Politik der Regierung.[81] Weil die Jakobiner mehr als irgend jemand sonst den Prinzipien der revolutionären Rhetorik anhingen, organisierten sie auch keinen Widerstand gegen die Beschränkungen, die ihnen nach dem Sturz Robespierres auferlegt wurden. Manche gesetzlichen Beschränkungen wurden sogar begrüßt, weil sie den Verdacht entkräfteten, »die Volksgesellschaften wollten sich zu einer Macht aufschwingen, die sich zwischen Volk und Konvent schöbe«.[82] Nach jahrelangen Bemühungen, sich angesichts wachsender Repression und Verfolgung legal zu organisieren, entschlossen die Jakobiner sich Ende 1799 schließlich zu einem Positionswandel. Sie versuchten sich zu verteidigen, indem sie sich in ihren Veröffentlichungen als Partei und als loyale Opposition darstellten.[83] Einen Monat später setzte Bonaparte diesem und zahlreichen anderen Experimenten ein Ende.

Obgleich die Schreckensherrschaft logisch aus den Prinzipien der revolutionären Rhetorik folgte, war sie nicht die einzig mögliche Folge dieser Prinzipien. Das zeigt die Geschichte der Revolution zwischen 1795 und 1799 und selbst noch nach dem Aufstieg Napoleons. Das Direktorium scheiterte zu einem Teil deshalb, weil es sich gleichfalls gegen die Möglichkeit organisierter Politik sperrte. Zwar bemühten sich einige seiner Führer um den Aufbau einer zentristischen Partei, doch die meisten Anhänger des Regimes fürchteten, die politische Organisierung werde nur den Jakobinern und/oder den Royalisten nützen. Daher widersetzte es sich der Bildung jeglicher organisierten Opposition und säuberte die gesetzgebende Versammlung, sobald es den Eindruck gewann, die Linke oder die Rechte werde die Wahlen gewinnen. Zugleich aber konnte das Direktorium sich nicht dazu entschließen, die häufigen Wahlen einzustellen oder einen Ein-Parteien-Staat nach seinen Vorstellungen einzurichten.[84]

Unter Napoleon führte das Mißtrauen gegen organisierte Politik zur Unterdrückung jeglicher politischen Aktivität, die diesen Namen verdiente. Sowohl die »Lösung«, die das Direktorium für die Antinomien der revolutionären Rhetorik fand, als auch die Napoleonische »Lösung« spiegeln in erster Linie lediglich die Macht dieser Rhetorik wider. Es trat keine auf Prinzipien gegründete Interessenvertretung an die Stelle von Transparenz, Öffentlichkeit und Wachsamkeit (auch wenn manche Politiker unter der Direktorialverfassung dies erhofften). Die revolutionären Grundsätze der Anfangszeit wurden als nicht realisierbar oder sogar als gefährlich verworfen, doch es fand sich keine neue Rhetorik, die überzeugend genug gewesen wäre, um an deren Stelle zu treten. Das Direktorium versuchte, ohne Prinzipien zu regieren oder mit einer verwässerten Version der ursprünglichen revolutionären Grundsätze. Die Herrschaft des Direktoriums wollte weder royalistisch noch terroristisch sein, aber es gelang ihm nie, sonderlich weit über die bloße Verkündung dessen, was es nicht sein wollte, hinauszugelangen. Napoleon dagegen verkündete, daß er den Grundsätzen der revolutionären Rhetorik treu bleiben werde, erklärte sich jedoch selbst zur Stimme des Volkes. In seiner Sicht gab es kein Problem, was den Ort der Nation, das Charisma oder den Mittelpunkt der Gesellschaft betraf.

In gewissem Sinne scheiterte die revolutionäre Rhetorik an ihren eigenen inneren Widersprüchen. Sie war politisch, lehnte es aber ab, Gruppenpolitik zuzulassen. Sie zeigte, welche Macht Rhetorik besaß, bestritt aber die Legitimität rhetorischen Redens. Sie repräsentierte das neue Gemeinwesen, drang aber (im Namen der Transparenz unter den Bürgern) auf die Abschaffung politischer Vertretung. Sie bezog sich auf eine mythische Gegenwart, mußte aber zugleich die Fehlschläge dieser Gegenwart erklären und konnte sie nur einer Verschwörungspolitik zuschreiben. Kurz: Als Text unterminierte sie beständig die Grundlagen ihrer eigenen Autorität.[85] Dennoch legte die Französische Revolution die Grundlagen für zahlreiche Aspekte moderner Politik, für unsere Vorstellungen von politischer Praxis und für viele verschiedene Ideologien.

Die französische revolutionäre Rhetorik durchbrach die Grenzen vergangener Politik, indem sie die Existenz eines neuen Gemeinwesens setzte – statt ein reineres Gemeinwesen aus früherer Zeit wiederzubeleben – und indem sie darauf beharrte, daß dieses Gemeinwesen durch Politik – statt durch eine wahre Religion, die Rückkehr zu früheren Traditionen oder das Festhalten an einem bereits geschlossenen Gesellschaftsvertrag – geschaffen werden könne. Man könnte die These vertreten, die revolutionäre Politik sei restriktiv im Sinne der Gemeinschaftsdisziplin definiert gewesen, da die Revolution nicht unmittelbar die Entwicklung liberaler Politik gefördert habe. Doch auch in dieser »Beschränkung« war sie noch bemerkenswert breit angelegt; Politik betraf danach nicht nur Ministerien, Parlamente, Verfassungen, Interessen oder die Regierung, sondern den Wesensgehalt der sozialen Beziehungen.[86] Sie war keine Arena für die Vertretung konkurrierender Interessen, sondern ein Instrument zur Umgestaltung der menschlichen Natur, das Untertanen zu Bürgern, Sklaven zu freien Menschen und Unterdrückte zu Republikanern machte.

Auch wenn die integrativen Funktionen der revolutionären Rhetorik letztlich nicht zur Entfaltung gelangten, so erwies sich der Glaube an die Möglichkeit eines radikal neuen Gemeinwesens dennoch als über alle Erwartungen fruchtbar. Trotz der Fehlschläge von 1794 und 1799 entstand eine alternative, egalitäre und republikanische Tradition, die unablässig die Grundlagen der politischen Debatte und des sozialen Kampfes in Frankreich umgestaltete. Aus diesem Grunde enthält die Durkheimsche Position eine wichtige Einsicht in die Funktionsweise der revolutionären Rhetorik. Die Schwierigkeiten und Rückschläge des neuen Gemeinwesens machten ihre Idee nicht zu einem Hirngespinst. Oder, in der Tocquevilleschen Tradition ausgedrückt: Wenn das Handeln der Revolutionäre auf eine »imaginäre Idealgesellschaft« ausgerichtet war, so bedeutet dies nicht, daß die Ergebnisse ihres Handelns auch nur im mindesten »imaginär« gewesen wären.

Die Rhetorik der Französischen Revolution läßt sich nicht mit den klassischen marxistischen Begriffen erklären. Kapital, Profit, Arbeit und Klasse bildeten nicht die strukturbestimmenden Grundsätze der revolutionären Rhetorik, noch wurde der Diskurs der Revolution von einer Klasse im marxistischen Sinne geprägt. Dennoch kann man von der »Sprache eines Klassenkampfes ohne Klasse« sprechen. Die revolutionäre Rhetorik war entschieden antiaristokratisch, und sie wurde in erster Linie als Instrument des Angriffs auf die alte Gesellschaft geschaffen. Tatsächlich gehörte zu den ersten Leistungen der neuen Rhetorik die Erfindung des »Ancien régime«. Als die französische Gesellschaft erst einmal rhetorisch in eine neue Nation und ein »altes« oder ehemaliges Reich aufgespalten war, war damit auch die Revolution in Gang gesetzt.[87] Ziel der Revolution war es, diese Kluft unüberbrückbar zu machen.

Die revolutionäre Rhetorik kann insofern als »bürgerlich« gelten, als sie den Willen zum Ausdruck brachte, mit der aristokratischen Vorherrschaft der Vergangenheit zu brechen. Die Revolutionäre taten dies nicht im Namen des Kapitalismus; in Wirklichkeit waren insbesondere die Radikalen stets zutiefst besorgt über die Korruption, die dem Kommerzsystem anhaftete.[88] Mit dem Wunsch nach einem unwiderruflichen Bruch mit der Vergangenheit ging auch eine Neubewertung von Innovation einher. Revolution war Innovation, und selbstbewußten Revolutionären machte es nichts aus, wenn man sie als »elende Neuerer« beschimpfte. Ihre ständige Ausrichtung auf die Erneuerung der Dinge mag den Revolutionären die Einsicht versperrt haben, daß in aller Stille die Macht des Staates in Frankreich wuchs und daß sie selbst diese Entwicklung förderten; doch darum war die Rhetorik der Innovation noch kein Trugbild. Wie der Glaube an das neue Gemeinwesen eine Tradition egalitärer republikanischer Politik in Frankreich eröffnet hatte, so ermöglichte der Glaube an die radikale Neuartigkeit ihrer Erfahrung eine fortwirkende Tradition revolutionärer Politik. Schließlich stützte sich auch Marx in seinem Glauben an die Möglichkeit einer revolutionären Umgestaltung der Gesellschaft auf das französische Beispiel; aber er übersah die geschichtliche Ironie und Bedeutung, die der Quelle seiner Überzeugung anhaftete: Die Rhetorik der politischen Innovation und Revolution war nicht das Produkt der am weitesten fortgeschrittenen Industriegesellschaft der Zeit, nämlich Englands. Die Sprache der Revolution war französisch.

Die Rhetorik der amerikanischen Revolution förderte nicht die Entwicklung einer revolutionären Tradition, sondern Konstitutionalismus und liberale Politik. Der Unterschied zu Frankreich lag darin, daß man dort sämtliche Vorbilder aus der nationalen Vergangenheit zurückwies. Wie schwierig muß es in republikanischen Schulen gewesen sein, Geschichte zu lehren! Ein Lehrbuch faßte das Problem in folgenden Worten zusammen: »Wenn der junge Mensch das Geschichtsbuch durchblättert oder eigentlich das Verzeichnis des Elends der Menschheit, dann stößt er beständig auf Könige, große Adlige und allenthalben auf die Unterdrückten, und auf jeder Seite wird das Volk wie eine Herde Vieh gezählt.«[89] Wenn die Republikaner dieser Geschichte des Elends etwas entgegensetzen wollten, so konnten sie nur auf isolierte Beispiele aus dem republikanischen Rom, aus Athen und Sparta oder, näher zu ihrer eigenen Gegenwart, aus der Schweiz und Amerika zurückgreifen. Doch nirgendwo war man so weit gegangen und hatte so viele Hindernisse zu bewältigen wie in Frankreich. Rousseau, der Prophet der Revolution, erschien wie ein Wunder – als einsame Stimme der Vernunft und der Natur in einem Jahrhundert der Frivolität und des Zynismus. Doch die Geschichte der ehemaligen Unterdrückung diente nur dazu, die Größe der revolutionären Errungenschaften um so deutlicher hervortreten zu lassen.

Wie La Harpe es in seiner verschrobenen Art ausdrückt, war die Sprache »das wichtigste und überraschendste Instrument« der Revolution. Die Rhetorik der Innovation machte die Revolution zu einem »Skandal, wie ihn die Welt noch nicht gesehen hatte«, denn sie veranlaßte die Revolutionäre, sich auf unbekannte Gewässer hinauszuwagen und nach den Küsten der nationalen Wiedergeburt und einer Republik der Tugend zu suchen. Die Revolutionäre erfanden neue Worte, doch wichtiger noch, sie gaben den Worten eine neue Bedeutung, indem sie sie im Kontext und zum Zwecke eines radikalen politischen Wandels aussprachen. Erst die persuasive Kraft ihrer Rede – die Rhetorik, nicht das Lexikon – und die Ermahnung zu neuen weltlichen Werten ermöglichten es der Revolution als Erfahrung, die Welt zu erschüttern. Die Tradition sollte ihre Verfechter finden, doch wie die anderen neuen Ideologien sollte sie nie mehr unausgesprochen bleiben können.

Zweites Kapitel
Symbolische Formen der politischen Praxis

Der Sturm auf die Bastille, die Flucht nach Varennes, das Massaker auf dem Marsfeld, der Angriff auf die Tuilerien, die Abschaffung der Monarchie, der Sturz der Girondisten, der Sturz Robespierres, die Royalisten-Säuberungen, die Jakobiner-Säuberungen, der Aufstieg Napoleons – die Folge der revolutionären Wendepunkte, der Aufstieg und Fall der Fraktionen, all das hat etwas Schwindelerregendes. Jedesmal wurden Proklamationen erlassen, Adressen formuliert, Berichte verfaßt, neue Feste eingeführt und alte abgeschafft. Zahllose verschiedene Darstellungen brachte diese endlose Produktion von Worten hervor. Ein aufschlußreiches lokales Beispiel findet sich in einer typischen Proklamation aus dem Jahre 1797. In diesem Dokument veröffentlichte der Staatskommissar beim Departement Isère (der Beauftragte der Direktorialregierung bei der Departementsverwaltung) seinen offiziellen Kommentar zu lokalen Reaktionen auf die kurz zuvor erfolgte Säuberung der Nationalversammlung. Viele Deputierte waren als angebliche Royalisten verhaftet worden; bei anderen hatte man die Wahl für ungültig erklärt.

»Ohne Zweifel ist es das gute Recht eines jeden aufrechten Bürgers, seiner Freude Ausdruck zu verleihen, wenn er erfährt, daß *die Republik und die Verfassung des Jahres III* über die ROYALISTISCHEN VERSCHWÖRER triumphiert haben und dem *Wüten jener, die sie zu vernichten trachteten, entkommen sind.* Doch warum mußte es bei dieser Gelegenheit zwischen Bürgern zu Drohungen und Provokationen wegen der Kleidung oder unterschiedlicher Ansichten kommen? Es ist ein Verstoß gegen die Charta der Verfassung [...], Bürger wegen ihrer Kleiderwahl zu beleidigen, zu provozieren oder zu bedrohen. Möge ein jeder Geschmack und Anstand bei der Wahl seiner Kleidung walten lassen und sich an schickliche Einfachheit halten. [...] VERZICHTET AUF DIESE ERKENNUNGSMARKEN, DIESE KLEIDUNG DER REVOLTE, DIE NICHTS ALS DIE UNIFORM EINER FEINDLICHEN ARMEE IST.«[1]

In Grenoble hatte die Verbindung von Kleidung und Politik 1797 explosive Dimensionen angenommen. Der Staatskommissar wollte davor warnen, die Kleidung allzu ernst zu nehmen; doch zu dieser Zeit konnte auch er nicht umhin, die Macht der Kleidung anzuerkennen. Daher zum Schluß seine eigene Warnung an alle, die jene Rüschen und Farben trugen, welche mit der Wiederbelebung des Royalismus assoziiert wurden.

Das Problem mit der Kleidung war weder neu, noch war es eine Besonderheit von Grenoble. Die Politik beschränkte sich nicht auf verbale Äußerungen, auf die Wahl von Abgeordneten oder auf öffentliche Debatten in Klubs, Zeitschriften und Versammlungen. Eine Vielzahl symbolischer Ausdrucksformen, unter denen die Sprache, wie La Harpe behauptete, nur das »wichtigste Instrument« darstellte, war mit politischen Bedeutungen durchsetzt. Unterschiede in der Kleidung standen für unterschiedliche politische Positionen; bestimmte Farben, das Tragen von Hosen einer bestimmten Länge, Schuhe eines gewissen Zuschnitts oder nur der falsche Hut konnten zum Auslöser für einen Streit, einen Faustkampf oder allgemeine Unruhen in den Straßen werden. Während der Revolution wurden die gewöhnlichsten Gegenstände und Kleidungsstücke zu politischen Emblemen und potentiellen Anlässen für politische oder soziale Konflikte. Farben, Schmuck, Kleidung, Geld, Kalender und Spielkarten wurden zu »Erkennungsmarken« für die eine oder andere Seite.[2] Diese Symbole brachten nicht einfach politische Positionen zum Ausdruck; sie waren das Mittel, durch das die Menschen sich ihrer Position bewußt wurden. Indem sie eine politische Position manifestierten, machten sie es möglich, ihr anzuhängen, sie abzulehnen oder ihr gleichgültig gegenüberzustehen. Und damit wurden sie zu einem politischen Kampffeld.

Nach der revolutionären Rhetorik ging die Macht von der Nation aus (oder vom Volk); es war jedoch nie recht klar, wie der Wille der Nation in der Praxis erkannt werden konnte. Benjamin Constant erklärte 1796: »Revolutionen verwischen die Nuancen [...], ein Sturm ebnet alles ein.«[3] Als die revolutionären Ereignisse sich überschlugen, war es schwierig, die Legitimität einer Regierung irgendwo festzumachen. In dieser Situation bedeutete »Macht zu haben«, in irgendeiner Weise für kürzere oder längere Zeit Kontrolle über die Artikulation und Plazierung der äußeren Manifestationen der neuen Nation zu besitzen. In den Klubs und Versammlungen beanspruchten Redner das Recht, für die Nation zu sprechen, doch die Stimme einzelner ging leicht unter. Dauerhafter, weil stärker vom Kollektiv getragen und eher reproduzierbar, waren die Symbole und Rituale der Revolution: Freiheitsbäume und Freiheitsmützen, die weiblichen Allegorien der Freiheit und der Republik und rituelle Anlässe so unterschiedlicher Art wie Feste, schulische Prüfungen, Wahlen und Klubzusammenkünfte. Die rituellen Formen waren ebenso bedeutsam wie die politischen Inhalte. Politische Symbole und Rituale waren keine Metaphern der Macht, sondern deren Mittel und Zweck zugleich.

Die Ausübung von Macht erfordert stets symbolische Praktiken. Es gibt keine Regierung ohne Rituale und Symbole, so entmystifiziert und frei von magischen Elementen sie auch erscheinen mag.[4] Regieren ist nicht möglich ohne Geschichten, Zeichen und Symbole, die auf tausenderlei unausgesprochene Weisen vermitteln und bestätigen, daß dieses Regieren legitim ist. In gewissem Sinne ist Legitimität die allgemeine Übereinstimmung hinsichtlich der Zeichen und Symbole. Wenn eine revolutionäre Bewegung die Legitimität einer überkommenen Regierung in Frage stellt, muß sie notwendig auch die überkommenen Herrschaftssymbole in Frage stellen. Und sie muß neue politische Symbole erfinden, in denen sie den Idealen und Prinzipien der neuen Ordnung Ausdruck verleiht.

In der Französischen Revolution trat der Prozeß der Erzeugung von Symbolen besonders deutlich zutage, weil die Revolutionäre mitten in der Revolution standen, bevor sie Zeit gehabt hätten, über ihre Situation nachzudenken. Die Franzosen begannen die Revolution nicht mit einer organisierten Partei oder einer kohärenten Bewegung; sie hatte keine Banner und nur wenige einfache Schlagworte. Sie erfanden ihre Symbole und Rituale, während sie voranstürmten. Von den *philosophes* hatten die Revolutionäre gelernt, daß andere Gesellschaften andere Symbole und Rituale besaßen. Doch keine frühere Gesellschaft schien ohne Abstriche wert, als Vorbild zu dienen. Robespierre sagte: »Die Theorie der revolutionären Regierung ist so neu wie die Revolution, die sie hervorgebracht hat. Wir brauchen danach nicht in den Büchern politischer Schriftsteller zu suchen, die diese Revolution nicht vorausgesehen haben, und auch nicht in den Gesetzbüchern von Tyrannen, denen es genügte, ihre Macht zu mißbrauchen, und die sich wenig um den Nachweis ihrer Legitimität scherten.«[5] Die Vergangenheit mit ihren absurden Praktiken konnte nur wenig Anleitung bieten.

Allerdings hatte die französische Monarchie bereits die Macht der Symbole demonstriert. Die Bourbonen hatten nicht nur die politische Verantwortung der französischen Untertanen drastisch beschnitten, wie Tocqueville sagte; es war ihnen auch gelungen, Macht nahezu vollkommen mit dem symbolischen Apparat der Monarchie und insbesondere mit der Person des Monarchen zu identifizieren. Macht bemaß sich nach der Nähe zum Leib des Königs. Um ihre eigene politische Verantwortung als Bürger und ihre Macht zurückzugewinnen, mußten die Franzosen alle symbolischen Verbindungen zur Monarchie und zum Leib des Königs beseitigen. Am Ende führte dies dazu, daß man den König vor Gericht stellte und ihn öffentlich hinrichtete. Weil die Bourbonen den symbolischen Apparat der Herrschaft so stark betonten, waren die Revolutionäre besonders empfänglich für die Bedeutung von Herrschaftssymbolen.

Auch die rhetorische Matrix der revolutionären Politik stärkte die Bedeutung symbolischer Formen. Angesichts des Mißtrauens gegen organisierte Politik und insbesondere gegen Parteien oder Fraktionen waren Symbole und Zeremonien als Instrumente zur Herausbildung politischer Einstellungen noch am ehesten akzeptabel. Es hatte nichts mit Parteifraktionen zu tun, wenn man einen Freiheitsbaum aufstellte oder die Farben der neuen Nation trug. In der Arena der Symbole konnte man politische Konflikte austragen, ohne Parteien oder Politiker beim Namen zu nennen. Die Vorliebe der Revolutionäre für alles Allegorische, Theatralische und Stilisierte war also keine bizarre Verirrung, sondern ein wesentliches Element in ihrem Bemühen, freie Menschen zu formen. Und langfristig verliehen die symbolischen Formen der revolutionären Erfahrung eine psychopolitische Kontinuität. Symbole und Rituale gaben der Revolution eine *longue durée;* sie waren die greifbaren Erinnerungsmarken der säkularen Tradition von Republik und Revolution.

In mancherlei Hinsicht jedoch erweiterten die Revolutionäre lediglich die politische Praxis des Ancien régime. Tocqueville hat schon vor langer Zeit festgestellt, daß die Revolutionäre den monarchischen Staat nicht wirklich zerschlugen, sondern dessen Bürokratie und Administration verbesserten. Die Modernisierungsträume der Monarchie wurden in der Republik Wirklichkeit.[6] Überdies gab es auf lokaler Ebene und auch in den Ministerien starke Kontinuitäten zwischen dem alten und dem neuen Staat. Die städtischen Magistrate, obwohl nun von einem größeren Teil der Bürgerschaft gewählt als zuvor, mußten immer noch Akten führen, Debatten abhalten, Ausschüsse einsetzen, Verfügungen erlassen und ganz allgemein für Ordnung im sozialen Leben sorgen.[7] Aus den Akten der revolutionären Stadträte spricht dieselbe pflichtbewußte Sorge wie aus denen ihrer Vorgänger im Ancien régime.

Außerhalb des administrativen Bereichs wucherten die politischen Aktivitäten trotz des revolutionären Abscheus vor Politikern und politischen Manövern. Klubs, Zeitschriften, Pamphlete, Plakate, Lieder, Tänze (das ganze Spektrum der »im Freien« stattfindenden Manifestationen politischen Interesses) nahmen zwischen 1789 und 1794 eine rasche Entwicklung. Und dennoch machte nicht die große Zahl der Zeitschriften und Klubs die Politik der Revoltuion revolutionär, so drastisch auch der Gegensatz zu vorrevolutionären Zeiten gewesen sein mag. Die Vervielfachung der politischen Betätigungen außerhalb der Regierungsräume rückte Frankreich allenfalls in die Nähe Englands oder der Vereinigten Staaten. Was die Franzosen so anders machte, was sie in der eigenen Sicht wie auch in der Sicht von Beobachtern als »diese neue Spezies« erscheinen ließ, war ihre tiefe Überzeugung, daß sie dabei waren, ein neues menschliches Gemeinwesen in einer Gegenwart zu schaffen, die keinen Vorläufer und keine Parallele kannte.

Da die revolutionäre Rhetorik auf einem vollständigen Bruch mit der Vergangenheit bestand, stellte sie alle Bräuche, Traditionen und Lebensweisen in Frage. Die nationale Wiedergeburt erforderte nichts Geringeres als einen neuen Menschen und neue Bräuche; das Volk mußte nach der republikanischen Gußform umgestaltet werden. In allen Details mußte das alltägliche Leben auf seine Korrumpierung durch das Ancien régime hin überprüft und zur Vorbereitung auf das Neue gesäubert werden. Die Kehrseite der Ablehnung von Politik durch die Rhetorik war der Drang, Politik überall hineinzutragen.[8] Da die Politik nicht in einer abgegrenzten Sphäre stattfand, drang sie in das alltägliche Leben ein. Diese Politisierung des Alltags war ebensosehr eine Folge der revolutionären Rhetorik wie die bewußte Ablehnung organisierter Politik. Durch die Politisierung des Alltags vervielfachte die Revolution jene Punkte, von denen aus Macht ausgeübt werden konnte, und auch die Strategien und Taktiken solcher Machtausübung.[9] Indem die Revolutionäre das spezifisch Politische ablehnten, eröffneten sie dem Spiel der Macht neue Felder mit ungeahnten Möglichkeiten.

Die Politik drang nicht mit einem Schlage in das Alltagsleben ein, aber von Anfang an erkannten Beteiligte und Beobachter, daß etwas Unerhörtes in Frankreich geschah, und sie erfuhren und erklärten dieses Geschehen über Symbole. In seinem Brief vom 16. Juli 1789 an die englische Regierung in London spricht der Duke of Dorset von der »größten Revolution, die wir kennen«, und er illustriert diese Bemerkung durch die Beobachtung, daß jedermann die Kokarde an Hut oder Mütze trage.[10] Am 22. Juli berichtete er, daß »die Revolution in der französischen Verfassung und Regierung jetzt abgeschlossen sein dürfte«, weil der König kürzlich gezwungen worden sei, Paris zu besuchen. In einer symbolischen Prozession zum Zeichen seiner Zustimmung zur Juli-Revolution »wurde er in Wirklichkeit wie ein zahmer Bär von den Deputierten und der Bürgerwehr der Hauptstadt im Triumph nach Paris geführt«.[11] Symbolische Akte wie das Tragen der Kokarde und der »demütigende« Besuch des Königs in Paris waren die klarsten Zeichen des revolutionären Wandels; und sie waren die ersten tastenden Schritte auf dem Wege zur revolutionären Politik.

Das Potential für politische und soziale Auseinandersetzungen wurde deutlich, als die ersten Symbole erfunden wurden. Die Kokarde ist ein gutes Beispiel. Nach dem Duke of Dorset bestanden die ersten Kokarden aus einem Stück grünem Band, doch das Grün wurde abgelehnt, weil dies die Farbe der Livree des Grafen Artois war, des verhaßten Bruders des Königs.[12] Das Grün wurde schon bald durch eine Kombina-

4 »Orgie der königlichen Leibwache in Versailles«, Oktober 1789
Der beigefügte Text erläutert, daß die Soldaten auf der dreifarbigen Kokarde herumtrampeln und statt ihrer schwarze und weiße Kokarden emporhalten

tion aus Rot, Weiß und Blau ersetzt. Als die dreifarbige Kokarde sich durchgesetzt hatte, gewann sie eine gewaltige politische Bedeutung. Ludwigs Leben hing buchstäblich davon ab, daß er sie trug, und Gerüchte über angebliche »Ausschreitungen« gegen sie gaben im Oktober 1789 den Anlaß zu dem schicksalhaften Marsch der Pariser Marktfrauen nach Versailles. Ohne Zweifel wußten die Frauen, daß sie mit ihrem Marsch die Revolution verteidigten, doch keine Rede über »die Revolution« hätte sie in der Weise mobilisieren können wie die Nachricht von der Schändung der Kokarde. Sie zogen los, als sie hörten, in Versailles hätten Soldaten auf der dreifarbigen Kokarde herumgetrampelt und statt ihrer die weiße Kokarde der Bourbonen oder die schwarze der aristokratischen Konterrevolution angesteckt (siehe Abbildung 4). Die Tatsache, daß der Stich einem Zeitungsbericht über die »Oktober-Ereignisse« beigegeben wurde, zeigt, welche emotionale Bedeutung das Symbol besaß. Als das »geheiligte Zeichen der französischen Freiheit« mit Füßen getreten wurde, da war das eine Beleidigung der Nation.[13] Selbst in diesen ersten Monaten der Revolution waren es die Symbole, die es den verschiedenen Parteiungen überhaupt gar erst ermöglichten, sich Klarheit darüber zu verschaffen, daß sie sich bekämpfende Parteiungen waren.

Wie die Kokarde, so kamen auch die Freiheitsmütze, der patriotische Altar und der Freiheitsbaum in den ersten Monaten der Revolution auf. Zwar hatte jedes dieser Symbole seine eigene Genealogie, doch sie alle fanden weite Verbreitung. Und sie boten immer wieder Anlaß zu Wettstreit und Konfrontation. Gegner der Revolution legten Freiheitsbäume nieder oder zerstörten sie, und die lokalen Behörden richteten sie wieder auf. Die Symbole der Macht gingen nicht nur in die politischen Tageskämpfe ein, sondern auch in die eher unterschwelligen Spannungen zwischen den Behörden und den Freudensbekundungen des Volkes. Gelegentlich versuchten die Behörden, populäre Symbole unter Kontrolle zu bekommen, indem sie deren Ursprünge auf einzelne Personen zurückverfolgten, die den Brauch erfunden haben sollten. So schrieb Grégoire im Jahr II einen »historischen und patriotischen Essay über die Freiheitsbäume«, in dem er behauptete, der erste Freiheitsbaum sei im Mai 1790 von einem katholischen Pfarrer im ländlichen Poitou errichtet worden. Historiker haben inzwischen jedoch gezeigt, daß die ersten »Freiheitsbäume« die Maibäume waren, welche die Bauern des Périgord während eines Aufstandes gegen den örtlichen Landadel im Winter 1790 setzten. Sie ähnelten vielfach Galgen und trugen bedrohliche Inschriften. Priester, Notable und Staatskommissare, die zur Untersuchung dorthin geschickt worden waren, sahen in diesen Maibäumen »beleidigende Zeugnisse«, »Symbole der Revolte« und »Monumente des Aufstandes«.[14] Es dauerte jedoch nicht lange und der Freiheitsbaum wurde zum Symbol der Revolution. Im Mai

1792 standen in ganz Frankreich insgesamt 60 000 solcher Maibäume.[15]

Hatten Symbole ihre Popularität durch weite Verbreitung bewiesen, nahm man sie in offiziellerer Form auf. Nach dem 5. Juli 1792 war jedermann *verpflichtet,* die dreifarbige Kokarde zu tragen. Ein paar Tage zuvor hatte die gesetzgebende Nationalversammlung sämtliche Kommunen aufgefordert, einen patriotischen Altar für den Empfang der Neugeborenen zu errichten. Jakobinerklubs und kommunale Regierungen übernahmen das Aufstellen von Freiheitsbäumen und machten daraus eine eigene Zeremonie. Verfügungen wurden erlassen, in denen man allzu exzessive Schaustellungen untersagte. In Beauvais zum Beispiel waren die Behörden beunruhigt über die Praxis, Gegner zu dem gerade errichteten Baum zu schleppen, damit sie ihm ihre Reverenz erwiesen.[16] Man stellte Zäune auf, um den heiligen Bezirk abzugrenzen und den Zugang zu regulieren. Die Zäune, die Erlasse und die Einbindung dieser Symbole in offizielle Zeremonien und Festlichkeiten, sie alle sind Zeichen für die Disziplinierung der neuen Formen von Volksmacht.

Das aufschlußreichste Beispiel für diesen Disziplinierungsprozeß ist die Systematisierung der öffentlichen Feste, die Mona Ozouf so brillant beschrieben hat.[17] Die ersten »wilden« Feste, die Ende 1789 und Anfang 1790 aus der Angst und Freude der Zeit geboren wurden, waren einfache und improvisierte Akte der Vereinigung gegen angebliche Verschwörungen oder zur Durchsetzung der neuen Revolutionssymbole, bei denen es zum Beispiel darum ging, einen Freiheitsbaum zu errichten, das Tragen der Kokarde zu erzwingen oder einen Loyalitätseid auf die Revolution abzunehmen. Die Föderationsfeste des Jahres 1790 markierten den ersten Schritt zu einer Regulierung der Feste, und es ist bezeichnend, daß Uniformierte im Zentrum der Zeremonie standen. In ganz Frankreich sollten um die Mittagszeit Soldaten, Nationalgardisten und Beamte den Eid ablegen, in dem sie sich unter anderem dazu verpflichteten, das Volk und das Eigentum zu schützen sowie die freie Zirkulation von Getreide und die Eintreibung der Steuern sicherzustellen.[18] Das Volk versammelte sich an den Rändern des Zeremonialraumes und sah zu, wie man die dreifarbige Kokarde, den patriotischen Altar und die übrigen Embleme der Freiheit durch deren Verwendung im neuen Staatsritual absegnete. (Siehe Abbildung 2)

Ursprünglich hatte der Enthusiasmus des Volkes diesen Symbolen Bedeutung verliehen; jetzt nahm der Staat sie durch offizielle Zeremonien unter seine Regie. So wurde der Beitrag des Volkes anerkannt und zugleich teilweise entschärft.

In dem Moment, in dem die Feste einen differenzierteren Charakter annahmen, brachte man eine Fülle zunehmend unverständlicher Symbole in sie ein – manche aus der Bibel oder der katholischen Tradition, häufiger jedoch aus der Antike oder der Freimaurerei und daher unvermeidlich weniger »populär« in ihrer Resonanz. Das Richtscheit der Freimaurer wurde zum Symbol für Gleichheit, das römische Rutenbündel zum Symbol für Einheit, der römische und gallische Lorbeerkranz zum Zeichen bürgerlicher Tugend, das ägyptische Auge zum Emblem der Wachsamkeit, und eine Fülle weiblicher Göttinnen stand nicht nur für die Freiheit, sondern auch für Vernunft, Natur, Sieg, Empfindsamkeit, Barmherzigkeit, Mildtätigkeit und ähnliches.[19] In langen Prozessionen trug man Banner mit lehrreichen Sprüchen und machte an erbaulichen allegorischen »Stationen« halt. An die Stelle der katholischen Heiligen traten die neuen Revolutionsembleme; an die Stelle der Priester und Vikare der Kirche traten die Beamten und Zeremonienmeister des neuen Staates.[20]

Wie die katholische Kirche des späten siebzehnten Jahrhunderts in der Gegenreformation versuchte, die religiösen Feste des Volkes zu disziplinieren, so versuchten die Behörden des

Revolutionsregimes, die politischen Feste des Volkes unter ihre Kontrolle zu bringen. Sie integrierten die volkstümlichen Symbole in organisierte Feste und Zeremonien, und sie entwarfen eigene Symbole für das Volk. Die Freiheitsgöttin ist das bekannteste und auch das erfolgreichste Beispiel dafür. Als man die Freiheitsgöttin 1792 für das Siegel der Republik auswählte (siehe Abbildung 5), da war sie in der französischen Ikonographie durchaus keine Unbekannte. Schon 1775 malte sie Moreau als junge Frau in römischem Gewand und mit einer Freiheitsmütze auf der Spitze ihrer Lanze.[21] In der Revolution tauchte sie offenbar erstmals auf einer Gedenkmedaille auf, die an die Einsetzung einer neuen Stadtregierung in Paris im Juli 1789 erinnerte. Bis zu ihrer Erhöhung im September 1792 stand sie im Schatten von Gestalten wie dem »Genius« Frankreichs, der auf der Rückseite der neuen, 1791 herausgegebenen königlichen Münzen zu sehen war, umgeben von Merkur, Minerva und weiblichen Gestalten, die die Stadt Paris repräsentierten.[22] Gegen Ende des Jahrzehnts jedoch war die Freiheitsgöttin unlösbar mit der Erinnerung an die Revolution verbunden, für die sie gestanden hatte. Im kollektiven Gedächtnis war *La République* »Marianne«. Diesen Namen hatten ursprünglich Gegner der Re-

5 Das Siegel der Republik, 1792

volution der Freiheitsgöttin, als Verkörperung der Republik, beigelegt, um sich über sie lustig zu machen; aber schon bald wurde er zum vertrauten Kosenamen; ihr Bild taucht in allen späteren Republiken wieder auf.[23]

Die ausgeglichen und gelassen wirkende Freiheitsgöttin auf dem Siegel von 1792 läßt kaum an die Raserei und Gewalt der diversen »Revolutionstage« und die Mobilisierung des Volkes denken. Wie eine Heilige der Gegenreformation stand sie für die Tugenden, die von der neuen Ordnung so sehr herbeigesehnt wurden: die Überwindung von lokaler Beschränktheit, Aberglauben und Partikularismus im Namen eines disziplinierteren und universelleren Kultes. Die Freiheit war eine abstrakte Qualität, die in der Vernunft gründete. Sie gehörte keiner Gruppe; sie wohnte an keinem bestimmten Ort. Sie war die Antithese jener »lächerlichen Bräuche und abstrusen Formeln, der absurden und kindischen Etikette und des vom Klerus usurpierten Rechts«, die die Radikalen schon 1790 verdammt hatten.[24] Als die Freiheitsgöttin öffentliche Anerkennung und weite Verbreitung gefunden hatte, wurde sie allerdings auch zugänglicher für volkstümliche Formen der Verwendung. Die politische Praxis der Revolution war wie die Religion der Gegenreformation nicht einseitig auf Disziplinierung ausgerichtet.[25]

Das auffälligste Beispiel für die Formbarkeit der Symbole – insbesondere des Symbols der Freiheitsgöttin – war das bekannte »Fest der Vernunft«. Auf Beschluß des radikalen Pariser Stadtrates wurde das für den 10. November 1793 geplante Fest zu Ehren der Freiheit in einen »Triumph der Vernunft« umgewandelt. Außerdem verlegte man es aus dem ehemaligen Palais Royal nach Notre-Dame, um den Angriff auf den Katholizismus deutlicher hervortreten zu lassen. Die Festlichkeiten selbst waren durch eine seltsame Mischung aus elitären und volkstümlichen Themen gekennzeichnet, die nicht überraschen dürfte, empfand die Pariser *commune* sich

6 Das Fest der Vernunft, November 1793

doch gleichsam als Vermittler zwischen der rationalistischen Sicht der Konventsabgeordneten und den weniger hochstrebenden Interessen der unteren Klassen in der Pariser Bevölkerung.[26] In der Mitte der ehemaligen Kathedrale hatte man einen Berg aufgeschüttet, ein Symbol für die Linke im Konvent. Den Berg schmückte ein kleiner Tempel mit der Inschrift *A la philosophie*. Am Eingang des Tempels waren Büsten der *philosophes* aufgereiht. Einer der Organisatoren schrieb über das Fest:

»Diese Zeremonie hatte nichts mit dem griechischen oder römischen Mummenschanz gemein; sie traf einen geradewegs ins Herz. Die Instrumente heulten nicht wie Kirchenorgeln. Ein republikanisches Orchester, das am Fuße des Berges plaziert war, spielte in volkstümlicher Sprache [en langue vulgaire] die Hymne, die von den Menschen um so besser verstanden wurde, als sie natürliche Wahrheiten und keine mystischen und chimärischen Lobhudeleien zum Ausdruck brachte.«[27]

In dem Augenblick, in dem die Freiheitsgöttin, »dargestellt von einer wunderschönen Frau«, aus dem Tempel trat und sich auf einem laubbekränzten Thron niederließ, um die Huldigungen der anwesenden Republikaner entgegenzunehmen (siehe Abbildung 6), stiegen zwei Reihen weißgekleideter und mit Lorbeerkränzen geschmückter Mädchen mit Fackeln in den Händen den Berg hinab und wieder hinauf.

Die wahrlich erstaunlichste Innovation dieses Fests war der Auftritt einer lebenden Frau als Freiheitsgöttin. Noch drei Tage zuvor, als der Stadtrat die Verlegung des Festes an einen anderen Ort beschloß, dachte man an die übliche Präsentation in Form einer Statue: »Die Freiheitsstatue wird die Stelle der ›heiligen Jungfrau‹ einnehmen.«[28] Wir wissen nicht, wie die Veränderung zustande kam, aber sie wurde in zahlreichen Provinzstädten nachgeahmt.[29] Man griff auf ein lebendes Bild der Freiheit zurück (oder auch der Vernunft, der Natur oder des Sieges – die Unterschiede waren selbst den Teilnehmern und Organisatoren nicht immer ganz klar),[30] weil man sich eine transparente Darstellung wünschte, eine Darstellung, die so nahe bei der Natur blieb, daß sie keine der alten fanatischen Sehnsüchte nach falschen Bildern weckte. In einer Zeitung hieß es dazu:

> »Man wollte von Anfang an mit jeglicher Art von Götzenverehrung brechen. Wir haben es vermieden, an die Stelle des heiligen Sakraments ein unbelebtes Bild der Freiheit zu setzen, weil einfache Gemüter dies hätten mißverstehen und den Gott des Brotes durch einen Gott aus Stein ersetzen können [...]; diese lebendige Frau dagegen konnte trotz all ihrer Schönheit nicht von Unwissenden vergöttert werden, wie es bei einer Statue aus Stein hätte geschehen können.
>
> Wir dürfen niemals müde werden, dem Volk zu sagen, daß Freiheit, Vernunft und Wahrheit nur abstrakte Wesenheiten sind. Es sind keine Götter, denn sie sind, genau besehen, Teil unserer selbst.«[31]

Die personifizierte Freiheit sollte wie eine gewöhnliche Frau aussehen und nicht wie das Bild eines Abgottes. Fast überall jedoch hatte die Freiheitsgöttin, die man auswählte, etwas von einer Karnevalsprinzessin – es war die schönste Frau des Dorfes oder Viertels. Das Volk machte sie für einen Tag zu seiner Königin. Damit wurde der didaktische Gedanke der Radikalen, alle Idole zu unterdrücken, von den volkstümlichen Festritualen aufgenommen und in sein Gegenteil verkehrt. Der Konvent hatte daran keinen Anteil, zumindest nicht offiziell, und als das Fest zu Ende war, marschierten die Teilnehmer zum Konvent und luden die Deputierten zu einer zweiten Vorstellung ein. Unter Anleitung der Pariser Stadtregierung hatte das Volk sein eigenes Spiel geschaffen.

Das Fest der Vernunft, wie es alsbald genannt wurde, zeigt, wie komplex das Feld der symbolischen Macht beschaffen ist. Der Konvent, der Stadtrat von Paris, die lokalen Aktivisten und die Pariser Bevölkerung, sie alle hatten ihre eigenen Interessen und Erwartungen. Der Konvent hatte die römische Göttin der Freiheit eingeführt, weil er darin einen geeigneten Ersatz für den König als zentrales Symbol der Regierung und ihrer Legitimität erblickte. Die Deputierten wünschten sich ein abstraktes Symbol, das möglichst wenig oder gar nicht an die monarchistische Vergangenheit Frankreichs erinnerte. Zur Zeit des Festes suchte der Pariser Stadtrat nach Möglichkeiten, den Einfluß des Katholizismus zurückzudrängen. Die Freiheit war etwas Weltliches; die Assoziation zur Vernunft lag nahe (beide wurden ikonographisch als weibliche Figuren dargestellt); und sie ließ sich der zentralen Frauengestalt des katholischen Glaubens, der heiligen Jungfrau Maria, entgegenstellen. Die Menschen aus dem Volk schließlich, die bei dem Fest anwesend waren, vermochten aus der abstrakten weltlichen Göttin eine lebendige Karnevalsprinzessin zu machen, die an die Königinnen der traditionellen volkstümlich-religiösen Rituale erinnerte. Allerdings erhielt das Volk seine lebendige Göttin nur in einem von der Oper gelieferten Dekor, unter Beteiligung von Mitgliedern des Opernballetts und mit einer Musik aus dem Repertoire der Oper.[32] Das Volk machte sich die Freiheitsgöttin zu eigen, um dann zu entdekken, daß sie eine Schauspielerin war, die ihm zur Erbauung eine Rolle spielte.

Die Praxis, Symbole einzusetzen, um politische Kämpfe auszufechten und politische Positionen zu entwickeln, war durchaus nicht auf die Anhänger der Revolution beschränkt. Im Mai 1799 schrieb die Stadtverwaltung von Toulouse an den Polizeiminister in Paris und beklagte sich über Demonstrationen, die sich an der Statue der schwarzen Jungfrau entzündet hatten. Die schwarze Holzstatue von Notre-Dame-la-Noire hatte jahrhundertelang eine wichtige Rolle in lokalen religiösen Zeremonien gespielt, und noch 1785 hatte der Stadtrat sie in einer öffentlichen Prozession, auf der man um Regen bat, durch die Straßen begleitet. 1799 wurde die Statue aus ihrem Versteck geholt und wieder in einer Kirche der Stadt aufgestellt. »Die Kollekten erbrachten gewaltige Summen, und all die lächerlichen, von den Priestern benutzten Segenswünsche tauchten wieder auf. Jeder wollte ein Taschentuch, einen Ring oder ein Buch haben, die mit der Madonna in Berührung gekommen waren.« Die Beamten waren empört, daß »wir am Ende eines aufgeklärten Jahrhunderts in unserer Gemeinde jene elenden Werkzeuge des Fanatismus wiederaufleben sehen, die ihren tödlichen Erfolg nur der Zeit der Unwissenheit und des Aberglaubens verdankten«. Wenige Tage später wurde die Statue verbrannt.[33]

Neben den traditionellen religiösen Symbolen suchten die Gegner der revolutionären Neuerer auch die volkstümlichen Karnevalsbräuche wiederzubeleben. Unmittelbar vor der Fastenzeit hatten diverse Gemeinden Paraden, Prozessionen und Tanzveranstaltungen organisiert, die häufig zu wilden, manchmal sogar tumultartigen Herausforderungen der lokalen Obrigkeit ausarteten. Bei diesen Festen war es üblich, Masken zu tragen, und die Männer verkleideten sich häufig als Frauen. Nach 1794 benutzten die organisierten Gegner der Schreckensherrschaft vielfach solche Mittel, um ihre Identität vor der Obrigkeit zu verbergen. Im Januar 1797 gab die Departementsverwaltung des Departements Gironde in Bordeaux einen Erlaß heraus, in dem sie Masken und Verkleidungen verbot und insbesondere das Tragen von »Kleidern eines anderen Geschlechts als des eigenen« untersagte. Die Gründe für diesen Erlaß wurden vom Kommissar der Direktorialregierung folgendermaßen erklärt:

> »Hinter der Maske zieht die Rache dreist ihren Dolch; hinter der Maske beleidigen und mißhandeln verderbte Personen ungestraft jene, in denen sie ihre Feinde erblicken; hinter der Maske haben Gauner und Diebe es leicht, jene zu berauben, nach deren Hab und Gut ihnen gelüstet; hinter der Maske läßt man sich zur allergrößten Unbedachtsamkeit in jenen hemmungslosen Spielen hinreißen, die Verderben und Verzweiflung über die Familien bringen.«[34]

In den Augen der Behörden leisteten Masken und Verkleidungen allen nur erdenklichen Übeln politischer und moralischer Natur Vorschub, wenn sie sie nicht sogar erst hervorbrachten.

Diese Formen symbolischen Widerstands gegen die Revolution wurzelten in der traditionellen Volkskultur. Im sechzehnten und siebzehnten Jahrhundert hatte die Bevölkerung vielerorts Karnevalsmasken und Heilige dazu benutzt, ihre kollektive Identität gegen die Übergriffe reformerischer Bischöfe und ehrgeiziger Notablen zu verteidigen. Gegen Ende des Ancien régime hatten diese Kämpfe an Schärfe verloren, doch die Revolution ließ sie wiederaufleben, indem sie ihnen einen neuen politischen Inhalt gab. In den Augen einiger verärgerter Bürger hatten die revolutionären Ideologen und die republikanischen Notablen sich lediglich an die Stelle der Bischöfe und Grundbesitzer des Ancien régime gesetzt. Für überzeugte Republikaner dagegen standen Karnevalsmasken und schwarze Jungfrauen für all das, was die Revolution zu überwinden trachtete: für Royalismus, Fanatismus, Unwissenheit, Aberglaube, kurz: für alles, was ihnen an der Vergangenheit Frankreichs verwerflich erschien. Schwarze Jungfrauen waren eine Beleidigung für die Göttin der Freiheit, und Karnevalsmasken schlugen dem auf Transparenz bedachten Bürger ins Gesicht.

Die Republikaner wußten sehr wohl, daß diese symbolischen Kämpfe durchaus nicht nur symbolisch waren, und oft erhoben sie ihre symbolischen Keulen zu durchaus rationalistischen Vergeltungsaktionen. Im Jahre 1796 bat die entschieden republikanische Stadtverwaltung von Toulouse um die Erlaubnis, eine Kapelle zur Verwendung als Kornspeicher ankaufen zu dürfen. Im weiteren Verlauf desselben Jahres versuchte sie, das ehemalige Karmeliterkloster in ein botanisches Museum umzuwandeln; und 1798 bat sie um die Genehmigung, das Kloster zu einem Kornmarkt zu machen.[35] Es bedarf keiner großen Phantasie, um sich vorzustellen, daß Menschen ostentativ die schwarze Jungfrau unterstützten, um ihre Ablehnung solcher Entchristianisierungsmaßnahmen zu demonstrieren. Die Republikaner waren oft verwundert über die Tiefe der Feindseligkeit, die durch symbolische Konflikte dieser Art ausgelöst wurden. Als ein Mitglied der Stadtverwaltung von Toulouse beschuldigt wurde, ein Anhänger der Schreckensherrschaft zu sein, erklärte er: »Ich habe stets Auffassungen vertreten, die in der mildesten Menschenfreundlichkeit gründen«, und er nannte Rousseau, Voltaire und Helvetius als die Quellen seiner »moralischen Grundsätze«.[36] Diese Grundsätze führten unweigerlich zum Kampf gegen die Symbole der katholischen Kirche und des Ancien régime.

Die Revolutionäre konnten nicht hoffen, ihre »symbolischen« Schlachten zu gewinnen, wenn es ihnen nicht gelang, ihr Publikum zu erziehen. Eine intensive politische Erziehung war erforderlich, damit das Volk lernte, zwischen der *Freiheit* seiner republikanischen Gegenwart und der schwarzen

Jungfrau seiner royalistischen Vergangenheit zu unterscheiden. Darum war die politische Praxis der Republikaner fundamental didaktisch angelegt; sie mußten das Volk lehren, den neuen symbolischen Text der Revolution zu lesen. Die Erziehung mußte natürlich bei den Kindern der Nation beginnen. Eine neue Generation wahrer Republikaner ließ sich nur durch ein System organisierten, landesweiten Unterrichts für ein Laienpublikum heranbilden. Romme schrieb in seinem Bericht aus dem Jahre 1793: »Die Verfassung wird der Nation politische und soziale Existenz verleihen; der öffentliche Unterricht moralische und geistige Existenz.«[37]

Entsprechend entwickelten die verschiedenen Nationalversammlungen der Revolutionszeit ehrgeizige Projekte zur Umgestaltung des Bildungswesens auf allen seinen Ebenen. Die Kontrolle der katholischen Kirche über das Erziehungswesen wurde gebrochen; die Primarschule wurde für alle Kinder, unabhängig von ihrer sozialen Herkunft, geöffnet. Den Schulmeister ersetzte man durch einen weltlichen, vom Staat bezahlten Lehrer (*instituteur* meinte wörtlich den, der neue Werte einsetzt).[38] Obwohl die meisten dieser Pläne aus Zeit- und Geldmangel nicht realisiert werden konnten und die radikaleren Vorstellungen von Gleichheit und kostenloser Schulausbildung nach 1795 fallengelassen wurden, veröffentlichte man zahllose Lehrerhandbücher und »republikanische Katechismen« und verteilte sie an die neuen Lehrer.[39] In der Theorie sollten die Kinder die Erklärung der Menschen- und Bürgerrechte, die territoriale Gliederung der Republik, republikanische Gedichte und Hymnen und die Grundsätze des republikanischen Staates lernen, dazu französische Grammatik, Lesen und Schreiben, ein wenig Naturgeschichte und lehrreiche Beispiele aus früheren Republiken. Die örtlichen Verwaltungen jedoch, denen die Aufsicht über das Erziehungswesen oblag, fanden nicht selten, daß es zuwenig Lehrer gab, daß ihre Ausbildung ungenügend war und daß ihre Begeisterung für die neue Ordnung nur allzuoft zu wünschen übrig ließ.[40]

Jedenfalls konnten die Republikaner nicht auf die Heranbildung einer neuen Generation warten; deshalb verlegten sie das Schwergewicht ihrer Bemühungen auf die Umerziehung der Erwachsenen. Eine der wichtigsten »Jakobinerschulen« war die Armee der Jahre 1792 bis 1794.[41] Der Konvent entsandte Deputierte zu allen im Feld stehenden Armeen, die die republikanische Disziplin der Soldaten und Offiziere überwachen sollten. Sie ließen angebliche Verräter verhaften, richteten Revolutionstribunale ein und gaben Bekanntmachungen, Adressen, Proklamationen, Anweisungen und sogar Zeitschriften heraus. Die Regierung subventionierte 5000 Abonnements der jakobinischen Zeitschrift *Journal des hommes libres,* und in einem Zeitraum von nur neun Monaten schickte sie insgesamt eine Million Exemplare des *Père Duchesne* direkt an die Armee. Auf dem Höhepunkt seiner Propagandakampagne versorgte der Konvent die Armee täglich mit 30 000 Zeitschriften.[42] Zusätzlich gab es Siegesfeste, die eigens für die Armee organisiert wurden; und viele zivile Feste schlossen Soldaten in großer Zahl ein. Die Einschätzung, die hinter diesen Bemühungen stand, verdeutlichte ein Leutnant, der an einen Beamten im Kriegsministerium schrieb und um noch mehr Zeitschriften bat: »Der Soldat ist guten Willens, aber er bedarf der Aufklärung.«[43]

Selbst die Beamten der Revolution bedurften der Erziehung, damit sie ihre Aufgaben erfüllen konnten. Zu diesem Zweck produzierte die Regierung einen endlosen Strom von Informationsbulletins und detaillierten Erläuterungen zu den bürokratischen Pflichten und Grundsätzen. Sie verlangte regelmäßige Berichte von ihren Beauftragten in den Departements, die wiederum Berichte von ihren Beauftragten in den Stadtverwaltungen erhielten. Das regelmäßige und gleichförmige Sammeln von Information sollte sicherstellen, daß die Regierung in Kontakt mit der öffentlichen Meinung blieb; zugleich sollte es die Beauftragten und die unteren Ebenen der Verwaltung ständig an ihre Loyalitätspflichten erinnern. Ein Brief des Direktorialkommissars im Departement Vendée vermittelt etwas von dem Geist dieses Unternehmens. Er schrieb an die Beauftragten bei den Stadtverwaltungen des Departements und erinnerte sie an die Verpflichtung, ihm in jeder Dekade (d. h. alle zehn Tage nach dem neuen Revolutionskalender) einen »analytischen Bericht« über die Situation in ihrem Zuständigkeitsbereich zukommen zu lassen. Er beklagte sich über den mangelnden Diensteifer, den manche an den Tag legten, und fuhr fort: »Ich habe das Recht, methodische Präzision, begründete Ergebnisse, einige Neuigkeiten und vor allem Genauigkeit von Ihnen zu erwarten.« Um ihnen die Arbeit zu erleichtern, schickte er ihnen Formulare mit Spalten für Eintragungen zu den interessierenden Fragen. Zum Schluß bekräftigte er noch einmal, daß der Diensteifer der Beamten (das Wort benutzt er mehrfach in seinem Schreiben) wesentlich für die »Vervollkommnung des politischen Apparats« sei.[44]

Volksbildung, Propaganda in der Armee und die Stärkung bürokratischer Routine waren Strategien zur Ausweitung der Macht. Sie trugen zur »Vervollkommnung des politischen Apparats« bei, indem sie Beamte und gewöhnliche Bürger gleichermaßen in den neuen Staat einbanden. Niemals zuvor war ein so ehrgeiziges Programm der politischen Disziplinierung durchgeführt worden. Nach der Ausrufung der Republik im September 1792 sahen die republikanischen Amtsträger allenthalben die Gefahr eines Kampfes zwischen den Kräften der Erneuerung und denen der konterrevolutionären Verschwörung. Zeitschriften, Armeeuniformen, bürokratische Formen und Schulbücher waren ebenfalls politische Symbole, geradeso wie Kokarden und Freiheitsbäume. Doch nun rückten selbst die Maßeinheiten von Raum, Zeit und Gewicht ins politische Blickfeld. Alle sollten dieselbe Sprache sprechen, dieselben Gewichtseinheiten und Maße benutzen und das alte Münzgeld umtauschen. Eine Kommission erarbeitete das metrische System, und der Konvent führte einen neuen Kalender ein. Statt der siebentägigen Woche gab es nun eine zehntägige Dekade und keine Abweichungen zwischen den Monaten. Die neuen Namen für Monate und Tage, die an die Stelle der Namen aus der »christlichen Ära« traten, sollten Natur und Vernunft widerspiegeln. Germinal, Floréal und Prairial (Ende März bis Ende Juni) zum Beispiel erinnerten an die Knospen und Blüten des Frühlings, während »primidi«, »duodi« usw. die Tage rational und ohne Rückgriff auf Heiligennamen ordneten.[45] In Toulouse gingen die städtischen Behörden so weit, einen Uhrmacher zu beauftragen, die Uhr am Rathaus auf das Dezimalsystem umzustellen.[46] Selbst Uhren vermochten von der Revolution zu zeugen.

Die Regierung der Revolution besaß einen hierarchischen Aufbau, der sich weiter verstärkte, als die Radikalen 1792 die Macht übernahmen. Die Nationalversammlung (1792–1795 der Nationalkonvent) in Paris bestimmte die Zentralregierung und erwartete, daß ihre Autorität von dort bis zu den Departements und schließlich zu den Städten und Gemeinden reichen würde. Doch obwohl der Konvent die Gesetze und Erlasse über die Umgestaltung des Erziehungswesens, der Armee und der Bürokratie verabschiedete, vermittelten sich Strategien und Taktiken der Macht nicht einfach von Paris aus nach außen. Geradeso wie manche Revolutionssymbole aus volkstümlichen Praktiken stammten, so hatten auch einige der Taktiken politischer Umerziehung ihren Ursprung auf lokaler Ebene. Schon 1789 entwickelten lokale Regierungen eigene bürokratische Verfahrensweisen, noch bevor die Deputierten in Paris überhaupt daran gedacht hätten, die Bürokratie zu reorganisieren.[47] In einigen Departements versuchten örtliche Verwaltungen das öffentliche Erziehungswesen zu reformieren, bevor der Konvent sich auf einen Plan geeinigt hatte.[48] Der Erfolg zentralstaatlicher Aktivitäten in diesen Bereichen hing in beträchtlichem Maße vom »Diensteifer« lokaler Amtsträger ab.

Häufig, vor allem aber in den Jahren 1792 und 1793, fand die politische Mobilisierung in erster Linie außerhalb der regulären und offiziellen staatlichen Kanäle statt. Die Klubs, die Volksgesellschaften und Zeitschriften nahmen es selbst in die Hand, die Bevölkerung einschließlich der örtlichen Garnison für die Sache der Republik zu gewinnen. Frauenklubs und Gesellschaften von Handwerkern und Händlern widmeten sich ausdrücklich der Förderung der republikanischen Sache bei ihren Mitgliedern. So entstand 1790 in Bordeaux eine »patriotische Gesellschaft« von Handwerkern und Ladenbesitzern aus dem Gedanken heraus, daß »die neue Ordnung der Dinge jedermann zur öffentlichen Verwaltung aufrufen kann, da jedermann Mitglied des Staates ist«. Zweck der Gesellschaft war es, jeden Mann auf diese mögliche Aufgabe vorzubereiten, indem man die Gesetze und Erlasse der Nationalversammlung diskutierte und gemeinsam Zeitungen und Zeitschriften las.[49]

Die Macht des revolutionären Staates wuchs also nicht deshalb, weil seine Führer die demokratische Ideologie und die bürokratische Praxis zu ihren Gunsten manipuliert hätten; die Macht weitete sich aus, weil auf allen Ebenen Menschen unterschiedlichsten Standes neue »Mikrotechniken« erfanden und erlernten.[50] Akten zu führen, Klubtreffen beizuwohnen, republikanische Gedichte zu lesen, Kokarden zu tragen, Fahnen zu nähen, Lieder zu singen, Formulare auszufüllen, patriotische Spenden zu leisten, Amtsträger zu wählen – all diese Aktivitäten trugen dazu bei, eine republikanische Bürgerschaft und eine legitime Regierung zu schaffen. Im Kontext der Revolution erhielten all diese gewöhnlichen Aktivitäten eine außergewöhnliche Bedeutung. Macht war daher keine statische Größe, die bei irgendeiner Parteiung lag, sondern ein komplexes Geflecht von Aktivitäten und Beziehungen, das ungeahnte Ressourcen hervorbrachte. Die überraschenden Siege der Revolutionsarmeen waren nur die verblüffendste Folge dieser Entdeckung einer neuen sozialen und politischen Energie.

Die revolutionäre politische Praxis vervielfachte zwar die Strategien und Taktiken der Macht, aber sie kannte auch dieselben inneren Spannungen wie die Rhetorik der Revolution. Am wichtigsten war die Spannung zwischen dem Glauben an die Möglichkeit von Transparenz und der Notwendigkeit politischer Didaktik. Wenn Wahrheit und Gerechtigkeit des Volkswillens offenkundig, d. h. jedem Menschen ins Herz geschrieben waren, dann brauchte der Volkswille nur ausgesprochen zu werden, damit die Tugend zur Herrschaft gelangte. Politische Mechanismen waren daher sekundär, wenn nicht sogar bedeutungslos, zumindest in der Theorie. Robespierre sagte: »Tugenden sind einfach, bescheiden, arm, oft verkannt, manchmal ungeschliffen; sie sind das Attribut der Unglücklichen und das Erbteil des Volkes.«[51] Wenn jedermanns Sinn transparent wäre, dann würde die Tugend erstrahlen. Und wenn die Menschen tugendhaft wären, müßte sich eine Republik der Tugend gleichsam automatisch einstellen. Politik war nur in korrupten Gesellschaften erforderlich; und in der Tat war schon die Existenz von Politik ein Zeichen dafür, daß die Gesellschaft korrupt war. Die Praxis der Revolution konnte dann nur darin bestehen, den Willen des Volkes von den Fesseln vergangener Unterdrückung zu befreien.

Die Erfahrung der Revolution zeigte indessen, daß Unwissenheit und Aberglauben nicht so leicht zu überwinden waren. Robespierre sah dieses Problem, als er bekannte: »Wir haben den Tempel der Freiheit mit Händen errichtet, die noch schlaff von den Eisen der Despotie waren.«[52] Am Ende des Jahrzehnts kam Madame de Staël zu dem Schluß: »Die Republik kam vor der Aufklärung nach Frankreich, die der Republik eigentlich den Weg hätte bereiten sollen.«[53] Darum mußten die Revolutionäre großes Vertrauen in ihre Fähigkeit setzen, die Gesellschaft und den Einzelnen in sehr kurzer Zeit zu verändern. Für dieses Ziel mobilisierten sie gewaltige pädagogische Energien und politisierten jeden denkbaren Aspekt des alltäglichen Lebens. Transparenz war nur möglich, wenn politische Didaktik ihr den Weg bereitete.

Die Spannung zwischen Transparenz und Didaktik wird besonders deutlich, wenn man die Ausarbeitung der Machtsymbole betrachtet: Vom Volk »erfundene« Symbole wie die Kokarde und der Freiheitsbaum mußten in das Repertoire der Symbole aufgenommen werden, weil sie für die Stimme des Volkes zu stehen schienen. Zugleich aber versuchten die Verantwortlichen, diese volkstümlichen Formen zu disziplinieren und eigene Symbole (wie die Freiheitsgöttin, die weibliche Personifizierung der Republik) einzuführen, um die Erziehung des Volkes zur Wahrnehmung seiner Rechte und zur Erfüllung seiner Pflichten anzutreiben. Die staatliche Disziplinierung war jedoch nur legitim, wenn sie die Stimme des Volkes und die von Natur und Vernunft gesetzten Werte zur Geltung zu bringen versprach. Die Didaktik fand ihre Rechtfertigung im Glauben an die Transparenz.

Gelegentlich brachte man die Spannung zwischen Transparenz und Didaktik auch als Gegensatz von Worten und Bildern, von sprachlicher und visueller Darstellung, zum Ausdruck. Die republikanischen Führer maßen den Worten außerordentliche Bedeutung bei, und ganz besonders der erweiterten Prosaform. Ein Bauer mochte seinen Maibaum mit Drohsprüchen behängen; die Handwerksgesellen und Tagelöhner in den Städten vermochten ungeschliffene Anschläge mit Drohungen gegen die Getreidehändler zu verstehen. Die republikanischen Führer erwarteten mehr von den Worten; die Worte waren Zeichen und Garantie der Freiheit, aber sie waren auch ein Mittel zur Disziplinierung durch Interpretation. Spontane Volksfeste brauchten keine Proklamationen, doch jedes der organisierten Pariser Feste hatte sein gedrucktes Programm, Fahnen zur Identifikation und Bilder mit Inschriften. Judith Langer nennt dies »die diskursive Grundlage der politischen Didaktik«; »die Inschriften manifestierten die Überzeugung, daß die erklärende Kraft des Sagens der Prägnanz des Zeigens überlegen war«.[54]

Sprachliche Erklärung war wichtig, weil der symbolische Rahmen der Revolution beständiger Erläuterung bedurfte. Die revolutionäre politische Kultur war ihrer Natur nach in stetem Fluß; die mythische Gegenwart wurde immer wieder auf den neuesten Stand gebracht. Alle paar Monate tauchten neue Symbole und Bilder auf, und die »alten« Bilder erfuhren vielfältige Modifikationen. In der unsteten politischen Situation der Revolution wurde die »normale« Unsicherheit beim Lesen von Symbolen und Bildern noch verschärft; um so notwendiger erschien die Ergänzung durch sprachliche Texte. Die Reden, die Fahnen und die Inschriften lenkten die Aufmerksamkeit der Teilnehmer und Zuschauer; sie unterdrückten unerwünschte Deutungen und hoben »korrekte« hervor.[55] Überdies sorgten die Reden und Texte für die Kontinuität der revolutionären Erfahrung. Obwohl die Verantwortlichen wiederholt die Richtung wechselten und viele Symbole verändert wurden, blieben die Interpretationsgrundsätze weitgehend dieselben.

Keine andere Frage demonstriert die Spannung zwischen Transparenz und Didaktik so drastisch wie die der revolutionären Kleidung. Schon in den Anfängen der Revolution erhielt die Kleidung politische Bedeutung. Als die Generalstände am 4. Mai 1789 mit einem feierlichen Umzug eröffnet wurden, waren viele Beobachter verwundert über die Haltung des Hofes, der darauf bestanden hatte, daß die verschiedenen Stände unterschiedliche Kleidung trugen. Während die Vertreter des Dritten Standes in Schwarz gekleidet gingen, trugen die Adligen goldene Tressen, weiße Kniehosen, Spitzenhalstücher und zierliche weiße Federn an den Hüten.[56] Wie der Besucher John Moore bemerkte, erschien der Unterschied in der Kleidung nicht nur als Beleidigung, er führte

auch zu einer Art Revolution in der politischen Kleidung. »So daß binnen kurzem ein kleiner schwarzer Umhang über einem abgetragenen braunen Rock Achtung einflößte; und wenn dann der Umhang abgelegt war [...], glaubte man, aus großer Schlichtheit oder besser Schäbigkeit der Kleidung [...] auf patriotische Gesinnung schließen zu können.«[57]
In den ersten Jahren der Revolution bemühten sich die Revolutionäre, die verhaßten Kleidungsunterschiede abzuschaffen. Die religiösen Gewänder wurden verboten, und das einzige äußere Unterscheidungsmerkmal, das man den städtischen Amtsträgern zugestand, war eine dreifarbige Schärpe.[58] Zur selben Zeit aber konnte man mit bestimmten Aspekten des persönlichen Schmucks Sympathie oder Abneigung bezüglich der Revolution signalisieren; die Farbe der Kokarde und selbst der Stoff, aus dem sie gefertigt war – Wolle war weniger protzig als Seide –, besaß eine Bedeutung. Nach 1792 erhielt die soziale Gleichheit auch in Fragen der Kleidung besonderes Gewicht. Manche ehrgeizigen Politiker trugen nun die kurzen Jacken, die langen Hosen und selbst die Holzschuhe der Sansculotten, der städtischen Volksklassen also.[59] Die Mitglieder der Pariser Sektionen trugen häufig die rote Phrygiermütze, die Freiheitsmütze aus Wolle natürlich, obwohl die meisten bürgerlichen Führer solche Schaustellung verachteten und weiterhin Kniehosen und Rüschenhemden trugen.
Im Mai 1794 gipfelte das Interesse an Kleidungsfragen in einem Auftrag an den Künstler und Deputierten David: Der Sicherheitsausschuß bat ihn, seine Vorstellungen hinsichtlich einer Verbesserung der nationalen Kleidung darzulegen und Vorschläge zu unterbreiten, wie man sie dem Charakter der Republik und der Revolution besser anpassen könne. Der rationalste Weg, die Gleichheit in der äußeren Erscheinung zu dokumentieren und den Ausdruck politischer Differenzen in der Kleidung zu unterbinden, war die Schaffung einer nationalen bürgerlichen Uniform.[60] Dem Ausschuß gefielen Da-

vids Entwürfe so gut, daß er 20 000 Exemplare der Stiche bestellte, um sie an die Inhaber öffentlicher Ämter im ganzen Lande zu verteilen. In einer kürzlich erschienenen Untersuchung zur Kleidung der Revolution kam Jennifer Harris zu dem Schluß, daß David für sein bürgerliches Kostüm aus historischen und zeitgenössischen Quellen geschöpft, aber auch Anleihen beim Theater gemacht hat. Die kurze, offene Tunika und die enganliegenden Hosen erinnern an die Mode der Renaissance; die Umhänge waren Reminiszenzen antiker Gewänder.[61]

Noch überraschender als der Eklektizismus und Klassizismus der Davidschen Entwürfe ist die offenkundige Meidung der Sansculottenkleidung. Wenn alle Menschen gleich aussehen sollten, dann auf einem angemessen hohen Niveau. Die Angleichung, sofern es dann dazu kam, sollte nach oben erfolgen und nicht nach unten. Davids Entwürfe bringen nicht den radikalen Wunsch nach Gleichheit zum Ausdruck, sondern die bürgerliche Phantasie, Antike zu spielen. In der Praxis war klar, daß nur eine bürgerliche Elite sich so etwas leisten konnte, und Davids Kostüme wurden niemals hergestellt. Dennoch sind der Auftrag des Ausschusses und Davids Reaktion darauf nicht nur von anekdotischem Interesse. Sie waren Teil der fortdauernden Suche nach Möglichkeiten republikanischer Selbstdarstellung. Die Kleidung, die äußere Erscheinung, war ein wichtiger Aspekt in der Definition revolutionärer Praxis.

Die Suche nach einer angemessenen revolutionären Kleidung offenbart sämtliche Ambivalenzen der revolutionären Politik: Davids Entwurf für eine bürgerliche Tracht unterschied sich nicht nur von der Kleidung der Sansculotten, sein Entwurf war zugleich Bestandteil eines umfassenderen Projektes, das jeweils unterschiedliche Kleidung für militärische, legislative, juristische und administrative Funktionen vorsah. Auf einen Schlag wurden gleich sechstausend Drucke von Davids Entwürfen für die neue Amtskleidung angefordert.[62] David hatte diese Kostüme der bürgerlichen Tracht zwar ähnlich gestaltet, doch es gab auch Unterschiede: Für Richter und Legislatoren zum Beispiel hatte er knöchellange Umhänge vorgesehen.[63] Das Volk sollte seine Repräsentanten erkennen können. Die Kleidung schien unvermeidlich Unterschied und Differenzierung mit sich zu bringen. Zwei gegensätzliche Impulse finden sich in Davids Projekt. Einerseits sollten die Deputierten oder Volksvertreter nur eine transparente Spiegelung des Volkes darstellen, d. h. sie sollten wie das Volk sein, weil sie Teil des Volkes waren. Deshalb sollten sie wie alle anderen die neue Nationaltracht tragen, die jeglichen Unterschied auslöschte. Andererseits waren die Volksvertreter offensichtlich nicht ganz wie das Volk, denn sie waren seine Lehrer, seine Regierenden und Führer. Daher sollten die Uniformen der Amtsträger gerade soweit von der üblichen abweichen, daß man sie erkennen konnte.

Nach Robespierres Sturz und dem Ende der Schreckensherrschaft geriet der Gedanke einer bürgerlichen Nationaltracht aus dem Blickfeld. Doch die Kleidung der Amtsträger beschäftigte den Gesetzgeber weiterhin. Im Oktober 1794 genehmigte der umgebildete Sicherheitsausschuß eine Summe von 20 000 Francs, die an den Kupferstecher Denon für 30 000 Drucke seiner Reproduktionen der Davidschen Entwürfe gezahlt wurden.[64] Eine der letzten Amtshandlungen des Konvents war die Verabschiedung eines Gesetzes, das eine Amtstracht für die neue Direktorialregierung vorschrieb: Es sollten Kostüme entworfen werden für die Mitglieder der beiden Räte, das Direktorium, die Minister, für Gerichtsvollzieher und Gerichtsdiener, für Richter und Friedensrichter sowie für die Beamten in den Verwaltungen der Departements und Gemeinden.[65]

Das 1795 verabschiedete Gesetz über die Amtskleidung basierte in erster Linie auf Grégoires Bericht vom 14. September 1795. Er lieferte die klarste Begründung für die Amtstracht: »Die Sprache der Zeichen besitzt eine eigene Ausdruckskraft;

7 Sitzung des Rates der Alten, 1798–99

Kleidungsunterschiede sind Bestandteil dieses Idioms, denn sie rufen Gedanken und Empfindungen hervor, die ihrem Objekt entsprechen, vor allem wenn sie mit ihrer Lebhaftigkeit von der Phantasie Besitz ergreifen.«[66] Solche Kostüme waren keine Verkleidungen oder Masken, sondern ein Mittel, um die Erkenntnis natürlicher Wahrheiten zu fördern. »Die Tracht der Amtsträger sagt den Bürgern: Hier ist ein Mann des Gesetzes. [...] Ein freies Volk will kein Idol, aber in allem will es Ordnung, gute Kleidung, Gerechtigkeit; ein freies Volk ehrt und achtet sich selbst, wenn es seine Gesetzgeber und Räte, kurz: sein eigenes Werk, achtet und ehrt.«[67] Amtstrachten konnten nach Grégoires Auffassung zwei miteinander verbundenen Zielen dienen: Sie konnten dazu beitragen, eine spezifisch politische Sphäre abzugrenzen, indem sie die Inhaber öffentlicher Ämter vom Rest der Bevölkerung abhoben; und zugleich vermochten sie größere politische

Disziplin oder, wie Grégoire es ausdrückt, größere Achtung vor den Gesetzgebern zu schaffen. Das Volk wüßte, daß es vertreten wird, und würde dazu ermutigt, diese Vertretung als von ihm unterschieden, aber auch als von ihm ausgehend zu ehren und zu achten.

In diesem Sinne äußerte sich Grégoire auch in seiner 1795 gehaltenen Rede, in der er sich bemühte, die mit der Schrekkensherrschaft assoziierten demokratischen »Exzesse« zu vermeiden:

> »Die Amtstracht wird nicht nur den Vorzug haben, daß sie die Gesetzgeber in gewisser Weise von den übrigen unterscheidet; sie wird zweifellos auch die französische Lebhaftigkeit ein wenig zügeln. Hinfort werden die Sitzungen kein Bild der Unruhe mehr bieten, mit Gängen, die verstopft sind von jenen, die kommen oder gehen; es werden vielleicht auch nicht mehr so häufig Sitzungen stattfinden, oder sie werden nicht mehr so lang sein. [...] Und dieser Wirbelwind der Ereignisse und Leidenschaften, der in nur drei Jahren fünfzehntausend Erlasse hervorgebracht hat, wird verschwunden sein. Wir werden viel Zeit sparen, und damit der neben Tugend und Wahrheit wertvollsten Aufgabe dienen. Alle Sitzungen werden voll von Dingen sein, und die Gesetzgebung wird dank der Würde ihres Auftretens und ihrer Kleidung die Majestät der Nation zum Ausdruck bringen.«[68]

In dieser Passage enthüllt Grégoire, wieviel die Deputierten von etwas scheinbar so Trivialem wie einer Toga erwarteten (siehe Abbildung 7). Indem die Amtskleidung die Identität der Gesetzgeber festlegte, unterschied sie eindeutig zwischen Vertretern und Vertretenen, zwischen den Vertretern der Nation und dem Volk. Die Sitzungen würden nicht länger von jenen auf der Galerie gestört werden, die meinten, gleiches Stimmrecht zu besitzen, und die in der Vergangenheit ganz ähnlich gekleidet waren wie die Volksvertreter unten im Saal. Letztlich also sollte die Amtstracht politische Differenzierung

8 Die neuen Amtstrachten, 1798–99

und politische Ordnung schaffen. Während die Deputierten über Umhänge und Hüte debattierten, entwickelten sie ihre Vorstellungen von Politik, politischer Vertretung und Hierarchie.

Die Amtstracht beschäftigte die Abgeordneten noch mehrere Jahre. Grégoires Bericht schlug lange Roben unterschiedlicher Farbe und Samtkappen vor (siehe Abbildung 8). Rot, Weiß und Blau waren erwartungsgemäß die beherrschenden Farben, und der Stoff für die Kleider mußte aus Frankreich kommen. Im November 1797 erkannten die beiden Räte, daß Grégoires Projekt zu kompliziert war, und sie vereinfachten die Aufgabe, indem sie nur noch eine Tracht für alle Deputierten vorsahen: einen »französischen« Rock in »Nationalblau«, einen dreifarbigen Gürtel, einen scharlachroten Umhang *à la grecque* und eine Samtkappe mit dreifarbigem Federbusch.[69] Trotz einiger Probleme bei der Lieferung konnten die Deputierten ihre Amtstracht vom Februar des nächsten Jahres an tragen.[70] Die Aufnahme in der Öffentlichkeit war nicht so begeistert, wie Grégoire es erhofft hatte. Der *Moniteur* bemerkte: »Das viele Rot ist ermüdend für die Augen; dennoch muß zugegeben werden, daß diese Tracht etwas Schönes, Eindrucksvolles und wahrhaft Senatorisches hat.« Dennoch warnte der Herausgeber, nur regelmäßiges und beständiges Tragen könne sarkastischen Bemerkungen vorbeugen.[71] Ein ausländischer Besucher fand die Amtstracht der Gesetzgeber »recht edel und pittoresk; aber da sie so weit von der gewöhnlichen Kleidung entfernt ist, hat sie etwas Theatralisches [...], und das verhindert, zumindest im Augenblick, daß sie wirklich als würdevoll und imposant erscheint«.[72]

Auch während der Herrschaft des Direktoriums (1795 bis 1799) verschwand das Interesse an der bürgerlichen Kleidung nicht, wenngleich die Legislative den Gedanken an eine bürgerliche Uniform aufgegeben hatte. Die Kleidung war immer eine Angelegenheit persönlicher Freiheit gewesen – der Konvent hatte die Bestimmung darüber am 29. Oktober 1793 zu einem Recht erklärt –, doch noch im Dezember 1798 diskutierte der Rat der Fünfhundert über die Möglichkeit, jene zu bestrafen, die nicht die Nationalkokarde trugen, und Ausländern das Tragen dieses Symbols überhaupt zu verbieten.[73] Und außerhalb der beiden Häuser der Legislative behielten die verschiedenen Bekleidungsformen ihre Funktion als »Erkennungsmarken« noch lange bei. So unterschied eine illustrierte Broschüre aus dem Jahre 1798 mit dem Titel *Caricatures politiques* die fünf »Klassen« von Menschen, die unter den Republikanern zu finden waren,[74] zwar auch nach ihren Prinzipien, Fahnen und Leitsprüchen – also ihrer Politik –, doch noch einfacher ließen sie sich an ihrer Alltagskleidung und ihrem Auftreten erkennen:

Die »Unabhängigen« waren eindeutig die wahren Republikaner; sie waren »wohlerzogen und zu großen Dingen fä-

9 »L'indépendent«

hig«. Ihre Kennzeichen waren eine stolze und edle Erscheinung, sicheres Auftreten, saubere Kleidung, weiße Wäsche; und sie trugen gewöhnlich enganliegende Hosen aus feinem Tuch, Halbstiefel, Cuts und runde Hüte (siehe Abbildung 9). Die »Exklusiven« dagegen waren von brüskem, »mißtrauischem« und ruhelosem Naturell (siehe Abbildung 10). Ihre Augen waren das Tageslicht nicht gewöhnt; sie fühlten sich wohler in der Dunkelheit – ein unverhohlener Hinweis auf ihren Mangel an Zivilisation. Ihr Haar war gewöhnlich vernachlässigt, ihre Kleidung zuweilen schmutzig. Sie trugen kurze Jacken, Hosen aus einfacher Wolle, Schnürschuhe, ausgefallene Hüte, und meistens sah man sie eine kurze Tonpfeife rauchen, was ihrem Atem einen schrecklichen Geruch gab. Die »Exklusiven« waren die militanten Führer der Sansculotten.

Man konnte einen guten Republikaner daran erkennen, wie er sich kleidete. Die richtige Kleidung war ein Zeichen von Tugend und gab Auskunft über den politischen Charakter

10 »L'exclusif«

der Person. Die Kleidung eines wahren Republikaners war voraussagbar, während die »Gekauften« *(les achetés)* nie zu einer eigenen Erscheinung fanden, die »Systematiker« ihr Aussehen alle zwei Wochen wechselten und die »Neureichen« *(les enrichis)* alles trugen, was ihnen gefiel, sofern es nur glitzerte und luxuriös wirkte. Die Verfeinerung der Klassifikationsmöglichkeiten durch die Kleidung war typisch für die politische Interessenlage zur Zeit des Direktoriums. Nach dem Sturz Robespierres waren die politischen Unterscheidungen immer komplizierter geworden, weshalb es auch immer subtiler und delikater wurde, einen Republikaner nach seinem Aussehen zu beurteilen. Gab es doch selbst unter den Republikanern gleich fünf verschiedene Klassen.

Bürgerliche Kleidung und Amtstracht rückten so stark ins Zentrum des politischen Interesses, weil die Kleidung zum politischen Zeichen wurde. Im Ancien régime konnte man die verschiedenen Stände und zahlreichen Berufe an der Kleidung erkennen. Adlige, Kleriker, Richter und selbst Maurer waren an dem erkennbar, was sie trugen. Die Revolutionäre wollten mit dem System der Neid erregenden sozialen Unterscheidungen brechen, aber auch sie waren der Überzeugung, daß die Kleidung etwas über die Person aussage. Die Kleidung war politisch transparent; man konnte aus der Art, wie jemand sich kleidete, auf seinen politischen Charakter schließen. In ihrer extremsten Ausprägung führte diese Überzeugung zu dem Versuch, eine bürgerliche Uniform einzuführen. Wenn Tugend in allen Klassen und Gruppen gleichermaßen anzutreffen war, dann gab es keine Rechtfertigung für soziale oder politische Kleidungsunterschiede. Alle wahren Republikaner sollten gleich aussehen.

Auf der anderen Seite sahen die Republikaner, welch weiten Weg ihr Land noch zurücklegen mußte, bis es wirklich frei sein würde. Das Volk mußte zunächst einmal im republikanischen Sinne erzogen werden. In dieser Perspektive war Kleidung kein Ausdruck des Charakters, sondern ein Mittel zu dessen Umgestaltung. Eine nationale Bürgeruniform zu tragen, mußte die Bürger nationaler und in einem einheitlicheren Sinne republikanisch machen, geradeso wie Französisch statt eines Dialekts zu sprechen ihre nationale Gesinnung und ihren bürgerlichen Geist stärken mußte. Durch das Tragen roter Togen, so meinte man, würden die Gesetzgeber ernster in ihrem Auftreten, und damit mußte auch der politische Prozeß auf erfolgreichere Weise republikanisch werden. Die Kleidung war insofern weniger Ausdruck von bestimmten politischen Vorstellungen, als vielmehr Mittel zur Herstellung bestimmter politischer Vorstellungen.

Die Ungewißheit hinsichtlich der politischen Bedeutung von Kleidung verstärkte sich noch durch die Verwirrung, die bei den Republikanern über die Gleichheit herrschte. Die Politiker des Direktoriums wußten, daß sie sich diesem Problem unumwunden stellen mußten, denn sie wollten die, wie sie es sahen, Exzesse des vorangegangenen Regimes vermeiden. Deshalb unterschied der Autor der *Caricatures politiques* ausdrücklich zwischen den guten Republikanern (den »Unabhängigen«) und den aufrechten, aber unzivilisierten Sansculotten (den »Exklusiven«). Das bourgeoise Element in dieser Unterscheidung war nicht schwer zu entdecken: Gute Republikaner kleideten sich wie gute Bürger, ohne die Anmaßung, die mit der Aristokratie des Ancien régime assoziiert wurde. Selbst während der Schreckensherrschaft hatten die Deputierten im Konvent sich Sorgen um den Verfall der Maßstäbe in Kleidung und persönlichem Verhalten gemacht. Grégoire sprach für die jakobinische Regierung, als er sich über »dieses unanständige Reden, das selbst viele Frauen schon angesteckt hat«, beklagte und hinzufügte: »Dieser Verfall der Sprache, des Geschmacks und der Moral ist wahrhaft konterrevolutionär. [...] Allein eine gepflegte, schickliche Sprache ist der erlesenen Empfindungen eines Republikaners würdig.«[75] Er hätte in dieser Passage durchaus auch Kleidung statt Sprache sagen können. Wenn es eine Hoffnung für die niederen Klassen gab, dann die, daß sie lernten, es ihren bessergestellten Landsleuten gleichzutun. Eine Anpassung nach unten kam für die Bessergestellten nicht in Frage.

Die größte Verwirrung hinsichtlich der Gleichheit war indessen nicht sozialer, sondern politischer Natur. Nur wenige Jakobinerführer glaubten, daß alle Menschen in sozialer Hinsicht gleich sein konnten, und nur wenige von ihnen wollten wie Sansculotten aussehen. Wie Rousseau glaubten die Jakobiner, daß extreme Ungleichheit gefährlich sei, aber sie waren nicht der Ansicht, daß die Regierung mehr tun könne, als die Ungleichheit insgesamt etwas zu verringern. Drängender war das Problem, das die Demokratie und insbesondere das Verhältnis zwischen dem Volk und seinen Repräsentanten darstellte. Selbst die Politiker des Direktoriums glaubten, das Volk solle durch häufige Wahlen an der Regierung beteiligt werden; die Volksvertreter sollten, wie Grégoire es ausdrückt, sein »Werk« sein. Doch wo lagen die Grenzen dieses Verhältnisses? Als die Revolution voranstürmte, schien es solche Grenzen nicht zu geben. Ein beständiger Strom von Petitionen, Briefen und Adressen lenkte die Aufmerksamkeit der Deputierten auf die Wünsche des Volkes. Als die Nationalversammlung im Oktober 1789 nach Paris umzog, sahen die Gesetzgeber sich Auge in Auge mit dem Volk von Paris, das nicht zögerte, seinen Vorlieben und Abneigungen in den Räumen der Versammlung Ausdruck zu verleihen. Mitte Mai 1793 bezog der Konvent ein neues Quartier in der *Salle de Spectacle* in den Tuilerien, das eine noch stärkere Zuschauerbeteiligung ermöglichte. Robespierre war auch damit noch nicht zufrieden; er schlug vor, einen Sitzungssaal zu bauen, der 12 000 Zuschauern Platz böte, denn nur so könnten der allgemeine Wille, die Stimme der Vernunft und das öffentliche Interesse sich Gehör verschaffen.[76] Die Beteiligung der Öffentlichkeit war sehr wörtlich zu nehmen.

Nach den Erfahrungen mit der erweiterten Demokratie in den Jahren 1793 und 1794 waren die Autoren der neuen Verfassung des Jahres III (1795) sehr darauf bedacht, die Zahl und die Rolle der Zuschauer einzuschränken.[77] Robespierres Nachfolger waren der Überzeugung, daß die Grenzlinie zwischen dem Volk und seinen Repräsentanten deutlicher gezogen werden mußte. Die politische Arena mußte klarer abgegrenzt werden, wenn das politische Leben irgendeine Aussicht auf Stabilität haben sollte. Wie Grégoire behauptete, würde eine Amtstracht die Gesetzgeber »in gewisser Weise« herausheben und das »Bild der Unruhe« beseitigen, das die Arbeit der Legislative auf ihren Sitzungen behinderte. Die Amtstracht war nicht deshalb gerechtfertigt, weil sie wieder eine soziale Hierarchie einführte, sondern weil sie einen wahrhaft republikanischen – politischen – Respekt fördern sollte. Volksvertreter, Richter, Verwaltungsbeamte und Offiziere waren, zumindest in der Theorie, nicht unbedingt besser, sondern nur im politischen Sinne anders. Die Abgeordneten hofften, die Amtstracht werde das System der politischen Zeichen stabilisieren und die beständigen Unsicherheiten in der politischen Interpretation beseitigen. Die Amtstracht sollte die Stimme der Nation kenntlich machen.

Die neue Amtstracht führte nicht so rasch zu neuen politischen Bräuchen, wie die Abgeordneten es erhofft hatten, und die leuchtend roten Togen verhinderten nicht den Aufstieg Napoleons. In einigen dieser scharlachroten Roben steckten jene Männer, die Napoleon an die Macht brachten. In Wirklichkeit war republikanische Gesinnung natürlich eher eine Geisteshaltung als eine Kleidermode. Doch trotz aller Extravaganz und Überladenheit dieser Bemühungen hatten die Republikaner ein paar wichtige und bleibende Wahrheiten erkannt. Die Entwicklung der republikanischen Staatsform erforderte neue Sitten und Gebräuche, wenn schon keine neue Tracht. Die Republik konnte nicht überleben ohne eine abgegrenzte politische Arena, ohne Achtung vor den Gesetzgebern und ohne eine politisch gebildete Bevölkerung. Das Überleben des republikanischen Gedankens nach dem Untergang der Republik und die bemerkenswerten Ähnlichkeiten zwischen der politischen Praxis des Direktoriums und der Politik der langlebigen Dritten Republik zeigen, daß die Republikaner der neunziger Jahre des achtzehnten Jahrhunderts keine utopischen Träumer waren. Ihre roten Togen fanden keinen Anklang, und viele schwarze Jungfrauen überlebten. Doch Marianne, politische Feste, rote Mützen, die Trikolore und »Freiheit, Gleichheit, Brüderlichkeit« fanden Eingang in das Standardrepertoire von Opposition und Widerstand. Wer hätte damals schon voraussagen können, was bleiben und was vergehen würde? In den Tageskämpfen und Wirren der republikanischen Politik wurden die Zeichen und Symbole der Republik geschaffen, erprobt und schließlich übernommen. Ohne sie hätte es kein kollektives republikanisches Gedächtnis und keine revolutionäre Tradition gegeben.

Drittes Kapitel
Die Bildwelt des Radikalismus

Jede politische Autorität erfordert einen, wie Clifford Geertz es nennt, »kulturellen Rahmen« oder eine »zentrale Fiktion«, in der sie sich selbst definieren und ihre Ansprüche erheben kann. Die Legitimität politischer Autorität hängt von deren Einbindung in globalere und sogar kosmische kulturelle Grundannahmen ab, denn das politische Leben ist in allgemeine Vorstellungen von der Beschaffenheit der Realität »eingebettet«.[1] Viele Anthropologen und Soziologen sind überdies der Ansicht, daß jeder kulturelle Rahmen ein »Zentrum« besitzt, dem ein geheiligter Status zukommt.[2] Das geheiligte Zentrum ermöglicht eine soziale und politische Einordnung; es vermittelt den Mitgliedern der Gesellschaft ein Gefühl für ihren Ort. Es ist das Herz der Dinge, der Ort, an dem Kultur, Gesellschaft und Politik zusammenkommen.

Die politische Autorität im Frankreich des Ancien régime fügt sich gut in dieses Muster. In der Monarchie war der König das geheiligte Zentrum, und der kulturelle Rahmen seiner Autorität gründete fest in den althergebrachten katholischen Vorstellungen von hierarchischer Ordnung.[3] Die Könige standen zwischen den gewöhnlichen Sterblichen und dem christlichen Gott in der großen Kette des Seins; das Königtum war daher eine mystische und gottähnliche Institution. Noch im Januar 1792 gab eine konservative Zeitschrift folgende Erklärung: »Wie der ewige Gott von seiner allmächtigen Hand bis hin zu den Füßen seines Throns mit dem ersten Glied jener Kette verbunden ist, die alles von ihm Erschaffene verbindet, von den Tausenden Sphären, die sich über uns drehen, bis hin zu der bewegten Feste der Erde, auf der wir leben, so geht auch die Vaterschaft der Könige zurück bis auf die Vaterschaft Gottes.«[4] Bis 1789 schien der kulturelle Rahmen dieser Autorität unerschütterlich, er bedurfte keiner ausdrücklichen Rechtfertigung und erfuhr sie in der Regel auch nicht, wenn man einmal von den Erneuerungs- und Bekräftigungszeremonien bei Krönungen, Einführungsfeierlichkeiten und ähnlichem absieht.

Als die Französische Revolution die Autorität des Ancien régime in Frage stellte, stellte sie damit auch deren kulturellen Rahmen in Frage. Leidenschaftliche Republikaner begrüßten die politische Seite dieses Vorgangs mit Begeisterung, während sie hinsichtlich der kulturellen Aspekte nicht so sicher waren. Wohin würde ihre Konfrontation sie führen? Die Radikalen lehnten das traditionelle Autoritätsmodell ab; sie führten sich selbst und allen, die zusahen, den fiktiven Charakter der »zentralen Fiktion« des Ancien régime vor Augen und erzeugten damit ein beängstigendes Vakuum in ihrem sozialen und politischen Raum. Indem sie es ablehnten, das Charisma des Königs anzuerkennen, dezentrierten sie den Rahmen der traditionellen Autorität. Der Herausgeber der eben zitierten konservativen Zeitschrift schrieb: »Um das Volk diese geheiligte Abstammung vergessen zu machen [...], leugneten sie das Recht Gottes auf den Weihrauch der Erde, das Recht der Könige auf den Tribut ihrer Untertanen und das Recht der Väter auf die Achtung ihrer Kinder.«[5]

Wo sollte das neue Zentrum der Gesellschaft sein, und wie konnte es repräsentiert werden? Durfte es überhaupt ein Zentrum geben, noch dazu ein geheiligtes? Konnte die neue demokratische Nation in irgendeiner Institution oder durch irgendeine Form von Repräsentation lokalisiert sein? Weil die Französische Revolution diese Fragen aufwarf, war sie mehr als nur ein weiteres Beispiel dafür, wie die Politik von der Kultur geprägt wird. Die Erfahrung der Revolution zeigte zum erstenmal, daß die Politik von der Kultur geprägt wird, daß eine neue politische Autorität einer neuen »zentralen Fiktion« bedarf und vor allem, daß die Mitglieder der Gesellschaft Kultur und Politik selbst erfinden können. Die französischen Revolutionäre suchten nicht einfach nach einer anderen Repräsentation von Autorität, sie suchten keinen Ersatz für den König, sondern stellten den Akt der Repräsentation an sich in Frage.

Die Krise der Repräsentation gelangte nicht sogleich im vollen Umfang zum Ausbruch. In den heiteren Jahren 1789 und 1790 genügte es, ein Fest zu feiern und einen Bürgereid zu schwören. Das neue Gemeinwesen schien nahezu mühelos ans Werk zu gehen, seine eigene geheiligte Gegenwart zu erschaffen und umzuformen und die Nation als Gegengift gegen die Monarchie hervortreten zu lassen. Als die Monarchie als Institution zunehmend in Frage gestellt wurde, stimmten die meisten Revolutionäre darin überein, daß die Symbole des Ancien régime beseitigt werden müßten; uneins war man allenfalls in der Frage, wie öffentlich und explizit dies geschehen sollte. Auf der Eröffnungssitzung des Nationalkonvents am 21. September 1792 meinte ein Deputierter, eine offizielle Erklärung über die Abschaffung des Königtums sei unnötig: »Mich kümmert weder der König noch das Königtum. Ich widme mich ausschließlich meiner Aufgabe [eine neue Regierung einzusetzen], ohne daran zu denken, daß solch eine Institution [wie das Königtum] überhaupt *jemals existiert haben könnte.*«[6] Es war überflüssig, das Königtum offiziell für abgeschafft zu erklären, weil die Wirklichkeit dieser Institution bereits der Vergangenheit angehörte.

Bei der Erörterung dieses Arguments äußerte der Deputierte Grégoire (Abbildung 11) eine Meinung, die nahezu einhellig geteilt wurde: Die Institutionen des Ancien régime mochten vergangen sein, ihre greifbaren Überreste jedoch mußten aus dem öffentlichen Bewußtsein getilgt werden. »Gewiß will niemand von uns den Vorschlag machen, die todbringende Sippe der Könige in Frankreich zu erhalten [...], aber wir müssen den Freunden der Freiheit volle Gewißheit geben. Es

11 Henri Grégoire
Grégoire (1750–1831) wurde 1775 zum Priester geweiht; in den achtziger Jahren des achtzehnten Jahrhunderts gehörte er zu den führenden Persönlichkeiten in der Bewegung für religiöse Toleranz. Er saß in fast allen gesetzgebenden Versammlungen der Revolutionszeit und tat sich als einer der Deputierten mit dem ausgeprägtesten Sinn für Fragen der Kultur und der politischen Legitimität hervor. Auch Napoleons Legislative gehörte er an; schließlich wurde er zum Grafen erhoben

ist notwendig, dieses Wort ›König‹ auszulöschen, denn es ist immer noch ein Talisman, dessen magische Kraft so manchen zu blenden vermag. Ich beantrage daher, daß Sie durch feierliches Gesetz die *Abschaffung des Königtums* verkünden.«[7] Nach einer spontanen Demonstration zur Unterstützung des Grégoireschen Vorschlags bestimmte der Konvent ein neues Siegel für seine Dokumente und Akten. An die Stelle des Königs auf dem offiziellen Siegel des Staates trat »eine Frau, die sich mit der einen Hand auf ein Rutenbündel stützt und in der anderen eine Lanze mit der Freiheitskappe auf der Spitze hält; dazu die Inschrift »Archives de la République française«.[8] Schon bald wurde dieses Siegel (Abbildung 5) zum Amtssiegel der gesamten staatlichen Verwaltung, und der Konvent ordnete an, daß alle staatlichen Akte ab sofort auf das Jahr I der Französischen Republik zu datieren seien. Zwei Wochen später folgte die Anordnung, die königlichen Insignien, Zepter und Krone, zu zertrümmern, ins Münzamt zu schaffen, einzuschmelzen und republikanische Münzen daraus zu prägen. So nutzte man die Zeichen des alten kulturellen Rahmens als Rohstoff für einen neuen.

Die Debatte über die Abschaffung des Königtums zeigte, daß man sich zunehmend Gedanken über den rechten Ort von Symbolen und Bildern im politischen Leben machte. In den folgenden Jahren sollte das Staatssiegel gleichsam als Barometer für die Krise der Repräsentation fungieren. Als das Königtum und seine Symbole abgeschafft waren, was sollte da nun, wenn überhaupt, an deren Stelle treten? Brauchte die Republik ein Zeichen oder Insignien? In einem Bericht an den Rat der Fünfhundert, mehr als drei Jahre nach der ersten Debatte über die Frage des Siegels, sprach der allgegenwärtige Grégoire von einer »seltsamen Frage«, die aufgeworfen worden sei: »Muß es ein Siegel der Republik geben? Ursprünglich, so wird gesagt, dienten Siegel nur dazu, die Unfähigkeit oder Unvollkommenheit des Schreibens auszugleichen.«[9] In radikaler Betrachtung brauchte ein Volk, das den Druck beherrschte und die öffentliche Diskussion pflegte, keine Bilder. In einem Zeitungsartikel hieß es: »Die metaphysischen Grundsätze von Locke und Condillac sollten ins Volk Eingang finden; das Volk sollte lernen, in einer Statue nur Stein und in einem Gemälde nur Leinwand und Farbe zu sehen.«[10] Nachdem die Nation sich von den abergläubischen Symbolen und Bildern der Vergangenheit freigemacht hatte, gab es keine Notwendigkeit, neue zu schaffen.

Tatsächlich wurde diese extrem rationalistische Position nur selten vertreten, und Grégoires Antwort von 1796 entsprach weit mehr der allgemeinen Auffassung. Er argumentierte, jedes zivilisierte Volk sei der Überzeugung, daß »ein Zeichen oder eine Marke« erforderlich sei, um jedem öffentlichen Akt Authentizität zu verleihen. Letztlich erkenne man die Nation nur an ihrer Repräsentation in irgendeinem öffentlichen Symbol. Die Verwendung eines Staatssiegels sei vernünftig, weil ein Siegel sich leichter erkennen lasse als eine Unterschrift, dauerhafter sei und nicht so leicht gefälscht werden könne. Das Siegel verleihe der Autorität eher öffentlichen als privaten Charakter; es repräsentiere etwas weit Allgemeineres, als die Unterschrift eines Menschen diese jemals vermöge. Gewiß, räumt Grégoire ein, »die lächerlichen Hieroglyphen der Heraldik sind für uns heute nur noch historische Kuriositäten«. Das Siegel der Republik solle nicht abergläubisch und unverständlich sein wie die Insignien der Aristokratie und des Königtums. Aber das bedeute nicht, daß Symbole generell abzulehnen seien.

> »Wenn ein neuer Staat geschaffen wird, muß alles im republikanischen Sinne umgestaltet werden. Ein Gesetzgeber, der die Bedeutung der Zeichen verkennt, wird scheitern. Er sollte keine Gelegenheit ungenutzt lassen, die Sinne anzusprechen und republikanische Gedanken wachzurufen. Schon bald wird die Seele durchdrungen von den Gegenständen, die sie beständig vor sich hat; und diese Kombination, diese Zusammenstellung von Prinzipien, Tatsachen und Emblemen, die dem Bürger unablässig seine Rechte und Pflichten vor Augen führt, bildet gleichsam die republikanische Gußform, die ihm einen Nationalcharakter und das Auftreten eines freien Mannes gibt.«[11]

Grégoire präsentierte hier seine eigene Interpretation der Condillacschen Psychologie. In seinen Augen konnten Zeichen und Symbole, sofern man sie richtig auswählte, für die politische Propaganda genutzt werden, weil sie »die Sinne ansprechen« und »die Seele durchdringen«. Das Siegel war daher nicht nur die Repräsentation staatlicher Autorität, sondern auch ein Instrument der Erziehung, ein Element der »republikanischen Gußform«. Als Bestandteile eines neuen kulturellen Rahmens konnten neue Symbole einen neuen Menschen schaffen.

Doch auch Grégoires energische Verteidigung des Staatssiegels war nicht frei von Unsicherheiten. Grégoire legte seinen langen Bericht 1796 vor, weil die Deputierten wieder einmal ihre Wahl hinsichtlich des Siegels überdachten. Die Entscheidung vom September 1792 war eher zufällig gewesen, und das vorgeschlagene Siegel hatte man ursprünglich für das Konventsarchiv entworfen. Damals hatten die Abgeordneten noch keine klare Vorstellung gehabt, wohin ihr Wunsch nach einer neuen politischen Autorität sie führen würde. Und 1796, nach drei Jahren des Experimentierens mit der »republikanischen Gußform«, war die Frage des Staatssiegels immer noch nicht endgültig geklärt. Trotz Grégoires Bemühungen blieb es bis zu Napoleons Machtübernahme bei diesem Zustand. Zwar konnten die meisten Deputierten sich darauf verständigen, daß die Republik Insignien irgendeiner Art brauchte, aber sie vermochten sich lange nicht darüber zu einigen, wie sie beschaffen sein sollten. Sowohl die Struktur der politischen Autorität als auch deren kulturelle Repräsentation blieb im ungewissen.

Die Kontroversen um die Wahl des Siegels zeigen, welche Bedeutung die Revolutionäre ihren zentralen Symbolen beimaßen. Das Siegel wurde niemals endgültig festgelegt, weil die Revolution beständig im Fluß war. Die Debatte kulminierte jeweils an den drei Wendepunkten der Revolution: als die Republik im September 1792 ausgerufen wurde, während der Schreckensherrschaft (Sommer 1793 bis Sommer 1794) und unmittelbar nach der Schaffung eines neuen, gemäßigten legislativen Systems Ende 1795 und Anfang 1796. Die Debatten über das Siegel lassen sich in zweifacher Weise deuten: als Indikator für jeweils aktuelle politische Auseinandersetzungen und als Bühne, auf der die Rolle der Repräsentation allgemeiner bestimmt wurde. Diese beiden Aspekte lassen sich nicht voneinander trennen, sowenig wie die politische Autorität von ihrem kulturellen Rahmen losgelöst werden kann. Die Debatten über die Zeichen der Autorität warfen die grundsätzliche Frage nach der Funktion von Zeichen und Symbolen auf, und jede Entscheidung über Zeichen und Symbole hatte seine eigenen, manchmal unbeabsichtigten, politischen Folgen.

Als im September 1792 das Königtum abgeschafft und die Republik ausgerufen wurde, schien die Wahl eines neuen Staatsemblems nahezu automatisch zu erfolgen. Der Archivar schlug die Freiheitsgöttin vor, und keiner der Berichte über die Diskussion spricht von Kontroversen hinsichtlich der Art des neuen Siegels. In seiner Studie über die weibliche Allegorie der Republik nennt Maurice Agulhon mehrere Gründe für diese nahezu reflexhafte Wahl: In der ikonographischen Tradition wurden die meisten Qualitäten und vor allem die verschiedenen Staatsformen, darunter auch die Monarchie, durch weibliche Gestalten dargestellt; die phrygische Kappe oder Freiheitsmütze der Göttin bildete einen deutlichen Gegensatz zur Krone der königlichen Autorität – und die weibliche Gestalt verstärkte diesen Gegensatz noch –; der Katholizismus schuf in Frankreich eine gewisse Empfänglichkeit für eine Mariengestalt – der Kosename Marianne steht semantisch zweifellos der Gottesmutter Maria nahe –; und schließlich fand die französische Republik in der weiblichen Allegorie eine Gestalt, die weit genug von den Helden des wirklichen Lebens entfernt war, welche der revolutionäre Prozeß alsbald zu Schuften stempelte. Während Mirabeau, Lafayette und viele andere ihre Anhänger enttäuscht hatten und von der Bühne der Geschichte abgetreten waren, hielt Marianne sich dank ihrer Abstraktheit und Unpersönlichkeit.[12]

Agulhon ist darüber hinaus auch den politischen Implikationen der verschiedenen Darstellungen der Marianne nachgegangen. Das Siegel von 1792 zeigte sie stehend, jung und entschlossen, wenngleich nicht unbedingt aggressiv; in der Hand die Lanze der Volksrevolution, auf dem Kopf die phrygische Freiheitsmütze. In vielem hielt diese Darstellung die Mitte zwischen den radikaleren Posen der Freiheitsgöttin mit entblößter Brust und wildem Gesichtsausdruck, wie sie 1793 üblich waren, und den konservativeren Posen, die spätere Regierungen in den neunziger Jahren bevorzugten und die die Freiheitsgöttin sitzend, teilnahmslos, ruhig und oft ohne Lanze oder Freiheitsmütze zeigten.[13] Dieselbe Alternative zwischen radikaler und konservativer Darstellung sollte sich dann auch 1848 und nach 1871, in der Zweiten und Dritten Republik, stellen.

Nach Generationen des Streits um die Republik und damit auch um deren Emblem, war Marianne, die weibliche Allegorie der Republik, nicht nur akzeptiert, sondern auch in ganz Frankreich verbreitet. Doch während der Revolution konnte ihre Vorherrschaft durchaus noch nicht als gesichert gelten.[14]

12 »Herkules«, Skizze von Dupré

Der erste Angriff kam aus den eigenen republikanischen Reihen. Im Oktober 1793, nach der Verhaftung der girondistischen Deputierten, die sich der wachsenden Macht der Pariser Bezirke und deren radikaler jakobinischer Führer entgegenstellten, und inmitten verzweifelter Bemühungen, die Republik im Sinne der Radikalen umzugestalten, beschloß der Konvent, das Siegel und die Münzen der Republik sollten in Zukunft den Bogen der Verfassung und das Rutenbündel als Emblem tragen. Die neue Inschrift auf dem Siegel, »Le peuple seul est souverain« (Das Volk ist der einzige Souverain), unterstrich, daß die Republik auf die Unterstützung durch das Volk angewiesen war. Innerhalb eines Monats jedoch änderte der Konvent neuerlich seine Meinung. Anfang November machte der Künstler-Deputierte David den Vorschlag, der Konvent möge die Errichtung einer Kolossalstatue anordnen, die das französische Volk versinnbildlichen sollte. Zehn Tage später beschloß der Konvent, die Statue als Emblem auf das Staatssiegel zu übernehmen.[15] Die Deputierten hatten sich für eine gigantische Herkulesgestalt als Emblem der radikalen Republik entschieden.

Mindestens zweimal im Verlaufe des Jahres II bekräftigte der Konvent diese Absicht: im Februar 1794 und nochmals im April desselben Jahres.[16] Das Musée Carnavalet in Paris besitzt mehrere Skizzen des offiziellen Stechers Dupré, aus denen die vom Konvent für das neue Siegel festgelegten Leitlinien hervorgehen (Abbildung 12).[17] Zwar vermochte dieses Siegel die anderen niemals gänzlich zu verdrängen, doch es erscheint auf amtlichen Erlassen, die zwischen Juni 1794 (prairial an II) und Juni 1797 (prairial an V) im *Bulletin des lois de la République* veröffentlicht wurden.[18] Daß David bei seinem Entwurf an Herkules dachte, geht sowohl aus der Ikonographie der Dupréschen Skizze hervor – die Gestalt hält die charakteristische Keule, und neben ihr, am Boden, liegt das Löwenfell – als auch aus Davids eigenem Redetext: »Dieses Bild, das Volk, das sich erhoben hat, darstellend, sollte in der anderen Hand die schreckliche Keule halten, mit der die Alten ihren Herkules bewaffneten.«[19] Eine riesenhafte männliche Figur ließ Marianne nun als Zwergin erscheinen.

Die politische Bedeutung der Herkulesgestalt geht eindeutig aus den Umständen hervor, unter denen sie aufkam. Ihren ersten größeren öffentlichen Auftritt erlebte sie am 10. August 1793 auf einem sorgfältig vorbereiteten Fest, das David geplant hatte.[20] Obwohl das Fest am Jahrestag der Erhebung stattfand, die zur Abschaffung der Monarchie führte, war es ausdrücklich dazu bestimmt, die Niederlage des Föderalismus zu feiern, das Scheitern jener Revolte im Sommer 1793, die der Unterstützung der verhafteten, als Girondisten bekannten Deputierten dienen sollte. In diesem kritischen Augenblick richtete David ein Fest aus, mit dem er das anspruchsvolle Ziel verfolgte, die Entwicklung der Revolution im Rückblick darzustellen. Es war ein Sittengemälde mit einer Reihe überraschender allegorischer Botschaften. Vier »Stationen« zeichneten die wichtigsten Wendepunkte der Revolution nach und bereiteten die abschließende Zeremonie der Konsekration der neuen Verfassung vor: Eine Gestalt, die Natur darstellend, saß dort, wo einmal die Bastille gestanden hatte; ein Triumphbogen war den Heldinnen des Oktober 1789 gewidmet; eine Statue der Freiheitsgöttin erinnerte an die Hinrichtung des Königs im Januar 1793; und schließlich schwang eine Kolossalstatue, die das französische Volk versinnbildlichte, ihre Keule, um die Hydra des Föderalismus zu zerschmettern (Abbildung 13). Diese Figur wurde auf dem Fest nicht ausdrücklich als Herkules vorgestellt, doch für gebildete Teilnehmer lag die Ikonographie auf der Hand. Zu den bekanntesten »Arbeiten«, die Herkules zu verrichten hatte, gehörte der Kampf gegen die Hydra, die über Jahrhunderte hinweg für die verschiedensten Übel gestanden hatte, von der Sophisterei bis zum Laster, von der Unwissenheit bis hin zum Feind der Nation im Krieg.[21] Ein Kupferstecher, der den Festplatz vor Beginn der Festlichkeiten besuchte, sprach

13 »Das französische Volk überwältigt die Hydra des Föderalismus«, August 1793

von der »Kolossalfigur des Herkules, vierundzwanzig Fuß hoch. [...] Dieser Herkules hatte seinen linken Fuß auf der Kehle der Konterrevolution.«[22] Der Platz, den Herkules im Verhältnis zur Freiheitsgöttin einnahm, ist besonders aufschlußreich. Im Festumzug kam die Freiheitsstatue unmittelbar vor der Herkulesfigur.

Selbstverständlich war die Freiheitsgöttin wichtig, aber sie repräsentierte nur einen einzelnen Augenblick, der nun Vergangenheit war. An der Freiheitsstatue legten Delegierte aus den Departements Feuer an die verhaßten Symbole der Monarchie und erneuerten damit die rituelle Opferung des Monarchen für die Göttin der Republik – der König war im Januar, neun Monate zuvor, hingerichtet worden. Beim nächsten

Halt hatten die Delegierten nichts zu tun. Nun war Herkules – das französische Volk – der einzige Akteur. Er hielt das Rutenbündel, das Symbol der Einheit, in der einen Hand, während er mit der Keule in der anderen Hand das Ungeheuer des Föderalismus – nach einigen Beobachtern halb Frau, halb Schlange – zerschmetterte.[23] Die politische Bedeutung dieser Reihenfolge liegt auf der Hand: Die Repräsentanten des Volkes erkämpften die Freiheit, als sie Ludwig XVI. für seine Verbrechen bestraften, und dann übernahm das Volk selbst den Schutz der Republik vor dem Ungeheuer der Uneinigkeit und des Parteiengeistes. Herkules bedurfte nicht der Hilfe der Deputierten, auch wenn er fest auf jenem Berg stand, der, wie unerschütterlich auch immer, die rechtschaffenen Deputierten innerhalb des Konvents – einschließlich Davids natürlich – versinnbildlichte. Ohne diesen Eingriff des Volkes wäre es unmöglich gewesen, die Republik und ihre Verfassung an der letzten Station sicher aufs Tabernakel zu heben – die Revolution wäre unvollendet geblieben. Im Vergleich zur Freiheitsgöttin repräsentierte Herkules damit eine höhere Stufe in der Entwicklung der Revolution, eine Stufe, die eher durch die Kraft und Einheit des Volkes als durch die Klugheit seiner Repräsentanten charakterisiert war.

Als David drei Monate nach dem Fest die Errichtung der Kolossalstatue vorschlug, hatte die politische Situation sich verändert. Die Krise, die sich am Föderalismus entzündet hatte, war vergangen, neue Probleme waren an ihre Stelle getreten. Anfang September hatte der Konvent, umgeben von zornigen und hungrigen Sansculotten, den Terror offiziell zur Losung des Tages erklärt. Man führte einen generellen Höchstpreis für Getreide ein, und die vom Pariser Revolutionstribunal angeordneten Hinrichtungen nahmen zu. Am 16. Oktober wurde die Königin guillotiniert. Dann, im November, trat die umstrittenste Frage in den Mittelpunkt der Auseinandersetzungen: die Dechristianisierung. Auf derselben Sitzung, auf der David seinen Vorschlag einbrachte, am 7. November 1793, legten mehrere Priester und Bischöfe unter den Deputierten ihre kirchlichen Ämter nieder.[24] Drei Tage nach Davids Vorschlag und eine Woche bevor der Konvent beschloß, die Herkulesfigur für das Staatssiegel zu übernehmen, fand das berühmte Fest der Vernunft in der Kathedrale von Notre-Dame statt, die nun den Namen »Tempel der Vernunft« erhielt. Als die radikalen Deputierten die Figur des Herkules aufgriffen, da war das eine symbolische Reaktion auf diesen Komplex von politischen und kulturellen Krisen.

Herkules stand vor einer Reihe von Aufgaben, die seines Namens würdig waren. Die radikalsten Deputierten und ihre Anhänger wollten nichts Geringeres als eine Kulturrevolution, die alles Christliche eliminierte. Der Revolutionskalender, der im Oktober 1793 eingeführt wurde, war ein schlagendes Beispiel für diesen Wunsch. Die fünf zusätzlichen Tage im Jahr nannte man Sansculottiden und widmete sie nationalen Festen, mit denen man Genius, Arbeit, Tugend, Meinung und Ausgleich feierte.[25] Der Kalender, das Fest der Vernunft und Herkules, sie alle sollten Teil einer neuen Symbolsprache sein, die für die mobilisierten Massen geschaffen wurde. David und die übrigen Jakobinerführer mußten dem Wunsch der Massen nach radikaler Erneuerung nachkommen – und auch der Forderung des Volkes nach einer strafenden, interventionistischen Regierung –, doch zugleich wollten sie eine Bewegung besser in den Griff bekommen, die ihnen einen großen Teil der immer noch inbrünstig katholischen Bevölkerung zu entfremden drohte. Daher hatte Davids Herkules von Anfang an radikale Hoffnungen und Wünsche zu repräsentieren, die er zugleich jedoch auch zügeln mußte.

Davids unmittelbare politische Intentionen wurden in einer förmlichen Rede deutlich, die er am 17. November 1793 hielt, dem Tag, als der Konvent seine Statue als Vorentwurf für das Siegel wählte. Er sagte, die Statue solle ein Monument zum »Ruhme des französischen Volkes« sein und eine Erinnerung an den Triumph des Volkes über Despotie und Aberglauben. Die »zweifache Tyrannei der Könige und der Priester« werde symbolisch in der Konstruktion des Postaments überwunden, das aus den Trümmern der Königsstatuen am Portal von Notre-Dame gebaut werden solle. Dadurch werde der Konvent mit seiner »befreienden Kraft« die Gegenwart, die Zukunft und selbst noch die Vergangenheit von der »Schande einer langen Knechtschaft« reinwaschen.[26] Die Statue werde die Macht des Volkes im denkbar buchstäblichsten Sinne zum Ausdruck bringen; mit seinen sechsundvierzig Fuß Höhe werde der Herkules selbst das Andenken der populärsten Könige wie Heinrich IV. in den Schatten stellen, dessen lebensgroße Statue auf dem Pont-Neuf er ersetzen solle.

In der Wahl des riesenhaften Herkules kamen die Ambiguitäten zum Ausdruck, die der Vorstellung der Radikalen von Repräsentation innewohnten, und zugleich suchte sie diese Ambiguitäten zu überwinden. David betonte ausdrücklich den Gegensatz zwischen Volk und Monarchie; letztlich entschied man sich für den Herkules, weil er diesen Gegensatz offenkundiger machte. Doch Davids Rede und ebenso das Bild selbst zeugten auch von der beunruhigenden Spannung zwischen Volk und Konvent, dem neuen Souverän und seinen Repräsentanten. Als die Radikalen sich für den Herkules als Emblem auf dem Siegel der Republik entschieden, bekannten sie sich zu dem Gedanken, daß die Souveränität in irgendeiner Weise dargestellt werden mußte. Im Herkules sahen sie die »transparenteste« Möglichkeit solcher Darstellung, eine Art Fluchtpunkt der Repräsentation. Weil sie ein Bild wünschten, das die oberste Souveränität des vereinten Volkes zum Ausdruck brachte, zeigte die Statue keine erkennbaren Hinweise auf die Deputierten oder den Konvent. Doch selbst diese beschnittene Darstellung wurde beständig durch ihren Bildcharakter unterminiert. Es war die bildliche Repräsentation des Volkes im Auftrag seiner Repräsentanten, und als solche schloß sie die Interpretation des Volkes durch diese Repräsentanten notwendig ein. Dieses inhärente interpretative Element drohte in kultureller Form eben jenes Verhältnis politischer Autorität – Autorität jenseits des Volkes – wiederherzustellen, das die Radikalen abzuschaffen versprachen. Das Bild verkündete zwar die Oberhoheit des Volkes, führte zugleich aber die Vorherrschaft der Repräsentanten dieses Volkes wieder ein.

In seiner Rede vor dem Konvent versuchte David, die Schlichtheit seines Konzepts hervorzukehren. »Euer Ausschuß [für öffentlichen Unterricht, in dessen Namen David sprach] war der Ansicht, das vorgeschlagene Monument solle in allem, in den Materialien wie auch in den Formen, auf sensible und kraftvolle Weise das großartige Gedächtnis unserer Revolution zum Ausdruck bringen.« Die Statue selbst solle aus der Bronze gegossen werden, die von den siegreichen Armeen erbeutet worden war. Und »da sie in gewisser Weise die Nation repräsentieren soll, kann sie nicht schön genug sein«. Die gewaltige Größe der Figur solle einen Eindruck von »Kraft und Einfachheit«, den Tugenden des Volkes, vermitteln.[27] In einer seiner monumentalen Hände werde der Koloß – David spricht im weiteren nicht mehr ausdrücklich von Herkules – zwei kleine, eng aneinander gedrängte Figuren halten, die Gleichheit und Freiheit darstellten und die zeigen sollten, daß beide gänzlich vom Genius und der Tugend des Volkes abhingen.

In den Jahren 1793 und 1794 fand die riesenhafte männliche Gestalt großen Anklang. Die neue radikale Republik hatte keinen Bedarf nach den »kleinen, eingebildeten Männern«, die Robespierre als die natürlichen Feinde der Revolution entlarvt hatte; die Revolution hatte einen neuen, heldenhaften Mann mythologischen Zuschnitts hervorgebracht:

> »Das französische Volk scheint dem Rest der Menschheit zweitausend Jahre voraus zu sein; ja, aus seiner Mitte heraus ist man fast versucht, es für eine neue Spezies zu halten.

> Europa kniet vor den Schatten jener Tyrannen, die wir bestrafen. [...] Europa kann sich nicht vorstellen, daß man ohne Könige, ohne Adlige leben kann, und wir können uns nicht vorstellen, daß man mit ihnen leben kann. Europa vergießt sein Blut, um die Ketten der Menschheit zu festigen, und wir vergießen unseres, um sie zu zerbrechen.«[28]

Wer, wenn nicht ein Koloß, vermöchte diese Ketten der Menschheit zu sprengen?

Lange bevor David daran dachte, das Bild in dem Fest zur Feier des 10. August einzusetzen, war Herkules schon als Metapher in den Reden der Radikalen aufgetaucht. Ende Juni 1793 beschrieb Fouché den Sieg des Volkes von Paris über die Girondisten folgendermaßen:

> »Das Übermaß der Unterdrückung durchbrach die Dämme der Unzufriedenheit im Volk. Ein schrecklicher Aufschrei ging durch diese große Stadt. Sturmglocke und Alarmkanone weckten den Patriotismus, verkündeten, daß die Freiheit in Gefahr und kein Augenblick zu verlieren war. Unverzüglich bewaffneten sich die achtundvierzig Sektionen und wurden zu einer Armee. Dieser herrliche Koloß steht auf, er marschiert, er rückt vor, er bewegt sich wie Herkules und zieht durch die Republik, um jenem grausamen Kreuzzug ein Ende zu setzen, der dem Volk den Tod geschworen hat.«[29]

Fouchés bemerkenswerte Äußerung zeigt, welche Anziehungskraft das Bild des Herkules bei den Pariser Radikalen besaß; diese Gestalt hatte nichts mit der Marianne gemein. Die Art, wie Fouché zwischen dem Volk und dem Koloß, zwischen Vergangenheits- und Gegenwartsform, zwischen »ihnen« und »ihm« wechselt, führt uns eindrücklich die bestürzende Verwandlung vor Augen, zeigt uns, wie ein »schreckliches« – d. h. ehrfurchtgebietendes und »grandioses« – Ungeheuer sich aus den Tiefen der Stadt und seines Volkes erhebt, um seine Rache an den Feinden des Volkes zu nehmen. Wo ist nun das geheiligte Zentrum? Mit der Demokratie ist aus dem festen Punkt eher ein Kraftfeld geworden: »das Volk« ist überall; doch wenn es zusammenkommt, wenn es zu einer kritischen Masse zusammenfindet, dann verwandelt es sich in eine gewaltige neue Energie. Die »Schreckensherrschaft« war eine radikale, aus der Not geborene Staatsform, die eine Reihe lebensbedrohlicher Krisen abwenden sollte; doch wir können in dieser Passage auch erkennen, daß sie zugleich eine reale und verwirrende Erfahrung für jene Menschen darstellte, die sie wahrscheinlich erfunden haben. Die Schreckensherrschaft, verkörpert durch den verderbnisbringenden Herkules, war das Volk auf den Barrikaden. In den Augen seiner radikalen Urheber war Herkules, das Volk, ein potentieller Frankenstein.

Das Bild des schreckenerregenden Ungeheuers tauchte im radikalen Diskurs der Schreckensherrschaft erst in dem Moment auf, in dem die Macht des versammelten Volkes deutlicher Furcht einzuflößen begann. Die Gestalt des Herkules hatte schon vor der Revolution eine lange ikonographische Tradition, die den bürgerlichen politischen Führern gewiß nicht unbekannt war. Herkules war keine »volkstümliche« Gestalt; er gehörte zum Beispiel nicht zum Repertoire der volkstümlichen Holzschnitte *(imagerie populaire)*, die unter dem Ancien régime im ganzen Königreich verbreitet waren.[30] Statt dessen erschien er zumeist als mythologische Darstellung des französischen Königs, als der gallische Herkules *(Hercule gaulois)*. Diese Darstellungsweise geht auf die französische Renaissance zurück. So war der für den Einzug Heinrichs II. in Paris entworfenen Triumphbogen von einem gallischen Herkules gekrönt, der Heinrichs Vorgänger Franz I. darstellte.[31] Wie bei vielen Herkulesdarstellungen der Renaissance verband eine Kette seinen Mund mit den Ohren seiner Begleiter, weil es als Kennzeichen des Herkules galt, daß seine Führung weniger auf Kraft als auf Überzeugungsfähigkeit beruhte.[32]

Bis zur Französischen Revolution hatte Herkules gleichsam

eine ikonographische Metamorphose durchgemacht. Ludwig XVI., der letzte Bourbone, wurde offensichtlich nie mit Herkules in Verbindung gebracht.[33] Zu irgendeinem Zeitpunkt wanderte die Gestalt nach Amerika. Nicht lange nach 1776 entwarf der uns schon bekannte Kupferstecher Dupré für Benjamin Franklin eine Medaille, auf deren Vorderseite der Kopf eines jungen Mädchens und die Inschrift *Libertas Americana* zu sehen ist; die Rückseite zeigt das Bild eines Kindes, das zwei Schlangen würgt. Dieser Baby-Herkules wird von einem Leoparden angegriffen, und gegen den Leoparden wiederum erhebt gerade eine Göttin den Speer, die einen Schild mit lilienverzierten Rändern trägt.[34] Das königliche Frankreich beschützt hier den neuen republikanischen Herkules in Amerika. Als am 4. Juli 1776 ein Ausschuß gebildet wurde, der ein Sinnbild für das Siegel der Vereinigten Staaten von Amerika vorbereiten sollte, schlug John Adams, einer der Ausschußmitglieder, Gribelins Stich »Das Urteil des Herkules« vor, der das Frontispiz zu Shaftesburys vielgelesenem Traktat über die Notwendigkeit von Klarheit in der Kunst (1723) zierte.[35] Auch in Amerika ging die Wahl des Staatssiegels nicht mühelos vonstatten. Die endgültige Entscheidung fiel erst 1782, nach sechs Jahren der Beratung und einigen Fehlstarts. Die Entscheidung für einen Reichsadler war, wie ein Kunsthistoriker meinte, »unverständlich, ›enigmatisch‹ [im Shaftesburyschen Sinne] und überstieg bei weitem den Horizont aller Bürger mit Ausnahme jener Herren aus der Mittel- und Oberschicht, die [ihn] erfunden hatten«. Der Adler war das Emblem Karls V., Kaiser des Heiligen Römischen Reiches, und stammte aus einem deutschen Buch mit Emblemen und Sinnbildern.[36]

Zwar erschien Herkules im revolutionären Frankreich auch vor 1793 schon in einigen Drucken und Stichen, doch David war nahezu allein – wenn auch möglicherweise auf Drängen Duprés – verantwortlich für die Wiederbelebung und Umgestaltung dieser Figur zu einem machtvollen neuen Symbol im revolutionären Repertoire. Herkules hatte seine Assoziation mit Rhetorik und Überzeugungskraft längst eingebüßt; im wichtigsten ikonologischen Wörterbuch, das in den ersten Jahren der Revolution herauskam, erscheint er nur unter den Eintragungen »Courage« und »Force«.[37] Die Bemerkungen über »Force« zeigen überdies, wie sehr die Allegorien verweiblicht worden waren: »Die Ikonologen stellen die ›Stärke‹ durch eine Frauengestalt dar, die ein Löwenfell trägt und mit der Keule des Herkules bewaffnet ist.«[38] David setzte also keine ikonographische Tradition fort, sondern wählte bestimmte Elemente daraus und verkehrte deren Bedeutung. In den Augen der gebildeten Elite hatte Herkules in der französischen Geschichte für die Macht einzelner Könige gestanden; in der revolutionären Gegenwart macht David ihn zum Sinnbild der kollektiven Macht des Volkes. Er nahm eines der bevorzugten Zeichen der Monarchie und verwandelte es in überhöhter, monumentalisierter Gestalt zum Zeichen ihres Gegenteils.

Wir können unmöglich wissen, was die Konventsabgeordneten dachten, als sie sich für Herkules als Sinnbild auf dem Staatssiegel entschieden, denn die Wahl löste kaum offizielle Kommentare aus. Wahrscheinlich stießen sie sich nicht an der ikonographischen Geschichte des Emblems, zumal diese Geschichte in den letzten Generationen des Ancien régime in den Hintergrund getreten war. Dagegen waren sie mit einiger Sicherheit von der Männlichkeit der Gestalt angetan, hatten sie doch bereits beschlossen, die weibliche Gestalt der Freiheitsgöttin auf dem Siegel zu ersetzen. Diese Entscheidung war in erster Linie politisch motiviert: Die Wahl der Herkulesfigur ermöglichte es den Jakobinern, sich ikonographisch von ihren Gegnern, den Girondisten, abzusetzen. Herkules stand für das Volk, auf das die Jakobiner angewiesen waren, wenn sie ihre prekäre Vormachtstellung in der Politik des Landes bewahren wollten.

Es ging jedoch um mehr als eine einfache politische Botschaft.

Davids Herkules restaurierte und rehabilitierte eine entschieden männliche Darstellung von Souveränität, ein Konzept, das in jedem Fall Konnotationen von Beherrschung und Vorherrschaft besaß. Dennoch war Herkules kein Sinnbild väterlicher Autorität; in Davids und Duprés Darstellung war er vielmehr ein mächtiger Bruder, der seine Schwestern Freiheit und Gleichheit beschützte. In der Männlichkeit der Herkulesfigur spiegelte sich indirekt auch etwas den Deputierten eigenes: Durch ihn bestätigten sie ihr Selbstbild als Horde von Brüdern, die den Vater-König abgesetzt hatten. Daneben ließ Herkules zudem noch seine weiblichen Begleiterinnen wie Zwerge erscheinen. So brachte die Einführung des Herkulesemblems auch die ablehnende Haltung der Deputierten gegen die wachsende Mobilisierung von Frauen in der aktiven Politik zum Ausdruck. Mit der Begründung, die aktive Beteiligung der Frauen an der Politik führe zu jener »Art von Störung und Unordnung, wie die Hysterie sie hervorbringt«, hatte der Konvent Ende Oktober 1793 sämtliche Frauenklubs verboten.[39] Dieser Beschluß ging dem Davidschen Vorschlag einer Statue von gargantuahafter Größe nur um wenige Tage voraus. In den Augen der Jakobinerführer bestand die Gefahr, daß die Frauen in Marianne eine Metapher für ihre eigene aktive Beteiligung sahen. In dieser Situation konnten sie an keiner weiblichen Figur Gefallen finden, so wild und radikal sie auch erscheinen mochte. Herkules wies die Frauen wieder in ihre Schranken und zwang sie in ihre alte Position der Abhängigkeit zurück. Die monumentale männliche Figur war nun die einzige aktive Gestalt.

Wie alle kraftvollen Symbole war Herkules mehrdeutig; er vermittelte nicht nur eine Botschaft. Er konnte »volkstümlich«, brüderlich, vatermörderisch und antifeministisch sein und war noch dazu ein übertragenes, ins Riesenhafte gesteigertes Zeichen der Monarchie. Herkules stand für jakobinische und radikale Zielsetzungen; er symbolisierte die Allianz zwischen den radikalen Deputierten und den Volksklassen von Paris, und zugleich war er eine Waffe in ihrem ideologischen Arsenal. Man konnte ihn als kaum verhüllte Warnung an die Gebildeten verstehen und als Erinnerung an die Art und Weise, wie die Revolution ihre Welt verändert hatte. Das Volk, der neue und gewaltige Riese, war nun König. Selbst die Deputierten waren ihm verantwortlich.

Aber was bedeutete Herkules für das Volk? Für die Volksklassen war der – offiziell namenlose – Koloß nur eine riesenhafte Gestalt. Er erinnerte sie nicht an die Antike oder die französische Geschichte, sondern an die Ungeheuer, die Helden und vielleicht auch die Heiligen in den Volksmärchen und Sagen.[40]

Die wechselseitige Durchdringung von Herkulesbildern elitärer und volkstümlicher Herkunft wird besonders deutlich, wenn man jenes Fest beobachtet, das am 21. Januar 1794 in Grenoble stattfand: Man feierte den Tod des Königs im vorangegangenen Jahr. Auf einem Podest saß eine Puppe – mit Krone und den Hörnern eines Hahnreis! –, die Louis Capet vorstellen sollte; zu ihrer Rechten saß der »sogenannte« Papst und links von ihr eine Gestalt, die den Adel repräsentierte. Als die auf dem Platz versammelte Menge nach Rache schrie, erschienen hinter den Figuren zwei »französische Herkulesse«, um sie mit ihren Keulen zu erschlagen. Dann wurden die Figuren durch den Schlamm geschleift, und die Teilnehmer des Festes trampelten auf ihnen herum.[41] Für die Elite ersetzte der *Hercule français* den *Hercule gaulois;* er war nun zu einer wahrhaft nationalen Gestalt geworden und nicht mehr auf die Monarchie beschränkt. Für die Volksklassen wurden die beiden Herkulesgestalten mit ihrem Spott und ihrer Umkehrung überkommener Rollen zu Akteuren in einer wiederbelebten Karnevalszene. So wie sich der Maibaum, der traditionell als Zeichen der Ehrerbietung gegenüber der Autorität galt, in ein Zeichen des Aufruhrs und der bäuerlichen Macht verwandelt hatte,[42] so hatte sich der Herkules der kö-

niglichen Macht in ein Symbol für die Macht des Volkes verwandelt.
Der kulturelle Ursprung der Herkulesfigur war allerdings ein ganz anderer als der des Freiheitsbaums. Der Maibaum war ein »volkstümliches« Symbol mit tiefen Wurzeln in der bäuerlichen Kultur Frankreichs oder zumindest Südwestfrankreichs.[43] Die Herkulesfigur hingegen entstammte unmittelbar der Elitekultur, auch wenn sich daraus ein Bild schaffen ließ, das bei den Volksklassen Anklang fand. Außerdem war die Umwandlung der Herkulesfigur nicht von den Volksklassen ausgegangen, sondern von den radikalen Vertretern der jakobinischen Regierung in Paris. Deshalb können wir diese Figur einerseits als Ausdruck der von radikaler Seite unternommenen Anstrengungen begreifen, die Gesellschaft auf der Basis größerer Volksnähe umzugestalten; aber andererseits auch als Ausdruck ihrer ambivalenten Einstellung zu den Quellen ihrer Macht. Denn niemals erscheint Herkules als ein intelligenter Riese. In Fouchés Darstellung ist er eine Gestalt von gewaltiger Kraft, der im Schmerz über den Verrat weint, aber wild wird, wenn man ihn reizt. Er reagiert eher wie ein waidwundes Tier und nicht wie jemand, der sein Schicksal in die eigenen Hände nimmt. Davids Vorstellungen von der Statue unterstreichen diesen Eindruck auf eigenartige Weise: Auf seiner Stirn sollte »Licht« geschrieben stehen (ein recht schwacher Hinweis auf Intelligenz); »Natur« und »Wahrheit« sollten auf seiner Brust erscheinen, »Stärke« und »Mut« auf seinen Armen, und »Arbeit« schließlich auf seinen Händen.[44] In Davids Augen bringt Herkules der Welt Licht und Wahrheit nicht durch seinen Verstand oder seine Klugheit, sondern durch Stärke, Mut und Arbeit.
Davids Wahl der Inschriften macht deutlich, welche Vorstellung die Radikalen vom Volk hatten. Der Riese war eine Naturkraft; seine Transparenz machte ihn zum natürlichen Medium für Wahrheit und Licht. Offenbar ohne Vernunft, hatte er keine Hintergedanken, keine Geheimnisse und keine An-

lage zu jenen überaus gefürchteten Zusammenschlüssen – den Verschwörungen gegen die Revolution. Sein Beitrag lag offensichtlich nicht im Reich der Ideen; er war Soldat und Arbeiter; er war der Mut und die Stärke, ohne die die Sache der Radikalen scheitern mußte. Er war das Rückgrat jenes »Terrors, ohne den die Tugend machtlos ist«.[45] Und am wichtigsten vielleicht: Der Riese stand für jene, die mit den Händen arbeiteten, für die Sansculotten, für jene, die lange Hosen statt der Kniehosen der müßigen Klassen trugen. Das Ancien régime hatte die Arbeit mit Geringschätzung bedacht; wer mit den Händen arbeitete, gehörte zu den »vulgären, mechanischen Klassen«.[46] Die Radikalen versuchten, die Arbeit als Quelle von Stolz und Würde wieder aufzuwerten; niemanden verachteten sie so sehr wie den reichen Müßiggänger. Doch ausgerechnet in dem Versuch, diese neue Hochschätzung der Arbeit kenntlich zu machen, unterminierte Davids Herkules diese Neubewertung, da die Inschrift »Arbeit« auf den Händen doch nur ein weiteres Mal bestätigte, welch eine stumme, der Sprache nicht mächtige Kraft der Riese ist. Nur Davids Worte vermochten ihn sprechen zu machen.

Die vorgeschlagenen Inschriften waren nur ein Beispiel für die Ambivalenzen, die den Bemühungen innewohnten, das Volk für das Volk darzustellen. Die schiere Wucht der Statue sollte eine unmißverständliche Botschaft vermitteln: Das Volk war monumental und ehrfurchtgebietend, es war überwältigend in seiner Stärke. Und das Volk stand allein. Dennoch waren es die Repräsentanten des Volkes, die diese Deutung gaben, und in dieser Eigenschaft schlichen sie sich wieder in das Bild ein. Als Herkules erstmals auf dem Fest vom 10. August 1793 auftrat, wurde er lediglich als »Colosse des Invalides« bezeichnet, und zwar weil die Statue auf dem Platz gleichen Namens (Place des Invalides) errichtet worden war. Als die Teilnehmer sich am »Colosse des Invalides« versammelten, erklärte der Konventspräsident den Anwesenden, was sie darin zu sehen hatten: »Französisches Volk! Hier erblickt ihr euch selbst in Gestalt eines Emblems, das überaus lehrreich ist. Der Riese, dessen kraftvolle Hand die Departements, die seine Größe und Stärke ausmachen, in einem einzigen Bündel vereint und zusammenhält, dieser Riese seid ihr selbst!«[47] Die Deputierten hatten die Allegorie arrangiert, um dem Volk sein eigenes Bild zu zeigen; doch damit das erkannt wurde, bedurfte es der Reden seiner Repräsentanten. Nur im Kontext der Worte wirkte das visuelle Bild im richtigen Sinne.

Der Herausgeber der *Révolutions de Paris* ging, indem er sogleich die politische Bedeutung des Bildes erfaßte, in seiner Interpretation des Herkules als Verkörperung des radikalen Flügels der Revolution noch einen Schritt weiter; in seinem Zeitungskommentar zu Davids Rede über die Statue schrieb er: »Wir werden sehen, wie das Volk aufsteht, wie es die Freiheit trägt, die es erobert hat, und eine Keule, um das Errungene zu verteidigen. Unter den Modellen, die miteinander konkurrieren, werden wir ohne Zweifel jenem den Vorzug geben, das den Charakter eines Sansculotten, das Gesicht des Volkes, am besten wiedergibt.« Er fährt fort mit einem Lob für Davids Auswahl von Inschriften auf der Statue und behauptet, die Ägypter hätten ihre öffentlichen Monumente mit Inschriften versehen, weil diese »die einzigen Lehrbücher für die Menge« gewesen seien. Auch kann er sich nicht enthalten, einen eigenen Vorschlag beizusteuern: Warum nicht in allen Städten und Dörfern Frankreichs dieselbe Statue aufstellen? Warum nicht eine Monumentalstatue an jedem wichtigen Punkt an der Grenze? Und weil »Homer die Könige seiner Zeit *mangeurs de peuple* [Völkerfresser] nannte, werden wir auf die Figuren der französischen Sansculotten diese Worte schreiben: *Le Peuple Mangeur de Rois* [Das Volk, der Königsfresser].«[48] Etwas weiter unten brachte der Artikel sein eigenes gedrucktes Bild der Figur (Abbildung 14).

Hier ist Herkules nun wirklich zum Sansculotten geworden.

14 Stich mit dem Titel
»Le Peuple Mangeur de Rois«

Die ikonographische Keule des mythologischen Helden hat sich in ein reales Instrument der Volksmacht verwandelt. In Duprés Darstellung (Abbildung 12) steht der klassische Herkules nackt da und stützt sich leicht auf seine »symbolische« Keule. In der Zeitungsillustration schwingt er die Keule aktiv gegen die Figur, die die Monarchie verkörpert. Außerdem ist er wie ein Sansculotte gekleidet, auf dem Kopf die phrygische Mütze, die Hosenbeine hochgekrempelt, bereit für seine alltägliche Arbeit. Die Haarfülle auf seinem Kopf und in seinem Gesicht unterscheidet ihn deutlich von den glattrasierten und sorgfältig frisierten Deputierten, aber auch von dem bartlosen Herkules, den David sich vorstellte (Abbildungen 12 und 13). Davids unbekleideter Herkules zeigte keinerlei soziale Merkmale. Er war eine gänzlich abstrakte Figur, die über den Klassen und Parteien stand. Kurz, die Figur in der Zeitungsillustration ist noch radikaler als die von David; der Königsfresser ist noch »transparenter«, weil er lebensechter, nicht antikisierend, klar in seinem sozialen Gehalt und eindeutig in seinem Handeln ist. Diese Figur ist nicht unverständlich und »enigmatisch«. Das Bild ist nicht allegorisch; die Figur ist der Sansculotte, der das Volk ist. Daher gelangt es nahe an den Nullpunkt der Repräsentation, an dem es keinen metaphorischen Gehalt mehr gibt. Als radikales Bild will es eine Widerspiegelung der Realität sein und nicht deren verzerrte, abstrahierende Interpretation.

Die Figur in der Zeitungsillustration schöpft, was ihre Wirkung betrifft, eindeutig aus volkstümlichen Quellen. In typisch karnevalesker Verkehrung ist der König zu einem Zwerg geworden, zu einem hilflosen Spielzeug in den Händen der rohen Volksgewalt. Doch diesmal ist der Rollentausch kein Spiel; das Volk war nicht König für eine Stunde oder einen Tag. Nun verschlingt das Volk die Könige – und wird natürlich zu dem, was es verschlingt: zur Inkarnation der höchsten Macht. Auch der Kommentar des Herausgebers unterstreicht auf subtile Weise, daß es sich hier um die Eroberung der Macht durch die Gruppe der Brüder handelt. Die Figur, so heißt es, trägt »die Freiheit, die [sie] erobert hat, und eine Keule, um das Errungene zu verteidigen«. Die Freiheit, diese kostbare, zerbrechliche Errungenschaft, ist nun eine Trophäe aus dem Krieg gegen die Könige. Die Brüder haben sie aus der Gewalt ihrer Feinde – der patriarchalischen Herrscher – befreit und müssen diese Eroberung nun mit allen Kräften verteidigen. Eine aktive Rolle für die Frauen gibt es da nicht. Möglicherweise erscheint die Freiheitsgöttin deshalb nicht auf dem Bild, weil die Frage der politischen Partizipation der Frauen bereits kein Streitpunkt mehr war. Für die Jakobinerführer und deren Anhänger unter den Sansculotten war Politik ein Kampf zwischen Männern.[49]

Trotz des Versuchs, ein transparentes Bild des Volkes zu schaffen, teilt auch der Königsfresser die fundamentale Ambivalenz der Davidschen Darstellung. Wie der klassische Herkules, so verkörpert auch die Figur in der Zeitungsillustration eher Handeln als Vernunft: Als rohe Kraft handelt sie ohne zu denken. Und wie David, so muß auch der radikale Zeitungsmann den Logos, die Vernunft hinter dem Handeln des Volkes, hinzutun. Auch diese Figur ist »beschrieben«. Die Radikalen schreiben auf den Körper des Volkes, um das Volk und seine Macht ihrer politischen Welt einzuverleiben. Wieder einmal stellt der Radikale das Volk dem Volke dar – »hier verteidigt ihr leidenschaftlich die Freiheit, die wir erobert haben«. Aber könnte sich jemand vorstellen, daß diese Gestalt eine Verfassung schriebe? Das Bild der Kraft ist letztlich ein rohes.

Obwohl der von David vorgeschlagene Wettbewerb für die Statue zusammen mit vielen anderen Projekten in der Versenkung verschwand, wurde anscheinend doch ein Gipsmodell entworfen.[50] Ein Historiker des späten neunzehnten Jahrhunderts hat behauptet, auf dem Pont-Neuf sei tatsächlich eine Herkulesfigur errichtet worden, doch seine Beschreibung paßt auf die Figur des Festes vom 10. August – Herkules, der die Hydra des Föderalismus erschlägt – und nicht auf die Statue.[51] Auf Stichen, die das »Fest des höchsten Wesens« vom 8. Juni 1794 zeigen, ist an prominenter Stelle gleich neben dem Berg, den man auf dem Marsfeld aufschüttete, eine Herkulesstatue zu sehen. Diese Statue folgt den von David für den Herkules auf dem Pont-Neuf vorgegebenen Leitlinien; sie ist zwar nicht so groß, wie vorgeschlagen, doch die antike Gestalt hält die beiden winzigen Darstellungen der Freiheit und der Gleichheit in der Hand.[52] Der Stich zeigt, daß David, Robespierre und die übrigen Radikalen im Konvent nicht die Absicht hatten, vom klassischen Herkulesbild des Volkes Abstand zu nehmen. Die Brutalität und Gewalttätigkeit der Figur in der Zeitungsillustration sind in dieser anmutigen und gelassenen Gestalt nicht zu finden. Die Verkörperung des Volkes erweist dem höchsten Wesen seine Reverenz, und ihr Auftreten ist nicht mehr das fordernde vom Herbst 1793. Inzwischen hatte man das Volk unter Kontrolle gebracht.

Der Stich, auf dem das »Fest des höchsten Wesens« dargestellt ist, wirft eine höchst schwierig und vielleicht auch kaum zu beantwortende Frage auf: Ist es ein Zufall, daß der Herkules auf dem Stich große Ähnlichkeit mit Michelangelos David hat?[53] War dies ein Zeichen für Davids Egozentrik – sein Name nun verknüpft mit Herkules, dem Volk und dem biblischen Helden –, oder war es der ironische Kommentar eines anonymen Kupferstechers? Dieselbe Statue erscheint auch auf Stichen, die das Siegesfest Ende Oktober 1794 darstellen, drei Monate nach dem Sturz Robespierres, bei dem auch David in Ungnade gefallen war. Mit der Genauigkeit solcher Stiche ist es allerdings nicht weit her, denn wie Bronislaw Baczko bemerkt, hatte das festliche Paris der Stiche oft nur wenig mit den wirklichen Ereignissen und der tatsächlichen Topographie gemein. Die Kupferstecher unterschlugen den provisorischen Charakter von Gipsmonumenten und stellten sie so dar, als wären sie aus Marmor oder Granit. Gelegentlich fügten die Künstler Statuen oder Monumente hinzu, die niemals existiert hatten.[54] Auch die Stecher ließen sich von didaktischen Zielen leiten; mit ihrer Arbeit wollten sie die Welt rekonstruieren und nicht unbedingt getreulich wiedergeben.

Wie viele andere Gipsdarstellungen, die bei den Jakobinerfesten Verwendung gefunden hatten, wurde auch der Koloß Anfang 1795 zerstört.[55] Ende Oktober 1795 machte ein Deputierter den Vorschlag, der Konvent möge sich für einen Bienenkorb als Emblem auf dem Staatssiegel entscheiden. Dieser Vorschlag wurde abgelehnt, nachdem ein anderer Abgeordneter eingewendet hatte, Bienenkörbe seien royalistisch, schon weil die Bienen eine Königin hätten. Die rechten Embleme für eine Republik, so meinte derselbe Abgeordnete, seien die Freiheitsmütze und das Richtscheit – als Symbole für Freiheit und Gleichheit –.[56] Mit anderen Worten, nach dem Sturz der Radikalen wandten die verbliebenen Deputierten sich zunehmend abstrakten Symbolen zu. Grégoires Bericht aus dem Jahre 1796 zeugt von dieser Tendenz. Darin schlug er drei Symbole vor: eine weibliche Figur ohne die charakteristische Freiheitsmütze; ein Dreieck, das die Einheit der beiden gesetzgebenden Räte und des Direktoriums repräsentierte – die Freiheitsmütze saß auf der Spitze dieses Dreiecks –; oder drei ineinandergreifende Kreise auf einem Schild, dessen Ränder die unbesiegbare Kette der vereinten Departements zieren sollte (wobei die Freiheitsmütze hier in einem der drei Kreise erschien).[57] Das Siegel auf den amtlichen Protokollen des Rates der Fünfhundert bestand aus einem Oval mit einer Freiheitsmütze, Sonnenstrahlen, einem Zirkel und einer Waage.[58] Wie die amerikanischen Republikaner vor ihnen, so bewegten sich auch die französischen Republikaner zunehmend in Richtung des Abstrakten und Enigmatischen in der symbolischen Darstellung. Das Volk wurde nun in den Bildern nicht mehr unmittelbar dargestellt; die Republik mochte zwar für das Volk sein, sie war aber nicht durch das Volk, und ebensowenig war sie eine Republik des Volkes.

Obwohl Herkules nicht das Siegel der Republik eroberte, verschwand er nach dem Sturz Robespierres und seiner radikalen Gefolgsleute nicht völlig von der Bildfläche. Ein im August 1795 verabschiedetes Gesetz teilte das Münzgeld der Republik in zwei Gruppen: Die Silbermünzen sollten die Figur des Herkules, »Freiheit und Gleichheit vereinend«, und die Inschrift »Einheit und Stärke« tragen, die geringerwertigen Bronzemünzen dagegen die Freiheitsgöttin und die Inschrift »Französische Republik«.[59] Herkules allerdings hatte sich verändert; er war domestiziert worden. (Siehe Abbildung 15, eine Skizze von Dupré, in der die Leitlinien des Erlasses niedergelegt sind.)[60] Nun erschien er in Lebensgröße als Bruder von Freiheit und Gleichheit; er ist kein Riese mehr, er trägt seine kleinen Schwestern nicht mehr auf der gewaltigen Hand, und er schwingt auch nicht mehr die bedrohliche ikonographische Keule der Volksmacht. Statt dessen wirkt er älter, weiser, versöhnlich, ja fast väterlich. Auch die Kräfte des

Volkes waren gezähmt worden; nach den letzten verzweifelten Erhebungen im Frühjahr 1795 hatten die Sansculotten sich aus der politischen Arena zurückgezogen. Abstrakte Frauengestalten, die wenig Ähnlichkeit mit lebendigen Frauen hatten, kehrten in großer Zahl auf die ikonographische Bühne zurück.

Viele der Deputierten hätten Herkules am liebsten ganz verschwinden lassen. Im Juli 1798 machte der Rat der Fünfhundert den Vorschlag, eine »allegorische Figur, die eine sitzende Frau darstellt«, solle den Herkules auf den Silbermünzen ersetzen. Die Inschrift sollte lauten »Freiheit, Wohlstand«.[61]

15 Skizze von Dupré zu einer Herkulesmünze, 1795

Herkules, das Volk, sollte einer stillen, inaktiven Gestalt weichen, die dem künftigen Wohlstand gewidmet war. Der radikale Mann und die radikale Frau – selbst die Freiheitsgöttin in Abbildung 5 war aktiver – sollten verschwinden. Der übergeordnete Rat, der Rat der Alten, war gleichfalls der Ansicht, daß ein Wechsel »unvermeidlich« sei, denn er sah in der Herkulesdarstellung »eine Allegorie, deren Konzeption und Ausführung nicht glücklich waren«.[62] Doch da der Rat der Alten sich gedrängt fühlte, den Rest des Münzvorschlags zurückzuweisen, durfte Herkules noch eine Weile zirkulieren.[63]

Nach 1799 schwand die Erinnerung an Herkules. Marianne, die Verkörperung der Freiheit und der Republik, verschwand zwar nicht, aber schon bald stellten Napoleons eigene Konterfeis sie in den Schatten. Wie Marianne, so tauchte auch Herkules in späteren Republiken wieder auf, jedoch stets nur als sekundäre Gestalt, etwa auf französischen Münzen 1848, 1870–1878 und sogar noch 1965.[64] Die herausragende Stellung, die er während der Schreckensherrschaft 1793–1794 innehatte, erreichte er nicht mehr. Doch während die männliche Figur nach der Revolution in der republikanischen Bildwelt niemals zur Vorherrschaft gelangte, fiel ihr in der sozialistischen und proletarischen Ikonographie eine herausragende Rolle zu. Eric Hobsbawm hat zu erklären versucht, weshalb die weibliche Figur mit dem Übergang von den demokratisch-plebejischen Revolutionen des neunzehnten Jahrhunderts zu den proletarischen und sozialistischen Bewegungen des zwanzigsten Jahrhunderts an Bedeutung verlor.[65]

Er verweist auf die Neigung der Frauen, die Arbeit aufzugeben, wenn sie heirateten, auf den Ausschluß der Frauen aus der Gewerkschaftsbewegung und auf die Verknüpfung weiblicher Figuren mit den verfallenden chiliastischen Strömungen der vorindustriellen Zeit.

Welche Verdienste diesen sozialen und politischen Erklärungsversuchen auch zukommen mögen – sie sind nicht unwidersprochen geblieben[66] – sie lassen jedenfalls außer acht, daß weibliche und männliche Figuren während der Revolution miteinander konkurrierten. Der »Arbeiter mit dem nackten Oberkörper« taucht nicht erstmals im frühen neunzehnten Jahrhundert auf – Hobsbawm gibt kein genaues Datum an –; wir finden ihn schon lange vor dem Aufstieg der proletarisch-sozialistischen Bewegung in Davids Darstellung des Volkes (mit der Inschrift *Arbeit* auf seinen Händen). Ohne es zu wissen, zeigt Hobsbawm selbst, daß Herkules vielfach das Modell für die sozialistische Ikonographie abgab. Wer ist denn jene Figur, die Hobsbawm als »eine nackte muskulöse Gestalt« beschreibt, »ein Tuch locker um die Hüften geschlungen, kniet sie auf einem Felsen und kämpft mit einer großen grünen Schlange« auf der Fahne des Exportzweiges der Hafenarbeitergewerkschaft in den neunziger Jahren des letzten Jahrhunderts?[67] Schon 1818 wurde eine syndikalistische Bewegung in England als »philanthropischer Herkules« bezeichnet.[68] Und um die Mitte des neunzehnten Jahrhunderts fand die Figur genug Anklang in Frankreich, um Gustave Flaubert zu inspirieren. Die einzige Heldengestalt in den *Lehrjahren des Herzens,* der Arbeiter Dussardier, wird als »herkulisch gebauter Mann« vorgestellt, als er zum erstenmal im Roman auftritt.[69]

In seiner Kritik an Hobsbawm äußert Maurice Agulhon die Auffassung, die Linke habe im neunzehnten Jahrhundert der männlichen Figur den Vorzug gegeben, weil die weibliche allzu eng mit der gemäßigten Republik verknüpft gewesen sei.[70] Doch es bedurfte nicht der Erfahrung der Zweiten und Dritten Republik im neunzehnten Jahrhundert, um die Spannungen zwischen den gemäßigten und den radikalen Auffassungen republikanischer Politik zu enthüllen; die Wahl zwischen Marianne und Herkules stand schon in den neunziger Jahren des achtzehnten Jahrhunderts an. Überdies repräsentierte die kolossale männliche Figur weit mehr als die Ablehnung des gemäßigten weiblichen Bildes der Republik; sie erinnerte ihre Anhänger daran, daß die radikale Revolution ebenso wie die industrielle Arbeit und ein Gutteil der sozialistischen Politik das »Werk des Mannes« war.

Die Herkulesfigur vereinte auf sich dieselben Grundspannungen, die auch das Selbstbild späterer proletarischer und sozialistischer Bewegungen beherrschten. Herkules repräsentierte nicht wirklich eindeutig das Volk. Die von David gewählte Figur war nicht das Selbstbild des Volkes, das aus der Tiefe der Volkskultur hervorgegangen wäre. Es war vielmehr das Bild des Volkes, das ein Künstler, Intellektueller und Politiker zur Erbauung des Volkes gemacht hatte. Die proletarischen Gestalten, von denen Hobsbawm berichtet, vermitteln dieselbe Ambivalenz; sie wirkten nur selten realistisch. Zumeist waren es idealisierte, klassische, nackte oder halbnackte Figuren von kraftvoller Männlichkeit und nicht die erschöpften, unterernährten, schmutzigen Gestalten aus den Kohlegruben und Fabriken Europas. Ganz wie Flauberts Dussardier, der ein »schrecklicher Geselle [*le terrible garçon*]« war, »so bärenstark, daß es mindestens vier Mann brauchte, um ihn zu bändigen«, vermittelten auch diese Gestalten den Eindruck roher Kraft ohne viel Intelligenz.[71] Es zeigte sich, daß die Arbeiter, ganz wie das Volk der Französischen Revolution, nur schwer darzustellen waren; dennoch fühlten sich jene, die für ihre Sache eintraten, zu solcher Darstellung gedrängt.

Obwohl die Bilder, die die Radikalen vom Volk entwarfen, selbst spannungsgeladen und ambivalent waren, vermochten sie neue Gräben im sozialen und politischen Terrain aufzuwerfen. Die Radikalen riefen das Volk dazu auf, sich selbst anzuschauen, sich als zentrale Gestalt zu erkennen und seinen »schrecklichen Schrei« in den Hallen des Konvents und auf den Straßen von Paris ertönen zu lassen. Die Kraft und die Spannung in der radikalen Darstellung des Volkes zeigt sich besonders deutlich in der spontanen Rede, die Robespierre im Februar 1794 über »die moralischen und politischen Grundsätze der Innenpolitik« hielt:

»Wenn aber ein Volk in bewunderungswürdiger Anstrengung, mit Mut und Vernunft, die Ketten der Despotie sprengt und sie zu Trophäen der Freiheit macht; wenn es dank der Stärke seiner Moral den Armen des Todes entrinnt und seine volle Jugendkraft wiedererlangt; wenn es sich als gleichermaßen empfindsam und stolz, unerschrokken und gelehrig erweist; wenn es sich weder von unüberwindlichen Wällen noch von den zahllosen Armeen der Tyrannen, die es bedrängen, Einhalt gebieten läßt, aber innehält vor dem Bild des Rechtes; wenn all dies so ist und es schwingt sich nicht sogleich zur vollen Höhe seiner Bestimmung empor, dann kann das nur die Schuld derer sein, die es regieren.«[72]

Für Robespierre war das Volk der Motor, die treibende Kraft der Revolution. War es jedoch erst einmal in Bewegung, ließ es sich nur schwer wieder bremsen. Seine Repräsentanten hatten die Aufgabe, ihm »das Bild des Rechtes« vor Augen zu halten, damit es zur rechten Zeit innehielt; ihm zu erklären, daß dieses Recht seine Schöpfung sei; und es auf den richtigen Weg zu führen, damit es sich »zur vollen Höhe seiner Bestimmung« emporschwinge. Ohne das Volk fehlte der Revolution die treibende Kraft; ohne die Volksvertreter fehlte ihr jeglicher Richtungssinn.

Wie tief die Gräben waren, die von den Appellen der Radikalen an das Volk aufgerissen wurden, zeigt sich an der Entschlossenheit, mit der man später versuchte, sie zuzuschütten und so zu tun, als hätte es sie nie gegeben. Nach 1794 wurden alle Aufrufe an das Volk unterdrückt. Herkules verschwand aus dem Blickfeld, und die meisten Darstellungen der Republik erschienen nun in Lebensgröße, waren abstrakt, auf geheimnisvolle Weise allegorisch und zeigten eine verwirrende Vielfalt rätselhafter Symbole. Herkules hatte nur weniger erklärender Worte bedurft, doch die abstrakten Allegorien der bürgerlichen Republik kamen mit seitenlangen Erläuterungen daher, die ihrerseits nur jenen verständlich waren, welche

16 Offizielle Vignette des Direktoriums, 1798

einen komplizierten Text zu lesen verstanden. Der offiziellen Vignette des Direktoriums (Abbildung 16) wurde eine ganze Seite mit Erklärungen zum allegorischen Gehalt beigegeben, als man sie veröffentlichte. Sie zeigt die Freiheitsgöttin mit der Freiheitsmütze, doch darum herum findet sich eine Fülle von Symbolen, die weniger leicht zu verstehen waren.[73] Im Gegensatz zur Marianne von 1792 (siehe Abbildung 5) sitzt diese Freiheitsgöttin, und ihre ganze Haltung drückt eher Nachdenklichkeit als Handlungsbereitschaft aus. Sie hält weder Speer noch Lanze und stützt den Arm recht matt auf eine Tafel mit der Aufschrift »Verfassung des Jahres III«. Vor allem aber geht ihr Blick zur Seite – nach rechts! – und nicht zum Betrachter hin. Die Freiheit stellt keine Anforderungen an ihr Publikum. Sie sitzt nur da und wartet.

Im Jahre 1800 beaufsichtigte der rehabilitierte David die Entfernung der gipsernen Freiheitsstatue. Ihre Stelle auf dem »Platz der Revolution« wurde nun von einer nationalen Gedenksäule auf einem neubenannten »Platz der Eintracht« (place de la Concorde) eingenommen. Der Architekt Moreau plante eine zwanzig Meter hohe Säule mit einer Freiheitsgöttin auf der Spitze, die einen »traurigen und verdrießlichen Eindruck« machte, wie ein Beobachter meinte.[74] Die Freiheit war nun eine buchstäblich entrückte Gestalt, die hoch droben über den Köpfen der Menschen schwebte. Schon nach ein paar Monaten wurde selbst diese entrückte Freiheitsgöttin wieder entfernt und durch Napoleons Triumphbogen ersetzt. Das Kaiserreich, das im militärischen Sieg gründete, triumphierte über die Republik.

Das Staatssiegel und die übrigen Sinnbilder der Revolution waren mehr als bloß pittoreske Ausflüsse endloser politischer Auseinandersetzungen. Wie die elaborierten Ankleiderituale den Hof Ludwigs XIV. in Atem gehalten hatten, so bestimmte die Versinnbildlichung der Revolution die Erfahrung von Macht. Als die »zentrale Fiktion« der Monarchie ins Wanken geriet, machten die Republikaner sich auf die Suche nach anderen Möglichkeiten, ihrer Welt Kohärenz zu verleihen. Marianne und Herkules waren zwei zentrale Gestalten in ihrem neuen politischen Kosmos. In Amerika vermochten die Republikaner sich ein für allemal auf ein Staatssiegel zu einigen, weil die politische Schicht sich einig war über die Bedeutung der Republik. In Frankreich blieb die Repräsentation von Macht weiterhin kontrovers, weil die politische Schicht keine Einigkeit über die Frage erzielte, wann die Revolution zu Ende sei. Die Krise der Repräsentation kam während des Revolutionsjahrzehnts niemals zur Auflösung; statt dessen trieben die Republikaner und insbesondere die Radikalen diese Fragen bis ins Extrem. Als die Radikalen das Wagnis einer Versinnbildlichung des Volkes eingingen, mit all den Ambivalenzen, die damit verbunden waren, da warfen sie neue Fragen hinsichtlich der Natur und der Möglichkeiten des

Staates auf. Diese Fragen zeigten beträchtliche Wirkung, weil sie nicht auf politische Abhandlungen und Traktate beschränkt blieben, sondern in allen Bereichen der französischen Gesellschaft Widerhall fanden. Das Gedächtnis der Revolution wurde nicht in einem Buch oder Dokument weitergegeben. Es lebte fort in wenigen einfachen Parolen, in Abzeichen und Mützen und in einigen lebensähnlichen Figuren, die sich leicht dem Gedächtnis einprägten.

Zweiter Teil
Die Soziologie der Politik

Viertes Kapitel
Die politische Geographie der Revolution

Rhetorik, Rituale und Bilder boten einen symbolischen Rahmen für die politische Kultur der Revolution. Obwohl der politische Inhalt der Reden, Feste und bildlichen Darstellungen von Autorität zum Beispiel auf Siegeln und Münzen sich im Verlaufe des Revolutionsjahrzehnts veränderte, blieben viele Prinzipien und Erwartungen, von denen sie geprägt wurden, im Kern dieselben. Unter diesen durchgängig wirksamen Motivationen waren von besonderer Bedeutung der Wunsch nach einem Bruch mit der Tradition, der Glaube an die Möglichkeit einer wiedererwachten Nation, der Rückgriff auf Rationalismus und Universalismus bei der Schaffung neuer Werte und die Überzeugung, daß die Bedürfnisse der Gemeinschaft Vorrang vor den Interessen von Individuen und Gruppen haben sollten. Durchgängig wirksam blieben auch die fundamentalen Spannungen zwischen revolutionärer Theorie und Praxis: zwischen Transparenz und politischer Didaktik, zwischen dem Volk und seinen Repräsentanten, zwischen der Klarheit von Natur und Vernunft und der Undurchschaubarkeit von Symbolen und Kostümen. Bei der Herausarbeitung dieser Prinzipien und Polaritäten erkundeten die Revolutionäre politisches Neuland, darunter die direkte Demokratie, das Terrorregime und schließlich den autoritären Staat.

Der symbolische Rahmen der Revolution verlieh der neuen politischen Kultur Einheit und Kontinuität. Der beständige Bezug auf die neue Nation, das Gemeinwesen und den allgemeinen Willen trug dazu bei, den Sinn für nationale Ziele zu stärken. Marianne, Herkules, die Nationalkokarde und die

Feste waren als Appelle an das französische Volk gedacht. Die Freiheitsbäume, die patriotischen Altäre, die Jakobinerklubs und Wahlverfahren setzten sich in nahezu identischer Form überall durch. Dieser symbolische Rahmen war nicht so sehr Ausdruck eines bereits vorhandenen Nationalgefühls oder der demokratischen Bestrebungen der Massen; vielmehr wurde ein Nationalgefühl durch diesen symbolischen Rahmen erst erzeugt. Die Umzüge, die Eide, der Umlauf von Münzen mit Abbildungen der Freiheitsgöttin oder der Herkulesfigur, all das schuf und stärkte die neue Nation, die zuallererst von der revolutionären Rhetorik gesetzt worden war.

Die meisten dieser neuen Praktiken erhielten ihren offiziellen Beglaubigungsstempel in Paris, und vielfach bewirkten sie eine Stärkung des zentralistischen, bürokratisierten Staates. Standardmaße und Gewichte, einheitliches Münzgeld, dieselben Wahlverfahren und ähnliches erleichterten das Regieren von Paris aus. Dennoch wurde die neue politische Kultur nicht von Paris beherrscht. Die revolutionären Werte und Symbole besaßen solch große Kraft, weil so viele Menschen an so vielen verschiedenen Orten danach zu handeln begannen, um gemeinsam das Ziel einer Umgestaltung des sozialen und politischen Lebens zu verwirklichen. Gelegentlich entwickelten Menschen weitab von Paris ihre eigenen Symbole und Rituale, aber auch wenn sie bereit waren, Paris zu folgen, so taten sie dies auf ihre eigene Art und Weise. Und was war schon Pariserisch an der Politik in diesem Zentrum? Ein Großteil der Pariser Bevölkerung war aus der Provinz zugewandert, und die überwältigende Mehrheit der Deputierten in den gesetzgebenden Versammlungen kam aus der Provinz. Die Regierung in Paris konnte den Anspruch erheben, für die Nation zu sprechen, weil ihr Menschen angehörten, die aus allen Teilen Frankreichs kamen.

Die Schaffung einer neuen Nation durch die Revolution war daher ein komplexer Vorgang, bei dem es um mehr ging als die Einbindung der Peripherie in die neue Politik des Zentrums. Deshalb fällt es nicht leicht, die Ausbreitung und Entwicklung der Revolution nachzuzeichnen. Trotzdem ist es wichtig, zu fragen: Wo wurde die Revolution am besten aufgenommen, an welchen Orten und von welchen Gruppen? Wen sprachen die neuen Werte am meisten an? Und wer war für ihre Umsetzung verantwortlich? Die Bedeutung jener Formen politischer Praxis, die zusammen den Prozeß der Revolution bildeten, läßt sich nicht aus deren geistigen und philosophischen Ursprüngen herleiten. Die politische Praxis muß vielmehr in ihren sozialen Kontext gestellt werden. Irgend jemand hat die Freiheitsbäume aufgestellt, und an manchen Orten waren die Feste erfolgreicher als an anderen. Ein symbolischer Rahmen fällt nicht vom Himmel, noch kann er aus Büchern entnommen werden. Er wird von Menschen gestaltet, und diese Menschen müssen sich angezogen fühlen von der Vision dieser neuen politischen Kultur.

Die zweite Hälfte dieses Buches geht von der Prämisse aus, daß Menschen – und insbesondere Menschen, die gemeinsam handeln – die Kultur formen. Damit soll nicht behauptet werden, daß die Bedeutung von Kultur oder Politik sich aus der sozialen Identität der beteiligten Menschen ableiten ließe, wohl aber, daß die soziale Identität wichtige Hinweise auf die Erfindung und Realisierung neuer Formen politischer Praxis liefert. Zeitgenossen der Revolution haben dies ähnlich gesehen. Im Jahre 1791 bemerkte Edmund Burke: »Die wohlhabenden Männer, Großkaufleute, Händler und Literaten [...] sind die Hauptakteure der Französischen Revolution.«[1] Zur selben Zeit sahen französische Konservative in der Revolution das Werk von Freimaurern, Protestanten, besinnungslosen Mobs, fanatischen Kirchenfeinden, Jakobinern oder allgemeiner von Männern mit krankhaftem Ehrgeiz. Die Revolutionäre selbst schätzten solche Unterscheidungen nicht, denn sie legten Wert darauf, den umfassenden Charakter des Prozesses zu unterstreichen. In ihren Augen waren Gegner einfach parteiisch, selbstsüchtig, aristokratisch oder unpatriotisch. So meinte der konservative Republikaner Boissy d'Anglas im Jahre 1795: »Die Französische Revolution [...] ist keineswegs das Werk einiger weniger Individuen, sondern das Ergebnis von Aufklärung und Zivilisation.«[2]

Auch wenn die Revolutionäre es vorzogen, die Universalität des revolutionären Prozesses zu betonen, so beschäftigten sie sich in der alltäglichen Politik doch ausgiebig mit den diversen Formen von Widerstand, denen sie begegneten. Die Bürokratie erfuhr ihre Ausweitung in erheblichem Maße zu dem Zweck, Informationen über die öffentliche Meinung zu sammeln. Die Regierung wünschte regelmäßige Berichte und loyale Staatsdiener, damit sie über lokale Unterschiede in der Reaktion auf ihre Neuerungen informiert war. Zu diesem Zweck sammelte der Staat in den neunziger Jahren gewaltige Mengen an Informationen über die Ausbreitung revolutionärer Praktiken. Während er unablässig die Einheit der Nation verkündete, studierte er geradezu übereifrig die Quellen der Uneinigkeit.

Neben der traditionellen Sorge um die öffentliche Ordnung bestand die wichtigste politische Aktivität der Revolutionsregierung in der Organisation des alljährlichen Rituals der Wahlen. Obwohl die Feste eine Vielzahl von Menschen mobilisierten, die nicht wählen durften, darunter Frauen und Kinder, waren die Wahlen der deutlichste Ausdruck der neuen Souveränität der Nation. Seit 1789 bildeten die Wahlen den Eckstein der revolutionären Errungenschaften; erst sie hatten dem Talent politische, juristische, kirchliche und sogar militärische Laufbahnen eröffnet.[3] Unter dem Ancien régime waren viele Ämter erblich; das Richteramt ging wie ein Besitzstand vom Vater auf den Sohn, und kirchliche wie auch militärische Positionen wurden vielfach an den meistbietenden Bewerber aus einem eng begrenzten Kreis von Familien vergeben. Die Wahlen waren daher ein zentrales Element der Revolution gegen die Privilegien, und keine Revolutionsregierung dachte daran, sie abzuschaffen, selbst nach 1795. Das Wahlsystem war allerdings zugleich der schwächste Punkt im wenig stabilen Verfassungsgebäude. Da die meisten erwachsenen französischen Männer für die »Urversammlungen« wahlberechtigt waren, boten die Wahlen regelmäßig Gelegenheit zur Mobilisierung der Massen und zum Ausdruck von Widerstand gegen die Richtung der jeweils aktuellen Politik. Nach Napoleons Staatsstreich ritten seine Anhänger mit Vorliebe auf den Gefahren herum, welche die häufigen Wahlen zur Zeit der Republik mit sich gebracht hätten. Doktor Cabanis zum Beispiel befand, »jährlich abgehaltene Wahlen versetzen das Volk während wenigstens sechs von zwölf Monaten in einen Fieberzustand«.[4]

Die Wahlen gehörten in der Französischen Revolution zu den wichtigsten Formen symbolischer Praxis. Sie boten die Möglichkeit zu unmittelbarer Partizipation an der neuen Nation durch die Erfüllung einer Bürgerpflicht, und sie öffneten den Zugang zu bislang verschlossenen Positionen mit politischer Verantwortung. Weil sie so direkte Auswirkungen auf die politische Struktur hatten, zogen sie die Aufmerksamkeit der politisch Verantwortlichen auf sich, was dazu geführt hat, daß sie zu den am besten dokumentierten Elementen der politischen Praxis zur Zeit der Revolution gehören. Hinzukommt, daß Wahlen, anders als Feste oder das Aufstellen eines Freiheitsbaums, konkrete Ergebnisse zeitigen, und zwar in Gestalt der Namen jener Personen, die dazu bestimmt wurden, die Wähler zu vertreten. Herkules, Marianne und die dreifarbige Kokarde standen für jedermann, und darum fällt es schwer, die darin enthaltenen Botschaften über Konflikt und Kampf zu entziffern. Die Wirkung dieser Symbole beruhte zum Teil gerade auf ihrem Mangel an Spezifität. Die Männer, die gewählt wurden, standen dagegen für ihren Klub, ihren Berufsstand, ihre nächste Umgebung, ihr Dorf, ihre Stadt, ihr Departement – und zugleich auch für den allgemeinen Willen. Sie wurden von einem bestimmten Bezirk ge-

wählt, also repräsentierten sie fast unvermeidlich etwas Partikulares. Die Wahlergebnisse sind daher ausgezeichnete Indikatoren für Unterschiede in der Rezeption der Revolution.
Das heißt indessen nicht, daß die Wahlergebnisse sich umstandslos interpretieren ließen. Die Wähler votierten nicht einfach für oder gegen die Revolution; sie wählten Männer, die sie in den Gerichten, den Städten, den Departements und in der Nationalversammlung vertreten sollten. Je entfernter die Position, desto weniger wußten die Wähler von den Männern, die sie wählten. Die Deputierten der gesetzgebenden Versammlung zum Beispiel wurden in einem zweistufigen Verfahren gewählt; zunächst trafen sich die Wähler in Urversammlungen und bestimmten Wahlmänner; die Wahlmänner aus einem Departement kamen daraufhin zusammen und wählten die Deputierten.[5] Die Rückschlüsse, die aus der Deputiertenwahl auf eine vermeintliche öffentliche Meinung gezogen werden können, sind somit von recht ungewisser Natur. Selbst auf lokaler Ebene, wo die Wahlen direkt erfolgten, fallen die Schwierigkeiten einer Interpretation ins Auge. Da die Rhetorik der Revolution sich gegen jeden Parteiengeist wandte, erfolgte die Entwicklung von parteibezogenen Etikettierungen – gelinde gesagt – inkonsistent. Überdies war das Wählen eine neue und ungewohnte Übung, so daß die Wahlbeteiligung von Wahl zu Wahl und von Ort zu Ort beträchtlich schwankte; gelegentlich fiel sie sogar unter zehn Prozent.[6] Mancherorts war das Wählen eine demonstrative Unterstützung für das Regime und nicht Ausdruck unterschiedlicher politischer Auffassungen.
Dennoch bieten die Wahlergebnisse Vergleichsmöglichkeiten, die bei aller Grobheit doch zu aufschlußreich sind, als daß man sie ignorieren dürfte. So haben Studien zu einzelnen Departements gezeigt, daß politische Trennungslinien, die während der Revolution entstanden, sich oft Kanton für Kanton bis 1849 und sogar bis 1956 erhalten haben.[7] Zum ersten Mal in der Geschichte experimentierten die Franzosen

mit einem nahezu uneingeschränkten Wahlrecht für alle erwachsenen Männer.[8] Es kann nicht überraschen, wenn die Häufigkeit der Wahlen die Entwicklung von Organisationen förderte, die als Vorläufer von Parteien gelten können, zum Beispiel die Jakobinerklubs, auch wenn Parteien im eigentlichen Sinne offiziell verpönt waren. Lokale Studien und Untersuchungen einzelner Wahlen haben ergeben, daß jene, die wählten, dies oft in politisch bewußter Weise taten. Von Anfang an betrieben die Jakobinerklubs eine aktive Stimmenwerbung, und selbst unter den vergleichsweise restriktiven Bedingungen des Direktoriums organisierten die wiedererwachten Jakobinerklubs Demonstrationen, Versammlungen und öffentliche Bankette, um die lokalen Wahlen zu beeinflussen.[9] Die Royalisten und die Gemäßigten reagierten darauf mit dem Aufbau eigener Wahlorganisationen.[10] Zeitungen in den Großstädten der Provinz und in Paris warben für ihre jeweilige Sache, und die Regierung benutzte *commissaires,* Beauftragte und örtliche Verwaltungsbeamte, um die lokalen Wahlen zu ihren Gunsten zu beeinflussen.[11] Die Wähler fällten ihre Wahlentscheidung nicht in einem politischen Vakuum, so niedrig die Wahlbeteiligung gelegentlich auch sein mochte.

Die Zunahme der Wahlpolitik schärfte allenthalben den Sinn für die Bedeutung von politischen Teilungen. Entsprechend erweiterte sich das politische Vokabular während des Revolutionsjahrzehnts in dramatischer Weise. Die Überfülle der Etikettierungen war überwältigend: Es gab Demokraten, Republikaner, Patrioten, Ultrapatrioten, Exklusive, Jakobiner, *enragés* (Wilde), Sansculotten, Pantheonisten, den Berg, Anarchisten, Gemäßigte, Girondisten, Feuillanten, Monarchisten, Royalisten, Ultraroyalisten und Föderalisten, ganz zu schweigen von den zahlreichen Etikettierungen, die sich mit einzelnen Politikern oder Zeitabschnitten der Revolution verbanden.[12] Viele dieser Etikettierungen behielten ihre politische Bedeutung bis weit ins neunzehnte Jahrhundert hinein.

Am beständigsten erwies sich wohl die Aufteilung der Nationalversammlung in »rechts« und »links«, die beiden Seiten des Sitzungssaales, die durch den Präsidentenstuhl getrennt waren. Mirabeau sprach von der »Geographie der Nationalversammlung«. Wie das Land insgesamt, so hatte auch die gesetzgebende Versammlung ihre räumlichen Unterteilungen; Deputierte, die ähnlich zu denken glaubten, setzten sich auf dieselbe Seite des Mittelganges.[13] Im Nationalkonvent wurde die Topographie noch komplizierter. Die radikalsten unter den Deputierten wurden unter der Bezeichnung »der Berg« bekannt (oder als *montagnards,* als die Leute aus den Bergen), weil sie die obersten Sitzreihen bevorzugten. Ihre Gegner bezeichnete man als Girondisten, weil einige der führenden Vertreter aus dem Departement Gironde und dessen Hauptstadt Bordeaux kamen. Das große, nicht gebundene Zentrum nannte man »die Ebene« oder »den Sumpf«, wobei diese Ausdrücke auf die unteren Sitzreihen verwiesen, die von diesen Deputierten eingenommen wurden. Zeitungen und Klubs klärten die Wähler über die neuen Gruppenbezeichnungen auf.

Auch als die politische Sensibilität zunahm, hielten die politisch Engagierten sich weiterhin an die Rhetorik der Transparenz, der Tugend und der Gemeinschaft. Diese prekäre Mischung von Transparenz, Tugend und Gemeinschaft findet sich 1798 in einem typischen projakobinischen Wahlpamphlet aus Amiens:

> »Schon bereiten die Royalisten in ihren finsteren Schlupfwinkeln Kandidatenlisten für die Wahlmänner, die gesetzgebenden Räte, die Verwaltungen und die Gerichte vor. Sie wollen jene wieder in Amt und Würden bringen, die der republikanische Klub am 18. Fructidor [dem Tag des antiroyalistischen Staatsstreichs in der Legislative] zerschmettert hat. Was also solltet ihr bei der Eröffnung der Urversammlungen tun? Hier die Antwort: Siebt die Wahlmänner, wenn ich so sagen darf, von der ersten Sitzung an;

prüft aufmerksam all jene, die diese ehrenvolle Aufgabe übernehmen wollen. [...] Lest in den Augen derer, die sich als Wahlmänner vorstellen, und ihr werdet jene Männer, die ihren Pflichten untreu sind, erblassen sehen. [...] Es ist wichtig, tatkräftige Männer zu nominieren, die sich zu unseren Grundsätzen bekennen und unsere Gefühle teilen. Wir brauchen entschiedene Charaktere, starke Persönlichkeiten, muskulöse und athletische Geister.«[14]

Der Autor dieses Pamphlets konnte politische Manöver vorschlagen, doch die einzige Partei, die sich direkt benennen ließ, war die Opposition, waren die Royalisten. Er wußte, daß manche auf seiner Seite standen und andere nicht, aber öffentlich vermochte er nur für ein paar äußerst vage Qualitäten einzutreten: Tatkraft, Entschiedenheit, starke Persönlichkeit. Wenig später jedoch gab derselbe Drucker ein weitaus deutlicheres Pamphlet heraus, diesmal zugunsten eines neuen »Verfassungszirkels«, wie man die neuerlich konstituierten Jakobinerklubs nannte. »Worauf wartet ihr noch mit der Gründung von Verfassungszirkeln? Beeilt euch! Dort werdet ihr die Waffen finden, um die Reaktionäre zu zerschmettern: Seid einig, seid nützlich, unterstützt euch gegenseitig!«[15] Der fortwährende politische Kampf lehrte die Beteiligten, welche Vorzüge gemeinsames Handeln haben konnte.

Obwohl es überall in Frankreich Männer mit solchen Überzeugungen gab, vermochten sie die Wahlen nur an einigen Orten erfolgreich zu beeinflussen.[16] Frühere Untersuchungen zur Wahl der Deputierten des Nationalkonvents im Jahre 1792 und der gesetzgebenden Räte in den Jahren 1795 bis 1798 haben gezeigt, daß es unter den gewählten Abgeordneten verschiedene Gruppierungen gab.[17] Die 1792 gewählten Abgeordneten teilten sich in Montagnards, Girondisten und Angehörige des ungebundenen Zentrums, der sogenannten Ebene. Noch fundamentaler war die Spaltung der Deputierten in der Frage der gerechten Strafe für den König. Etwas mehr als die Hälfte von ihnen stimmte für das Todesurteil

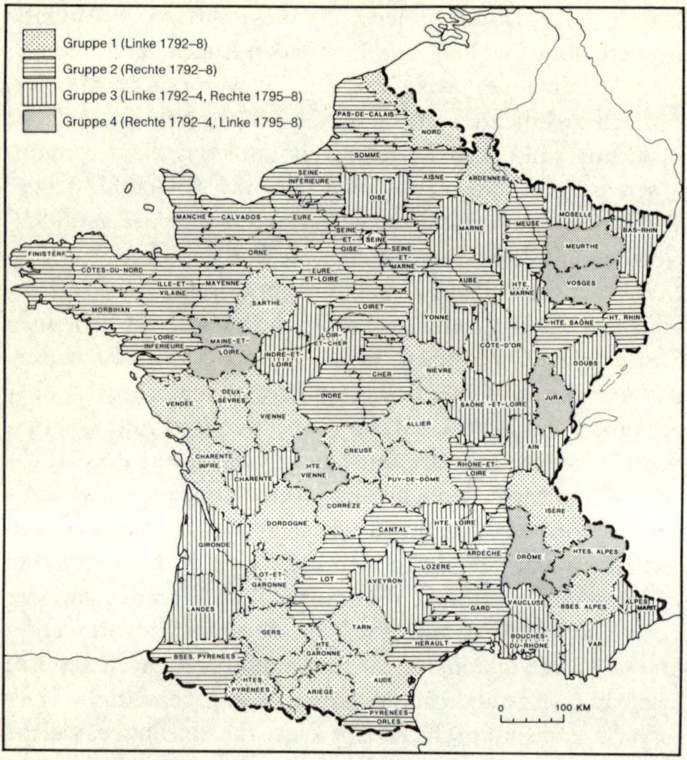

Karte 1
Die politische Geographie des revolutionären Frankreich

ohne Aufschub oder Appell ans Volk. Die 1795, 1797 und 1798 gewählten Deputierten wurden von den Regierungsbeauftragten in den Departements als Royalisten (Konterrevolutionäre), Jakobiner (Anhänger der Schreckensherrschaft oder Anarchisten) oder als Direktoriale (Anhänger der Direktorialregierung) eingestuft. Aufgrund von Informationen, die man über die politischen Neigungen der Deputierten gesammelt hatte, führte die Direktorialregierung zwei Säuberungsaktionen durch, 1797 gegen angebliche Royalisten und 1798 gegen angebliche Jakobiner, bei denen sie bestimmte Gruppen von Deputierten verhaften ließ oder ihnen das Mandat aberkannte.[18]

Um die politischen Loyalitäten aufzuspüren, haben wir drei Fragen gestellt: 1. Welche Departements waren zur Zeit des Konvents (1792–1794) links und welche rechts? 2. Welche Departements waren unter dem Direktorium (1795–1799) links oder rechts? 3. Wo bestand in diesem Punkt Kontinuität beziehungsweise Diskontinuität zwischen den beiden genannten Perioden? Die Aufteilung in »links« und »rechts« benutzen wir hier, weil die Französische Revolution sie zu den klassischen Kategorien politischer Unterscheidung gemacht hat. Auch wenn es durchaus eine identifizierbare »Mitte« in den gesetzgebenden Versammlungen gab, so waren die Deputierten doch bei den meisten wichtigen Entscheidungen gezwungen, sich der einen oder der anderen Seite anzuschließen. Außerdem zeigten die meisten Wahlen auf lokaler Ebene eine Konfrontation zwischen zwei Seiten. Im Jahre 1797 zum Beispiel votierten die Wähler für oder gegen die rechte Herausforderung, 1798 dann für oder gegen den Wiederaufstieg der Jakobiner.[19] Das politische Gefüge schien sich wie selbstverständlich in zwei Lager zu spalten.[20]

Hätten die Wähler zufällig oder nach rein persönlichen Kriterien abgestimmt, dann wäre es unwahrscheinlich, daß sich bei den Departements deutliche Muster in den Wahlentscheidungen abzeichneten. Aber die Muster waren nicht nur deutlich, sondern auch relativ persistent. Die Zahl der Departements, die im selben Lager blieben, ist deutlich höher als die Zahl derer, die ins andere Lager wechselten (nämlich 54 gegenüber 29). Es bestand Kontinuität über die Zeit des Direktoriums (1795–1798), aber auch über die gesamte republikanische Ära hinweg (1792–1798). Bei all den Umwälzungen und Kehrtwenden in der nationalen Politik behielten die Wähler ihren Sinn für politische Richtungen. Aus Karte 1 geht hervor, daß die Wahlen zu den nationalen Vertretungsorganen ein ausgeprägtes regionales Muster ergaben. Die parlamentarische Rechte war am stärksten im Pariser Becken – das Departement Seine wechselte von links nach rechts –, im Rhônetal und im Nordwesten. Die parlamentarische Linke war am stärksten im mittleren Westen und im Südwesten. Viele der Departements, die von links nach rechts wechselten, gehörten zum Umland von Großstädten: Paris, Bordeaux, Lyon, Marseille und Straßburg. Die meisten Departements, die von rechts nach links wechselten, lagen in den Gebirgsregionen an der Grenze. Generell war die Linke am stärksten in den Randgebieten – mit Ausnahme des Südostens. Dieses geographische Muster ist aufschlußreich; es zeigt, daß die jakobinischen Deputierten die meiste Unterstützung nicht im Zentrum des Landes, sondern an der Peripherie fanden.[21] Paris selbst war unbeständig in seiner Treue zur Linken; das Pariser Umland stand dagegen meist treu zur Rechten. Die Deputierten, die sich mit der größten Begeisterung um die neue Rhetorik, die neuen Rituale und die neuen Bilder scharten, kamen aus Gegenden, die weit von Paris und seinem weltgewandten Intellektualismus entfernt lagen.

Die Bedeutung der Karte geht weit über die Erste Republik hinaus. Viele Regionen wählen bis heute in ähnlicher Weise. In den siebziger Jahren zum Beispiel, als die Linke nicht an der Macht war, lagen die Bastionen der Sozialisten – nicht der Kommunisten – immer noch im äußersten Norden und im mittleren Südwesten.[22] Bei den Wahlen zur Nationalversammlung im Juni 1981 erzielte die nichtkommunistische Linke ihre besten Ergebnisse im Südwesten und in Teilen Zentralfrankreichs sowie des Nordostens. Die Parteien der ehemaligen »majorité« – Gaullisten und Giscardianer – schnitten am besten ab in der nördlichen Hälfte des Landes und in den Departements beiderseits der Rhône.[23] Bislang hat noch niemand die Kontinuität politischer Loyalitäten über die letzten zweihundert Jahre in systematischer Weise untersucht, doch die Aufspaltung in einen konservativen Norden und einen sehr viel radikaleren Süden dürfte fast »traditionell« zu nennen sein.[24]

Unter der Zweiten Republik – Wahlen von 1849 – wählten die Departements, die in den neunziger Jahren des vorangegangenen Jahrhunderts durchgängig rechts gewählt hatten, auch weiterhin rechts.[25] Die Departements, die zur Zeit der Ersten Republik von links nach rechts übergewechselt waren, tendierten auch 1849 nach rechts. Viele der Ausnahmen von diesem Muster liegen im Südosten. Bei seiner Untersuchung des Departements Var hat Maurice Agulhon herausgefunden, daß dieses Departement in der Revolution nach rechts überwechselte, während der ersten fünfzig Jahre des neunzehnten Jahrhunderts streng legitimistisch orientiert war und sich schließlich unter der Zweiten Republik von 1848 einem radikalen Republikanismus zuwandte.[26] In den benachbarten Departements waren offensichtlich ähnliche Entwicklungen zu verzeichnen.

Mit Ausnahme der Departements im äußersten Norden und im mittleren Südwesten zeigten jene Departements, die zur Zeit der Ersten Republik links gewählt hatten, später weniger Kontinuität in ihren politischen Bindungen als jene, die rechts gewählt hatten. Die Zahl der Departements, die von links nach rechts wechselten, war größer als die der Departements, welche den umgekehrten Schritt vollzogen. Langfristig gesehen war der Süden, obwohl generell empfänglicher für die Linke, dennoch wankelmütiger als der Norden. Es war nicht nur so, daß eine Reihe von Departements im Südosten von links nach rechts und dann 1849 wieder zurück nach links wechselte; im Westen gingen 1849 auch einige Departements von der Linken zur Rechten über. In den Departements Vendée, Deux-Sèvres und Charente-Inférieure erhielt die Linke 1849 nicht einmal zwanzig Prozent der Stimmen.

Die dramatische Verschiebung in den Departements der Vendée zeigt die Grenzen auf, die der Untersuchung nationaler

Wahlen gesetzt sind. Die genannten Departements liegen in der berüchtigten Vendée, die zur Zeit der Ersten Republik zahlreiche gegenrevolutionäre Volksbewegungen erlebte. Angesichts dieser Bedrohung vermochten die lokalen republikanischen Notablen eine zwar begrenzte, aber entschlossene Wahlunterstützung für eine radikale Republik (d. h. für Deputierte der Linken) zu organisieren. Die Rebellen gingen nicht zur Wahl und überließen damit das Feld den Jakobinern. Selbst die Direktorialregierung förderte in dieser Region die jakobinischen Organisationen als Gegengewicht zu den Rebellen; sie unterdrückte die Linke nicht so entschlossen wie in anderen Gebieten, weil sie es sich nicht leisten konnte, die Anhänger der Republik vor den Kopf zu stoßen, so radikal sie auch sein mochten.[27] Obwohl die Massen in dieser Region durchaus nicht begeistert von der Republik waren, vermochten doch jene Männer, die zur Wahl gingen, die Linke zu unterstützen. Nach dem Revolutionsjahrzehnt entfiel diese besondere Konstellation, und so bewegte sich die Vendée im neunzehnten Jahrhundert nach rechts; eine Ausnahme bildeten hier lediglich die Departements Sarthe und Maine-et-Loire.

Die geographische Verteilung des Wahlverhaltens zur Zeit der Ersten Republik hatte soziale Bedeutung. Tatsächlich waren die sozialen Unterschiede zwischen den Regionen, die links, und jenen, die rechts wählten, signifikanter als die Unterschiede in ihren Erfahrungen mit den Wirren der Revolution.[28] Die Entscheidung zwischen links und rechts korreliert nicht mit den Auswanderungsquoten, der Zahl der Hinrichtungen während der Schreckensherrschaft oder den Einstellungen des lokalen Klerus zur Revolution (siehe Tabelle 1). Angesichts der Verbindung zwischen religiösem Empfinden und politischer Überzeugung im neunzehnten und zwanzigsten Jahrhundert – Gebiete, in denen die religiöse Praxis Bestand hatte, wählten rechts – sollte man auch für die Erste Republik eine gewisse Beziehung erwarten.[29] Tabelle 1 zeigt indessen, daß es in diesem Punkt keinen Unterschied zwischen links und rechts gab. Die in ihrem Wahlverhalten weniger festgelegten Departements – die das politische Lager wechselten – besaßen sogar einen besonders willfährigen Klerus. Die Einstellung des Klerus hatte keine erkennbare politische Wirkung. Die beiden einzigen bemerkenswerten Unterschiede, die aus Tabelle 1 hervorgehen, sind die hohe Emigrationsrate bei den Departements, die nach rechts wechselten, und die niedrige Quote der mit der Schreckensherrschaft verbundenen Todesurteile in den Departements, die zur Linken übergingen. Diesen Zahlen läßt sich jedoch nicht sonderlich viel Bedeutung abgewinnen; hohe Emigrationsraten mögen zu der instabilen politischen Atmosphäre in jenen Departements beigetragen haben, die ins rechte Lager wechselten; aber es scheint keinen Grund zu geben, weshalb die niedrige Zahl der Todesurteile im Zusammenhang mit der Schreckensherrschaft einige Departements nach links getrieben haben sollte, da sie doch eigentlich mit der an der Macht befindlichen Regierung hätten zufrieden sein können.

Tabelle 1: Politische Ausrichtung und Revolutionserfahrung (Durchschnittswerte)

Politische Ausrichtung	Treueeid des Klerus (Prozent)	Emigration (pro 100 000 Einwohner)	Hinrichtungen (pro 100 000 Einwohner)
Links (N = 16)*	50	337	50
Rechts (N = 21)	50	310	75
Wechsel nach Rechts (N = 15)	61	793	49
Wechsel nach Links (N = 5)	62	304	2

Quellen: Siehe EID, EMIGRAT und TERROR in Korrelationsmatrix.

* Für den Vergleich wurden nur jene Departements berücksichtigt, deren Zuordnung ein hohes Maß an Wahrscheinlichkeit erreichte; siehe Fußnote 16 im vierten Kapitel.

Eine Korrelationsanalyse, die sich auf sämtliche Departements ungeachtet der politischen Zuordnung stützt, zeigt nur einen geringen Zusammenhang zwischen spezifischen Revolutionserfahrungen wie der Emigration und den meisten Wahlentscheidungen. Die Korrelation zwischen dem Abstimmungsverhalten der Departementsdelegation beim Prozeß gegen den König und den jeweiligen Anteilen des Klerus, die in den betreffenden Departements den Eid ablegten, entspricht fast vollständig dem Zufall.[30] Die Emigrationsraten und die Zahl der Hinrichtungen korrelierten allerdings – kaum überraschend – mit den Anteilen des Klerus, die den Eid ablegten.[31] Je weniger willfährig der Klerus, desto größer die Wahrscheinlichkeit, daß das betreffende Departement hohe Auswanderungsraten und hohe Hinrichtungsquoten während der Schreckensherrschaft aufzuweisen hatte. Dennoch hatten diese traumatischen Erfahrungen nicht viel Einfluß auf das Wahlverhalten bei den nationalen Wahlen.

Tabelle 2: Die sozialen Unterschiede und politische Ausrichtung in den Departements

politisch vorherrschende Richtung	Entfernung von Paris	Alphabetisierungsgrad (Prozent)	Urbanisierungsgrad (Prozent)	Grundsteuer (Francs pro Kopf × 1000)
Linke (N = 16)	129	22	14	80
Rechte (N = 21)	68	41	17	91
Wechsel zur Rechten (N = 15)	95	31	26	91
Wechsel zur Linken (N = 5)	126	51	14	13

Wichtig für das Wahlverhalten waren dagegen die ökonomischen und sozialen Unterschiede (siehe Tabelle 2). Die Linke war erfolgreicher in Regionen, die weit von Paris entfernt lagen und in denen die Bevölkerung weniger städtisch[32], weniger wohlhabend und geringer alphabetisiert war.[33] Über die Departements, die zur Linken überwechselten, läßt sich nicht allzuviel sagen, weil ihre Zahl so gering ist, aber daß Departements aus den Gebirgsregionen darunter anzutreffen sind, zeigt sich an dem hohen durchschnittlichen Alphabetisierungsgrad, der geringen Urbanisierung und der niedrigen Pro-Kopf-Grundsteuer.[34] Vor allem die Gebirgsgegenden im Osten waren unter dem Ancien régime für ihr hohes Bildungsniveau bekannt, doch die Topographie eignete sich weder für große Städte noch für eine intensive Landwirtschaft. Auf der Rechten zeigen sich zwei sozioökonomische Komponenten; die durchgängig rechtsgerichteten Departements waren reich, landwirtschaftlich strukturiert, in hohem Maße alphabetisiert und nahe bei Paris gelegen, während die Departements, die vom linken ins rechte Lager wechselten, weiter entfernt von Paris lagen, stärker urbanisiert waren und einen niedrigeren Alphabetisierungsgrad aufzuweisen hatten als die durchgängig rechtsgerichteten Departements. Die sozioökonomischen Merkmale der Departements, die nach rechts umschwenkten, zeigen, daß einigen Großstädten an der Peripherie – vor allem Marseille, Bordeaux und Straßburg – besondere Bedeutung bei der Abkehr von der Linken nach 1794 zukam. Paris und sein Departement, das Departement Seine, gehörten gleichfalls in diese Gruppe. Die größte Unbeständigkeit, insbesondere im Sinne eines Wechsels von links nach rechts, fand sich bei den Departements mit höherem Urbanisierungsgrad. Die größte Beständigkeit in der politischen Orientierung – links oder rechts ohne Wechsel – war im landwirtschaftlich strukturierten Hinterland anzutreffen. So gab es denn wohl nicht, wie Edward Whiting Fox meinte, nur zwei Frankreiche, sondern eher deren vier oder sogar fünf; statt Frankreich in die Städte des Hinterlandes und die Großstädte der Peripherie aufzuteilen, zeigt unsere Analyse, daß auch das Hinterland tiefgreifend in links und rechts gespalten war. Die großen Handelsstädte an der Peripherie spielten in der Tat eine entscheidende Rolle, doch statt mit ihren Departements die Reihen der Gironde zu stärken, gingen sie – nach der Schreckensherrschaft – zu den Nachfolgern der Girondisten über, zur parlamentarischen Rechten.[35] In dieser Hinsicht standen die Städte der Peripherie durchaus nicht im Widerspruch zu Paris, sondern stellten sich in eine Reihe mit der Hauptstadt.

Tabelle 3: Sozioökonomische und politische Statistik der Departements

Gruppe	Alphabetisierungsgrad (Prozent)	Urbanisierungsgrad (Prozent)	Grundsteuer (Francs pro Kopf × 1000)	Treueeid des Klerus	Tote durch den ›terreur‹ (per 100 000)	Emigration (per 100 000)
Linke (N = 9)	19	11	75	50	4	263
Rechte (N = 11)	54	18	118	57	12	330
Alle Departements (N = 83)	33	17	84	53	45	452

Die Bedeutung sozioökonomischer Faktoren tritt besonders klar hervor, wenn wir einen stärker eingeschränkten Vergleich zwischen rechts- und linksgerichteten Departements anstellen (Tabelle 3). Für diesen Vergleich wurden die Departements ausgewählt, die bei der Einordnung die höchsten Wahrscheinlichkeiten erreicht hatten. Auf der einen Seite handelt es sich um elf Departements aus der Gruppe der durchgängig rechtsgerichteten Departements des Nordens; die Bretagne und die wenigen isolierten Departements im Süden wurden ausgeschlossen, so daß in diese Gruppe Aufnahme fanden die Departements Aube, Calvados, Eure, Loiret, Manche, Orne, Pas-de-Calais, Seine-et-Marne, Seine-et-Oise, Seine-Inférieure und Somme. Aus der Gruppe der durchgängig linksgerichteten Departements wurden insgesamt neun aufgenommen, sämtlich in Mittelfrankreich und im Südwesten gelegen – die Departements der Vendée wurden wegen der besonderen Situation dort ausgeschlossen. Die deutlich niedrigeren Emigrations- und Hinrichtungsquoten bei der Gruppe der linken Departements werden entschieden durch die Tatsache relativiert, daß diese Werte sowohl bei der linken als auch bei der rechten Gruppe deutlich unter dem Durchschnitt lagen; die Departements, die an ihrer politischen Orientierung festhielten, machten während der Schrekkensherrschaft nur wenig traumatische Erfahrungen. Weder die parlamentarische Linke noch die Rechte bildete sich in ihrem Kern als Reaktion auf die dramatischsten Erfahrungen des Revolutionsjahrzehnts heraus. Die sozioökonomischen Unterschiede fallen dagegen ins Auge: Die rechtsgerichteten Regionen waren reich und gebildet, die linksgerichteten Regionen relativ arm, deutlich nicht urbanisiert und erbärmlich rückständig hinsichtlich der Alphabetisierung. Wir haben es hier mit zwei unterschiedlichen landwirtschaftlich strukturierten »Hinterländern« zu tun, einem modernen, reichen, nahe bei Paris gelegenen und einem anderen, das weitab vom kulturellen und wirtschaftlichen Hauptstrom lag.

Angesichts der Unzulänglichkeiten statistischer Daten aus dem achtzehnten Jahrhundert läßt sich die Wirkung der sozioökonomischen Faktoren nur schwer abschätzen, vor allem, wenn man sie einzeln betrachtet. So ist es zum Beispiel nicht möglich, Tillys Hypothese zu überprüfen, wonach die Konterrevolution durch ungleiche Urbanisierungsraten begünstigt wurde, denn die Daten, die uns zur Verfügung stehen, beschreiben Urbanisierungsniveaus, aber keine Wachstumsraten für die Verstädterung.[36] Außerdem können sozioökonomische Faktoren nicht isoliert behandelt werden, weil ihre Wirkungen vom Kontext abhängen. Die Urbanisierung ist ein aufschlußreiches Beispiel dafür.[37] Aus den Tabellen 2 und 3 geht hervor, daß die Departements, die durchgängig rechts wählten oder ins rechte Lager überwechselten, insgesamt einen höheren Urbanisierungsgrad aufwiesen. Doch es zeigt sich, daß der Grad der Verstädterung ganz unterschiedliche und sogar gegensätzliche politische Bindungen förderte.[38] Das Urbanisierungsniveau zeigt für 1797 eine positive Korrelation mit der Unterstützung der Rechten[39], für 1798 mit der Unterstützung der Linken[40] und für 1799 mit der Unterstützung des Bonaparteschen Staatsstreichs.[41] Anders gesagt, stark urbanisierte Departements wechselten gelegentlich ihre politische Orientierung, und Urbanisierungsraten allein genügen nicht, um vorauszusagen, wie ein Departement sich bei den Wahlen entschieden haben mochte.

Wir bieten hier lediglich eine Reihe von Hypothesen über die Entwicklung verschiedener regionaler politischer Kulturen. Die Hypothesen stimmen mit den Informationen überein, die in den Tabellen 1 bis 3 enthalten sind, aber sie lassen sich nicht mit quantitativen Methoden überprüfen. Regionale politische Kulturen entwickelten sich innerhalb der Grenzen, die von den sozialen und ökonomischen Faktoren gesetzt wurden, aber sie waren mehr als die bloße Übersetzung dieser Faktoren ins Politische. Die Regierungsbeauftragten am Ort erkannten rasch, daß der Schlüssel zur lokalen und regionalen Politik im Aufbau eines konzentrisch angeordneten Netzes von persönlichen Beziehungen lag. Die Regierung brauchte persönliche Kontakte, um an die gewünschten Informationen zu kommen, und die konkurrierenden politischen Organisationen bedurften solcher Kontakte, um ihren Wahlerfolg zu sichern. Ein Departementsbeauftragter schrieb 1798 an den Innenminister: »In jedem Kanton gibt es eine Reihe tatkräftiger und tugendhafter Männer, die treu zur Republik stehen. Sie haben genug Einfluß, um die Bemühungen der Böswilligen zu neutralisieren und die Wahlen im Sinne der Revolution zu lenken.«[42] Jakobinismus und Royalismus wurden durch Pamphlete, Broschüren und Zeitungen propagiert, doch wirklich Fuß fassen konnten sie nur, wenn ihre Botschaft von Mensch zu Mensch, von Dorf zu Dorf und von Klub zu Klub weitergegeben wurde. Mancherorts breitete die Botschaft der Jakobiner sich weiter aus und kam rascher voran; an anderen Orten gewannen der Widerstand gegen das Neue und die heimliche Unterstützung restaurativer Bestrebungen die Oberhand. Den Grund für die Unterschiede müssen wir in lokalen Mustern der Rezeption unterschiedlicher Formen politischer Beziehungen suchen.

Neben den zahlreichen paramilitärischen Gruppen auf dem Lande, die gegen die Republik agierten, schuf der volkstümliche Royalismus sich auch in den größten Städten eine Basis, indem er auf Klientenbeziehungen zurückgriff. An manchen Orten mögen föderalistische Beziehungsnetze hier als Vorbild gedient haben.[43] Der volkstümliche Royalismus hatte nach 1794 in Paris und Lyon eine solide Basis, und die Verantwortlichen fürchteten, er könne von dort auch auf andere Großstädte überspringen.[44] So heißt es 1799 in einem hysterischen Polizeibericht, die Anhänger Ludwigs XVIII. hätten in Bordeaux eine gewaltige paramilitärische Organisation aufgebaut.[45] Ein amtlicher Bericht kam im April 1799 zu dem Schluß, nur acht Departements könnten als verläßlich republikanisch eingestuft werden: Creuse, Meurthe, Haute-Saône, Hautes-Pyrénées, Finistère, Jura, Haute-Garonne und Pyrénées-Orientales. Bezeichnenderweise finden sich in den genannten Gebieten nur zwei Großstädte – Nancy und Toulouse –; alle übrigen waren inzwischen suspekt geworden.[46]

Untersuchungen zu Städten wie Lyon und Marseille haben gezeigt, daß die Großstädte einen riesigen Bevölkerungsanteil aus häufig arbeitslosen Tagelöhnern und Lohnarbeitern besaßen, die recht wenig Ähnlichkeit mit den von Soboul beschriebenen militanten und beständigeren Sansculotten hatten.[47] In Zeiten knapper Nahrungsmittel und politischer Unsicherheit waren sie leicht für rechtsgerichtete Gruppen zu gewinnen, die auf der Basis von Klientenbeziehungen organisiert waren. So berichtete die Polizei von Bordeaux im

September 1796, daß die antijakobinischen Unruhen zahlreiche Arbeiter und Handwerker aus den Werkstätten und Lagerhäusern des Bezirks Chartrons angezogen hätten, der von den reichen Kaufleuten und Reedern der Stadt beherrscht wurde.[48] Paris erscheint in dieser Hinsicht nur dann als Ausnahme, wenn wir unsere Aufmerksamkeit auf die Schreckensherrschaft beschränken, als es den Jakobinern in manchen Bereichen gelang, einen Teil der Handwerker und Lohnarbeiter zu mobilisieren. Nach 1794 übernahm die republikanische Rechte auch in Paris die Kontrolle. Das rasche Wachstum der Städte in den Jahrzehnten vor der Revolution, die durch Mißernten und kriegsbedingte Knappheit ausgelösten wirtschaftlichen Erschütterungen, die Apathie im Volk nach der Auflösung der lokalen Klubs, bittere, von der Schreckensherrschaft herbeigeführte Spaltungen – in den stärker urbanisierten Departements gab es mehr Hinrichtungen – und sogar religiöse Konflikte zwischen Katholiken und Protestanten – all das trug zur Verwirrung und Umwälzung der Politik in den großen Städten bei.[49]

Die linksgerichteten Departements des Südwestens und des mittleren Westens lagen sämtlich im Umkreis weniger »alter« Städte – gelegentlich hat man sie »villes-villes« genannt –, wobei »alt« hier im Gegensatz zu den neuen Industrie- und Handelszentren steht. Das »rote« Toulouse war die größte und für das Direktorialregime unbequemste unter diesen Städten, doch die Jakobiner und Neojakobiner dort hatten Gleichgesinnte in zahlreichen Städten des Südwestens. So fand Woloch in seiner Studie über die Wahlen von 1798 bedeutsame Jakobinerhochburgen in Brive und Tulle (Corrèze), Perigeux (Dordogne), Auch (Gers) sowie in Clermont und Issoire (Puy-de-Dôme).[50] Alle diese Städte besaßen von jeher großen Einfluß und hohes Ansehen in diesen relativ rückständigen Regionen, und obwohl sie nicht zu den rasch wachsenden Industrie- oder Manufakturzentren gehörten – viele von ihnen, wenn nicht sogar alle, mußten eher als stagnierend gelten –, so waren sie doch die kommerziellen und kulturellen Zentren ihres meist armen und fast immer illiteraten Umlandes.

Die bescheidenen Städte des Südwestens wurden zu Mittelpunkten einer dauerhaften linken Tradition, weil die Jakobiner sich dort nicht nur in ihrer Stadt, sondern auch in den ländlichen Regionen der Umgebung Einfluß zu sichern vermochten. So zeigt Bois' Studie über das Departement Sarthe, daß die Jakobiner 1792–1793 ihre wichtigsten Stützpunkte in den Landstädten – vor allem Le Mans – und Marktflecken hatten und daß es ihnen gelang, die östliche Hälfte des Departements und die Departementswahlen zu beherrschen. Ermöglicht wurde ihre beherrschende Stellung durch die Armut der Bauern im östlichen Teil des Departements, denn die Armut machte die Bauern abhängig von einem Beziehungsnetz, das ihnen die Möglichkeit bot, sich in den Webereien der Landstädte einen Nebenverdienst zu sichern. Wie die Kaufleute der Städte das Umland mit einem Netz von Handelsbeziehungen zu überziehen vermochten, so konnten die Jakobiner die ländlichen Regionen mit ihren neuen politischen Beziehungen durchdringen. Wo ihnen eine wohlhabendere und unabhängigere Bauernschaft Widerstand entgegensetzte – wie im westlichen Teil des Departements –, da blieb die Revolution erfolglos, und gegenrevolutionäre Bewegungen konnten Fuß fassen.[51]

Marcel Reinhard hat gezeigt, daß diese Form der Durchdringung im Departement Sarthe auch nach 1794 fortbestand. Als die Jakobiner sich 1798 neu organisierten, riefen die Jakobiner von Le Mans einen Verfassungszirkel ins Leben, der seinen Einfluß schon bald ausbreitete. Fast jeden *décadi* (Ruhetag nach dem Revolutionskalender) veranstaltete der Zirkel einen Marsch in eine Stadt oder ein Dorf der Umgebung, wo die Teilnehmer einen Freiheitsbaum aufstellten und eine »Bürgersuppe« anboten; das ganze gipfelte dann meist in der Gründung eines weiteren Verfassungszirkels. Schon bald begannen auch andere Verfassungszirkel, solche Märsche zu veranstalten. Den größten Erfolg hatten sie im östlichen Teil des Departements, den die Jakobiner schon früher beherrscht hatten. Auf Gemeinschaftsversammlungen stellten die Zirkel Kandidatenlisten für die Wahlen auf und ließen sie anschließend zirkulieren.[52]

In den Departements Mittelfrankreichs und des Südwestens, die links wählten, ging man ähnlich vor. Dabei hatten die Jakobiner durchaus nicht immer die Begeisterung der Massen entfacht; wie die Verwaltung des Departements Vienne 1798 feststellte, hielt »die Masse des Volkes absolut nichts von der Revolution«.[53] Doch die Jakobiner hatten entschiedene Anhänger gewonnen, die sich aktiv für den Erfolg bei den Wahlen einsetzten. In Poitiers, der Hauptstadt des Departements Vienne, zählte der Verfassungszirkel im Frühjahr 1798 insgesamt 600 Mitglieder, und er stand in enger Verbindung mit einer Reihe kleinerer Gesellschaften in anderen Städten des Departements. Die Erfolge des Jahres 1798 entsprachen in der Regel den Gewinnen in den Anfangsjahren der Revolution. Im Departement Gers zum Beispiel gab es im März 1791 vierzehn Jakobinerklubs, die mit dem Pariser Klub verbunden waren. Der Klub von Auch war der führende, und er unterhielt enge Beziehungen zu dem größeren Klub in Toulouse.[54] Im Departement Ariège war der Einfluß des Toulouser Klubs so stark, daß die Departementsverwaltung sich 1792 beim Innenministerium darüber beschwerte.[55] Die kleinen Klubs in den Dörfern waren mit den Klubs in den größeren Städten verbunden, und diese wiederum standen untereinander und mit dem Pariser Klub in Verbindung.

Die Kaufleute, Anwälte, Ladenbesitzer und Handwerker, die in den Jakobinerklubs zusammenkamen, konnten zum Teil deshalb solchen Einfluß gewinnen, weil sie in diesen Departements keine Rivalen hatten. Mit Ausnahme von Toulouse, Grenoble und Douai gab es in den Departements, die durchgängig links wählten, keine Städte mit *parlements* und den zugehörigen Magistratsdynastien. Und auch der Klerus hatte wenig Sympathie für die Revolution gezeigt. So sah sich denn die kleinbürgerliche Schicht der Landstädte und Marktflekken vor die ungewohnte Möglichkeit gestellt, neue Formen der Macht auszuüben. In Mittelfrankreich und im Südwesten gehörten die Angehörigen dieser städtischen Gruppe zu den relativ wenigen »gebildeten« Menschen. Der Süden Frankreichs war insgesamt schwächer alphabetisiert als der Norden, und der Unterschied im Alphabetisierungsgrad zwischen Stadt und Land war dort gewöhnlich sehr viel stärker ausgeprägt als im Norden, wo die neueren Industriestädte gleichfalls einen recht niedrigen Alphabetisierungsgrad aufwiesen.[56] Die analphabetischen und nicht Französisch sprechenden Bauern im Departement Corrèze zum Beispiel folgten mit einiger Sicherheit der Führung von Brive und Tulle, während die lese- und schreibkundigen, wohlhabenden Bauern im Departement Calvados weniger auf die geistige und politische Führung Caens angewiesen waren.

Die Herrschaft der republikanischen Notablen wurde in den linksgerichteten Departements weder von oben noch von unten bedroht. Da keines dieser Departements, mit Ausnahme des durchgängig untypischen Departements Nord, Großstädte mit einer großen Arbeiterbevölkerung hatte – wie etwa Rouen im Norden oder Marseille im Süden –, wurden die bürgerlichen und kleinbürgerlichen Führer in diesen Gebieten nicht mit den Problemen konfrontiert, wie sie die Mobilisierung ungelernter, oft arbeitsloser und hungernder Angehöriger der Unterschichten mit sich brachte. Frei von den großstädtischen Spannungen mit der Arbeiterschaft, dem örtlichen Adel, einem widerspenstigen Klerus und einer gespaltenen Bourgeoisie – es gab auch keine großen reichen Kaufmannschaften in den linksgerichteten Departements, wiederum mit Ausnahme von Nord, jedenfalls keine, die sich mit denen von Bordeaux oder Nantes zum Beispiel vergleichen ließen –, konnte die bescheidenere Bourgeoisie der linksgerichteten Departements ihre republikanische Lehre ungehindert fortsetzen.

Paradoxerweise faßte die politische Kultur der Linken – die Partei der Bewegung – noch am ehesten Fuß in einem Umfeld relativer sozialer Stabilität, ja sogar ökonomischer Stagnation. Inmitten einer raschem Wandel ausgesetzten politischen Welt hatte man dort, wo die Erfahrung sozialer und ökonomischer Modernisierung am wenigsten schmerzvoll war, noch am meisten von der neuen politischen Ordnung der Zukunft zu erwarten.

Umgekehrt zogen die rechtsgerichtete Version des Republikanertums und der Royalismus die politischen Notablen jener Regionen an, in denen ein großes Potential für soziale Konflikte bestand. In einem ländlichen Departement wie Sarthe zum Beispiel boten die Webereien der Landstädte armen Bauern die Möglichkeit eines Nebenverdienstes und festigten damit das Netz von Klientenbeziehungen, das die republikanische Bourgeoisie begünstigte; in den stärker urbanisierten Departements dagegen hatten sie die Bauern vom Lande weg in die Städte gezogen, wo sie eine um so stärkere potentielle Bedrohung für die Herrschaft der Bourgeoisie darstellten. Angesichts von Massen unruhiger, beschäftigungsloser Arbeiter wandten sich die Notablen in diesen Departements der Rechten zu; für sie hatten Demokratie und Gleichheit einen ganz anderen und bedrohlicheren Klang. Die Revolution hatte gezeigt, welche Gefahren die politische Mobilisierung in sich barg. Auch die alten und neuen Grundherren der großen Güter und Getreideanbaugebiete des Nordens sahen keinen Nutzen in der Mobilisierung der landlosen oder kleinen Bauern. Die Erfahrung einer raschen Modernisierung und eines ebenso raschen Wirtschaftswachstums kam einer politischen Kultur zugute, die eine rechtsgerichtete Politik begünstigte. Die Unterstützung für den Staatsstreich Napoleons etwa zeigt eine positive Korrelation mit dem Urbanisierungsgrad, dem Alphabetisierungsgrad, Wohlstand und früherer Unterstützung der Rechten.[57]

Die geringere Mobilisierung des Volkes in den weniger entwickelten Regionen des Südwestens und mittleren Westen begünstigte dagegen die Jakobiner. Die Jakobiner aus den wenigen Städten und Landstädten vermochten nicht nur die Mehrzahl der Klubs, sondern auch viele der neuen lokalen Behörden zu kontrollieren; die Klubs und die Besetzung öffentlicher Ämter integrierten in diesen Gebieten die oberen Ränge der Sansculotten und die republikanische Bourgeoisie.[58] In den Regionen, die weit von Paris entfernt waren, denen die Spannungen einer raschen wirtschaftlichen Entwicklung erspart blieben und die keine bedeutende religiöse Spaltung kannten, blühte das lokale Republikanertum. Die Emphase des Aus-dem-Herzen-Sprechens, die Tugenden des einfachen Volkes und der Drang zu politischer Didaktik, all das fand hier ein bereitwilliges Publikum.

Eine auf das ganze Land bezogene quantitative Analyse kann nicht aufzeigen, wie die politische Kultur auf lokaler Ebene funktionierte. Sie liefert allenfalls Hinweise auf die Kontexte, in denen unterschiedliche politische Optionen entwickelt wurden. Allerdings schließen die Zahlen manche Erklärungen aus. So zeigt die Analyse, daß Paris kein Modell für die nationale Politik liefert, zumindest kein Modell für eine durchgängig linksgerichtete Politik, und das trotz der Bedeutung, die der Allianz zwischen den Jakobinern und den Sansculotten 1793–1794 zukam. Außerdem zeigt die statistische Analyse, daß das revolutionäre Frankreich nicht durch einen extremen Partikularismus gekennzeichnet war. Frankreich war kein absolut zufälliges Muster aus Weilern, Dörfern, Städten und Departements. Das wirkliche Frankreich ließ sich nicht sauber nach Klassen, nach Regionen oder nach dem Kriterium der Modernität beziehungsweise Rückständigkeit aufteilen. Die Bourgeoisie des Nordens entschied sich für andere politische Optionen als die des Südens. Teile des

Nordens wandten sich der Linken zu und Teile des Südens der Rechten; einige rückständige Regionen standen rechts, andere links. Die Unterschiede waren jedoch auch nicht zufallsbedingt: Die Linke gewann Wahlen, wo es den Jakobinern der Städte und Dörfer gelang, Beziehungsnetze und Organisationen aufzubauen, die offen für die Rhetorik von Freiheit, Gleichheit und Brüderlichkeit waren; und die Rechte gewann Wahlen, wo es den Royalisten und/oder den Anhängern einer Republik der Ordnung gelang, ihre Klientel gegen die Republik der Innovation zu mobilisieren.

Einige Elemente in den Unterschieden zwischen links und rechts haben wir aufgezeigt; andere bleiben unklar. So wissen wir wenig darüber, wie regionale kulturelle Faktoren sich auf die politische Entwicklung auswirkten. Eine neuere Studie über die Freimaurerei im achtzehnten Jahrhundert zeigt, daß die Verbreitung der Logen nicht mit der Bevölkerungsdichte, der regionalen Verteilung des Wohlstandes und dem Alphabetisierungsgrad übereinstimmte; die Karte der Städte über 2000 Einwohner, in denen es eine Loge gab, zeigt allerdings interessante Parallelen zum Erfolg der Linken in den neunziger Jahren; die größte Dichte erreichten diese Städte im südwestlichen Quadranten des Landes, die niedrigste in der nördlichen Hälfte.[59] Auch wenn die Logen sich nicht automatisch in Jakobinerklubs verwandelt haben dürften,[60] mag es sein, daß sowohl die Freimaurerei als auch der Jakobinismus Ausdruck kultureller Tendenzen waren, die spezifische politische Folgen zeitigten. Möglicherweise machte das kleinstädtische Gemeinschaftsdenken des Südwestens die Menschen dort empfänglicher für die Versprechen der Republik.

Trotz der Beschränkungen, die unserer Analyse innewohnen, zeigt die politische Geographie der Revolution einige neue Richtungen für die weitere Forschung auf. Warum hatte die Politik eine regionale Basis? Wenn es vier oder fünf unterscheidbare Regionen gab – den gegenrevolutionären Westen, den rechtsgerichteten Norden, den linksgerichteten Südwesten sowie den wechselhaften und oft gewalttätigen Südosten –, worauf lassen sich diese Unterschiede dann zurückführen? Wie wurde die politische Kultur in diesen Regionen geprägt? Auch wenn diese Fragen noch nicht zureichend beantwortet sind, so weiß die Karte doch von manch interessanter Geschichte zu erzählen. Die Rhetorik der Revolution fand besonderen Anklang an der Peripherie des Landes, bei Menschen, die in wirtschaftlich, sozial und kulturell rückständigen Gebieten lebten. Aber es waren auch jene Leute, die an vorderster Front standen, wenn es um Vereinigung und Zugehörigkeit ging, die glaubten, daß Politik das alltägliche Leben und damit auch den Charakter der Menschen verändern konnte. In den folgenden Kapiteln werden wir uns von den Orten abwenden und uns statt dessen den Menschen zuwenden, um herauszufinden, welche Gruppen die Führung in diesem Prozeß übernahmen.

Fünftes Kapitel
Die neue politische Klasse

Die Mehrzahl der neueren Arbeiten zur sozialen Identität der Revolutionäre teilt sich in zwei scharf abgegrenzte, gegensätzliche Lager. Auf der einen Seite legen der verstorbene Albert Soboul und seine Anhänger das Schwergewicht auf die organisierten und ideologisch engagierten Aktivitäten der Jakobiner und Sansculotten.[1] In den Schriften dieser Gruppe erscheinen die Revolutionäre als überzeugte Aktivisten mit gewissen äußerlichen sozialen Gemeinsamkeiten – Egalitarismus –, die jedoch am stärksten, wenn auch nur zeitweilig, zusammengehalten wurden von gemeinsamen politischen Zielen: z. B. der Verteidigung der Republik, dem Glauben an die Demokratie und der Feindschaft gegen das Ancien régime. In dieser Sicht diente die revolutionäre Koalition zwischen bürgerlichen Jakobinern und kleinbürgerlichen Sansculotten langfristig den Interessen der Bourgeoisie.

Auf der anderen Seite lenken die Revisionisten die Aufmerksamkeit auf die weniger hehren Interessen diverser Gruppen, die in kein festgefügtes Klassenschema passen. Alfred Cobban hat die These aufgestellt, die revolutionäre Bourgeoisie habe eher aus »absteigenden« Angehörigen der freien Berufe und Amtsträgern des Ancien régime bestanden als aus »aufsteigenden« kapitalistischen Kaufleuten und Manufakturbesitzern.[2] Eine noch ausgeprägtere revisionistische Position vertritt Richard Cobb, wenn er sich auf die persönlichen und psychologischen Grundlagen politischen Engagements konzentriert. In seinen Augen war der Sansculotte zum Beispiel »eine Laune der Natur, eher eine Geistesverfassung als eine soziale, politische oder ökonomische Entität«.[3] In den Arbeiten Cobbs und seiner Anhänger erscheinen die Revolutionäre als eindeutig marginal im Verhältnis zur normalen Gesellschaft; sie sind eher Produkte eines sozialen und politischen Zusammenbruchs als Architekten einer dauerhaften neuen Ordnung.

Bei der Diskussion um die Frage nach der sozialen Interpretation hat man sich mit bemerkenswert wenig empirischen Daten begnügt, etwa mit Daten über die soziale Zusammensetzung der Sansculottenbewegung in einer Stadt, über die berufständische Zusammensetzung von ein oder zwei Nationalversammlungen oder sogar nur über die Unterschiede zwischen den Fraktionen in einer einzigen Versammlung.[4] Nach meiner Auffassung gab es drei bestimmende Elemente im sozialen Kontext revolutionären politischen Handelns: den geographischen Ort, die soziale Identität sowie die kulturellen Bindungen und Werte. Im vierten Kapitel haben wir gezeigt, daß das politische Handeln ein erkennbares regionales Muster aufwies; die revolutionärsten Departements lagen in geographischer Hinsicht an der Peripherie und waren wirtschaftlich, sozial und kulturell vergleichsweise benachteiligt. In diesem Kapitel wollen wir die soziale Identität der revolutionären Elite auf dieselbe Weise untersuchen. Die Prüfung des empirischen Materials wird zeigen, daß die neue politische Klasse ebensosehr durch ihre kulturellen Positionen und Beziehungen wie durch die Zugehörigkeit zu berufsständisch abgegrenzten sozialen Gruppen bestimmt war.

Auf der Basis einer Berufsanalyse der Verfassunggebenden Nationalversammlung – der Delegierten des Dritten Standes bei den Generalständen – und des Nationalkonvents kam Alfred Cobban zu dem Schluß: »die *officiers* [königliche Amtsträger, die meist erbliche Ämter innehatten] und die Männer aus den freien Berufen haben die Revolution vorbereitet und gelenkt«.[5] Es ist indessen nicht nur zweifelhaft, daß die wenigen nationalen Führer die Richtung der Revolution bestimmt hätten; darüber hinaus ist Cobbans These auch nicht ganz korrekt. Hätte er seine Untersuchung auf das Direktorium ausgedehnt, so wäre ihm aufgefallen, daß der Anteil der *officiers* zurückging, und zwar schon in der von ihm untersuchten Periode, von etwa der Hälfte bei den Deputierten des Dritten Standes auf nur noch ein Viertel bei den Konventsabgeordneten und schließlich auf gerade noch ein Achtel bei den Deputierten der Direktorialräte.[6] Die Amtsträger des Ancien régime haben die Revolution nicht gelenkt; sie beteiligten sich anfangs in großer Zahl, doch dann ging ihr Anteil beständig zurück.

In ihrem zweiten Teil bleibt Cobbans Einordnung der Deputierten bei den Nationalversammlungen allerdings wahr: In der Mehrzahl gehörten sie von der Ausbildung her zu den Juristen und freien Berufen, auch wenn sie vormals nicht königliche Beamte gewesen waren. Die Kaufleute machten nie mehr als 14 Prozent der Delegierten aus, und ihr Anteil ging während des Revolutionsjahrzehnts noch beständig zurück; in den Direktorialräten lag er gerade noch bei 4 Prozent.[7] Der stetige Rückgang der Kaufleute legt den Schluß nahe, daß die Legislative einen Prozeß der Professionalisierung durchmachte; die Gunst der Wähler verlagerte sich zunehmend von angesehenen örtlichen Notablen auf Berufspolitiker. Für diese Präferenz spricht auch das Alter der Deputierten: Sie waren nicht älter als die lokalen Inhaber politischer Ämter, d. h. sie wurden wegen ihrer politischen Fähigkeiten gewählt und nicht so sehr wegen ihres Alters oder ihres Ansehens bei der lokalen Wählerschaft. In den Direktorialräten lag das Durchschnittsalter der Deputierten 1795 bei 43 Jahren. 1789 waren 32 Prozent der Deputierten der Verfassunggebenden Nationalversammlung unter 40 Jahren gewesen; im Nationalkonvent erreichte diese Gruppe 1793 bereits 46 Prozent, und in den Direktorialräten lag ihr Anteil 1795 bei 40 Prozent.[8] Auf lokaler Ebene waren die politischen Führer etwa im selben Alter. In Nancy zum Beispiel betrug das Durchschnittsalter der Stadträte 43 Jahre zur Zeit der konstitutionellen Monarchie, ebenfalls 43 Jahre während der Schrekkensherrschaft und 47 Jahre unter dem Direktorium.[9] Diese Daten lassen den Schluß zu, daß die Deputierten der gesetzgebenden Versammlungen aus demselben Kreis gewählt wurden wie die Inhaber lokaler politischer Ämter.

Die Deputierten hatten in der Regel bereits einige politische Erfahrung gesammelt, wenn sie ihr nationales Amt antraten, aber der Charakter der Erfahrung veränderte sich über die Jahre. Nicht nur die Zahl der ehemaligen königlichen Amtsträger ging zurück; auch der Anteil ehemaliger Deputierter sank. Nur 37 Prozent der Abgeordneten des Nationalkonvents hatten bereits vorher als Deputierte gedient, und obwohl der Rumpfkonvent beschloß, die ersten Direktorialräte müßten zu zwei Dritteln ihrer Mitglieder aus Angehörigen des auslaufenden Nationalkonvents bestehen, sank der Anteil der ehemaligen *conventionnels* bei jeder Wahl dramatisch: von 67 Prozent im Jahr IV auf 12 Prozent im Jahr VII. Die Zahl der Deputierten, die bereits in irgendeiner der früheren gesetzgebenden Versammlungen – einschließlich derer von 1789 bis 1894 – gedient hatten, fiel von 77 Prozent im Jahr IV auf 16 Prozent im Jahr VII. Im Jahr VII waren auch nur noch 4 Prozent der Deputierten ehemals Mitglieder der Verfassunggebenden Nationalversammlung gewesen.[10] In immer neuen Wellen wurden die Deputierten von Männern überflutet, die unerfahren in ihr Amt kamen. Das veranlaßte einen Beobachter zu der resignierenden Feststellung: »Man wird wohl die wichtigste [Ursache für die Wirren der Revolution] in der Flut neuer Männer sehen müssen, die alle zugleich so neu wie ihre Ämter sind [...]; diese neuen Männer werden zum Spielball der Fraktionen«.[11] Die Professionalisierung brachte keine Stetigkeit ins Amt.

Doch auch wenn viele Deputierte neu in ihr nationales Amt kamen, so hatten sie doch einige Erfahrung in der lokalen Politik gesammelt. Fast alle Abgeordneten des Nationalkonvents (86 Prozent) hatten zuvor bereits irgendein revolutionäres Amt innegehabt, und selbst im Jahr VII hatten drei Viertel der Mitglieder der Direktorialräte vor ihrer Wahl lokale politische Ämter verwaltet.[12] Obwohl also immer wieder neue und relativ junge Männer auf der politischen Bühne in Paris erschienen, übernahmen sie ihre neuen Aufgaben doch nicht ohne politische Erfahrung und berufliche Vorbildung. Außerdem gab es bestimmte Wege, auf denen die Deputierten ins Pariser Parlament gelangten. Ein wichtiger Weg führte über die Departementsverwaltung, die hier zur Vorbereitung diente. So gingen vier der elf Ratsvorsitzenden (*procureur général-syndic,* später dann *commissaire du pouvoir exécutif*) des Departements Allier als Abgeordnete nach Paris, und zehn der übrigen Mitglieder des Departementsrates machten dieselbe Karriere. Im Departement Marne gingen drei der neun Ratsvorsitzenden als Deputierte in die gesetzgebende Versammlung; im Departement Haute-Saône wurden insgesamt zehn Ratsmitglieder zu Abgeordneten gewählt.[13] Umgekehrt übernahmen die Männer, die in den früheren gesetzgebenden Versammlungen der Revolution gedient hatten, nach ihrer Rückkehr zu Hause meist lokale politische Ämter. Etienne Douyet zum Beispiel wurde 1790 als sechsunddreißigjähriger Notar in den Rat des Departements Allier gewählt. Nachdem er in der Gesetzgebenden Nationalversammlung gedient hatte, kehrte er nach Hause zurück, um die Schreckensherrschaft auszusitzen. Im Jahr III wählte man ihn in den Rat seines Bezirks; im Jahr IV führte ihn seine Laufbahn wieder in den Departementsrat. Napoleon machte ihn dann zum Bürgermeister seiner Heimatstadt.[14]

Douyets Karriere verweist auf einen stabilisierenden Faktor in der revolutionären Politik: Auch wenn die Amtsträger ihr jeweiliges Amt nicht für längere Zeit innehatten, so wechselten sie doch vielfach von einem Amt ins nächste. Die Zirkulation der Amtsinhaber erleichterte die Herausbildung einer neuen politischen Klasse, weil die Politiker sich dabei gegenseitig kennenlernten und mit den Problemen vertraut wurden, vor die sie auf den unterschiedlichen Ebenen des Staatsapparates gestellt wurden. Das Departement bildete in diesem verzahnten politischen System ein zentrales Bindeglied, denn die Männer, die die Zeit, das Geld und die Fähigkeit besaßen, auf nationaler Ebene politisch aktiv zu werden, fanden sich gewöhnlich irgendwo in den politischen Körperschaften der Departements.

Wie zu erwarten, waren die Ämter auf Departementsebene zum größten Teil mit Anwälten, Notaren und zunehmend auch mit Männern besetzt, die Karriere als revolutionäre Beamte machten. Nach Roland Marx umfaßte die Departementsverwaltung im Departement Haut-Rhin nur wenige Kaufleute, fast keine Handwerker, eine große Zahl von Anwälten und eine Mischung »bürgerlicher Berufe« wie Professoren, Beamte und Ärzte. In den Departements Haut-Rhin und Bas-Rhin zeigten die Wähler eine deutliche Präferenz für Männer mit politischer Erfahrung: Bürgermeister, ehemalige Ratsmitglieder, Bezirksvertreter und ähnliche. Die Mehrzahl jener Männer, die politische Verantwortung im Departement übernahmen, stammten aus der Stadt, und nur eine Handvoll – *laboureurs* oder *cultivateurs*[15] – kam vom Lande.

Im Departement Allier in Zentralfrankreich erreichten die Juristen sogar einen noch höheren Anteil: 59 Prozent der Departementsvertreter, deren Berufsstand wir kennen, waren entweder Anwälte oder hatten unter dem Ancien régime Ämter im Bereich der Rechtssprechung innegehabt. In dieser gering urbanisierten Region hatten die Grundbesitzer einigen Einfluß: 23 Prozent der Departementsvertreter bezeichneten sich selbst als *propriétaires*. Die Departementsvertreter, die keinen Beruf angaben, nannten statt dessen vielfach ihre Stellung als Bürgermeister oder Inhaber eines Bezirksamtes. Wie in den elsässischen Departements, so kam auch im Departement Allier der politischen Erfahrung zentrale Bedeutung zu: 43 Prozent der Departementsvertreter, die nach August 1792 gewählt wurden, hatten zuvor Ämter auf Bezirksebene inne-

gehabt, und nahezu drei Viertel der Departementsvertreter zur Zeit der Republik hatten lokale Ämter verwaltet, bevor sie in den Departementsrat gewählt wurden.[16]
Auch wenn ländliche Grundbesitzer im Departement Allier einen gewissen Einfluß gehabt haben dürften, so scheinen sie doch nirgendwo in Frankreich die Departementsräte beherrscht zu haben. Im Departement Marne lag 1790 das Verhältnis zwischen Anwälten und freien Berufen einerseits und ländlichen Grundbesitzern andererseits – d. h. solchen, die ihre Einkünfte ausschließlich aus dieser Quelle bezogen – bei zwei zu eins; 1792 überstieg im Departementsrat sogar die Zahl der Kaufleute (zehn) die der Grundbesitzer (sechs). Der Rat des Departements Haute-Saône ähnelte in seiner Zusammensetzung den Vertretungen im Elsaß: 1790–1791 waren 60 Prozent der Ratsmitglieder Anwälte oder ehemalige Beamte des Ancien régime, 18 Prozent waren Kaufleute und nur 4 Prozent ländliche Grundbesitzer; 1792–1794 waren 50 Prozent Anwälte und ehemalige Beamte des Ancien régime, 12 Prozent waren Kaufleute und 6 Prozent ländliche Grundbesitzer. Im Departement Meurthe waren die Kaufleute extrem schwach vertreten: 1790 wurde kein einziger Kaufmann oder Ladenbesitzer in den Departementsrat gewählt, der zu 58 Prozent aus Anwälten und zu 11 Prozent aus ländlichen Grundbesitzern bestand.
Trotz der Unterschiede, die sich zwischen den Departements in der beruflichen Zusammensetzung zeigen, tritt ein allgemeines Muster zutage: Die neue Schicht der Politiker bestand auf regionaler Ebene zum allergrößten Teil aus Städtern, die sich primär mit ihren städtischen Berufsrollen identifizierten. Auch in dieser Hinsicht ähnelten die politischen Amtsträger auf Departementsebene den nationalen Deputierten. Über die Hälfte der Deputierten kam aus Städten mit mehr als fünftausend Einwohnern, während insgesamt nur 20 Prozent der Bevölkerung in Städten dieser Größenordnung lebten.[18]
Die regionale Vorherrschaft der städtischen Eliten setzte sich

sogar bis in die letzten Jahre des Napoleonischen Reiches fort: 40 Prozent jener, die sich 1810 zu den Notablen haben zählen können, waren vor der Revolution Freiberufler, Beamte oder Kaufleute gewesen, 34 Prozent waren Landbesitzer.[19] Ohne Zweifel war Landbesitz ein lokal durchaus bedeutsamer Prestigefaktor für die meisten dieser Männer, ob sie nun Inhaber revolutionärer Ämter oder napoleonische Notable waren. Dennoch war es keine ländliche Klasse von Grundherren nach englischem Vorbild, die auf nationaler wie auf regionaler Ebene zur Vorherrschaft gelangte; vielmehr handelte es sich um Tausende von Angehörigen städtischer Berufe, die nun die Gelegenheit ergriffen, in der Politik Karriere zu machen.

Wie in der Nationalversammlung, so hatten auch in den Departements ehemalige königliche Amtsträger den größten Einfluß in der Anfangszeit der Revolution. In den Departements Meurthe und Cher erreichten sie bei den Wahlen 1790 einen Anteil von 39 Prozent; doch anderswo waren ihre Erfolge bei diesen Wahlen bescheidener: 19 Prozent im Departement Indre, 14 Prozent im Departement Haute-Saône und gerade noch 8 Prozent im Departement Ain. Wenngleich die Quellen hier keine durchgängigen Vergleiche zulassen, scheinen die königlichen Amtsträger überall im Laufe der Revolution zurückgedrängt worden zu sein. Im Departement Allier zum Beispiel gelangte bei den Wahlen 1792 nur noch ein einziger ehemaliger Beamter des Ancien régime in den Departementsrat, während es 1790 noch elf gewesen waren.[20]

Der Rückgang der königlichen Amtsträger kam weder auf regionaler noch auf nationaler Ebene den Kaufleuten zugute; allerdings zeigen die Daten, daß die Kaufleute ihren Stand in den Städten wahrscheinlich hielten. In Marseille bezeichnete sich mehr als die Hälfte der 1790 gewählten Stadträte als Kaufleute oder Manufakturbesitzer (*négociants* oder *fabricants*) und kein einziger als Jurist. Selbst in der kleineren, im

Landesinneren gelegenen Stadt Angers bildeten die Kaufleute von 1790 bis 1795 die größte einzelne Gruppe im Stadtrat, und von 1796 bis 1799 stieg der Anteil der Kaufleute, soweit die Berufe bekannt sind, von 35 auf 65 Prozent; an zweiter Stelle standen die Anwälte.[21]

Unsere Daten über die großstädtische Elite sind jedoch zumeist bruchstückhaft; gewöhnlich betreffen sie einzelne Städte für einen begrenzten Zeitraum während der Revolution. Diese Lücke in unserem Wissen verdient Beachtung, weil den lokal gewählten Amtsträgern in der Revolution eine außergewöhnliche Bedeutung zukam. Die verschiedenen Verfassungen wiesen ihnen ein beträchtliches Maß an Autorität zu, und oft erweiterten sie ihren Verantwortungsbereich noch während der nur allzu häufig auftretenden Krisen. Vor allem zu Beginn der Revolution waren öffentliche Ämter sehr gesucht; jeder, der ein Interesse an der Mitgestaltung der neuen Ordnung hatte, bemühte sich um eine mit Macht und Einfluß verbundene Position, und all diese Positionen wurden über Wahlen besetzt. In gewissem Sinne gab es bei den Eliten auf lokaler Ebene keine Kluft zwischen Ansehen und Stellung. Da die Politik nicht mehr nach herkömmlichen Mustern ablief, setzte Einfluß eine Position voraus.[22] Der Charakter der neuen Ordnung war noch zu ungewiß, als daß er regelmäßige Manipulationen hinter den Kulissen erlaubt hätte. Selbst nach dem Aufruhr der Schreckensherrschaft mit ihren Auswirkungen auf die Provinz mußten die örtlichen Notablen nach einem Amt streben, wenn sie in den lokalen Angelegenheiten die Oberhand behalten wollten. Auf lokaler Ebene bedeutete das Amt Macht.

Wenn es einen Ort gibt, an dem man erwarten sollte, daß die Kaufleute ein gewichtiges Wort in politischen Dingen mitzureden hatten, dann sind dies die großen Städte. Um das Schicksal verschiedener sozialer Gruppen auf lokaler Ebene vergleichen zu können, habe ich vier Großstädte für eine nähere Prüfung ausgewählt. Amiens, Bordeaux, Nancy und Toulouse zeigen in geographischer und politischer Hinsicht ein ganz unterschiedliches Bild. Zwar waren sie sämtlich wichtige Zentren für Verwaltung, Handel, Dienstleistungen und Kultur, aber sie lagen in vier verschiedenen Regionen des Landes und waren die Hauptstädte von vier Departements unterschiedlicher politischer Färbung.

Amiens war die Hauptstadt und Verwaltungszentrale des nördlich von Paris gelegenen Departements Somme (Karte 1). Die Stadt war bekannt für ihre große Kathedrale und ihre Wollmanufaktur, in der große Teile der vierzigtausend Einwohner Beschäftigung fanden.[23] Amiens wurde nie zu einer verläßlich republikanischen Stadt. Im November 1795 berichtete ein dorthin entsandter Deputierter des Rates der Fünfhundert: »Der 9. Thermidor [Robespierres Sturz], der die Bürger eigentlich ihres persönlichen Friedens hätte versichern müssen, hat im Gegenteil all ihre royalistischen Hoffnungen geweckt.«[24] Zwei Jahre später wurden Departements- und Stadtrat mit der Begründung aufgelöst, sie seien royalistisch. Als die Regierung im Sommer 1799 neuerlich Zwangsaushebungen vornahm, führte dies zu heftigen Demonstrationen, die in dem Ruf gipfelten: »Nieder mit den Jakobinern, nieder mit der Regierung, nieder mit dem Bettelvolk, es lebe der König, es lebe Ludwig XVIII.!«[25] Amiens stand damit stellvertretend für die rechtsgerichteten Manufakturstädte des Nordens.

Nancy war mit seinen dreiunddreißigtausend Einwohnern die Hauptstadt Lothringens und das kulturelle Zentrum Ostfrankreichs. Wie Bordeaux und Toulouse besaß es einen Gerichtshof *(parlement)* und eine größere Universität. Die politischen Verhältnisse, die während der Revolution in der Stadt herrschten, sind nicht leicht zu charakterisieren. Nach der im vierten Kapitel vorgestellten Analyse gehörte das Departement Meurthe (Karte 1) zu den wenigen, die im Laufe des Revolutionsjahrzehnts vom rechten ins linke Lager wechselten; der Regierung galt es 1799 als eines der wenigen verläßlich republikanischen Departements. Der wichtigste Historiker des Departements nennt es indessen mit Blick auf das Direktorium »ein gutes Beispiel für jene friedvollen Departements, deren Gleichgültigkeit dem Regime gegenüber zu dessen Sturz beitrugen«.[26] Das Verhalten der Deputierten aus dem Departement Meurthe gegen Ende des Revolutionsjahrzehnts zeigt, daß der Bonapartismus dort beträchtlichen Rückhalt besaß; die Hälfte der Departementsdelegation war führend an der Vorbereitung des Konsulats beteiligt.[27] Der Regierungsbeauftragte beim Departementsrat akzeptierte den Napoleonischen Staatsstreich im November 1799 bereitwillig und teilte dem Innenminister mit: »Bei den ersten Nachrichten von den Ereignissen dieser Tage zeigten die Bürger der Hauptstadt [Nancy] in ihrer übergroßen Mehrheit nur Gefühle der Zuversicht und Freude«.[28] Das Departement wechselte also mehr als einmal seine politische Richtung, ohne dabei jemals zur Brutstätte der Opposition gegen das jeweils herrschende Regime zu werden. Auch die Stadt Nancy war geteilt, doch weder die Anhänger noch die Gegner der Schreckensherrschaft verursachten jenen Aufruhr, den andere Großstädte erlebten. Nancy ist deshalb für uns interessant, weil die Stadt mit keiner der politischen Gruppierungen identifiziert wurde.

Bordeaux war die größte unter den vier Städten, mit seinen mehr als einhunderttausend Einwohnern fast doppelt so groß wie Toulouse. Auch in wirtschaftlicher Hinsicht war die Stadt am lebendigsten. Winzer – häufig Mitglieder des örtlichen *parlement* – und Reeder beherrschten die lokale und regionale Wirtschaft.[29] Im Jahre 1793 gab das Departement Gironde den Namen für die föderalistische Revolte, wenngleich nicht alle Deputierten aus dieser Region im politischen Sinne »Girondisten« waren. Die Stadt Bordeaux jedoch spielte in der Revolte eine führende Rolle. Nach der Niederlage des Föderalismus schickte eine mit örtlichen Radikalen besetzte Militärkommission zahlreiche prominente Bürger von Bordeaux auf die Guillotine.[30] Später dann schwang das Pendel um: Lokale Amtsträger klagten über konterrevolutionäre »Banden«, und 1799 wurden die Wahlen zum Stadt- und Departementsrat als »royalistisch« annulliert.[31] Dennoch erlebte Bordeaux nicht die Verheerungen eines regelrechten Bürgerkrieges wie Lyon sie erlitt, und in vielem ähnelten die Revolutionserfahrungen dort den Erfahrungen in den übrigen großen Hafenstädten.

Von den vier Städten war Toulouse ohne Zweifel die widersprüchlichste. Unter dem Ancien régime beherrschte eine außergewöhnlich reiche Gruppe von *parlementaires* das soziale und politische Leben der Stadt, die etwa achtundfünfzigtausend Einwohner zählte. In den ersten Jahren der Revolution zog Toulouse relativ wenig Aufmerksamkeit auf sich. Angesichts von Protesten des Adels und der *parlementaires* gegen institutionelle Neuerungen versuchten die revolutionären Autoritäten einen gemäßigten Kurs zu steuern. Trotz der Sympathien einiger städtischer Führer fand der Föderalismus nur ein schwaches Echo in Toulouse.[32] Nach 1794 jedoch kam die Stadt zunehmend in den Ruf, eine Hochburg der Jakobiner zu sein. Als die Rechte 1797 in der nationalen Politik die Oberhand zu gewinnen begann, zwang man den Stadtrat, sich in schriftlicher Form gegen den Vorwurf des »Terrorismus« zu verteidigen: »Es stimmt nicht«, hieß es in dieser Verteidigungsschrift, »daß die im Jahr IV vom Volk in die Kommunalversammlungen gewählten Abgeordneten feige Werkzeuge der Schreckensherrschaft gewesen wären.«[33] Als einzige unter den Großstädten Frankreichs stand Toulouse durchgängig im linken Lager; es war das Zentrum der jakobinischen Politik im ganzen Südwesten (Karte 1, Haute-Garonne).

Im Mittelpunkt unseres Vergleichs stehen die Stadträte der vier Städte. Sie waren nicht die einzigen lokalen politischen

Körperschaften, noch waren sie stets die mächtigsten. Oft besaßen Jakobinerklubs einen starken, zumeist informellen Einfluß auf die örtliche Politik, und eine Vielzahl revolutionärer Ausschüsse und Kommissionen kam und ging mit den Gezeitenwechseln der politischen Stimmung. Zwischen 1793 und 1795 griffen häufig Abordnungen aus dem Nationalkonvent in örtliche Streitfragen ein; es konnte geschehen, daß eine ganze Stadtregierung hinausgeworfen wurde, um dann ein paar Monate später, wenn der Wind sich gedreht hatte, wieder eingesetzt zu werden. Doch trotz mancher Veränderungen in Größe und Wahlmodus bildeten die Räte noch das beständigste Element im politischen Leben der Revolutionszeit.[34]

Trotz der sozialen und politischen Unterschiede stellt sich die

Tabelle 4: Die Berufsgruppen in den Stadträten von Amiens, Bordeaux, Nancy und Toulouse (1790–1799) in Prozentzahlen

Berufsgruppen	Amiens (N = 84)	Bordeaux (N = 195)	Nancy (N = 129)	Toulouse (N = 112)
Klerus	0	1	2	1
Juristen	17	13	35	21
Andere freie Berufe	4	16	11	15
Kaufleute und Manufakturbesitzer	46	41	18	36
Handwerker und Ladenbesitzer	22	23	24	18
Militär	0	4	5	0
Landwirtschaft	2	1	2	5
Bourgeois*	9	1	3	5
Berufszugehörigkeit unbekannt	2	28	12	12

Bemerkung: Die Prozentzahlen beziehen sich auf die uns bekannten Berufszugehörigkeiten. Die Zahlen für Bordeaux sind auf Grund der hohen Anzahl uns unbekannter Berufszugehörigkeiten am unpräzisesten.

* »Bourgeois« umfaßt *rentiers* und *propriétaires*, d. h. jene, die ihr Einkommen aus Vermögen oder Eigentum bezogen, ohne einem Beruf nachzugehen.

berufsständische Zusammensetzung der Stadträte insgesamt bemerkenswert einheitlich dar. Mit Ausnahme von Nancy dominierten überall die Kaufleute und Manufakturbesitzer, und in der Mehrzahl der Fälle rangierten die Handwerker und Kleinhändler an zweiter Stelle.[35] Was die Großstädte angeht, erweist Burkes Charakterisierung aus dem Jahre 1791 sich als erstaunlich präzise; seine »wohlhabenden Männer, Großkaufleute, Händler und Literaten« waren in der Tat »die Hauptakteure der Französischen Revolution«.[36] Die städtischen Eliten unterschieden sich in der sozialen Zusammensetzung drastisch von den Eliten auf regionaler und nationaler Ebene; in drei der vier Städte bildeten nicht Anwälte, sondern Kaufleute die größte einzelne Gruppe. Ehemalige königliche Amtsträger traten auf lokaler Ebene sogar noch weniger in Erscheinung als auf den höheren Etagen. In Amiens saßen nur drei *officiers* des Ancien régime in den revolutionären Räten; einer von ihnen war Mitglied eines *baillage*-Gerichts (eines Bezirksgerichts unter der Jurisdiktion eines *parlement*).

In Nancy, einer Stadt mit zahllosen königlichen Beamten, waren es zehn (8 Prozent), fünf von ihnen gehörten entweder einem *baillage* oder dem *parlement* an. Die meisten ehemaligen königlichen Amtsträger widersetzten sich aktiv der Revolution oder zogen sich ganz aus dem öffentlichen Leben zurück.[37]

Der Aufstieg der Kaufleute in lokale Machtpositionen bewirkte eine bedeutsame Verschiebung in der Politik der Städte. In seiner Untersuchung über die städtischen Jahrbücher zur Zeit des Ancien régime fand Daniel Roche heraus, daß die überwältigende Mehrzahl der in den vier Städten als Notable verzeichneten Männer Geistliche, Militärs, Richter oder Beamte der königlichen Zivilverwaltung waren. Geschäftsleute machten unter dem Ancien régime nur zwischen 1,2 (Amiens) und 5,5 Prozent (Bordeaux) der städtischen Notablen aus.[38] Die Kaufleute rangierten unter den örtlichen

Tabelle 5: Amiens: Veränderungen der Berufsgruppen im Stadtrat (1790–1799) in Prozentzahlen

Berufsgruppe	1790–91 (N = 32)	1793– Jahr II* (N = 28)	Jahr III (N = 34)	Jahre IV–VII (N = 19)
Juristen	25	12	18	5
Andere freie Berufe	3	12	0	5
Kaufleute	56	23	47	42
Handwerker und Ladenbesitzer	16	38	26	32
Andere	0	15	9	16
Berufszugehörigkeit unbekannt	0	7	0	0

* Amiens hielt die Wahlen, die im Oktober 1792 per Dekret verordnet worden waren, erst Anfang 1793 ab.

Notablen an letzter Stelle; nur selten erscheint jemand auf den Listen, der sozial noch niedriger stand als sie. In Bordeaux und Amiens waren die Gruppen der Kaufleute relativ groß und konnten daher nicht gänzlich ignoriert werden. In Bordeaux standen die Kaufleute und Reeder zumeist im Schatten der reichen und adligen Mitglieder des örtlichen *parlement,* doch in Amiens waren die Kaufleute vor der Revolution auffällig gut im Stadtrat vertreten. Auch wenn die Ämter des Bürgermeisters und des zweiten Bürgermeisters von Amiens fast immer von Adligen besetzt wurden, bezeichnete ein Drittel der Ratsherren (*échevins*) zwischen 1782 und 1789 sich selbst als Kaufleute.[39] Doch auch in Amiens waren die Kaufleute weit davon entfernt, die politische Szene der Stadt zu beherrschen.

In Nancy und Toulouse dagegen hatten die Kaufleute vor 1789 relativ wenig Gewicht; sie wurden von den großen, aggressiven Gruppen der Richter und Anwälte weitgehend ignoriert, von denen viele adlig und bedeutend reicher waren als die Kaufleute. Nach Jean Sentou hinterließ ein *parlementaire* in Toulouse im Durchschnitt ein Vermögen, das achtmal so groß war wie das Durchschnittsvermögen eines Kaufmanns oder Manufakturbesitzers. Selbst die Zahl der Kaufleute ging in Toulouse gegen Ende des achtzehnten Jahrhunderts offenbar zurück.[40] Ein grober Index für das zahlenmäßige Verhältnis zwischen Kaufleuten auf der einen und den Inhabern öffentlicher Ämter sowie den Mitgliedern der freien Berufe auf der anderen Seite zeigt, wie schwach die Kaufleute in Toulouse und Nancy vertreten waren.[41] Auch wenn Adel, Klerus, königliche Beamte und Angehörige der freien Berufe unter dem Ancien régime in allen vier Städten die lokale Politik beherrschten, so besaßen die Kaufleute in Amiens und Bordeaux doch schon von der Zahl her größere potentielle Macht als ihre Standesgenossen in Nancy und Toulouse.

Tabelle 6: Bordeaux: Veränderungen der Berufsgruppen im Stadtrat (1790–1799) in Prozentzahlen

Berufsgruppe	1790–91 (N = 45)	1793– Jahr II* (N = 92)	Jahr III (N = 44)	Jahre IV–VII (N = 64)
Juristen	21	8	9	10
Andere freie Berufe	5	21	20	24
Kaufleute	55	33	40	37
Handwerker und Ladenbesitzer	17	32	20	20
Andere	2	6	12	9
Berufszugehörigkeit unbekannt	7	32	20	36

* Bordeaux hielt die Wahlen, die im Oktober 1792 per Dekret verordnet worden waren, erst Anfang 1793 ab.

So überrascht es nicht, wenn die Kaufleute und Manufakturbesitzer in Amiens und Bordeaux am unmittelbarsten von der revolutionären Situation profitierten. Während der Schrekkensherrschaft ging die Anzahl der Kaufleute in den Räten allerdings wieder zurück, während Handwerker und Kleinhändler ihren Anteil verdoppeln konnten. Die Reaktion des Jahres III brachte die Kaufleute wieder an die Macht, doch ihre Vorherrschaft war nie mehr so absolut wie in den Jahren 1791 und 1792. In Toulouse und vor allem in Nancy standen die Kaufleute zu Beginn der Revolution im Schatten von Juristen und Angehörigen der freien Berufe. In den Jahren der Republik jedoch gingen die beiden Städte, die gleichermaßen Sitz eines *parlement* waren, offenbar unterschiedliche Wege. In Toulouse verdoppelten die Kaufleute ihren Anteil an den Stadträten im Verlaufe des Jahrzehnts, während der Anteil der Juristen bis zur Bedeutungslosigkeit zusammenschrumpfte. Auch in Nancy verbesserten die Kaufleute ihre Position, aber sie erreichten nie die herausragende Stellung, die ihre Standesgenossen in anderen Städten erlangten.

Tabelle 7: Nancy: Veränderungen der Berufsgruppen im Stadtrat (1790–1799) in Prozentzahlen

Berufsgruppen	1790–91 (N = 44)	1792– Jahr II (N = 55)	Jahr III (N = 30)	Jahre IV–VII (N = 30)
Juristen	53	26	24	25
Andere freie Berufe	7	15	8	21
Kaufleute	16	15	32	29
Handwerker und Ladenbesitzer	12	36	32	11
Andere	11	8	4	14
Berufszugehörigkeit unbekannt	2	15	17	7

Es überrascht nicht, wenn in einer kleinen Manufakturstadt wie Elbeuf Kaufleute und Manufakturbesitzer zur Zeit der Revolution die Vorherrschaft besaßen; die kommerziellen Klassen hatten schon vor der Revolution das soziale und politische Leben der Stadt bestimmt; und sie behielten diese Stellung, nur einmal kurzfristig von unten angefochten, das ganze Jahrzehnt hindurch, aber auch noch darüber hinaus, unter dem Konsulat und im Kaiserreich.[42] In Elbeuf gab es für die Geschäftsleute einfach keine ernsthafte Konkurrenz. In den Großstädten jedoch besaß die merkantile Elite zur Zeit des Ancien régime keine vergleichbare Position. Allerdings eröffnete ihnen die Revolution neue Möglichkeiten, Bedeutung im öffentlichen Leben zu gewinnen. Am erstaunlichsten ist noch die Fähigkeit der Kaufleute, ihre Präsenz selbst in Städten wie Toulouse und Nancy fühlbar werden zu lassen, obwohl sie dort weder besonders zahlreich noch besonders reich waren. Die Kaufleute nahmen nicht einfach den natürlichen Platz ein, der ihnen in der lokalen Politik zustand, vielmehr strebten sie nach der Führung. Zu Beginn der Revolution hatten Anwälte, Notare und ehemalige Richter das größte Gewicht, doch nach 1791 sank ihre Zahl überall deutlich ab. Andere Berufsgruppen wie Ärzte, Lehrer und niedere Beamte erlangten vielfach größere Bedeutung als die Anwälte.

Tabelle 8: Toulouse: Veränderungen der Berufsgruppen im Stadtrat (1790–1799) in Prozentzahlen

Berufsgruppen	1790–91 (N = 41)	1792– Jahr II (N = 40)	Jahr III (N = 35)	Jahre IV–VII (N = 26)
Juristen	35	9	18	9
Andere freie Berufe	5	29	15	9
Kaufleute	32	21	47	52
Handwerker und Ladenbesitzer	11	26	9	26
Andere	16	15	12	4
Berufszugehörigkeit unbekannt	10	15	3	12

In den kleineren Verwaltungsstädten waren die Kaufleute oft weniger gut vertreten als in den Großstädten. Die Ergebnisse für Nancy als die kleinste unter den Städten, die wir untersucht haben, bestätigen diese Aussage. In Aix-en-Provence, einem kleinen königlichen Verwaltungszentrum mit etwa 28 000 Einwohnern, war es um die revolutionäre Elite ganz ähnlich bestellt. Dort lag der Anteil der Kaufleute insgesamt deutlich hinter dem der Anwälte.[43] Im benachbarten Arles lag ihr Anteil nur knapp über dem der Anwälte[44], doch die Kaufleute verbesserten ihren Anteil im Stadtrat kontinuierlich von 3 Prozent im Februar 1790 auf 13 Prozent im Dezember 1792 und schließlich auf 38 Prozent im Mai 1797. In diesen Städten, die beide im Süden liegen und keine größere Industrie besaßen, wurden Kaufleute und Juristen von Handwerkern und Kleinhändlern übertroffen, die zur Zeit der Revolution in Aix-en-Provence 31 Prozent und in Arles 37 Prozent der Stadträte stellten.[45]

Selbst in einer winzigen Stadt wie Vence in der Provence mit nur 2600 Einwohnern, wo die bäuerlichen Haushalte 61 Prozent aller Haushalte ausmachten, waren Männer aus dem Bereich des Handels aktiv in der revolutionären Politik tätig; 3 der 10 städtischen Beamten, die 1790 gewählt wurden, waren Kaufleute oder Kleinhändler – drei andere waren Juristen –, und 8 der insgesamt 29 *commerçants* der Stadt saßen in irgendeiner Funktion im ersten Stadtrat der Revolutionszeit. Kaufleute und Kleinhändler waren ebenso wie Anwälte, Ärzte und die sogenannten »bourgeois« – Leute, die von ihren Kapitalinvestitionen lebten – aktiv an der revolutionären Politik interessiert. Diese Gruppen beteiligten sich weitaus stärker an den Wahlen von 1790 als Handwerker, Arbeiter und Bauern; bei ihnen erreichte die Wahlbeteiligung 40 Prozent; von den Bauern wählten dagegen nur 20 Prozent, von den Handwerkern 14 Prozent, und bei den Lohnarbeitern lag die Beteiligung sogar noch niedriger.[46]

In deutlichem Unterschied zur turbulenten Geschichte der städtischen und nationalen Politik heben die meisten Dorfuntersuchungen die Kontinuität der Führung zwischen dem alten und dem neuen Regime hervor, und sie verweisen insbesondere auf die ungebrochene Vorherrschaft derselben örtlichen Notablen. Patrice Higonnet zum Beispiel schreibt über Pont-de-Montvert, eine Ortschaft im Departement Lozère mit 1350 Einwohnern: »Stellen, Titel und Auszeichnungen gingen an die örtlichen Notablen«; und er wundert sich, »wie leicht es offenbar den Notablen gelang, die Bevölkerung für ihre Zwecke einzuspannen«.[47] Der Autor einer Studie über Ormoy, ein Dorf im Departement Haute-Saône mit 747 Einwohnern, kam zu dem Schluß, daß dort, »wie fast überall in unseren ländlichen Gebieten, wenn das Regime wechselte, die herrschenden Klassen dieselben bleiben. Tatsächlich übernehmen die wohlhabenden Schichten die wichtigsten Funktionen in der Gemeinde.«[48]

Ein Beispiel dafür ist das kleine, wohlhabende Bauerndorf Bénesse-Maremne im Departement Landes mit 380 Einwohnern, wovon vier Fünftel Bauern waren. Eine kleine Gruppe reicher Bauern beherrschte die Politik im Dorf ohne nennenswerte Opposition. Bürgermeister war bis 1795 ein Bauer namens Jean Destribats, der sechstgrößte Steuerzahler im Dorf. Er verlor sein Amt an Pierre Destribats – einen Verwandten? –, den zweitgrößten Steuerzahler, und Pierre wiederum wurde durch François Desclaux ersetzt, den reichsten Landbesitzer von ihnen allen. Fast sämtliche Posten im Dorf waren während der Revolution von Bauern besetzt.[49]

Dennoch erlebten viele Dörfer denselben Demokratisierungsprozeß wie die Mittel- und Großstädte. In Pont-l'Abbé im Departement Finistère mit 1885 Einwohnern wurden die ersten Gemeindeverwaltungen von den führenden Anwälten des Dorfes beherrscht; der Bürgermeister und der Staatsanwalt (*procureur*) waren *avocats,* und zwei der übrigen fünf Wahlbeamten waren gleichfalls Anwälte – hinzu kamen ein Schuhmacher, ein Bäcker und ein Kaufmann. Nach der Ausrufung der Republik im Jahre 1792 kam es zu einer drastischen Verschiebung der Macht, und der neue Gemeinderat füllte sich mit Handwerkern und Kleinhändlern. Unter den Inhabern der zehn wichtigsten Ämter befanden sich nun zwei Metzger, ein Schuhmacher, ein Kaufmann und zwei Ladenbesitzer (*marchands détaillants*).[50] Ein ähnlicher Wandel vollzog sich in Les Authieux-sur-le-Port-Saint-Quen im Departement Seine-Inférieure mit 395 Einwohnern: Die erste Gemeindeverwaltung wurde von denselben reichen Bauern beherrscht, die auch vor 1789 schon die lokale Politik bestimmt hatten, doch im Dezember 1792 mußten sie den Sansculotten weichen. Ein Hilfsschiffer wurde Bürgermeister; ein Bootsführer und ein Fuhrmann übernahmen zwei der drei Gemeindeämter. Sie behielten ihre Posten bis zum Jahr IV.[51] Die meisten Dörfer erlebten 1793–1794 den Einzug von Handwerkern und armen Bauern in die Gemeinderäte, während zur selben Zeit in den Städten Handwerker und Kleinhändler in die lokale Politik eintraten.[52]

Insgesamt gesehen, war also die neue politische Klasse sozial nicht homogen. Juristen beherrschten die Politik auf nationaler und regionaler Ebene, in den Städten übernahmen Kaufleute, Handwerker und Kleinhändler die Führung, und in den Dörfern wurde die Politik von Bauern, Handwerkern und Kaufleuten der unteren Kategorie bestimmt. Hinter der scheinbaren Vielfalt zeichnen sich allerdings signifikante Gemeinsamkeiten ab – die wichtigste war der soziale und politische Bruch mit dem Ancien régime. Der Adel verschwand nach 1792 fast vollständig von der politischen Bühne. In Toulouse gab es in den Stadträten insgesamt acht Adlige – das entspricht einem Anteil von 7 Prozent –, und nur drei von ihnen blieben nach 1792 im Amt. In Amiens und Nancy waren jeweils nur drei Adlige in den Stadträten.[53] Nicht ganz so schnell, aber ebenso sicher schieden die ehemaligen königlichen Amtsträger aus der Politik der Revolutionszeit aus. Auch von den Ratsherren des Ancien régime fanden sich nur wenige in den Räten des neuen Regimes. In Toulouse saßen noch dreizehn Mitglieder des alten »Generalrates« der achtziger Jahre in diversen städtischen Versammlungen der Revolutionszeit, sieben von ihnen in den ersten neuen Räten der Jahre 1790 und 1791.[54] Im stärker traditionsverhafteten Aix-en-Provence hatten 63 Prozent der im Dezember 1790 gewählten Stadträte bereits unter dem Ancien régime als Ratsherren gedient, doch zur Zeit des Direktoriums lag ihr Anteil nur noch bei 4 Prozent.[55] Die neue Zeit gehörte neuen Männern.

Neu an der politischen Klasse der Revolutionszeit waren gleich mehrere Dinge. Die einschneidendste Neuerung auf lokaler Ebene lag in der Tatsache, daß soziale Gruppen in den Korridoren der Macht auftauchten, die dort zuvor keinen Zugang gehabt hatten. Zu Beginn der Revolution nutzten Kaufleute und nichtadlige Juristen die Gelegenheit, um dünkelhafte *parlementaires* und oligarchische Würdenträger der Krone auszuschalten.[56] In einer zweiten Welle folgte dann der Aufstieg der Handwerker und Ladenbesitzer, der Kaufleute mit bescheidenerem Vermögen und der bürgerlichen Berufe minderen Standes: Messerschmiede und Zimmerleute, Tuchhändler mit ein paar Beschäftigten, Kaufleute, die sich auf einem begrenzten regionalen Markt betätigten, Barbier-Ärzte und Schullehrer im Unterschied zu Doktoren und Rechtsgelehrten (siehe Tabellen 5–8). Crane Brinton hat herausgefunden, daß auch die Mitgliedschaft der städtischen Jakobinerklubs solch eine Verschiebung nach unten erfuhr.[57] In den Dörfern verlief der Prozeß ganz ähnlich, auch wenn die beteiligten sozialen Gruppen nicht mit denen der Städte identisch waren.

Die Demokratisierung auf lokaler Ebene läßt sich auch an den Vermögensverhältnissen der Ratsmitglieder in verschiedenen Phasen der Revolution ablesen. In Toulouse, für das unsere Daten am vollständigsten sind, fiel die durchschnittlich festgelegte Vermögenssteuer bei den Ratsmitgliedern von 962 Francs in den Jahren 1790 und 1791 auf 706 Francs während der Schreckensherrschaft; nach der Thermidor-Reaktion stieg sie dann wieder auf 1093 Francs. Das Durchschnittsvermögen der städtischen Volksvertreter lag demnach am niedrigsten in der Periode der größten Öffnung für die unteren sozialen Gruppen. Als Toulouse zur Zeit des Direktoriums wieder unter den Einfluß der Jakobiner geriet

(1795–1799), ging auch die durchschnittlich festgesetzte Vermögenssteuer bei den Räten zurück, diesmal sogar auf 448 Francs.[58] Der Prozeß der sozialen Öffnung läßt sich auch bei den einzelnen sozialen Gruppen, zum Beispiel den Kaufleuten, nachzeichnen. Bei fünf der sechs Kaufleute, die zur Zeit des Direktoriums – als Toulouse eine Hochburg der Jakobiner war – in den Räten der Stadt saßen, lag die festgesetzte Vermögenssteuer unter 700 Francs; dagegen hatten fünf der 1790–1791 und sieben der im Jahr III gewählten Kaufleute mehr als 700 Francs zu zahlen.[59]

Selbst in Städten, die von rechtsgerichteten Koalitionen beherrscht wurden, erreichte die Demokratisierung der Lokalpolitik ein überraschendes Ausmaß. So hatten die rechtsgerichteten Stadträte in Bordeaux und Amiens fast dieselbe soziale Zusammensetzung wie die notorisch linksgerichteten Räte von Toulouse. Zum Teil spiegeln sich in der Ähnlichkeit der sozialen Zusammensetzung allerdings nur die unscharfen Angaben zum Beruf wider. Die Kaufleute in den Toulouser Räten zur Zeit des Direktoriums waren wahrscheinlich weniger wohlhabend als die Kaufleute in Amiens oder Bordeaux. Nur einer der sieben Kaufleute, die zur Zeit des Direktoriums in den Stadträten von Toulouse saßen, lag mit seiner Vermögenssteuer über 1000 Francs, während zwei der drei Kaufleute, die zur selben Zeit in den Räten von Amiens saßen, mehr als 2000 Francs zu zahlen hatten.[60] Leider sind die Steuerlisten allzu unvollständig, so daß sie keinen zuverlässigen Vergleich gestatten, und auch die Steuerfestsetzung wurde nicht überall gleich gehandhabt. Allerdings zeigen auch andere Daten, daß die Ratsmitglieder in Amiens besonders wohlhabend waren. Im Jahr IX wurden zwei Drittel der Männer, die unter dem Direktorium Stadträte in Amiens gewesen waren, als napoleonische »Notable« für das Departement Somme benannt, darunter auch zwei Männer, die als Kleinhändler begonnen hatten.[61] Nur die Crème der örtlichen Gesellschaft vermochte auf die napoleonischen Listen zu gelangen. Trotz der Ungewißheiten, die den Dokumenten anhaften, dürften zwei Schlußfolgerungen hinreichend gesichert sein: Die Revolution öffnete solchen Gruppen den Zugang zur Politik, die zuvor aus sozialen Gründen davon ausgeschlossen waren, und je weiter die lokalen Vertretungsorgane nach links rückten – was 1793–1794 überall und in Jakobinerhochburgen noch ausgeprägter geschah als anderswo –, desto größer war die Wahrscheinlichkeit, daß auch Kaufleute mit geringerem Vermögen, Handwerker, Kleinhändler und bürgerliche Berufe minderen Standes Zugang zu den Vertretungsorganen fanden.

Die neue politische Klasse war nicht nur neu im Vergleich zu den Männern, die unter dem Ancien régime die Macht in Händen gehalten hatten; auch während des Revolutionsjahrzehnts erneuerte sie sich immer wieder. Zu den dramatischsten Erscheinungen der Lokalpolitik gehörte die nahezu unablässige Umwälzung. So hatte Amiens nicht weniger als fünfzehn Stadträte in neun Jahren und gleich vier verschiedene im turbulenten Jahr III. Manchmal änderte sich die soziale Zusammensetzung des Rates beinahe über Nacht. Der im Januar 1793 in Bordeaux gewählte »föderalistische« Rat zum Beispiel bestand zu 61 Prozent aus Kaufleuten und zu 22 Prozent aus Handwerkern und Kleinhändlern. Der provisorische radikale Stadtrat, der ihn im September ablöste, hatte nur noch 13 Prozent Kaufleute und mehr als 44 Prozent Handwerker und Kleinhändler.[62] Noch erstaunlicher aber war der massive Wechsel der Personen. Keiner der im September 1793 gewählten Stadträte war vorher schon einmal im Rat gewesen.

Die Zustände im Bordeaux des Jahres 1793 waren nur das extreme Beispiel eines weit allgemeineren Ersetzungs- und Umbildungsprozesses. Von den Männern, die 1790 und 1791 in den vier Städten gewählt wurden, dienten drei Fünftel auch unter den nachfolgenden Revolutionsregimen, während zwei Fünftel gänzlich aus der lokalen Politik ausschieden. Die Reaktion des Jahres III rehabilitierte viele der Männer, die zur Zeit der konstitutionellen Monarchie aktiv gewesen waren; in Nancy hatten 73 Prozent und in Toulouse 67 Prozent der städtischen Amtsträger des Jahres III zuvor bereits irgendein öffentliches Amt bekleidet, vom Deputierten in der Nationalversammlung bis hin zum Bezirkspolizisten. Doch nur wenige blieben auch nach dem Jahr III in Amt und Würden; in Nancy bekleideten nur 27 Prozent und im jakobinischen Toulouse nur 14 Prozent unter dem Direktorium irgendein öffentliches Amt.

Tabelle 9: Stadträte während des ›Terreur‹.
Die Kontinuität mit anderen Stadträten der Revolutionszeit in Prozentzahlen.*

	Anteil der Ratsmitglieder, die auch in den genannten Perioden städtische Ämter innehatten.				
Stadt	1790–Jan. 1793	Jahr III	Beide	Direktorium	Jahr III und Direktorium
Amiens (N = 16)	75	56	25	13	13
Nancy (N = 39)	26	41	10	13	10
Toulouse (N = 25)	48	28	12	16	8

* Diejenigen Ratsmitglieder wurden berücksichtigt, die entweder als *notables* oder als *officiers* in anderen Stadträten der Revolutionszeit vertreten waren.

Mit Ausnahme des kurzen Zwischenspiels im Jahr III, als die Reaktion dafür sorgte, daß Amtsträger, die während der Schreckensherrschaft vertrieben worden waren, wieder zu Amt und Würden kamen, öffnete jeder Wechsel des Regimes neuen Männern die Tür zur Macht. Selbst im jakobinischen Toulouse bestand nur eine minimale Kontinuität zwischen den Räten der Schreckensherrschaft und denen des Direktoriums; nur vier Männer hatten in beiden Phasen der Revolu-

Tabelle 10: Stadträte während des Direktoriums.
Die Kontinuität mit vorhergehenden Stadträten der Revolutionszeit in Prozentzahlen.*

	Anteil der Ratsmitglieder, die auch in den genannten Perioden städtische Ämter innehatten.		
Stadt	1790–Jan. 1793	1793–Jahr II	Jahr III
Amiens (N = 19)	37	11	53
Nancy (N = 30)	37	27	33
Toulouse (N = 26)	15	23	8
Bordeaux (N = 64)	25	8	20

* Diejenigen Ratsmitglieder wurden berücksichtigt, die entweder als *notables* oder als *officiers* in anderen Stadträten der Revolutionszeit vertreten waren.

tion Sitz und Stimme im Stadtrat (Tabelle 9). Jede Wende in den lokalen politischen Geschicken erforderte neue Männer.

Daher waren die Kaufleute, Handwerker und Kleinhändler, die 1798 in den Räten saßen, kaum jemals identisch mit jenen, die 1790 dort gesessen hatten. Der beständige Wechsel des politischen Personals zeitigte allenthalben eine überaus bedeutsame Wirkung: Zahlreiche Männer sammelten in irgendeiner Form politische Erfahrung während des Revolutionsjahrzehnts.

Am deutlichsten zeigte sich diese Ausbreitung aktiver politischer Verantwortung in den Dörfern. Selbst wo die Reichen die oberen Positionen beherrschten, sammelten zahlreiche Dörfler unmittelbare politische Erfahrung. In Bénesse-Maremne hatten 1790 52 Wähler 10 Männer für die Verwaltung der Gemeinde zu bestimmen, und das war nur die erste in einer ganzen Reihe von Wahlen. In dem ärmeren Ormoy wählten nur 22 Männer bei der ersten Bürgermeisterwahl, und an diesem Nachmittag hatten sie auch fünf Gemeindebeamte und 12 *notables* zu bestimmen. In neun Jahren hatte das Dorf fünf verschiedene Bürgermeister, einen Müller, einen

»Bourgeois«, einen Kaufmann, einen Anwalt und einen Bauern.[63] Meximieux im Departement Ain bestand aus etwas mehr als 300 Haushalten; nur 119 Männer besaßen 1790 das aktive und 62 Männer das passive Wahlrecht. Die Wähler hatten aus ihrer Mitte 19 Männer für den neuen Gemeinderat auszuwählen. In den ersten fünf Jahren der Revolution hatte Meximieux vier verschiedene Bürgermeister, und auch wenn manche Familiennamen wiederholt auftauchen, lag die Zahl der Männer, die zwischen 1790 und 1795 ein Amt in der Gemeinde bekleideten, sehr hoch: bei 42 nämlich, und das bedeutete einen Vertreter für je sieben Haushalte.[64] Ob ihre Erfahrungen nun bitter oder süß waren, jedenfalls hatten Tausende von Männern das politische Terrain im revolutionären Frankreich erkundet. So paradox es erscheinen mag, gerade die Diskontinuität der politischen Erfahrung trug zur Stärke der revolutionären Tradition bei. Das kollektive Gedächtnis der Revolution war so ausgeprägt, weil so viele es mitgestaltet hatten.

Bei der beständigen Erneuerung und Erweiterung der politischen Klasse blieben dennoch einige Merkmale unverändert. Eines dieser Merkmale war das Alter. Ob Jakobiner oder Föderalisten, Republikaner oder Royalisten, die politische Elite auf nationaler wie auf lokaler Ebene gehörte derselben Generation an. Ihre Vertreter waren in den vierziger und fünfziger Jahren geboren; damit waren sie zu jung, als daß sie die großen Kämpfe der Aufklärung selbst noch erlebt hätten; aber sie waren gerade alt genug, um zu Beginn der siebziger Jahre Zeuge der Auseinandersetzungen zwischen der alten Elite und einer auf Modernisierung drängenden Monarchie zu werden. Zur Zeit der demokratischen Öffnung in den Jahren 1793 und 1794 waren die Mitglieder der Räte wohl etwas jünger als in den übrigen Perioden: In Nancy waren 68 Prozent von ihnen 1789 unter vierzig Jahren gewesen, gegenüber 44 Prozent der Räte in den Jahren 1790 und 1791. Doch die neue Elite verjüngte sich nach 1795 nicht weiter; nach diesem

Stichjahr waren nur noch 46 Prozent der Stadträte von Nancy unter 40 Jahren.[65]

Die neue politische Klasse zeichnete sich außerdem durch ihr spezielles Verhältnis zur städtischen Welt aus. Städtisch verwurzelte Berufsgruppen beherrschten die nationale und regionale Politik, und selbst in den Dörfern lag die politische Führung meist bei Männern, die Beziehungen zu städtischen Märkten oder zur städtischen Kultur unterhielten. In den Kleinstädten und Dörfern lag das Niveau des politischen Engagements nicht unbedingt niedriger als in den Städten; möglicherweise war es sogar höher, zumindest in manchen Regionen. So lag die Mitgliedschaft in den Jakobinerklubs für das Land insgesamt bei 4 Prozent der Bevölkerung, doch in den Kleinstädten und Dörfern der Provence konnte der Anteil 18, 20 oder sogar 39 Prozent erreichen.[66] Allerdings waren nicht alle in den Dörfern vertretenen sozialen Gruppen gleichermaßen aktiv; vor allem die Bauern blieben unterrepräsentiert. In Pacy (Departement Eure) saßen zu Beginn der Revolution ein paar Winzer und Gemüsebauern im Gemeinderat, doch die Mehrheit gehörte ehemaligen Gerichts- und Steuerbeamten sowie den Handwerkern und Kleinhändlern. Im Jahr III war ein Zimmermann Bürgermeister, und unter den Mitgliedern des Gemeinderates befanden sich zwei Gemischtwarenhändler, ein Schneider und ein Gastwirt.[67] Ganz ähnlich standen dem Bürgermeister von Meximieux, einem Grundbesitzer, 1794 im Gemeinderat zwei Wirte, ein Arzt, ein Schneider, ein Notar und ein Sattler gegenüber.[68]

Auch in den Landstädten zeigte sich dieses Muster. Die meisten Landstädte des achtzehnten Jahrhunderts hatten zahlreiche Einwohner, die in der Landwirtschaft arbeiteten; in Arles zum Beispiel waren 37 Prozent der Steuerzahler Bauern oder Landarbeiter, doch nur 10 Prozent der Stadträte kamen während der Revolution aus dem landwirtschaftlichen Sektor.[69] Ähnliches galt für Aix-en-Provence, wo 35 Prozent der Bevölkerung in der Landwirtschaft tätig waren, aber nur 6 Prozent der Räte während der Revolution aus dem bäuerlichen Bereich stammten.[70] In einer Population, die zu 80 Prozent auf dem Lande lebte und zum allergrößten Teil in der Landwirtschaft beschäftigt war, kam der Beteiligung des Bauernstandes zentrale Bedeutung für den Erfolg der Revolution und der Republik zu. Doch mit Ausnahme der Bauernaufstände von 1789 und einiger Unruhen in den darauffolgenden Jahren waren die Bauern in den Reihen der aktiven Revolutionäre deutlich unterrepräsentiert. In einigen Dörfern übernahmen sie zwar politische Verantwortung, doch zumeist überließen sie Handwerkern, Kleinhändlern und Angehörigen der bürgerlichen Berufe die Führung.

Die Französische Revolution wurde auf vielerlei Art und Weise von Tausenden von Menschen gemacht. Manche von ihnen rotteten sich zusammen, um gegen die hohen Preise zu protestieren; andere demonstrierten für politische Ziele, die ihnen teuer waren. Regelmäßig aber gingen Zehntausende zur Wahl, ließen Tausende sich in politische Ämter aller Art wählen. Die Revolution war nicht das Werk einiger Spinner, die ihre Anweisungen von ein paar glänzenden Strategen in der Hauptstadt erhielten. Die Aktivisten des berüchtigten Jahrs II bildeten nur einen Teil der neuen politischen Klasse, die das Revolutionsjahrzehnt hervorbrachte. Der Tabakhändler, der ehemalige Concierge, der Weinverkäufer, der Buchhändler, der Schuhmacher, der Gärtner und der Tanzlehrer zum Beispiel, die in der »zweiten Reihe« der in Nancy denunzierten »Schreckensmänner« erschienen, hätten die ehemalige Elite niemals »terrorisieren« können, wenn sie nicht zumindest heimlich aus höheren Rängen unterstützt worden wären.[71]

Die meisten Handwerker und Kleinhändler, die in den Stadt- und Gemeinderäten der Revolutionszeit saßen, waren wohl kaum die *hommes de sang* (die blutrünstigen Männer), die ihre Gegner in ihnen sahen, aber es ist nicht zu leugnen, daß ihr Erscheinen in der politischen Arena die *honnêtes hommes* (die ehrenwerten Leute) erschreckte und schockierte. Viele Amtsinhaber des Jahres II wurden später der Untreue bezichtigt oder als *terroristes* verfolgt. Einige wenige, wie der Bürgermeister von Toulouse, wurden während des weißen Terrors von konterrevolutionären Todesschwadronen ermordet. Die Glücklicheren wurden lediglich als Anhänger der »Klubokratie« gebrandmarkt.[72]

Die Männer, die ihren guten Ruf und ihre Unterstützung in den Dienst der Stadt- und Ortsregierungen stellten, waren zum allergrößten Teil angesehene Leute. Wie zu erwarten, standen die Angehörigen der Stadt- und Gemeinderäte allgemein in höherem Ansehen als die lautstärkeren Aktivisten und Mitglieder der örtlichen Revolutionsausschüsse und Volksgesellschaften. Von den Stadträten und selbst von jenen, die im Jahr II amtiert hatten, wurden erstaunlich wenige nach 1794 offiziell als »Terroristen« gebrandmarkt.[73] Die Repression richtete sich eher gegen jene Männer, die im Verlaufe weniger turbulenter Monate einen spektakulären Aufstieg genommen hatten. Aufgrund der sozialen Unterschiede zwischen den gewählten Amtsinhabern und ihren gewöhnlichen Parteigängern dürften Kaufleute und erfolgreiche Anwälte in größerer Zahl eher in der ersten Gruppe zu finden gewesen sein als in der zweiten. So hat Crane Brinton herausgefunden, daß die Kaufleute in den von ihm untersuchten Jakobinerklubs weniger als 10 Prozent der Mitglieder stellten. Unter Verwendung der Brintonschen Kategorien hat Michael Kennedy gezeigt, daß der Anteil der Geschäftsleute im Marseiller Klub von 17 Prozent in den Jahren 1790–1791 auf 0,6 Prozent in den Jahren 1793–1794 sank. Und Martyn Lyons fand nur zwei oder drei Kaufleute und noch weniger Anwälte unter den etwa 30 Mitgliedern des *comité de surveillance révolutionnaire* (des lokalen Arms der Schreckensherrschaft) in Toulouse.[74] In den wichtigen lokalen Ämtern jedoch und in den Machtpositionen auf regionaler und nationaler Ebene drängten immer wieder Anwälte, Notare, Kaufleute und

Ärzte nach vorn und übernahmen die Verantwortung. Im Jahre 1790 nannte Gouverneur Morris diese Männer »neu an der Macht, wild in der Theorie, roh in der Praxis«.[75] Doch was er als »Verfolgung metaphysischer Schrullen« beklagte, war das Werk angesehener Angehöriger städtisch-bürgerlicher Berufe und achtbarer Kaufleute.

War nun die neue politische Klasse »bürgerlich« in einem marxistischen Sinne? Interpretiert man den Marxismus weniger eng, so muß die Antwort positiv ausfallen. Die Antwort hat jedoch zwei Teile, denn der marxistische Klassenbegriff besteht selbst aus zwei analytisch getrennten Teilen: der gesellschaftlichen Stellung zur Produktion und dem Klassenbewußtsein. In seinen theoretischen Arbeiten, vor allem im *Kapital*, betonte Marx den ersten Aspekt, doch in seinen historischen Arbeiten, insbesondere in seinen Schriften über die Revolution von 1848 in Frankreich und Deutschland, legte er dem zweiten Moment beträchtliches Gewicht bei.[76] Seine klassische Aussage zum Verhältnis beider Aspekte findet sich in *Der achtzehnte Brumaire des Louis Bonaparte*: »Insofern Millionen von Familien unter ökonomischen Existenzbedingungen leben, die ihre Lebensweise, ihre Interessen und ihre Bildung von denen der anderen Klassen trennen und ihnen feindlich gegenüberstellen, bilden sie eine Klasse. Insofern ein nur lokaler Zusammenhang unter den Parzellenbauern besteht, die Dieselbigkeit ihrer Interessen keine Gemeinsamkeit, keine nationale Verbindung und keine politische Organisation unter ihnen erzeugt, bilden sie keine Klasse.«[77] Für Marx hing die Klassenbildung sowohl von ökonomischen als auch von kulturellen Bedingungen ab, von der sozialen Zugehörigkeit ebenso wie vom Bewußtsein. In der Passage, aus der das Zitat stammt, ging es Marx in erster Linie darum, die generelle Apathie der Bauern während der achtundvierziger Revolution in Frankreich zu erklären; die Bauern wurden nicht aktiv, weil sie keine Klasse bildeten. Man kann die Marxsche Analyse auch zur Erklärung der unterproportiona-

len Beteiligung der Bauern an der Revolution von 1789 heranziehen; die Bauern waren gewöhnlich vom Hauptstrom des politischen Lebens isoliert; was ihre Information und die Vertretung ihrer Interessen betraf, waren sie daher auf andere – auf Wirte, Schneider, Ladenbesitzer usw. – angewiesen.
Die revolutionäre politische Klasse läßt sich sowohl hinsichtlich ihrer gesellschaftlichen Stellung als auch hinsichtlich ihres Klassenbewußtseins als »bürgerlich« bezeichnen. Die revolutionären Amtsträger waren die Besitzer der Produktionsmittel; sie waren entweder Kaufleute mit Kapital, Freiberufler mit beruflichen Fähigkeiten und Fertigkeiten, Handwerker mit eigener Werkstatt oder – seltener – Bauern mit eigenem Land. Die Ungelernten, die Lohnarbeiter und die landlosen Bauern gelangten selten in Führungspositionen und fanden sich – zumindest in größerer Anzahl – nicht einmal unter dem Fußvolk.[78] Das »Bewußtsein« der revolutionären Elite läßt sich insofern als bürgerlich bezeichnen, als es antifeudalistisch, antiaristokratisch und antiabsolutistisch war. In ihrer Sprache und in ihren Bildern verwarfen die Revolutionäre alles, was an die Vergangenheit erinnerte, und nur wenige Adlige oder Würdenträger des Ancien régime fanden in ihren Reihen Aufnahme. Die revolutionäre Elite bestand aus neuen Männern, die sich vorgenommen hatten, ein neues Frankreich zu schaffen.
Leider sind diese Unterscheidungen zu unscharf und zu allgemein, als daß sie von großem Nutzen sein könnten. Als gesellschaftliche Kategorie unterscheidet der Begriff der »Bourgeoisie« nicht die militanten Revolutionäre und Republikaner von einem Gutteil ihrer Gegner; auf die Gemäßigten von Bordeaux und die Royalisten von Amiens trifft die Kennzeichnung »bürgerlich« nicht minder oder vielleicht sogar noch eher zu als auf die Republikaner von Toulouse, Meximieux oder Les Authieux. Darüber hinaus standen die fortgeschrittensten – kapitalistischsten – Regionen Frankreichs häufig im rechten Lager, während die Republik ihre treuesten

Anhänger in jenen Gebieten fand, die von der kapitalistischen Entwicklung noch am wenigsten berührt waren. Außerdem unterscheidet der gemeinsame kulturelle Boden des Antiabsolutismus und Antifeudalismus weder die militanten Republikaner von ihren Vorgängern in den Jahren 1790–1791 noch die Jakobiner in Amiens zum Beispiel von ihren wohlhabenden Gegnern unter den Kaufleuten. Die marxistische Version der sozialen Interpretation ist daher zwar nicht unbedingt falsch in ihren Detailaussagen, aber ihr Differenzierungsvermögen läßt zu wünschen übrig. Die Unterschiede in den regionalen Reaktionen und die Gruppierungen innerhalb der Bourgeoisie vermag sie ebensowenig zu erklären wie die Tatsache, daß die Revolution nicht schon 1791 angehalten wurde, als die kapitalistischen und kommerziellen Sektoren ihre größten Gewinne gemacht hatten.

Aber auch die revisionistischen Interpretationen haben ihre Mängel. Sie erweisen sich als unfähig, eine plausible Alternative zur marxistischen Version anzubieten. In ihrem Bemühen, der marxistischen Version entgegenzutreten, argumentieren viele Kritiker gegen die These einer »bürgerlichen« Revolution, ohne etwas Überzeugendes an deren Stelle zu setzen. Alfred Cobban zum Beispiel war sehr viel erfolgreicher in seiner Argumentation gegen die Auffassung, wonach die Revolution dem Kapitalismus nützte, als bei der Begründung seiner These, wonach die Revolution von abstiegsbedrohten königlichen Amtsträgern und Vertretern der freien Berufe gemacht worden ist. Die königlichen Amtsträger schieden nach 1790 aus der Bewegung aus, und Anwälte waren, wie die Angehörigen der Bourgeoisie überhaupt, auf allen Seiten der politischen Frontlinien zu finden. Die extremere revisionistische Position, die Cobb und seine Anhänger vertreten, behauptet, die Revolution habe wenig oder gar keine soziale Bedeutung gehabt. Danach wäre die Revolution ein Mischmach aus Partikularitäten und sonderbaren menschlichen Schwächen gewesen. Jeder Ort und jede Region hätte auf eigentümliche

Weise reagiert, und das Jahrzehnt der Umwälzungen wird definiert als die Summe »Tausender individueller Bitterkeiten, Ambitionen und Sehnsüchte«, die sich »in der Hoffnungslosigkeit zahlloser unerfüllter Leben äußerten und nach einem Ausweg in nackter Habgier oder in utopischen Hoffnungen suchten.«[79]

Die Gemüsebauern und Gastwirte in den Dörfern, die Gemischtwarenhändler und Ärzte in den Kleinstädten, die Anwälte und Kaufleute in den Großstädten hatten wirtschaftliche und soziale Interessen, die allzu unterschiedlich waren, als daß man sie alle ein und derselben ökonomischen oder sozialen Kategorie zuschlagen könnte. Absicht und Bedeutung der Revolution lassen sich daher nicht aus der sozialen Zusammensetzung der neuen politischen Klasse ableiten; sie lassen sich aber auch nicht auf eine zufällige Ansammlung individueller Gemütszustände reduzieren. Die Mitglieder der neuen politischen Klasse teilten bestimmte Werte, die sich in weiten Teilen aus gemeinsamen kulturellen Positionen entwickelt hatten, zum Beispiel aus ihrer Erfahrung als der jüngeren Generation und aus ihrem Verhältnis zur städtischen Welt. Die abstrakten Elemente dieser Kultur haben wir in früheren Kapiteln aufgezeigt: Säkularisierung, Rationalismus, die Betonung der Nation gegenüber jeglichem Partikularismus und, soweit es die Republikaner betrifft, die »demokratische Überzeugung«, wie Isser Woloch sie nennt, den Glauben an die Vorzüge breiter politischer Partizipation.[80] Im sechsten Kapitel wollen wir diese Werte bis in die lokalen Strukturen der neuen politischen Kultur hinein verfolgen. Familiäre Beziehungen, organisatorische Erfahrungen und gemeinsame kulturelle Verhältnisse trugen dazu bei, die neue politische Klasse zu schaffen.

Sechstes Kapitel
Außenseiter, kulturelle Vermittler und politische Beziehungsgeflechte

Die Revolution ähnelte einem Initiationsritus mit ungewissem Ausgang. Die Gesellschaft wurde völlig umgekrempelt, und die alten Strukturen kamen in Verruf. Die Revolutionäre glaubten, aus den Leiden und Wirren ihrer Zeit werde ein neues, auf Vernunft und Natur gründendes Gemeinwesen hervorgehen, doch es war nicht leicht, rasch über die Schwelle der neuen sozialen und politischen Ordnung zu gelangen. Die Franzosen schienen, um es mit einem Ausdruck aus der Anthropologie zu bezeichnen, in einer »Schwellenphase«, einer Übergangsperiode, zu stecken; die Nation bewegte sich im Niemandsland zwischen dem, was man für alt erklärt hatte, und dem, was man als das Neue herbeiwünschte.[1] Die neuen Werte waren verkündet, aber noch nicht verwirklicht. Die Zukunft lag im Ungewissen.

In dieser unruhigen Schwellenphase sozialer und politischer Ungewißheit spielte die neue politische Klasse eine zentrale Rolle. Die neuen Amtsträger sollten die politische und kulturelle Vorhut auf dem Weg in die neue Ordnung bilden. Kurz vor dem Ausbruch der Revolte in der Vendée schrieb ein Republikaner zuversichtlich von seinen Erwartungen: »Ich habe das Unglück, an einem Ort zu leben, der unserer Revolution äußerst feindlich gesonnen ist [...], aber ich habe mit Freude gesehen, daß [das Volk] von Natur aus gut ist und sich nur verirrt hat. Wenn es uns gelingt, das Volk zu unterweisen, wird es seine Fehler leicht einsehen.«[2] Nur wenig später zeigte die Realität der Gegenrevolution, wieviel »Unterweisung« noch erforderlich war, aber trotz der Enttäuschungen und Gefahren, die das Regieren mit sich brachte, erhielt die neue politische Klasse auch weiterhin Verstärkung. Viele verschiedene Faktoren mögen die Menschen dazu motiviert haben, neue, verantwortungsvolle Positionen zu übernehmen. Doch hinter den tausenden individuellen Wahlentscheidungen standen kulturelle Muster allgemeineren Charakters, die die Funktionsweise revolutionärer Politik nachhaltig prägten.

Eines der subtilsten und allgegenwärtigen Muster war das Verhältnis zwischen Revolution und Mobilität. Die traumatischen Umwälzungen der Revolution setzten die Franzosen in Bewegung. Tausende von Menschen wurden aus ihrer vertrauten Umgebung und ihrer gewohnten Arbeit gerissen. Die Erfordernisse der Armee, die Verlockung neuer öffentlicher Ämter, der Dienst in der Nationalgarde und auch die Emigration aus politischen Gründen zerstörten alte Gewohnheiten und führten zu einer unfreiwilligen Umverteilung der Bevölkerung. In dem verzweifelten Versuch, dem Grauen des Bürgerkrieges zu entkommen, strömten Tausende von Flüchtlingen in die Städte der Vendée; andere wiederum flohen aus den Städten, die von der Invasion oder von föderalistischer Agitation heimgesucht wurden. Die Einwohnerzahl von Bordeaux zum Beispiel sank von 110 000 im Jahre 1790 auf 88 394 im Jahr IV.[3] Im ruhigen Chartres lag die Zahl der von außerhalb stammenden Ehepartner in der Revolutionsdekade doppelt so hoch wie im vorangegangenen Jahrzehnt; und während in den achtziger Jahren drei Viertel der von außerhalb stammenden Partner aus der unmittelbaren Umgebung der Stadt kamen, betrug ihr Anteil während der Revolution nur noch die Hälfte.[4]

Die neue politische Kultur, die für die Gleichheit der Bürger, für universalistische Werte und für die Beseitigung regionaler oder lokaler Privilegien eintrat, besaß große Anziehungskraft für die Neubürger, sie gab ihnen ein Gefühl der Zugehörigkeit zur Nation und war ihrerseits, was ihre weitere Ausbreitung betraf, auf sie angewiesen. In seiner bahnbrechenden

Studie über die Jakobinerklubs fand Crane Brinton heraus, daß 38 Prozent der Mitglieder der von ihm untersuchten Klubs in den Klein- und Mittelstädten Zugewanderte waren. Ein kleinerer, aber sehr schlagkräftiger Teil (13 Prozent) war erst nach 1789 zugewandert. In den Großstädten lagen die Anteile noch höher: 54 Prozent der Mitglieder des Marseiller Jakobinerklubs waren Zugewanderte, und mit der Zeit stieg die Zahl sogar auf 70 Prozent.[5] Der Zusammenhang zwischen den Wanderungsbewegungen und der Revolution entging auch den Zeitgenossen nicht. In der Debatte über die Verfassung von 1795 beklagte ein Deputierter: »Wer immer in den Künsten und Wissenschaften etwas zu leisten versteht, verläßt das Dorf seiner Väter [...], um sich inmitten einer großen Bevölkerung niederzulassen und das Nötige zu tun, um eine Position zu erringen.«[6]

Die Wanderungsbewegung hatte schon lange vor der Revolution begonnen. In einer Kleinstadt von 13 000 Einwohnern wie Chartres kam in den achtziger Jahren des achtzehnten Jahrhunderts ein Viertel der Neuvermählten von außerhalb der Stadt. In einer großen Hafenstadt wie Bordeaux mochte ihr Anteil sogar auf 50 Prozent steigen.[7] Doch trotz des Zustroms von Fremden in die Städte des achtzehnten Jahrhunderts blieb die lokale Politik vor 1789 die letzte Bastion der alteingesessenen Familien. In vielen Städten gab es Verordnungen, die alle erst kürzlich Zugewanderten von den öffentlichen Ämtern ausschlossen, und noch 1789 kämpften manche Stadträte für die Beibehaltung dieser Restriktionen.[8] Die Revolution öffnete die Tore für eine Flut von Zuwanderern. Sämtliche Einschränkungen für erst kürzlich Zugewanderte wurden beseitigt, und ebenso erging es den Restriktionen gegen religiöse Minderheiten sowie allen Wahlbestimmungen, die einzelnen Gruppen die Vorherrschaft sicherten. Vor 1789 gab es in fast jeder Stadt Bestimmungen, die dafür sorgten, daß eine bestimmte Zahl von Geistlichen, Anwälten, Adligen, Kaufleuten und sogar Handwerkern im Stadtrat saßen.[9]

Mit dem Wegfall dieser Restriktionen hielten neue soziale Gruppen, neue Familien und auch neue religiöse Gruppen Einzug in die städtische Politik.

Die Revolution eröffnete den religiösen Minderheiten ungeahnte Möglichkeiten, und sie ließen ihre Chancen nicht ungenutzt. Von Anfang an saßen in der Revolutionszeit protestantische und jüdische Kaufleute im Stadtrat von Bordeaux. Der Protestant Pierre Sers zum Beispiel war der erste Präsident des Jakobinerklubs von Bordeaux. Er wurde 1790 in den Stadtrat und später in die Gesetzgebende Nationalversammlung gewählt. 1793 wurde er Präsident der föderalistischen Volkskommission für öffentliche Sicherheit; er wurde geächtet, überlebte jedoch und versah unter Napoleon ein Amt in der reformierten Kirche Frankreichs.[10] Die protestantische Familie Vaysse in Toulouse stellte sich auf die Seite der Jakobiner. Jacques und Paul Vaysse – sie waren Vettern – wurden unter dem Direktorium in den Stadtrat gewählt. Beide waren Jakobiner, vor 1796 allerdings relativ unbekannt. Jacques war ein reicher Kaufmann und Freimaurer. Paul hatte im Jahr IV ein Polizeiamt bekleidet; im Jahr VI wurde er zum Präsidenten des Stadtrats gewählt, nachdem er sich durch den Kauf von *biens nationaux* (dem zur Sicherung der Staatsschuld konfiszierten Landbesitz der katholischen Kirche) ein beträchtliches Vermögen verschafft hatte.[11] Anders als die Vettern Vaysse scheuten die meisten Angehörigen religiöser Minderheiten jedoch vor den radikalen Extremen zurück. In Bordeaux tendierte die Mehrzahl der Protestanten und Juden zu den Föderierten und Girondisten. Auf Departementsebene allerdings hatte das Vorhandensein religiöser Minderheiten offenbar keinen Einfluß auf das Wahlverhalten; die Zahl der Protestanten etwa zeigt zwar eine negative Korrelation mit dem Ergebnis der Abstimmung über das Schicksal des Königs, doch ansonsten findet sich kein statistischer Zusammenhang zwischen dem Anteil der Protestanten in einem Departement und dessen Zugehörigkeit zum linken oder rechten Lager.[12]

Angehörige religiöser Minderheiten teilten die Einstellungen der neuen politischen Klasse. Der in London geborene jüdische Kaufmann Furtado zum Beispiel gehörte zu den ersten Mitgliedern des Jakobinerklubs von Bordeaux und zur dortigen föderalistischen Bewegung. Er überlebte die Schreckensherrschaft und wurde im Jahr IV in ein öffentliches Amt gewählt; er lehnte die Annahme des Amtes jedoch rundheraus ab. In seinen Augen war die Zeit noch nicht reif für die Republik. Doch trotz seiner Ernüchterung blieb Furtado dem revolutionären Versprechen zutiefst verbunden:

> »Ich glaube, jede Regierung ist so gut oder so schlecht wie die Moral der Menschen, die sie leiten. Was ist schlimmer als Despotie, empörender als Aristokratie, aufrührerischer als Demokratie? [...] Stellen Sie sich [jedoch] eine Demokratie aus ernsthaften, tugendhaften Menschen vor, die von tiefer Achtung vor dem Gesetz erfüllt sind, und Sie haben die größtmögliche Freiheit bei der beständigsten Ordnung und dauerhaftem Frieden.«

Wie die übrigen neuen Amtsträger glaubte Furtado an den Unterschied zwischen privaten Interessen und öffentlichem Wohl. Mit Blick auf Madame de Staël, mit der er 1799 in Paris diniert hatte, sagte er: »Ich kann weder den Geist noch den angeblichen Patriotismus dieser Leute verstehen. Ihre Liebe gilt eher den öffentlichen Angelegenheiten als dem öffentlichen Wohl [*la chose publique*]. Die Liebe zum öffentlichen Wohl führt nicht so leicht zu Posten, Pensionen und geschäftlichen Vorteilen; nur die Intrige führt dahin.«[13]

Die neuen sozialen Gruppen, die neuen Familien und die Menschen mit andersartigem religiösen Glauben sind Teil eines allgemeineren Phänomens: der Tatsache nämlich, daß Außenseiter in die lokale Politik Einzug hielten und sich dort sogar hervortaten. Für Paris ist die wichtige Rolle, die Besucher und Zuwanderer aus der Provinz gespielt haben, bestens bekannt und kaum verwunderlich. Was die Provinz betrifft, so ist häufig auf den Einfluß der aus Paris entsandten Regierungsbeauftragten hingewiesen worden; das gilt vor allem für die Zeit der Schreckensherrschaft und die nachfolgende Restauration. Überraschender ist indessen die Rolle, die »marginale« Figuren in den lokalen Zirkeln gespielt haben. Diese Männer waren die natürlichen Verbündeten der Pariser Emissäre, aber sie waren durchaus keine bloßen Marionetten in den Händen äußerer Kräfte. Ein politisch Aktiver konnte Außenseiter sein aufgrund seines gesellschaftlichen Standes, seiner geographischen Herkunft, seiner Religion oder aufgrund einer Kombination dieser Faktoren. Während des Revolutionsjahrzehnts mit seinen ungeklärten Machtverhältnissen fungierte der Außenseiter als wichtiges Bindeglied zwischen der Zentralregierung und den Menschen am Ort. Die aus Paris entsandten Deputierten wandten sich an diese Menschen, gerade weil sie Außenseiter waren, d. h. weil sie nicht in dem Rufe standen, in die zweifelhaften lokalen Beziehungsgeflechte eingebunden zu sein; und auch die Einheimischen betrachteten sie mit Aufmerksamkeit, wenn auch gewiß aus einer Vielzahl von Gründen. Wer Angst vor drohenden Veränderungen hatte, dem bot sich der Außenseiter als geeigneter Sündenbock an; schließlich war es sehr viel leichter, sich gegen ihn zu wenden, wenn die Krise vorüber war. Den lokalen Aktivisten vermittelte der Außenseiter das Gefühl, zu einer überörtlichen Bewegung zu gehören; seine Anwesenheit ermöglichte es den örtlichen Oppositionellen, sich schärfer von den vorangegangenen Machthabern abzugrenzen.

Seine größte Bedeutung erlangte der Außenseiter, wenn die lokalen Konflikte besonders intensiv waren. Nehmen wir zum Beispiel das Amt des Bürgermeisters in den großen Städten. 1790 entschieden sich die Wähler gleichsam symbolisch für solche Gestalten, die für eine mögliche Annäherung zwischen den liberalen Elementen des Ancien régime und der revolutionären Bewegung standen. Bürgermeister von Bordeaux war in diesem Jahr Comte Joseph de Fumel, der siebzigjährige Oberbefehlshaber der Truppen in der Provinz Guyenne. Auch der Bürgermeister von Toulouse, ein Rechtsprofessor namens Rigaud, war in den Siebzigern. Bürgermeister von Nancy war der berühmte Comte Custine d'Auflance, und in Amiens hielt der reiche Kaufmann Degand-Cannet dieses Amt inne, der sich erst kurz zuvor in den Adelsstand eingekauft hatte. Nach der Erhebung vom 10. August wählte man in Amiens den wohlhabenden achtundfünfzigjährigen Perückenmacher Louis Lescouvé zum Bürgermeister. Weder er noch seine Frau stammten aus Amiens; sie besaßen keine familiären oder sozialen Verbindungen zu der allmächtigen Gemeinde der Kaufleute und Manufakturbesitzer der Stadt. Die Berufe, denen ihre Verwandten nachgingen, zeigen die bescheidene soziale Herkunft des Paares; ihr Heiratsvertrag nennt Bauern (*laboureurs*), einen Sattlermeister und einen Barbier-Arzt, den armen Vetter des Doktors.[14]

In den Jahren 1793 und 1794 erlebte das Amt des Bürgermeisters in den übrigen Großstädten einen häufigen Wechsel. Der neue Bürgermeister von Bordeaux, Joseph Bertrand, war ein Uhrmacher, der 1779 oder 1780 aus Avignon zugewandert war. Als Sprungbrett für seine politische Karriere hatten ihm die radikalen Klubs der Stadt gedient, deren Vorsitz er im entscheidenden Sommer 1793 innegehabt hatte. Im Jahr III wurde Bertrand vom Departementsgericht zu 12 Jahren Kerker verurteilt, weil er unrechtmäßig das Vermögen von Opfern der Schreckensherrschaft konfisziert hatte, darunter auch die Habe seines Vorgängers François Saige. Im Jahr V kam er wieder frei und zog nach Paris.[15] Sein Nachfolger Pierre Thomas war ebenfalls ein Außenseiter, wenngleich von respektablerer Statur. Thomas war protestantischer Pfarrer in Sainte-Foy-la-Grande, einer kleinen Stadt in der Dordogne, gewesen. Als man ihn 1794 zum Bürgermeister von Bordeaux wählte, war er gerade 34 Jahre alt. Er fiel dem Regierungsbeauftragten auf, weil er sich als verläßliches Mitglied des Departementsrates erwiesen hatte. Obwohl man ihn als Anhänger der Schreckensherrschaft brandmarkte, bestimmte das Direktorium ihn 1799 zu seinem Beauftragten bei der Departementsverwaltung.[16] Die Motive, die das Direktorium zu dieser Wahl bewegten, dürften dieselben gewesen sein, von denen auch die Regierungsbeauftragten des Jahres II sich hatten leiten lassen: Den einheimischen politischen Führern von Bordeaux war ein energischer Widerstand gegen das Vordringen der Rechten nicht zuzutrauen.

Auch in Nancy bekleideten 1793 und 1794 Außenseiter das Amt des Bürgermeisters. Der erste, Nicolas Géhin, war ein vierzigjähriger Geistlicher aus Toul; ihm folgte der zweiundvierzigjährige Schauspieler Emmanuel Glasson-Brisse, der seinerseits von Joseph Wulliez aus Sarrebourg abgelöst wurde. Zwei von den dreien kamen nicht aus Nancy, und der dritte ging einem nicht gerade ehrbaren Gewerbe – der Schauspielerei – nach. Ohne Zweifel hielt man in Nancy die stürmischen Zeiten für vergangen, als Claude Mallarmé im Dezember 1794 zum Bürgermeister gewählt wurde. Der fünfunddreißigjährige Anwalt und ehemalige *parlementaire* war in Nancy geboren und hatte seit 1790 mehrere Revolutionsämter bekleidet. Im Frühjahr 1795 wurden Glasson-Brisse und Wulliez vom neuen Magistrat als »Terroristen erster Ordnung« eingestuft, womit man sie zu den »Haupturhebern und Mittätern der Unterdrückung« rechnete. Als Terroristen zweiter Ordnung galten jene, »die vielleicht ebenso schlimm waren, deren Tun jedoch keine so tödlichen Folgen hatte, weil sie nicht denselben Einfluß besaßen«, und als Terroristen dritter Ordnung jene, »die sich nur aus Feigheit, Schwäche oder Eitelkeit den Fahnen der Tyrannei und ihrer Agenten angeschlossen haben«.[17]

Die Bürgermeister besaßen offenkundig Bedeutung in der Lokalpolitik, aber das Phänomen des Außenseiters war nicht auf diese herausgehobene Position beschränkt. Oft waren auch wichtige Positionen innerhalb der revolutionären Bewegung mit Außenseitern besetzt. Pierre Philip, der Vorsitzende der Volksgesellschaft in Nancy, ist ein Beispiel für diesen Typus eines wandernden Politikers. Er wurde 1750 in Bordeaux geboren; sein Vater war Kapitän. Er selbst fuhr in seiner Jugend auch eine Weile zur See, wurde dann aber Kanzlist in Paris und Möchtegernautor von Gedichten und Theaterstükken. 1792 war er zum Leiter einer Abteilung für Nachschublagerung im Kriegsministerium aufgestiegen. In Nancy tauchte er erstmals im September 1793 auf; er hatte den Auftrag, ein Nachschubdepot für Kleidung einzurichten. Seine kurze politische Karriere in Nancy wurde dann unterbrochen und schließlich endgültig beendet durch seine Verhaftung und Einkerkerung wegen Konspiration. Natürlich gesellte er sich zu den beiden ehemaligen Bürgermeistern auf der Liste der Terroristen erster Ordnung.[18]

Niemand indessen war auf lokaler Ebene so berüchtigt wie J.-B. Lacombe, der Vorsitzende der Militärkommission, die in Bordeaux zur Verfolgung der Föderierten eingerichtet wurde. Er war in Toulouse als zweiter Sohn eines einfachen Schneiders aufgewachsen. Ein Priester hatte seine Intelligenz erkannt und ihn unterrichtet; 1784, im Alter von 24 Jahren, wurde Lacombe Schullehrer. Drei Jahre später ging er mit seiner Frau und seinen zwei Kindern nach Bordeaux. Wie viele andere Parteigänger der Revolution zog Lacombe von einer Großstadt in eine andere, um dort sein Glück zu suchen. Zweifellos schien es leichter, seinen Aufstieg fern von allen Reminiszenzen an die erniedrigende soziale Herkunft zu machen. Wie Marat, so fand Lacombe die Türen zum Erfolg verschlossen; man verweigerte ihm den Beitritt zur *Société littéraire du Musée,* wo die Crème der intellektuellen Elite von Bordeaux zusammenkam. Der föderalistische Bürgermeister der Stadt – später fiel er Lacombes Kommission zum Opfer – gehörte zu den Gründungsmitgliedern des *Musée.* Lacombe fand Aufnahme in einer Freimaurerloge, und 1790 trat er dem *Club National* bei. Nach einer weiteren Enttäuschung – er hoffte, zum zweiten Bürgermeister oder *procu-*

reur ernannt zu werden – machte man ihn im Herbst 1793 zum Vorsitzenden der Militärkommission. Im August 1794, ein paar Tage nach dem Sturz Robespierres, wurde Lacombe hingerichtet – wegen Erpressung, Zerstörung der Moral und Verrat.[19] Männer wie Lacombe und Bürgermeister Bertrand machten sich besonders rasch die zentralen Themen der revolutionären Rhetorik zu eigen; beide nahmen ihren Aufstieg in den radikalen Klubs, wo politischer Einfluß in erster Linie von überzeugender öffentlicher Rede abhing. Der Erfolg solcher Männer veranlaßte einen Bürger von Bordeaux zu dem Ausspruch: »Durch *Worte* verwirklichten sie ihre Ziele; alles erreichten sie durch *Worte*.«[20]

Der Außenseiter läßt sich auf verschiedene Weisen definieren: Es gab religiöse Außenseiter wie die Protestanten und Juden. Es gab gesellschaftliche Außenseiter wie die vielgeschmähten Schauspieler und die um Anerkennung kämpfenden weltlichen Schullehrer. Es gab auch geographische Außenseiter wie die Zuwanderer aus anderen Städten und manchmal aus anderen Ländern. Selbst die reichen Kaufleute und Händler hatten unter dem Ancien régime Grund, sich als Außenseiter zu fühlen, da Adlige, Richter und ein paar hohe kirchliche Würdenträger Politik und Gesellschaft beherrschten. Dennoch ist »Außenseiter« keine Kategorie wie Beschäftigung oder Beruf. Weder unter dem Ancien régime noch zur Zeit der Revolution definierte die Position des Außenseiters einen gesellschaftlichen Stand. Eher handelte es sich um eine Beziehung, die durch die Tatsache bestimmt war, daß man außerhalb stand. Der Schullehrer und Revolutionär Lacombe gehörte nicht zur selben gesellschaftlichen oder politischen Gruppe wie der jüdische Kaufmann Furtado. Tatsächlich konzentrierte Lacombes Kommission sich auf die Aburteilung solcher Männer wie Furtado und seiner Freunde. Dennoch waren Lacombe und Furtado jeder auf seine Weise Außenseiter, und die Tatsache, daß sie am Rande standen, motivierte sie, sich der neuen politischen Klasse anzuschließen.

Das gemeinsame Moment der Marginalität machte die neue politische Klasse noch nicht zu jener Bande vagabundierender Unruhestifter, zu jener vielgefürchteten, aber selten wirklich existierenden Brut von Berufsrevolutionären.[21] Die bemerkenswerte Geschichte solcher Männer wie Lacombe und Philip sollte uns nicht zu dem übereilten Schluß verleiten, die Revolution sei lediglich die Summe aus »tausenden individuellen Bitterkeiten«, also die Frucht von Frustration und Ressentiment gewesen. Bei manchen mögen diese Gefühle eine Rolle gespielt haben. Bei anderen lagen die Motive gänzlich anders. Die Intentionen der neuen politischen Klasse lassen sich nicht aus der Gesamtheit der individuellen Motive erschließen, weil diese Klasse nicht durch individuelle Motive bestimmt war. Bestimmt war sie vielmehr durch gemeinsame Chancen und Rollen. »Marginalität« – in einem strukturellen Sinne und nicht im Sinne eines neidvollen sozialen Vergleichs – verlieh den neuen Amtsträgern eine gewisse Affinität zur Rolle des kulturellen und machtpolitischen Vermittlers. So wie manche peripheren oder marginalen Regionen des Landes sich aufgeschlossener für die revolutionäre Kultur zeigten, so bewiesen gewisse marginale Gestalten eine besondere Bereitschaft, die Rolle des politischen und kulturellen Vermittlers zu übernehmen. Diesen Rollen kam zentrale Bedeutung zu, denn die Revolution war ihrem Wesen nach die Vermehrung und Ausbreitung von Kultur und Macht.

Die Zuwanderer, die Protestanten und Juden, die Schullehrer, Schauspieler und Kaufleute hatten Verbindung zur Welt außerhalb der Stadt und insbesondere zu den nationalen Netzwerken der Kultur, des Wissens, des Geschäftslebens oder der Religion. Auch in den Dörfern gab es Menschen dieses Typs, wenngleich auf niedrigerem Niveau. Ein bevorzugter Kandidat war in vielen Dörfern der Schulmeister. In dem kleinen Ort Pacy-sur-Eure war dies ein gewisser Taillard, der 1791 mit seinem Vater und seiner Frau aus Paris gekommen war und den Posten eines *maître de pension et d'éducation* übernommen hatte. Nach einer kurzen Unterbrechung, ein subalterner Beamter hatte ihn ins Gefängnis gebracht, wurde Taillard von drei auf Visitationsreise befindlichen Deputierten für die Departementsverwaltung benannt, und aufgrund dieser Beziehungen sorgte er dafür, daß seine Freunde und Verbündeten in den umgebildeten Gemeinderat kamen.[22]

Es gibt viele solcher Geschichten. Ein Schulmeister trifft irgendwo ein – in einem kleinen Dorf wie Pacy oder auch in einer Großstadt wie Bordeaux, wo der Lehrer Lacombe von seinem Posten in der Militärkommission aus die Reichen, die Gleichgültigen und die Gegner terrorisierte – und macht sich sogleich stark für die Sache der Revolution, die ihn aus klerikaler Bevormundung befreit oder eine neue Stelle für ihn schafft. Sein bißchen Bildung und Wissen über die Welt verschaffen ihm da draußen ein lokales Publikum, Einfluß, auch Gegner in gewissen Kreisen, und all das macht ihn attraktiv für Emissäre aus Paris oder aus der nächstgelegenen Großstadt, die verzweifelt nach verläßlichen Mitstreitern Ausschau halten.

Die kulturellen und machtpolitischen Vermittler waren nicht immer Außenseiter wie Taillard, aber es waren Männer, deren Berufe und Interessen den Kontakt mit der Außenwelt erleichterten. In der Gemeinde Foncines-et-les-Planches im Departement Jura wurde 1792 Jean-Baptiste Rousseau zum *agent national* gewählt. Sein Tuchgeschäft brachte ihn nicht nur mit einem Großteil der einheimischen Bevölkerung in Kontakt, sondern gab ihm auch die finanziellen Möglichkeiten, ein öffentliches Amt in Betracht zu ziehen und der Gemeinde in Notzeiten sogar Geld zu leihen.[23] In Les Authieux war die Schlüsselfigur ein Gastwirt namens Nicolas Hubert. Nachdem er im ersten revolutionären Gemeinderat als *procureur* gedient hatte, wurde er im Frühjahr 1794 Mitglied des örtlichen *comité de surveillance* (Überwachungsausschuß) und Vorsitzender der Volksgesellschaft. Ihm sekundierte ein anderer einheimischer Revolutionär gleichen Zuschnitts, Augustin Marguerite, ein dreißigjähriger Gärtner, der lesen und schreiben konnte und neben seinem Amt als Sekretär des Gemeinderates auch noch öffentliche Bankette und Umzüge organisierte. Im Frühjahr 1794 eröffnete er eine republikanische Schule.[24] In Bénesse-Maremne war der *agent national* einer der wenigen Nichtbauern im Gemeinderat, ein ehemaliger Gerichtsdiener namens Darrigrand. Angesichts eines widerspenstigen, von reichen Bauern beherrschten Gemeinderates ermahnte er seine Mitbürger, wenn sie nicht einschwenkten, sehe er sich »gezwungen, höhere Stellen davon in Kenntnis zu setzen«.[25] Die lokalen Vermittler der Macht wußten, daß ihr Einfluß auf ihren Beziehungen nach draußen beruhte.

Der größte und anhaltendste Erfolg war jenen beschieden, die nicht bloß Kollaborateure mit äußeren Kräften, sondern Vermittler zwischen äußeren und lokalen Interessen waren. Jean-Jacques Roquette aus dem kleinen Dörfchen Saint-Amans mit 100 Haushalten im Departement Aveyron ist ein aufschlußreiches Beispiel dafür. Er ging im nahegelegenen Rodez zur Schule und brachte sein juristisches Studium in Toulouse zu Ende. Danach kehrte er nach Hause zurück und übernahm das nicht sonderlich anspruchsvolle Amt eines lehnsherrlichen Richters, das ihm genügend Zeit ließ, Rousseau und Voltaire zu lesen. 1790 wurde er mit dreißig Jahren zunächst zum *procureur* seines Dorfes bestellt und stieg dann in die Departementsverwaltung auf. 1791 wählte man ihn zum Bezirksrichter und 1793 zum Bürgermeister von Saint-Amans. Als einziger aus seinem Dorf suchte er schon im Juli 1790 Kontakt zu den Jakobinern. Zusammen mit einigen Freunden gründete er schließlich 1793 eine Volksgesellschaft, deren Vorsitzender er natürlich wurde. Kurze Zeit später wurde er auch Vorsitzender des neuen *comité de surveillance révolutionnaire*.

Im November 1793 besuchte ein *commissaire* namens Lagarde Saint-Amans, um ein Fest zu Ehren der Armut zu organisieren. Obwohl Roquette aus einer der reichsten Familien des Ortes stammte, übernahm er ordnungsgemäß den Vorsitz bei dem Fest, das in einem Gasthaus des Dorfes stattfand. Der offizielle Bericht über den Verlauf des Festes läßt Artikel 8 in Lagardes bemerkenswertem Erlaß unerwähnt: »Alle inhaftierten Personen, alle Reichen, Egoisten und Verdächtige werden am angegebenen Festort erscheinen; sie werden bei den Armen stehen und sie bedienen; sie werden keines der Gerichte anrühren, die sie auftragen, denn die Etikette früherer Zeiten verlangt, daß der Diener nicht am Tische seiner Herrschaft sitze.«[26] Offenbar gelang es Roquette, in dieser absonderlichen Geschichte sowohl seine Würde als auch seine Glaubwürdigkeit zu bewahren, denn nach dem Sturz Robespierres betraute ihn der Bezirk mit der Untersuchung der während der Schreckensherrschaft vorgekommenen Mißbräuche. Später lehnte er es ab, höhere Ämter zu übernehmen, und bestand darauf, als einfacher Friedensrichter in seinem Dorf zu dienen.

Das aktive Engagement von Männern wie Roquette sorgte dafür, daß die Trennung zwischen Stadt und Land nicht allzu kraß wurde. Er nahm die Werte, die er in den Städten und durch Bücher kennengelernt hatte, mit zurück in sein Dorf. Statt nach Rodez, Toulouse oder Paris zu gehen wie die Saint-Justs und Babeufs, zog Roquette es vor, in seiner Heimat zu bleiben, während er zugleich die Entwicklungen im Lande aufmerksam verfolgte. Seine Entscheidung zeigt, daß die Revolution nicht als bloßer Import von außerhalb angesehen wurde, auch wenn die Verbindung zu den Städten nicht auf jedermann Eindruck machte. Obwohl die Nahrungsmittelrequisitionen und die häufigen Versuche, weitere junge Männer für die endlosen Kriegsanstrengungen auszuheben, bei vielen auf Ablehnung stießen, so waren die Bauern von Saint-Amans jedoch davon überzeugt, daß sie auf Roquette zählen konnten, als sie sich mit überwältigender Mehrheit gegen eine Aufteilung des Gemeindelandes aussprachen. Er verteidigte ihre Entscheidung nicht nur vor dem Bezirksrat, sondern reichte auch eine ausführliche Denkschrift ein, in der er die Probleme analysierte, mit denen die Bauern seiner Region zu kämpfen hatten.[27]

Dem Enthusiasmus eines Schullehrers, eines Gastwirts oder eines jungen Notablen kam in ländlichen Gebieten ganz besondere Bedeutung zu. Den Inhabern hoher revolutionärer Ämter erschien die Landbevölkerung vielfach als schwer zu erreichen oder sogar als völlig unzugänglich. So wurden die Landgemeinden im Departement Loire einmal als »Berge, die der Hebel der öffentlichen Meinung nicht von der Stelle zu bewegen vermag«[28] charakterisiert. Wenn eine Bewegung in Gang gesetzt wurde, dann geschah dies durch die unscheinbare Kraft, die kulturelle und machtpolitische Vermittler wie Roquette entfalteten. In manchen Gebieten hatten sie ganz offenkundige Erfolge.[29] Ein ehemaliger Bürgermeister erläuterte 1796, warum Geduld erforderlich sei: »Die Wahlakten sind vielleicht nicht in der gesetzlich vorgeschriebenen Form geführt worden, aber Sie wissen ja, daß die Menschen auf dem Lande wenig Bildung besitzen und ihren Pflichten nachkommen, so gut es geht. Wir können Ihnen versichern, daß die beiden Bürger, die gewählt wurden, die gebildetsten und intelligentesten unserer Gemeinde sind.«[30] Er hätte auch sagen können, es seien jene Bürger, die der neuen, von den Stadtmenschen zu uns gebrachten Kultur am aufgeschlossensten gegenüberstünden.

Die politischen Mittelsmänner vermochten Einfluß auszuüben, weil sie in den Beziehungsnetzen und Organisationen der neuen politischen Kultur arbeiteten. Roquette nutzte die Beziehungen seiner Familie, seine Kontakte zu Amtsträgern außerhalb des Dorfes, seine Verbindung zum Netzwerk der Jakobinerklubs und die neuen Beziehungen zu jenen Mitbürgern im Dorf, die der örtlichen Volksgesellschaft beitraten oder an den republikanischen Festen teilnahmen. In den Städten entfalteten sich dieselben Beziehungsnetze in größerem

Maßstab. Das stärkste informelle soziale Beziehungsgeflecht innerhalb der neuen politischen Klasse war das der Familie. In Toulouse brachten drei Familien wenigstens zwei ihrer Angehörigen in den Stadtrat: die Vettern Vaysse und jeweils Vater und Sohn Gary und Marie. Familienbande konnten in jeder politischen Richtung wirksam werden. Gary *père* (der Vater), ehemaliger *capitoul* (ein führender städtischer Amtsträger unter dem Ancien régime) und Anwalt, saß 1790 im Rat: sein Sohn, gleichfalls Anwalt, bekleidete dieses Amt zur Zeit der Restauration im Jahr III. Im entgegengesetzten Lager stand Marie *père,* Kaufmann, Freimaurer und Jakobiner; er saß 1790 im Stadtrat und dann wieder, zusammen mit seinem Sohn, zur Zeit des Direktoriums. Im Jahr IX stand Marie *père* auf der Liste der hundert größten Steuerzahler der Stadt.[31] In Nancy waren die Brüder Boulay, die Brüder Nicolas und die Rollins – Vater und Sohn? – prominente Vertreter der städtischen Politik.

In Amiens treten die Familienbeziehungen noch eindrucksvoller hervor, weil sie in den Heiratsverträgen der gewählten Stadträte vollständiger dokumentiert sind. Zwei Vater-Sohn-Gespanne saßen im Rat: die Anselins und die Leroux'. Doch dies sind nur die offensichtlichsten Fälle in einem unglaublich dicht gewebten Netz aus Kaufmannsfamilien. Zumindest sechs der 1790 gewählten Stadträte waren durch Heirat miteinander verwandt, und sie alle waren entweder Kaufleute oder Färber. Im weiteren sorgten die Familien dafür, daß immer neue Männer aus ihren Reihen in die öffentlichen Ämter nachrückten. 1791 wurden Anselin *fils* (der Sohn) und Delamorlière in den Stadtrat gewählt. Der Färber Jean-Baptiste Delamorlière war über seine erste Frau mit Pierre Flesselles verschwägert, einem Kaufmann, der im Januar 1790 in den Rat gewählt wurde, und über seine Mutter war er verwandt mit Antoine Clément, einem gleichfalls 1790 gewählten Kaufmann. Delamorlière kompromittierte sich, als er im Juni 1792 eine Petition zugunsten des Königs unterschrieb, aber im Jahr III wurde er neuerlich in den Rat gewählt. Später war er dann ein prominenter Anhänger Bonapartes. Durch seine zweite Frau trat er mit Antoine Gensse-Duminy, einem weiteren Kaufmann, der 1790 im Stadtrat saß, in verwandtschaftliche Beziehungen sowie mit dem Lebensmittelhändler Nicolas Dargent, der mit ihm zusammen in den beiden Stadträten des Jahres III und in mehreren Räten unter Bonaparte – vom Konsulat bis ins Kaiserreich – saß.[32]

Anselin *fils* wurde von seinem Vater abgelöst, einem *chirurgien* (Barbier-Arzt), der im Jahr II kurz im Stadtrat saß. Eine Schwester hatte den Kaufmann Pierre Massey geheiratet, der zusammen mit seinem Schwiegervater als städtischer Abgeordneter in die Regional- oder *baillage*-Versammlungen gewählt worden war, die den Generalständen vorangingen.[33] Massey wurde 1791 in die Gesetzgebende Nationalversammlung gewählt. Im Jahr III saß er im Stadtrat, von 1798 bis 1801 war er Mitglied des Handelsgerichts, und unter dem Konsulat gehörte er wiederum dem Stadtrat an. Über seine Frau war er auch mit dem Färber Louis Dupont verwandt, der 1790 und dann wieder im Jahr II im Stadtrat saß.[34] Dupont wiederum war über seinen Schwager mit dem Kaufmann Clément verwandt, der dem Stadtrat 1790 angehörte und seinerseits mit Delamorlière verwandt war und so weiter.

Familiäre Bindungen dieser Art sorgten gleichsam unterirdisch für Kontinuität im Stadtrat von Amiens. Eines der stärksten Bindeglieder war Charles-François-Bastard Delaroche, ein Kaufmann mittleren Alters, der von 1790 bis in die Zeit des Konsulats – nur 1793 wurde er kurz zum *notable* degradiert – ständig dem Stadtrat angehörte. Delaroche war mütterlicherseits mit Charles Dely verwandt, einem Kaufmann, der 1793 zum *notable* gewählt wurde und dann den Stadträten der Jahre II und III angehörte. Einer von Delaroches Schwagern und ein Onkel mütterlicherseits gehörten zur Kaufmannsfamilie Lefebvre, die 1790–1791 im Rat vertreten war. Delaroches Schwager war zugleich ein Vateronkel Louis Lefebvres, der im Jahr III in den Rat gewählt wurde. Louis Lefebvre wiederum war verwandt mit Alexandre Poullain-Cotte, einem Kaufmann, der gleichfalls im Jahr III dem Stadtrat angehörte.[35] Über einen anderen Schwager war Delaroche mit Clément und Dupont verwandt, zwei weiteren Mitgliedern des Rates von 1790. Über eine Kousine mütterlicherseits war er schließlich auch mit Delamorlière verwandt, der mit ihm im ersten Stadtrat unter dem Konsulat saß.[36] Zumindest innerhalb der Kaufmannschaft waren die Familien der Ratsherren während des Revolutionsjahrzehnts durch wechselseitige Heiratsbeziehungen engstens miteinander verbunden. Auch unter Napoleon beherrschten dieselben Männer die Stadt: die beiden Lefebvres, Anselin *père,* Dargent, Delamorlière, Delaroche, Flesselles, Gensse-Duminy, Dupont, Poullain, Leroux und Massay, sie alle fanden sich auf den Listen der Notablen oder größten Steuerzahler für die Jahre IX, X oder 1810.[37]

Es scheint wahrscheinlich, daß der Konservatismus der politischen Verhältnisse in Amiens durch die Kontinuität und die Dichte der verwandtschaftlichen Bindungen zwischen den Familien der dortigen Großkaufleute und Manufakturbesitzer verstärkt, wenn nicht sogar verursacht worden ist. Als sie erst einmal ihre dominierende Stellung erlangt hatten, waren sie nicht mehr bereit, sie aufzugeben. Dennoch geriet ihre Herrschaft durch den Druck aus Paris und durch den Schock der neuen demokratischen Ideen für kurze Zeit in Gefahr. In seiner Ansprache nach den Wahlen vom Januar 1793 brachte Doktor Rigollot – Mitglied des Stadtrats seit 1790 – wahrscheinlich *nicht* die Auffassung der Manufakturbesitzer zum Ausdruck, als er erklärte: »Der ehrbare und fleißige Arbeiter wird nicht länger verächtlich abgewiesen, nur weil er in bescheidenen Verhältnissen lebt; endlich hat er seine ganze Würde wiedererlangt und dazu das schönste seiner Rechte, das unveräußerliche Recht, den Rat seiner Stadt zu wählen.«[38] Die Beteiligung der »ehrbaren Arbeiter« ließ die Vertretung der Kaufleute und Manufakturbesitzer beträchtlich zusammenschmelzen.[39] Aber Rigollot, obwohl ein erfolgreicher und geschickter Politiker – im Jahre IV wurde er Bürgermeister und bewies damit, daß er in Regierungen unterschiedlicher politischer Couleur dienen kann –, war selbst kein Einheimischer.[40]

Leider sind nur in wenigen Städten die Heiratsverträge so zugänglich wie in Amiens, so daß sich die verwandtschaftlichen Beziehungsnetze nur schwer vergleichen lassen. Lag der wichtigste Unterschied zwischen dem rechtsgerichteten Amiens und dem linksgerichteten Toulouse vielleicht im Verwandtschaftssystem? Der Gedanke ist verlockend, läßt sich aber unmöglich beweisen. Was Amiens betrifft, so zeigen die Quellen, daß die Kaufleute wahrscheinlich ein von Handwerkern und Kleinhändlern abgesondertes Verwandtschaftsnetz hatten. Zwar liegen von Handwerkern und Kleinhändlern weniger Heiratsverträge vor, doch die vorhandenen legen den Schluß nahe, daß Handwerker und Kleinhändler ihr eigenes soziales Beziehungsgeflecht besaßen. Der Perückenmacher Louis Lescouvé zum Beispiel war mit der Familie Baudelot verwandt und daher höchstwahrscheinlich auch mit Nicolas Baudelot, dem Schuhmacher, der 1793 mit ihm zusammen im Stadtrat saß.[41] Der ehemalige Schuhmacher Philippe Demailly wurde gleichfalls im Januar 1793 in den Stadtrat gewählt. Bei seiner Heirat 1783 befanden sich unter den Zeugen ein ehemaliger Bäckermeister und ein Weber, wobei der Weber ein Bruder seiner neuen jungen Frau war.[42] Weder Demailly noch Lescouvé hatten verwandtschaftliche Beziehungen zu Kaufmannsfamilien; ihre Verwandtschaft war kleinbürgerlich – möglicherweise mit einigen Verbindungen zu Textilarbeitern, denn Demaillys Schwager war ein *ouvrier saiteur* (Sayettweber).

Auch die Nachbarschaft stärkte das Gemeinschaftsgefühl innerhalb der einzelnen Verwandtschaftsnetze und förderte de-

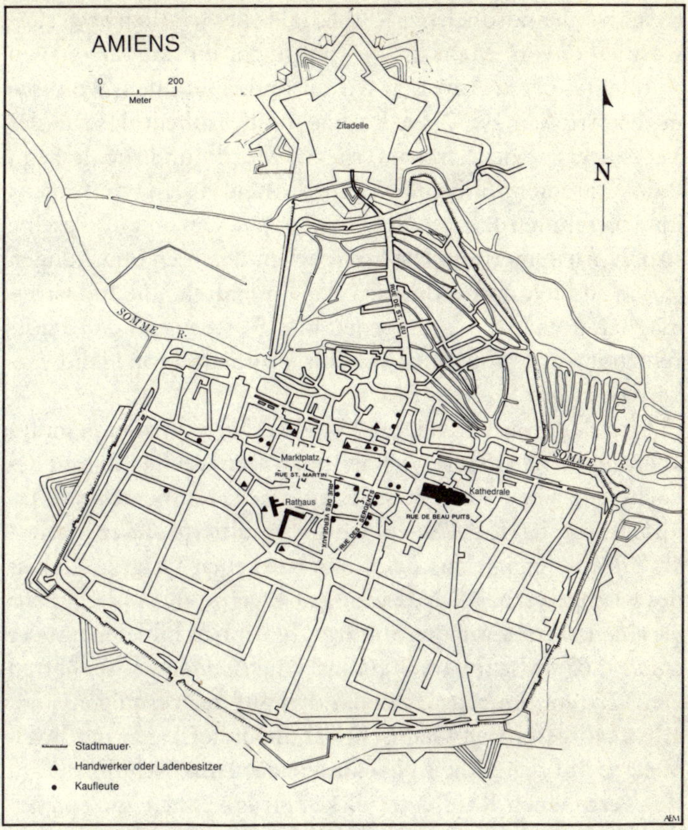

Karte 2
Die Wohnsitze der revolutionären Amtsträger in Amiens

ren wechselseitige Absonderung. Die meisten Handwerker und Kleinhändler, die im Stadtrat von Amiens saßen und deren Adressen wir kennen, wohnten in der Nähe des Marktplatzes, gleich bei der Kathedrale.[43] Ein Böttcher, ein Bierbrauer, ein Goldschmied, ein Seifensieder und ein Gemischtwarenhändler wohnten in Straßen, die direkt zum Marktplatz führten. Die Kaufleute und Manufakturbesitzer wohnten entweder nördlich der Kathedrale oder westlich bzw. südwestlich davon. Mehr als die Hälfte der im Rat vertretenen Kaufleute, deren Adressen wir auffinden konnten, wohnten in den Straßen zwischen Rathaus und Kathedrale: rue des Vergeaux, rue des Sergents, rue St. Martin und rue de Beau Puits. In seiner Studie über die Kopfsteuerlisten von Amiens im achtzehnten Jahrhundert stieß Pierre Deyon auf dieselbe soziale Absonderung: Die königlichen Beamten und Adligen lebten südlich und südöstlich der Kathedrale, die Industriemagnaten wohnten im Norden und Westen, und das Stadtzentrum wurde vom mittleren Bürgertum und von Handwerkern bewohnt.[44]

In vielerlei Hinsicht zeigten Handwerker und Kleinhändler allerdings eine größere Vielfalt und waren weniger darauf bedacht, eng beieinander zu wohnen, als die Kaufleute und Manufakturbesitzer. Zu einem Gutteil resultierte dieser Mangel an Zusammenhalt aus der wirtschaftlichen Vielgestaltigkeit des Kleingewerbes.[45] Nur wenige Gewerbe entsandten mehr als einen Vertreter in den Stadtrat. In Amiens bildeten nur die *épiciers* (Gemischtwarenhändler) eine Ausnahme; sie hatten vier Vertreter im Rat. Zwei der drei auf der Vermögenssteuerliste aufgeführten Gemischtwarenhändler lagen mit ihren Steuern auf demselben Niveau wie der Durchschnitt der im Rat vertretenen Kaufleute; diese *épiciers* ähnelten also eher den Tuchhändlern und Textilfabrikanten als den Bierbrauern, Böttchern und Schuhmachern in den verschiedenen Räten.[46] Die übrigen Handwerker und Kleindhändler kamen aus unterschiedlichen Gewerben mit je eigenen und zuweilen auch entgegengesetzten Interessen. Möglicherweise wurden Handwerker und Kleinhändler wegen ihrer Sympathien für die städtischen Unterklassen gewählt, doch es ist bemerkenswert, daß die Tausende von Textilarbeitern keinen eigenen Vertreter im Stadtrat hatten. Der Druck in Richtung eines radikalen Wandels ging zum großen Teil von den ärmeren Vierteln der Stadt aus; die Pfarrei St. Leu im Nordosten war die Heimat des Sansculottentums in Amiens, und dort wohnten zahlreiche beschäftigungslose Textilarbeiter.[47] Das Julifest der Sayetteweber (*fête des sayeteurs*) wurde häufig zum Ausgangspunkt für Aufruhr und Demonstrationen wegen des Brotpreises, und oft steigerte die Agitation sich zur politischen Forderung nach einer ansprechbareren Stadtregierung. So verlangten im Juli und August 1792 große, in der Pfarrkirche St. Leu zusammengetretene »Bürgerversammlungen« von der Stadt, sie solle die Nationalgarde bewaffnen, Klosterkirchen schließen, widerspenstige Priester aus den Hospitälern entfernen und das Porträt Ludwigs XVI. von der Wand im Sitzungssaal des Rathauses abnehmen.[48] In den Wahlen, die kurz darauf stattfanden, bestimmten die Wähler den Perückenmacher Lescouvé, den Doktor Rigollot und einen Seifensieder zur Leitung des neuen Magistrats. Die Textilarbeiter hatten zwar den nötigen Druck geliefert, aber ihre Führer suchten sie in anderen Schichten.

Daß die Arbeiter auf Gruppen mit höherem sozialen Status angewiesen waren, zeigte sich sogar während der Schreckensherrschaft. Die Liste der im Frühjahr 1795 in Amiens gebrandmarkten »Terroristen« wurde angeführt von einem Schlosser, zwei Musikern, zwei Schreibern, einem Maurer, einem ehemaligen Priester und einem Holzarbeiter – letzterer wurde beschuldigt, eine Guillotine in seinem Holzschuppen aufbewahrt zu haben![49] Diese einfachen Mitglieder der revolutionären Bewegung standen zwar sozial immer noch unter den 1792 in Amiens gewählten Ratsmitgliedern, aber sie stammten dennoch nicht aus der Masse der Textilarbeiter. Auch in anderen Städten waren die Arbeiter auf eine solche Führung angewiesen, und sie fanden sie bei Handwerkern, Kleinhändlern und Angehörigen niederer bürgerlicher Berufe der unterschiedlichsten Art. Die Händler und Handwerker, die in den Stadträten von Toulouse saßen, kamen aus mindestens zwei unterschiedlichen ökonomischen Milieus. Zur ersten Gruppe gehörten jene, die die große, um das *parlement* versammelte aristokratische Klientel beliefert hatten; in dieser Gruppe befanden sich ein Juwelier, ein Hutmachermeister, ein Lederhändler, ein Messerschmied, ein Zinngießer und ein Goldschmied. Die meisten von ihnen wohnten in der Stadtmitte, nahe bei den Institutionen und Wohnsitzen der ehemaligen Elite; im Stadtrat war diese Gruppe vor allem in den ersten Jahren der Revolution vertreten. Die Schuhmacher, Zimmerleute und sonstigen Handwerker aus bescheideneren Verhältnissen, die im jakobinischen Stadtrat saßen, konzentrierten sich nicht in einem bestimmten Teil der Stadt, und viele von ihnen lebten in den übervölkerten Vorstädten, einige sogar jenseits des Flusses in dem wegen seiner hohen Kriminalität verrufenen Stadtteil St. Cyprien. Auch hier läßt sich kein Gewerbe ausmachen, das eine politische Führungsrolle übernommen hätte. Kaufleute und Kleinhändler wurden als Vermittler und nicht als Vertreter einzelner Handwerke oder Gewerbe in den Rat gewählt. Die Tatsache, daß sie über die ganze Stadt oder das ganze Dorf verstreut lebten und beständigen Kontakt zu diversen sozialen Gruppen hatten, versetzte sie in die Lage, sämtliche unteren Ränge der örtlichen Gesellschaft zu »vertreten«.

Außer durch familiäre, nachbarschaftliche und berufsständische Beziehungen wurde die neue politische Klasse auch durch gemeinsame organisatorische Erfahrungen geprägt. Vor der Revolution waren die Anwärter auf öffentliche Ämter Freimaurerlogen beigetreten, deren Zahl im achtzehnten Jahrhundert drastisch zunahm. In den städtischen Logen spiegelte sich das Gewicht der verschiedenen nichtadligen Gruppen innerhalb der städtischen Gesellschaft wider. In Amiens gehörten 96 Prozent der Freimaurer dem Dritten Stand an; davon waren wiederum 46 Prozent Kaufleute oder Manufakturbesitzer, 31 Prozent kamen aus den Rechts- und freien Berufen, und 13 Prozent gehörten dem Kleinbürgertum an. In den Logen von Bordeaux lag der Anteil der Kaufleute sogar noch höher, in denen von Nancy und Toulouse dagegen deutlich niedriger. In Nancy kamen nur 79 Prozent der Freimaurer aus dem Dritten Stand; davon gehörten 51 Prozent den Rechts- und sonstigen freien Berufen an, 21 Prozent waren Kaufleute und 15 Prozent Handwerker oder Kleinhändler.[50]

Nicht alle Freimaurer wurden Revolutionäre, und es gibt keinen Beweis dafür, daß die Logen den Verlauf der Revolution hinter verschlossenen Türen geplant hätten.[51] Relativ detaillierte Mitgliederlisten ermöglichen es uns jedoch, den Einfluß der Logen in Nancy und Toulouse nachzuzeichnen. In Nancy waren in allen Stadträten der Revolutionszeit Freimaurer vertreten; in den Jahren 1790 und 1791 lag ihr Anteil bei 20 Prozent; während der Schreckensherrschaft sank er auf 8 Prozent; im Jahr III saßen 10 Prozent Freimaurer im Rat; und unter dem Direktorium schließlich wuchs ihr Anteil wieder auf 20 Prozent.[52] Eine der Logen von Nancy tat sich in besonderem Maße als Reservoir für Ratsmitglieder hervor, die Loge Saint-Jean de Jérusalem, die 1777 gegründet wurde. Sieben der neun Freimaurer, die 1790–1791 im Stadtrat saßen, gehörten ihr an und dann wieder fünf der sechs Freimaurer in den Räten unter dem Direktorium. Da nur einer von ihnen in beiden Phasen dem Stadtrat angehörte, dürfte die Loge hier entscheidend sein. Noch erstaunlicher ist die Tatsache, daß mehr als die Hälfte der Logenmitglieder, die unter dem Direktorium im Stadtrat saßen, erst nach dem Beginn der Revolution eingetreten war.[53] Dagegen waren die meisten der Logenmitglieder, die 1790–1791 in den Rat gewählt wurden, bereits vor 1789 in die Loge eingetreten, darunter auch zwei, die schon seit den siebziger Jahren Mitglied waren. Es scheint daher, daß aufstrebende Politiker in Nancy um die Vorteile einer Mitgliedschaft in der Loge Saint-Jean wußten. Die Loge nahm Angehörige verschiedener gesellschaftliche Stände auf: Militärs, Geistliche, Kaufleute und Manufakturbesitzer, Anwälte, Beamte und eine große Zahl von Handwerkern und Kleinhändlern. In diesem Sinne nahm sie das komplizierte soziale Gleichgewicht der revolutionären Ratsversammlungen vorweg. Die meisten der in den Rat gewählten Freimaurer waren Kaufleute, Anwälte oder Angehörige freier Berufe; ein Handwerker oder Kleinhändler befand sich nicht darunter.[54]

In Toulouse besaß keine einzelne Loge eine so dominierende Stellung, vielleicht weil die Freimaurerei im Süden Frankreichs sehr weit verbreitet war. Am Vorabend der Revolution gab es in Toulouse zwischen 500 und 600 Freimaurer.[55] Die Stadt hatte auch mehr Logen als Nancy, und aus mehreren von ihnen gingen Ratsherren hervor. Insgesamt reichte der Anteil der Freimaurer an den Stadträten von einem Fünftel in den Jahren 1790 und 1791 bis zu einem Drittel unter dem Direktorium – während der Schreckensherrschaft saß nur ein Freimaurer im Rat.[56] Wenn sich in dieser Hinsicht eine der Logen hervortat, so war es die Loge Encyclopédique, der 1790–1791 drei der acht und unter dem Direktorium zwei der acht Freimaurer im Stadtrat angehörten; sie war erst kurz vor der Revolution gegründet worden. Innerhalb eines Jahres zählte sie 120 Mitglieder aus verschiedenen sozialen Gruppen. Handwerker und Kleinhändler traten in großer Zahl ein, und anders als bei ihrem Gegenstück in Nancy wurden einige von ihnen später in den Stadtrat gewählt. Zwar waren auch hier 60 Prozent der im Rat vertretenen Freimaurer Kaufleute, aber die Handwerker und Kleinhändler stellten mit 16 Prozent immerhin die zweitstärkste Gruppe. So trug die Freimaurerei in Toulouse geradeso zur Sicherung der Allianz von Kaufleuten, Handwerkern und Kleinhändlern bei, wie sie dies in Nancy hinsichtlich der Allianz von Kaufleuten, Anwälten und Freiberuflern tat.

Die Freimaurerei spann ein Netz aus persönlichen und manchmal auch ideologischen Bindungen, das der revolutionären Bewegung einen starken Rückhalt gab.[57] Es wäre aber falsch, dieses undefinierbare Geflecht mit radikaler Politik zu identifizieren, denn der Einfluß der Freimaurer war während der Schreckensherrschaft am wenigsten spürbar. So saßen im letzten vor der Schreckensherrschaft gewählten Stadtrat von Toulouse sechs Freimaurer; danach war es nur noch einer. Außerdem waren die Logen während der Revolution nicht sonderlich aktiv, und häufig gab es Konkurrenz und sogar Streit mit den Jakobinern, obwohl nahezu ein Drittel der Jakobiner in Toulouse gleichfalls Freimaurer waren.[58] Im Jahr III wurden die Toulouser Logen für kurze Zeit von dem Regierungsbeauftragten Mallarmé aufgelöst; Anlaß waren die Klagen verschiedener Jakobiner. Doch wie die Verwandtschaftsbeziehungen, so brachte auch die Logenmitgliedschaft während des Revolutionsjahrzehnts eine gewisse Kontinuität in die städtische Politik, und obwohl die Logen während der Schreckensherrschaft einen Niedergang erlebten, verschwanden sie niemals ganz zwischen 1789 und 1799. In Toulouse durften die Logen sich schließlich wieder neu konstituieren, und 1797 trat eine Reihe ehemaliger Jakobiner der wiederbelebten Loge Encyclopédique bei.[59] Nicht die Logen als Organisationen machten die Revolution, doch vielen Politikern der Revolutionszeit erleichterte die Mitgliedschaft den Zugang zur Macht.

Am augenfälligsten traten die Jakobinerklubs als Zentren für die Rekrutierung lokaler Amtsträger in Erscheinung. Da sie schon früh entstanden und häufig mit dem Pariser Mutterklub in Verbindung standen, waren die Jakobinerklubs in allen Städten die wichtigsten politischen Organisationen.[60] Doch standen sie durchaus nicht überall für dieselben Prinzipien und Programme. In Bordeaux verfolgten die *Amis de la Constitution,* wie sie sich in den ersten Jahren gewöhnlich nannten, eine gemäßigte Politik und unterstützten die föderalistische Bewegung. In sozialer Hinsicht blieben die *Amis* eine »unangefochtene Bastion der Reichen und Besitzenden«.[61] Die Hälfte der Stadträte der Jahre 1790–1791 erscheint auf der einzig erhaltenen Mitgliederliste des Klubs.[62] Mehr als die Hälfte[63] der Mitglieder des »föderalistischen« Stadtrats von

1793 steht auf der Liste, dagegen verzeichnet sie nur 11 Prozent der »terroristischen« – also nach nationalen Maßstäben eigentlich jakobinischen – Ratsmitglieder. Fast ein Viertel der Ratsmitglieder des Jahres III waren Jakobiner, und unter dem Direktorium erreichte ihr Anteil 44 Prozent. Die radikaleren Amtsträger der Schreckensherrschaft – d. h. jene, die ihr Amt von September 1793 bis zum Ende des Jahres II innehatten – kamen aus anderen Klubs, aus dem *Club National* zum Beispiel, einer Organisation, die von gemäßigten Kaufleuten, Händlern und Angehörigen der freien Berufe getragen wurde.[64]

Die Jakobiner von Toulouse standen dagegen, wie ein Historiker es ausdrückt, für eine »Volksfront« aus *petite, moyenne* und *grande bourgeoisie*.[65] Da es keine starke kommerzielle Elite gab, die den Jakobinerklub wie in Bordeaux hätte beherrschen können, gelang es den Klaufleuten, Handwerkern und Kleinhändlern, eine typische jakobinische Präsenz in der lokalen Politik zu entfalten, die die »Bergpartei« oder Linke im Konvent begünstigte. Der Anteil der Jakobiner unter den Ratsmitgliedern wuchs von 46 Prozent in den Jahren 1791–1792 auf 65 Prozent im Zeitraum 1792–Jahr II, fiel dann für kurze Zeit auf 43 Prozent im Jahr III und stieg schließlich wieder auf 58 Prozent unter dem Direktorium.[66] Toulouse war eine echte Jakobinerhochburg, und obwohl der Wechsel des politischen Personals hier nicht weniger oft vonstatten ging als anderswo, sicherte der Jakobinerklub ein hohes Maß an Kontinuität.

In Amiens nahm die Kurve des jakobinischen Einflusses den typischsten Verlauf; den größten Anteil an den Ratssitzen erreichten die Jakobiner im Jahr II (56 Prozent); vor und nach der Schreckensherrschaft lag ihr Anteil jeweils um die Hälfte niedriger.[67] Allzuviel sollte man indessen nicht aus den Unterschieden zwischen den Städten herauslesen wollen, denn die Mitgliederlisten stammen aus verschiedenen Jahren. Auch gibt es einige wichtige Gemeinsamkeiten. In allen drei Städten hatten die Kaufleute, Handwerker und Kleinhändler den größten Gewinn von der Mitgliedschaft im Jakobinerklub. In Amiens waren 30 Prozent der jakobinischen Ratsmitglieder Kaufleute, und 30 Prozent waren Handwerker oder Kleinhändler.[68] In Bordeaux waren 42 Prozent Kaufleute und 13 Prozent Handwerker oder Kleinhändler – bei vielen fehlen allerdings die Berufsangaben. In Toulouse schließlich waren 28 Prozent Kaufleute und 23 Prozent Handwerker oder Kleinhändler. Der Prozentsatz der Anwälte lag weit darunter. Die Jakobinerklubs waren das Erprobungsgelände für eine Koalition zwischen Kaufleuten und Manufakturbesitzern einerseits sowie Handwerkern, Kleinhändlern und sonstigen Gewerben andererseits. Die Jakobiner erhielten niemals sämtliche Sitze im Stadtrat, aber selbst nachdem der Klub 1794–1795 geschlossen worden war, wurden ehemalige Mitglieder in den Stadtrat gewählt – mindestens ein Viertel der Ratsmitglieder unter dem Direktorium hatte vormals dem Jakobinerklub angehört. Dies beweist nicht unbedingt den Fortbestand radikaler Einflüsse in der städtischen Politik; vielmehr verweist es auf die breite Anziehungskraft der Jakobinerklubs und auf die Stärke, die aus der Mitgliedschaft in einer offen politischen Organisation erwuchs.

In einem gewissen Sinne knüpften die Jakobinerklubs dort an, wo die Freimaurerlogen aufhörten. Die Freimaurerei zog Männer an, die an Mitmenschlichkeit, Kameradschaft und in beschränktem Maße auch an neuen Ideen interessiert waren. Im Unterschied zu anderen politischen Institutionen und kulturellen Organisationen des Ancien régime waren die Logen offen für ein breiteres Spektrum sozialer Gruppen. Die Klubs verfolgten in Teilen ähnliche philanthropische Ziele und boten gleichfalls Kameradschaft, doch sie fügten eine neue politisch-organisatorische Dimension hinzu. Die Freimaurerei bildete ein locker geknüpftes Netz; die Jakobinerklubs stützten sich auf die Kommunikation zwischen den Klubs einer Region sowie zwischen der Provinz und Paris. Sie waren das zentrale Bindeglied innerhalb der republikanischen Bewegung. In den Klubs gab es viel Raum für Meinungsverschiedenheiten, und oft gerieten sie unter den Druck von Organisationen, die dem einfachen Volk noch näher standen als sie. Dennoch war das Republikanertum ohne sie undenkbar. Selbst im förderalistischen Bordeaux leistete der Klub einen wesentlichen Beitrag zur republikanischen Sache. Der Kaufmann Pierre Balguerie, der zur Zeit des Direktoriums im Stadtrat saß, hatte dem Klub zusammen mit drei weiteren Mitgliedern seiner Familie schon früh angehört. Unter dem Direktorium versuchte er den Klub als »Verfassungszirkel« wieder aufzubauen, und zwar gemeinsam mit einem anderen ehemaligen Mitglied, Soulignac, der damals zu ihm in die Zentrale Magistratskanzlei, die Koordinationsstelle der städtischen Regierungsaktivitäten, stieß. Beide begrüßten öffentlich den Schlag, den das Direktorium im September 1797 gegen die Royalisten in den Räten geführt hatte, und setzten auch in Bordeaux Maßnahmen zur Eindämmung des Royalismus durch.[69] Selbst dort wo die Jakobiner ins Hintertreffen gerieten, ließen sie dank ihrer Organisationserfahrung den Mut nicht sinken.

Die neue politische Klasse mag, wie Morris behauptete, »neu an der Macht, wild in der Theorie, roh in der Praxis« gewesen sein[70], aber ihre Mitglieder kamen nicht aus einem metaphysischen Vakuum. Sie waren in ein Netz von familiären, nachbarschaftlichen und organisatorischen Beziehungen eingebunden. Als Außenseiter besaßen sie gleichsam *per se* eine Affinität zu den Aufklärungsidealen der religiösen Toleranz, der Säkularisierung und der Erweiterung politischer Partizipation. Sie waren weder machtbesessen – man bedenke, wie rasch die meisten die Macht wieder abgaben –, noch waren sie sonderlich darauf bedacht, Parteibürokraten zu werden. Ein letztes Beispiel mag ihre Überzeugungen verdeutlichen. Im Jahre 1799 wurde Bordeaux nach einem Jahrzehnt der Unruhen wieder einmal von Ausschreitungen gegen die Aushebungen und wiedererwachten royalistischen Aktivitäten erschüttert. Dennoch wagte es ein Magistratsmitglied, einer erregten Menge mit folgenden Worten entgegenzutreten: »Wir sind Republikaner, weil wir glauben, daß dies die Regierungsform ist, die den Menschen am zuträglichsten ist; jedermann ist dazu aufgerufen, nach seinen Fähigkeiten zu helfen, sich an der Formulierung und Ausführung der Gesetze zu beteiligen.«[71] Selbst im rechtsgerichteten Bordeaux und nur wenige Monate vor Bonapartes Staatsstreich gab es viele, die weiterhin an das Versprechen der Revolution glaubten.

Nicht alle Kaufleute und Anwälte, Handwerker und Kleinhändler, Dorfschulmeister und Gastwirte gehörten zur neuen politischen Klasse. Dennoch lag bei Kaufleuten und Anwälten, Handwerkern und Kleinhändlern, Dorfschulmeistern und Gastwirten die Wahrscheinlichkeit, daß sie sich politisch engagierten, höher als bei Bauern, Richtern, Notablen, ländlichen Grundherren oder städtischen Arbeitern. Und noch größer war die Wahrscheinlichkeit eines politischen Engagements, wenn diese Menschen an bestimmten Orten lebten oder bestimmte sozioökonomische Positionen innehatten. Die meisten politisch Aktiven lebten an den Rändern der modernen Welt, oder sie besetzten die Räume an der Peripherie der alten Elite. Sie waren nicht »draußen« im Unterschied zu denen, die »drinnen« waren, und auch nicht solche, die beinahe »drinnen« waren und sich ausgeschlossen fühlten. Sie waren relative Außenseiter, keine sozialen Parias.

Das soziale Profil der Klasse, die wesentliche Rolle, die den Vermittlern und kulturellen Mittelsmännern zufiel, die auf Rationalität und Nation ausgerichteten Werte, für die sich die neuen politischen Netzwerke einsetzten, all das verweist auf den Einfluß der städtischen Kultur in der revolutionären Bewegung. Ihrer sozialen Herkunft nach war die neue politische Klasse entschieden städtisch; die kulturellen Vermittler brachten städtische Einflüsse aufs Land; und Säkularisierung, Rationalismus und Universalismus gehörten sämtlich zu den angeblich korrumpierenden Wirkungen städtischen Lebens. Dieses Bild scheint für eine Interpretation der Revolution als Modernisierungsprozeß zu sprechen. Danach wären die Revolutionäre die Protagonisten einer Modernisierungsbewegung gewesen, die den rationalistischen und kosmopolitischen Werten einer Gesellschaft zum Durchbruch verhalf, welche zunehmend unter den Einfluß der Verstädterung, der Ausbreitung von Bildung und der Ausdifferenzierung von Funktionen geriet. Sollten wir daher die marxistische Interpretation durch eine Modernisierungsinterpretation im Sinne Tocquevilles, Durkheims oder Webers ersetzen?

In der neueren Forschung finden sich viele Argumente für die eine oder andere Version einer Modernisierungsinterpretation. In ihrer Studie über die revolutionären Feste hat Mona Ozouf die gemeinsame kulturelle Konzeptualisierung hervorgehoben, die den verschiedenen politischen Zielsetzungen der Organisatoren zugrunde lagen; sie alle arbeiteten für die »Homogenisierung der Menschheit«.[72] Die Vorliebe für große offene Räume, für kreisförmige Anordnungen und für Monumente gewaltigen Ausmaßes zeugt von dem Wunsch, Individualität und Besonderheit in der neuen Gemeinschaft aufgehen zu lassen. Wenn in den Umzügen Gruppierungen und Gliederungen erforderlich waren, dann nahm man sie fast stets nach funktionalen Gesichtspunkten vor, nach dem Alter, dem Geschlecht, dem Beruf oder der Position in der neuen Ordnung. Die ständischen und kastenähnlichen Unterscheidungen des Ancien régime wurden aufgehoben; über störende soziale und ökonomische Ungleichheiten sah man in der Eile hinweg, um eine neue Gemeinschaft gleichberechtigter Bürger zu feiern. Wie Ozouf es darstellt, sind die Feste daher ein Beispiel für die Nivellierung, Standardisierung und Rationalisierung, die in Tocquevilles Augen der Erweiterung der absoluten Staatsmacht dienten.[73]

Aus der Sicht ihrer Gegner verkörperte die Revolution einen Kampf zwischen der überkommenen Gesellschaft und der ja-

kobinischen Innovation. Colin Lucas schreibt in seiner Studie über die thermidorianische Gewalt im Südosten: »Die Anhänger der Schreckensherrschaft zerstörten das stillschweigend akzeptierte Gleichgewicht; sie brachten eine äußere Macht und Werte, die der Gemeinschaft fremd waren, ins Spiel, um in gewissem Sinne anomale Macht zu erlangen.«[74] Die Innovation der »Terroristen« war »brutal«, und die thermidorianischen Jugendbanden der Zeit nach 1794 bestraften sie dafür auf traditionelle Weise mit dem traditionsverhafteten Ziel, die vertikalen Herrschaftsbeziehungen innerhalb des Gemeinwesens wiederherzustellen. Die Jugendbanden bestanden jedoch nicht aus randalierenden Bauernjungen, sondern aus den Söhnen von Grundbesitzern, Anwälten und Kaufleuten, die weiterhin den alten Formen und Werten anhingen. Die thermidorianische Gewalt war daher keine Konfrontation zwischen Stadt und Land; die Grenze verlief vielmehr quer durch die kleinen städtischen Gemeinschaften, in denen diese Gewalt zum Ausbruch kam.
Wie Lucas und andere beschrieben haben, ähnelte der revolutionäre Kampf zwischen »Tradition« und »Moderne« den wiederkehrenden Auseinandersetzungen um Erneuerung, die das Wachstum der königlichen Macht in Frankreich begleiteten.[75] Die Einführung der *intendants* im siebzehnten Jahrhundert, die wiederholten Bemühungen, das Gerichtswesen zu reformieren und die Käuflichkeit von Ämtern abzuschaffen, und selbst die Versuche der Kirche, die Zahl der Feiertage und die ausufernden religiösen Feste einzuschränken – all das stieß auf den Widerstand traditionsverhafteter Gruppen in den Städten und Dörfern. Und wie sah die Einstellung der Modernisierer nach 1789 aus? Im Jahre 1790 klagte der neugewählte Gemeinderat von Lourmarin, die Ursache für die Armut liege in »der Ausschweifung und dem Unglauben, die ganz und gar Schuld der *cabarets* [Wirtshäuser] ist; in der Gottlosigkeit und Unordnung, die auf die allzu zahlreichen *fêtes* zurückgehen«.[76] Die Lösung lag darin, die Wirtshäuser

besser zu kontrollieren und die Zahl der Feste zu reduzieren, das heißt, die Macht des Staates zu vergrößern, um die Disziplin im Alltagsleben zu sichern.

Unter der Republik entzündeten sich Konflikte ähnlicher Art am *décadi* des neuen Revolutionskalenders. Unter Hunderten solcher Vorfälle sei hier nur einer erwähnt, der sich 1799 in einem Dorf im Departement Ain ereignete. Bei seinem nachmittäglichen Spaziergang stieß der örtliche Beauftragte der Direktorialregierung auf dem Platz mitten im Ort auf eine Gruppe junger Leute, die eine Trommel schlugen und dazu tanzten – nach dem alten Kalender war es ein Sonntag, der nach dem neuen kein Ruhetag mehr sein sollte. Nachdem der Regierungsbeauftragte den nächsten Gendarmen alarmiert hatte, wurde er auf der Straße von den Störenfrieden gestellt. Der Anführer packte ihn bei der Kehle, drückte ihn gegen eine Hauswand, protestierte lautstark gegen den Versuch, das Tanzen an einem Sonntag zu unterbinden, und drohte, ihn umzubringen. Trotz der Hilfe einiger Passanten und obwohl ihm der Anführer namentlich bekannt war, konnte der Mann sich davonmachen, wie der Regierungsbeauftragte berichtete.[77] In mancherlei Hinsicht unterscheidet sich dieser Vorfall nur wenig von den Versuchen, die man unter dem Ancien régime in Städten und Dörfern unternahm, um die Festtage der bevorzugten Heiligen und sonstige religiöse Feste beizubehalten.

Die Revolution setzte jedoch nicht nur die Modernisierungsbestrebungen der Könige und Notablen des Ancien régime fort. Auch wenn die Vertreter des Staates weiterhin auf lokalen Widerstand gegen ihre Forderungen nach Geld, Männern und ideologischer Unterstützung trafen und nach wie vor in manchen Dörfern die Notablen als Vertreter einer Außenwelt verstanden wurden, die sich dem Dorf aufdrängten, so hatte sich doch die Identität der Parteien gewandelt. An die Stelle des Priesters und des Grundherren mit seinen Günstlingen waren der Gastwirt, der Schulmeister und deren Schutzherren in der Hauptstadt des Departements getreten. Viele Priester und Würdenträger des Ancien régime standen nun in der Opposition. Der Identitätswandel ging einher mit einem Wandel in den Grundlagen staatlicher Legitimität. Im Namen von Freiheit und Gleichheit traten die Beauftragten der Republik aktiv für Veränderungen ein; natürlich wollten sie die Ordnung aufrecht erhalten, aber sie wollten die Bevölkerung auch für die Republik mobilisieren, sowohl an der militärischen als auch an der ideologischen Front. Sie trieben nicht nur Geld ein und sammelten immer umfangreichere Informationen; sie gingen auch umher und stachelten die Menschen an, planten neue Feste, organisierten Bankette, hielten Ansprachen, setzten Ausschüsse ein, kurz, sie bemühten sich, das Niveau des politischen Bewußtseins zu heben. Roquettes Aktivitäten als Amtsträger des revolutionären Staates unterschieden sich deutlich von jenen, die er als grundherrlicher Richter unternommen hatte.

Doch auch wenn die Modernisierungsbestrebungen der Revolutionäre durchdringender waren als die der reformwilligen Monarchie und darüber hinaus auf neuen Grundsätzen staatlicher Souveränität beruhten, so stellt sich dennoch die Frage, ob wir es nicht auch hier mit einem Modernisierungsprozeß zu tun haben. Die Antwort hängt natürlich davon ab, wie Modernisierung definiert wird. Leider gehört »Modernisierung« zu den am wenigsten klar umrissenen Begriffen in den Sozialwissenschaften. Anders als der Marxismus besitzt die Modernisierungstheorie keinen kanonischen Text. Die meisten großen Gesellschaftstheoretiker des neunzehnten und zwanzigsten Jahrhunderts sahen in der Modernisierung ein hervorstechendes Merkmal des sozialen Lebens ihrer Zeit. So legte Max Weber das Schwergewicht auf Rationalisierung und Bürokratisierung, während Emile Durkheim den Wechsel zwischen gesellschaftlichem Zusammenbruch und dem Wiederaufbau solidarischer Beziehungen betonte.[78] Außerdem nimmt die Französische Revolution in den meisten

Modernisierungstheorien einen zentralen Platz ein; so wie Marx sie zur bürgerlichen Revolution schlechthin erklärte, so sehen viele Modernisierungstheoretiker in der Französischen Revolution die Modernisierungsbewegung schlechthin – was zur Folge hat, daß die Erklärung der Französischen Revolution in beiden Interpretationsansätzen zur Tautologie gerät. Die Revolution ist *per definitionem* bürgerlich, oder sie ist *per definitionem* eine Modernisierungsbewegung.

Das einflußreichste Beispiel eines Modernisierungsansatzes, der die Französische Revolution zum Prüfstein erhebt, ist wohl Samuel P. Huntingtons *Political Order in Changing Societies.* Huntington sieht in der politischen Modernisierung einen dreifachen Prozeß: die Rationalisierung von Autorität, die Ausdifferenzierung neuer politischer Funktionen und die Herausbildung spezieller Strukturen zur Ausführung dieser Funktionen sowie die verstärkte politische Partizipation sozialer Gruppen in der gesamten Gesellschaft. In seinen Augen ist die Revolution ein Modernisierungsaspekt, der »noch am ehesten in solchen Gesellschaften auftritt, die eine gewisse soziale und ökonomische Entwicklung erfahren haben, in denen jedoch die politische Modernisierung und die politische Entwicklung hinter dem sozialen und ökonomischen Wandel zurückgeblieben sind«.[79] Diese Interpretation scheint plausibel zu sein: Tatsächlich förderte die Französische Revolution die Rationalisierung von Autorität, die Entwicklung neuer politischer Institutionen und die verstärkte politische Partizipation der Menschen durch Wahlen auf breiterer Grundlage.

Der Einfluß des politischen Modernisierungsmodells ist in Theda Skocpols neuerer Analyse der Französischen Revolution zu erkennen. Nach ihrer Auffassung ereigneten sich moderne soziale Revolutionen »in Ländern, die hinter ökonomisch stärker entwickelten konkurrierenden Nationen zurückgeblieben waren«, und in diesen Revolutionen »trug die Notwendigkeit einer Konsolidierung der Revolution in einer

Welt konkurrierender Staaten dazu bei, daß im Laufe der Revolution eine Führung hervortrat, die willens und in der Lage war, zentralisierte Macht- und Verwaltungsorganisationen aufzubauen, und daß deren Handeln eine permanente Grundlage für die Macht der staatlichen Kader schuf«.[80] Auch wenn Theda Skocpol der internationalen Konkurrenz die Priorität gegenüber inneren Ungleichgewichten zwischen ökonomischem Wachstum und politischer Anpassung einräumt, tritt das Modell dennoch deutlich zutage: Eine Kluft zwischen ökonomischen Notwendigkeiten und politischer Entwicklung wird zum Auslöser der Revolution, die diese Kluft dann schließt. Nach dieser Auffassung erleichterte das Jakobinertum den Aufbau eines modernen Staates, indem es seinen Anhängern Zusammenhalt als Führungsgruppe verlieh und indem es die Massen mobilisierte.[81] Wie bei Huntington und Tocqueville stärkte die Demokratie als Ideologie lediglich die Macht des zentralisierten Staates.

Ähnlich der marxistischen Interpretation besitzt auch der Modernisierungsansatz den Charakter eines festgefügten Gebäudes. Alles, was geschieht, verweist zurück auf die Ausgangsdefinitionen. Die Modernisierung zerstört ein in der traditionellen Gesellschaft bestehendes Kräftegleichgewicht; der daraus resultierende Zusammenbruch kommt erst dann zum Stillstand, wenn eine neue Harmonie hergestellt ist. Auf diese Weise wird eines der Ergebnisse der Revolution – die politische Modernisierung – zum teleologischen Brennpunkt; Institutionalisierung, Rationalisierung, Demokratie und politische Mobilisierung werden sämtlich dem einen Ergebnis untergeordnet: der Stärkung der Staatsmacht. Wie der marxistische Ansatz jede Auseinandersetzung innerhalb der Revolution als notwendigen Schritt auf dem Wege der kapitalistischen Entwicklung hinstellt, so führt für den Modernisierungsansatz jegliche politische Innovation notwendig zu dem einen Resultat: zur Stärkung der Zentralisierung. Im marxistischen Interpretationsansatz arbeiten Demokratie, autoritäre Herrschaft, Universalismus und Rationalisierung sämtlich für die kapitalistische Entwicklung – die ökonomische Modernisierung –; im Modernisierungsmodell arbeiten sie alle für die Macht des Staates – die politische Modernisierung.

Wie der marxistischen Interpretation, so mangelt es auch der Modernisierungsthese nicht so sehr an Wahrheit als an analytischer Genauigkeit. Nahezu jedermann in der politischen Elite Frankreichs war für Modernisierung, der König, die Gerichtshöfe des Ancien régime und die liberalen Notablen ebenso wie die konstitutionellen Monarchisten von 1790, die Girondisten, die Jakobiner und die Anhänger des Direktoriums. Als die Revolution jedoch erst einmal begonnen hatte, gewannen die Unterschiede innerhalb des breiten Konsensus zunehmend an Bedeutung. Diese Unterschiede lassen sich unmöglich auf unterschiedliche Auffassungen hinsichtlich der Modernisierung im allgemeinen zurückführen; vielmehr handelte es sich um unterschiedliche Auffassungen hinsichtlich einzelner Fragen der Demokratie. Obwohl die revolutionäre Elite gemeinsame Werte besaß, die sie von der überkommenen Gesellschaft trennte, waren die radikalsten von ihnen häufig noch am wenigsten modern. Der Dorfgastwirt, der reisende Tuchhändler in Foncines und der Sattler zum Beispiel, der im Gemeinderat von Meximieux saß, sie alle waren weniger modern als die zuversichtlichen Manufakturbesitzer in Amiens oder die Großkaufleute in Bordeaux, die das radikale Republikanertum nicht anziehend fanden. Außerdem standen gerade die modernsten Departements politisch häufig im rechten Lager.

Dasselbe gilt für die Rolle der städtischen Kultur in der revolutionären Bewegung. Städte und Städter standen bei der revolutionären Mobilisierung an der vordersten Front; doch die Städte wiesen auch die stärkste politische Polarisierung auf. Die radikale Revolution fand zumeist in kleinen und mittleren Städten statt, und sie war zumeist das Werk von

Menschen, die neu in die städtische Politik eintraten oder wohl aus Großstädten kamen, ihre politische Karriere jedoch in kleineren Orten machten. Roquette in Saint-Amans und Taillard in Pacy sind zwei Beispiele für die letztgenannte Erscheinung. Und wie die Gegenrevolution nicht in den rückständigsten Regionen ausbrach, sondern in Gebieten, die bereits Erfahrung mit dem von Charles Tilly so genannten Urbanisierungsprozeß gemacht hatten, so übte die Revolution die größte Anziehungskraft nicht auf jene Menschen aus, die am städtischsten oder modernsten waren, sondern auf jene, die den Konflikt zwischen zwei Kulturen am unmittelbarsten erlebten.[82] An der Grenze zwischen Stadt und Land, zwischen Modernität und Rückständigkeit, dort, wo die Konfrontation stattfand, und in den Positionen, die von Außenseitern und Vermittlern eingenommen wurden – eben dort erfuhr das Evangelium der Partizipation und Erneuerung die wärmste Aufnahme.

Der Glaube an demokratische Partizipation initiierte eine republikanische »Lehrzeit« in Frankreich, und die neue politische Kultur wurde intensiv genug aufgenommen, um die Grundlagen für eine revolutionäre, republikanische Tradition zu legen.[83] Diese Folge der Revolution wird in den Modernisierungsansätzen übersehen, weil deren Vertreter, von Tocqueville bis Skocpol, sich allzusehr auf die Macht des Staates konzentrieren. Bonaparte lernte die Bedeutung einer Mobilisierung des Volkes aus der Erfahrung der Jakobiner, aber er griff diese Möglichkeit nicht in derselben Weise auf; er beseitigte jegliche politische Partizipation, die von Bedeutung gewesen wäre. Wahlen und politische Klubs wichen massiver staatlicher Propaganda; an die Stelle aktiver Partizipation trat passives Zuschauen. Das politische Ergebnis der Revolution fand also unter Bonaparte keine »vollkommene Konsolidierung«, weil er nur den Modernisierungsaspekt beibehielt und das übrige unterdrückte. Demokratie war letztlich nicht effizient; sie war unvorhersagbar und potentiell gefährlich. Deshalb liefen die Anhänger der Modernisierung, jene, die Rationalisierung und Standardisierung *über alles andere* stellten, zu Napoleon über. Es war möglich, modern zu sein, ohne an die demokratische Republik zu glauben.

Die wirklich brennenden Anhänger der Republik schufen neue Grundlagen für die politische Herrschaft und sogar für die sozialen Beziehungen. Unterwerfung wurde durch Überzeugung ersetzt, Tradition durch Innovation, »Fanatismus« durch rationales Republikanertum, und an die Stelle erblicher Ämter traten Wahlen und politische Mobilisierung. Die Republikaner vertraten diese Ideale nicht, weil sie ihnen nützlich für die politische Modernisierung erschienen wären oder weil sie verzweifelt darum gekämpft hätten, nicht »von der historischen Bühne verdrängt zu werden«.[84] In den neunziger Jahren betraten sie diese Bühne gerade erst. Langfristig betrachtet, d. h. aus der Sicht des neunzehnten und zwanzigsten Jahrhunderts, waren die Republikaner die Partei der Bewegung, die Männer der Zukunft. Sie waren die Vorläufer der Zweiten und Dritten Republik, nicht des Ersten und Zweiten Kaiserreiches. Ihre Ideen fanden nicht deshalb Anklang, weil sie entweder den Gewinnern oder den Verlierern des Modernisierungsprozesses oder der kapitalistischen Entwicklung gefielen, sondern weil sie Hoffnung auf eine neue soziale und politische Ordnung weckten. Sie kleideten ein altes Ideal von politischer Partizipation und Würde in das neue Gewand demokratischer Wahlen, breitgestreuter politischer Verantwortung und organisierten politischen Handelns. Daß sie auf kurze Sicht scheiterten, ist nicht annähernd so bemerkenswert wie der Erfolg, der ihnen langfristig beschieden war.

Epilog
Die Revolution in der politischen Kultur

In einem gewissen Sinne war die Französische Revolution fundamental »politischer« Natur. Die Schaffung einer neuen politischen Rhetorik und die Entwicklung neuer symbolischer Formen politischer Praxis veränderten die geläufigen Vorstellungen von Politik. Die Politik wurde zum Instrument der gesellschaftlichen Umgestaltung. Das französische Volk glaubte, eine neue nationale Gemeinschaft aufbauen zu können, die in Vernunft und Natur gründete und ohne die Bräuche der Vergangenheit auskam. Ein so ehrgeiziges Vorhaben benötigte neue Formen politischer Praxis zu seiner Verwirklichung. Die Techniken der Massenpropaganda, die politische Mobilisierung der Unterklassen und die Politisierung des Alltagslebens wurden erfunden, um die Nation zu erneuern. Schon bald wurden sie zu bestimmenden Elementen der revolutionären Erfahrung.

Die neue Sprache und die neuen Symbole waren zwar kollektiv und anonym, und in weitem Maße wurden sie ohne bewußte Absicht entwickelt; dennoch bewegten sie sich nicht in einem Vakuum. Die Rhetorik wurde gesprochen, die Symbole wurden aufgenommen und unablässig verändert, und zwar von all jenen, die sich dem revolutionären Prozeß verbunden fühlten. Die revolutionäre Politik war weder das Instrument einer gesellschaftlichen Klasse im marxistischen Sinne, noch war sie das Werkzeug einer auf Modernisierung bedachten Elite. Sie entstand zusammen mit einer neuen republikanisch-politischen Klasse, und beide, die Politik wie die Klasse, wurden geprägt durch die fortlaufende Interaktion zwischen weithin geteilten rhetorischen Prämissen und kollektiven Formen politischer Praxis.

Auch wenn die revolutionäre politische Kultur *per definitionem* ständig in Entwicklung und Veränderung begriffen war, besaß sie Momente, die für Kohärenz und Einheit sorgten. Die Revolutionäre teilten eine Reihe von Erwartungen, die in ihrem Vertrauen auf Vernunft und Natur als Basis der neuen sozialen und politischen Ordnung gründeten. Sie waren der Auffassung, daß die Karriere von den Fähigkeiten und nicht von der Geburt abhängen solle, daß es keine Privilegien für Kasten, Stände oder bestimmte Orte geben dürfe und daß weite Teile der Bevölkerung durch die Ausübung des aktiven und passiven Wahlrechts am politischen Geschehen beteiligt sein sollten. Mit einem Wort, sie glaubten, daß die neue soziale Ordnung rational in ihren Grundlagen und national in ihrer Ausdehnung sein müsse. Diese selbstbewußten politischen Grundsätze stammten aus den Schriften der Aufklärungsphilosophen und waren vielen gebildeten Franzosen geläufig. Die Revolutionäre unterschieden sich vom Rest der gebildeten Schichten durch die Prämissen, von denen ihre Rhetorik ausging. Sie handelten nach der Überzeugung, daß die erneuerte Nation ein neues Gemeinwesen ohne historisches Vorbild sein werde, das nach dem Ideal einer Transparenz der sozialen und politischen Beziehungen geschaffen wäre. Sie sahen daher auch keine Notwendigkeit für unterscheidende Merkmale in Amt oder auch Kleidung, und die extremsten unter ihnen hielten Repräsentation überhaupt für überflüssig. Das neue Gemeinwesen brauchte keine Politiker und keine Parteien; Abgeordnete und Amtsträger sollten auf Zeit gewählt werden und ganz nach den Vorstellungen der Menschen handeln.

Die Revolutionäre gingen jedoch nicht nur von denselben Prämissen hinsichtlich der Funktionsweise der politischen Welt aus, sie teilten auch die ernüchternde Erfahrung der Grenzen, die dieser politischen Vision in der Praxis gesetzt waren. In der Praxis mußten sie nach einem brauchbaren Repräsentationssystem suchen, und zwar sowohl auf institutioneller als auch auf symbolischer Ebene. Das Volk konnte nicht ständig handeln, und man konnte ihm nicht zutrauen, daß es stets die Forderungen des allgemeinen Willens erkannte. Die Revolution hatte das patriarchalische Machtmodell in Frage gestellt, doch selbst die Radikalen waren darauf bedacht, irgendeine Art legitimer – und in ihren Augen männlicher – Autorität beizubehalten. Als sich den Republikanern immer schwierigere Hindernisse in den Weg stellten, legten sie ihren pädagogischen Aufgaben immer größeres Gewicht bei. Wenn des französische Volk nicht mit einem Schlage verändert werden konnte, dann sollte der Nachwelt wenigstens ein lehrreiches Beispiel hinterlassen werden. Das war das Vermächtnis der Republikaner.

Die Rhetorik der Innovation und die symbolischen Formen der Revolution fanden ihre treibende Kraft in den Angehörigen der neuen politischen Klasse. Die Tatsache, daß sie neu in die Politik eintraten, verhältnismäßig jung waren und sich in der Position relativer Außenseiter befanden, führte zur beschleunigten Entwicklung der Rhetorik und der Symbole der Revolution. Transparenz und pädagogischer Anspruch, Bruch und Regeneration entsprachen unmittelbar den Interessen der sogenannten »elenden Neuerer«. Da sie neu an der Macht und zuvor davon ausgeschlossen gewesen waren, zeigten sie eine besondere Empfänglichkeit für die Ungewißheiten und Beunruhigungen revolutionärer Innovation. Sie waren sich der Autorität ihres revolutionären Textes nicht sicher; sie vermochten nicht vorherzusagen, welche Auflösung das soziale und politische Drama finden würde, in dem sie die Hauptrollen spielten. Der Umstand, daß sie Neulinge auf dem politischen Parkett waren, prädestinierte sie als Gruppe zweifellos auch dazu, die Bedrohung, die von vermeintlichen Verschwörungen ausging, für real zu halten. Die erst kürzlich Zugewanderten, die Angehörigen religiöser Minderheiten, die neuen Schullehrer, die Juristen, die nur an niederen Gerichten tätig gewesen waren, die Kaufleute und Gewerbetreibenden, die vor 1789 noch nie in politischen Versammlungen das Wort ergriffen hatten – sie alle hatten ebensoviel Grund, sich Sorgen wegen der politischen Entwicklung zu machen, wie sie Grund hatten, die Gelegenheit zu ergreifen und die Zügel selbst in die Hand zu nehmen. Zwar hatten einige von ihnen schon vor 1789 Freimaurerlogen angehört, doch die Mehrzahl der neuen Politiker besaß keinerlei Erfahrung mit demokratischen Formen.[1] Die Jakobinerklubs waren die Schulen, in denen sie ihre politische Bildung erwarben, die öffentlichen Ämter ihr praktisches Übungsfeld.

Die politische Kultur der Revolution besaß demnach sowohl symbolische als auch soziale Quellen der Kohärenz. Die Revolutionäre sprachen dieselbe Sprache und suchten dieselben Qualitäten in ihren Symbolen und Bildern der Autorität. Herkules und Marianne standen für alle gleichermaßen. Die Vielgestaltigkeit ihres sozialen Hintergrundes und ihrer ökonomischen Interessen machte rationale, nationale und universelle Figuren nur um so anziehender. Da die neue politische Klasse in Frankreich keine genauen sozialen Grenzen besaß, verwandten die Revolutionäre unendlich viel Zeit und Energie auf die Suche nach brauchbaren Formen der Selbstdarstellung und der Darstellung ihres Handelns. Die Beschäftigung mit Worten, Festen, Siegeln, mit Zeit-, Raum- und Entfernungsmaßen war durchaus keine Abschweifung von realeren oder wichtigeren politischen Fragen; sie war wesentlich für die Definition des revolutionären Prozesses und für die Identität der neuen politischen Klasse. So kommt es, daß gerade die mangelhafte soziale Abgrenzung der neuen politischen Klasse die Erfahrung der Revolution nur noch dramatischer machte in ihrer Herausforderung an Brauchtum und Tradition. Die Suche nach einer neuen nationalen Identität führte zur Ablehnung früherer Modelle und Standards von Autorität.

Wenn politische, soziale und kulturelle Grenzen während des Revolutionsjahrzehnts unscharf waren, dann kann es nicht verwundern, daß Menschen, die Grenzpositionen einnahmen, besondere Bedeutung erlangten. Die erst vor kurzer Zeit Zugewanderten, junge Notable, die ihren Heimatort der Ausbildung wegen verlassen hatten, Kaufleute, die im Lande herumkamen, Juristen mit Beziehungen zur Hauptstadt des Departements oder nach Paris, Gastwirte, die mit allen Besuchern des Ortes zusammenkamen, und Gewerbetreibende, die den sozialen Raum zwischen den Arbeitern der Stadt und den oberen Klassen einnahmen – das waren die Menschen, denen es möglich war, politische Beziehungsnetze zu knüpfen, neue Ideen zu verbreiten und im Auftrag äußerer politischer Kräfte tätig zu werden. Zwar unterschieden sie sich vielfach nach Beruf und gesellschaftlichem Stand voneinander, doch ihre Rolle als Vermittler von Kultur und Macht war grundsätzlich dieselbe.

Die neuen Männer und die neue politische Kultur erschienen zur selben Zeit auf der historischen Bühne. In diesem Falle ist es zwecklos, entscheiden zu wollen, wer oder was zuerst da war. 1789 wußte niemand, daß die revolutionäre Politik solche Menschen anziehen würde, und niemand ahnte, wie bedeutsam ein Band, ein Name oder ein Kleidungsstil werden sollten. Die neuen Männer und die neue Politik stärkten sich gegenseitig. Zu Beginn der Revolution, als eine Versöhnung mit dem Ancien régime noch möglich schien, gehörten der politischen Führungsschicht noch zahlreiche Notable, königliche Amtsträger und Männer mit Erfahrung in der lokalen Politik an, ein Gutteil von ihnen aus der älteren Generation – die Bürgermeister waren vielfach ältere Notable. Die Beteiligten hofften noch auf einen schmerzlosen Ausgang des Revolutionsdramas, und es war wenig die Rede davon, daß ein völliger Bruch mit der Vergangenheit erforderlich sei. Als die Rhetorik der Revolution radikaler wurde und stärker auf dem Bruch mit den bestehenden Gebräuchen und Traditionen insistierte, da veränderte sich der Charakter der politischen Klasse. An die Stelle der reichen Kaufleute, Juristen, Notablen, königlichen Beamten und ehemaligen politischen Führer traten bescheidenere Kaufleute und Gewerbetreibende, Lehrer und Beamte, Männer mit wenig oder gar keiner Erfahrung in der Verwaltung öffentlicher Ämter. Abgelöst wurden die gleichgesinnten Insider des Ancien régime zunächst von solchen, die ihnen auf der sozialen und politischen Skala am nächsten standen, und dann von Männern mit zunehmend marginalerer Position im Verhältnis zu den ehemaligen Zentren der Macht.

Die neue politische Klasse bildete daher keine festumrissene, stabile Gruppe. Auch wenn ich die Quellen ihrer Einheit hervorgehoben habe, war sie dennoch von politischen, sozialen und kulturellen Unterschieden geprägt. Wie die Revolutionsgeschichte sich zwischen 1789 und 1794 von der Komödie über die Romanze in eine Tragödie verwandelte, so veränderte sich auch die Besetzung. Die politische Klasse umfaßte nun mehr Angehörige der unteren Schichten – wenngleich kaum Arbeiter oder arme Bauern – und immer weniger Mitglieder der Oberschicht. Mit der Zeit begannen die politischen und sozialen Unterschiede miteinander zu verschmelzen. »Sansculotte« und »Aristokrat« hatten beide sowohl soziale als auch politische Bedeutung. Das Volk, das waren jene, die auf der Seite der Republik standen, während man die Aristokraten, die »Gemäßigten« und die Royalisten als deren Feinde in einen Topf warf. Ein ähnlicher Prozeß fand in der kulturellen Dimension statt. Jene, die durch familiäre oder soziale Bande eng mit dem Ancien régime verbunden waren, wurden zunächst von denen verdrängt, die »fast dazugehörten«, und dann schließlich von Leuten, die immer weiter von den ehemaligen Zentren der Macht entfernt waren. Anfang 1794 rückten sehr junge Männer – Lacombe in Bordeaux war 1789 gerade 29 Jahre alt, ebenso alt wie Roquette in Saint-Amans – und solche, die keinerlei Beziehungen zu den vormaligen Eliten hatten (nicht einmal zu jenen von 1790–1791) in politische Führungspositionen auf. In der radikalsten Phase der Revolution, dem Jahr II, lag die politische Führung in den Händen von Männern, die im höchsten Maße Neulinge und im höchsten Maße marginal waren. Der Umstand, daß die politischen Führer Neulinge waren und aus höchst marginalen Positionen kamen, war die wesentliche Ursache für diese Radikalität. In den Jahren 1793 und 1794 machte die Präsenz solcher Männer den Bruch mit der Vergangenheit erst konkret und fühlbar. Die Rhetorik und die Symbole der Revolution hatten gewaltige Auswirkungen auf die spätere Geschichte, weil sie diese neue politische Führung mobilisiert hatten und von ihr mobilisiert worden waren.

Die Unterschiede innerhalb der neuen politischen Klasse hatten eine räumliche und eine zeitliche Dimension. 1789 war man fast überall in Frankreich begeistert von den Aussichten auf eine Erneuerung der Verfassung. Als das Konfliktpotential deutlicher zutage trat und bedrohlicher wurde, begann man mancherorts, Abneigung und sogar Widerstand gegen den revolutionären Prozeß zu zeigen. Mitte 1793 stand der Westen in offener Rebellion, und mehrere Städte an der Küste und an den großen Flüssen – an vorderster Front Lyon – hatten sich von der revolutionären Bewegung losgesagt. Sowohl räumlich als auch zeitlich gab es zahlreiche Trennungslinien. In vielen Gebieten zog die Revolution sich gewissermaßen in die Städte zurück. Innerhalb der Großstädte stützten die Radikalen sich vielfach auf bestimmte Viertel. Was das gesamte Land betrifft, so fand die revolutionäre Bewegung die entschiedenste Unterstützung in den Grenzgebieten und in den linksgerichteten Regionen Zentral- und Südwestfrankreichs. In zeitlicher wie in räumlicher Hinsicht zeigte der Radikalisierungsprozeß eine ähnliche Struktur: Je radikaler die Revolution wurde, desto mehr verlagerte sie sich an die Peripherie. Zugleich aber behielten Rhetorik und Symbole der Revolution ihren universalistischen, national ausgerichteten und rationalistischen Charakter.

»Pheripher«, »marginal« und »Außenseiter« sind Begriffe, die im Vokabular der Sozialwissenschaften äußerst stark mit störenden Konnotationen behaftet sind. Sie lassen an Isolation, an Abseitigkeit und Extreme denken; und vor allem erinnern sie an bestimmte psychologische Deutungen politischen Verhaltens. Außenseiter handeln nicht normal; sie handeln nicht wie die Menschen im Zentrum oder nahe beim Zentrum. Sie sind strukturell und in ihrem Verhalten deviant. Revolutionstheorien, die von diesen Begriffen Gebrauch machen, neigen zu der Annahme, daß Revolutionen anomale Ereignisse seien und daß die Menschen, die darin agieren, gleichfalls als anomal gelten müßten. In den von Chalmers Johnson so genannten »aktororientierten Theorien« werden die Revolutionäre als Menschen charakterisiert, deren Handeln durch eine soziale Pathologie – Deviante, die unter entsprechenden Umständen zu Rebellen werden –, durch eine Identitätskrise oder durch persönliche Frustration bestimmt ist.[2] Es handelt sich um Menschen mit einem Hang zur Gewalt.[3] Ich hoffe, es ist klar geworden, daß ich diese Auffassung nicht teile. In meinen Augen war die neue politische Klasse keine Horde gewalttätiger Extremisten, die nur durch ihre gemeinsame Frustration, Aggressivität oder Devianz zusammengehalten wurde. Vielmehr ließen sie sich von dem gemeinsamen Ziel leiten, ein neues Gemeinwesen zu schaffen. Sie waren fähig, dieser Zukunftsorientierung zu folgen, weil sie frei von den meisten Bindungen an alte Institutionen und – aufgrund ihres Alters, ihrer Mobilität, ihrer Religion, ihres gesellschaftlichen Status oder ihrer familiären Situation – in der Lage waren, mit den politischen Gebräuchen und Gemeinplätzen der Vergangenheit zu brechen. Aber sie waren weder wurzellos noch gänzlich marginal. Familiäre, nachbarschaftliche, berufliche, soziale und politische Beziehungen befähigten sie zu gemeinsamem Handeln. Die Ausdrücke

»marginal«, »peripher« und »Außenseiter« stehen für Beziehungen; es sind keine absoluten Begriffe, die automatisch zu bestimmten psychologischen Schlußfolgerungen führen müßten.

Debatten über die Revolution werden oft mit dichotomisierten Begriffen geführt. Manche Autoren betonen anonyme strukturelle Kräfte; andere lenken die Aufmerksamkeit auf persönliche, »voluntaristische« Wahlentscheidungen und Merkmale.[4] Auch die Unterscheidung zwischen einem Ansatz, der sich auf Ursachen und Folgen konzentriert, und einem Ansatz, der den Prozeß oder die Erfahrung in den Mittelpunkt stellt, scheint in dieselbe Dichotomie zwischen Struktur und individuellen Handlungen zu passen. Strukturelle Ansätze konzentrieren sich auf die Ursachen der Revolution in strukturellen Problemen – z. B. in der Ökonomie, der Klassenstruktur oder dem Gleichgewicht der inneren Kräfte – und auf die strukturellen Determinanten der Ergebnisse. Aktororientierte Ansätze und Prozeßtheorien verweisen auf die Rolle von individuellen Führern, organisierten Parteien und Ideologien oder allgemeiner auf das unvermeidliche Fortschreiten des politischen Prozesses von einem Stadium ins nächste.[5] Mein Ansatz konzentriert sich insofern auf den revolutionären Prozeß, als ich hervorgehoben habe, auf welche Weise Rhetorik, Symbole sowie die Beteiligung bestimmter Gruppen und Orte die laufende Erfahrung des revolutionären Wandels prägte. Statt nach strukturellen Ursachen und Ergebnissen zu suchen, habe ich mich auf die Frage konzentriert, worin Einheit und Vielfalt des politischen Prozesses begründet gewesen sein mögen. Diese Gründe sind jedoch nicht in der Rolle individueller Führer, in einer totalitären Partei, einer bestimmten Ideologie oder einem unausweichlichen politischen »Lebenszyklus« zu finden. Die individuellen Führer, die Rolle von Parteien und Ideologien und das Fortschreiten von einem »Stadium« ins nächste wurden selbst erst ermöglicht durch zugrundeliegende Muster in der »Poetik« und Soziologie der Politik. Rhetorische Prämissen und Formen symbolischer Praxis begrenzten das Feld der politischen Möglichkeiten; sie trugen dazu bei, daß keine identifizierbaren »Gründungsväter« auftraten, und erschwerten die Einführung einer liberalen Politik nach angloamerikanischem Vorbild. Zugleich eröffneten sie andere, zuvor unbekannte Möglichkeiten: Das Alltagsleben wurde politisiert, und die Revolution schritt von einem Stadium ins nächste, während die Revolutionäre nach Lösungen für die Probleme und Befürchtungen suchten, die um das Thema der Verschwörung kreisten. Die Poetik der Revolution war jedoch nicht ein für allemal festgelegt; ihre Entwicklung wurde entscheidend von den im Wandel begriffenen Mustern politischer Führung beeinflußt, d. h. von der sich entwickelnden Soziologie der Politik. Anders gesagt, der revolutionäre Prozeß hatte seine Strukturen und Muster, aber diese Strukturen wurden ihrerseits geprägt und verändert von der Wechselwirkung zwischen unbewußten politischen Prämissen und bewußt handelnden, ins soziale Umfeld eingebetteten politischen Handlungsträgern.

In diesem Sinne ist mein Ansatz sowohl strukturell als auch prozeßorientiert. Doch anders als die meisten strukturellen Erklärungen lege ich das Schwergewicht eher auf die Entfaltung des revolutionären Ereignisses – der revolutionären Ereignisse – als auf dessen langfristige Determinanten. Und anders als die meisten Prozeßtheorien befasse ich mich eher mit den allgemeinen Mustern des Denkens und Handelns als mit Persönlichkeiten, Parteien oder festumrissenen Ideologien. Letztlich liegt der Vorzug dieser Methode darin, daß sie ein neues Licht auf die Frage der Ursachen und Folgen zu werfen vermag. Wenn geklärt ist, welcher Art die Erfahrungen waren, dann erhält die Analyse der Ursachen und Folgen eine neue Bedeutung.

Hierarchische Erklärungsmodelle haben sich als langlebig erwiesen, weil sie elegante, einfache Erklärungen für zeitliche

Veränderungen bieten. Marx erklärte die Bewegung der Geschichte im allgemeinen und der Revolution im besonderen mit der Entstehung neuer Produktionsweisen. Eine neue Produktionsweise entwickelt sich in den Poren der alten und führt schließlich zu sozialen und politischen Konflikten, die der alten Produktionsweise die Grundlage entziehen und auf deren Trümmern eine neue errichten. Modernisierungstheoretiker meiden gewöhnlich den Ausdruck »Produktionsweise«, doch auch sie führen den Wandel entweder auf Störungen des wirtschaftlichen Wachstums oder auf die Erfordernisse ökonomischen Wettbewerbs zurück. In beiden Fällen hat der soziale Wandel seinen Ursprung in einer tieferliegenden Seinsebene – wobei an die Stelle der Ökonomie auch die Bevölkerungsentwicklung oder sogar das Klima treten mögen.

Die Revolution setzt das Problem geschichtlichen Wandels besonders scharf ins Bild, weil die beschleunigte Veränderung gerade das Definitionsmerkmal der Revolution ist. Daher haben die meisten hierarchischen Modelle historischer Erklärung sich dieses Gegenstands besonders angenommen. Im Marxismus spielt die Revolution eine zentrale Rolle; sie ist das Mittel, durch das nachfeudale Gesellschaften vorwärtstaumeln. In der Französischen Revolution gelangte die Bourgeoisie an die Macht, in einer zukünftigen Revolution wird das Proletariat die Macht übernehmen. Den Modernisierungstheorien gilt die Revolution eher als besonders aufschlußreiches Beispiel eines allgemeineren Entwicklungsprozesses. Für Samuel P. Huntington etwa ist sie ein dramatisches Beispiel für die Gewalt und die Instabilität, die durch Ungleichgewichte zwischen Wirtschaftswachstum und politischer Modernisierung ausgelöst werden.[6] Barrington Moore stellt diese Formel auf den Kopf, wenn er sagt, »kranke Gesellschaften sind solche, in denen Revolutionen unmöglich sind«.[7] In seinen Augen waren Revolutionen von wesentlicher Bedeutung für den Aufbau der kapitalistischen

Demokratie, während fehlgeschlagene Revolutionen oder Revolutionen von oben zum Faschismus führten. Doch trotz solcher Unterschiede bauen alle diese Modelle die Revolution in umfassendere Kausalerklärungen historischer Entwicklungen ein, die das Schwergewicht auf ökonomische und soziale Strukturen legen.

In meinen Augen waren die sozialen und ökonomischen Veränderungen im Gefolge der Französischen Revolution nicht revolutionär. Die Adligen erhielten ihre Titel und ein Gutteil ihres Landbesitzes zurück. Obwohl beträchtliche Mengen Land während der Revolution den Besitzer wechselten, blieb die Struktur des Grundbesitzes im wesentlichen dieselbe; die Reichen wurden noch reicher, und die Kleinbauern festigten ihre Position dank der Aufhebung der Feudalabgaben. Der industrielle Kapitalismus wuchs nach wie vor im Schneckentempo.[8] Im Bereich der Politik dagegen änderte sich fast alles. Tausende von Männern und auch viele Frauen sammelten unmittelbare Erfahrungen in der politischen Arena; sie redeten, lasen und hörten auf neue Weise; sie wählten; sie traten in neue Organisationen ein; und sie gingen für ihre politischen Ziele auf die Straße. Die Revolution wurde zur Tradition, und die Republik blieb eine fortdauernde Möglichkeit. Danach konnten Könige nicht mehr ohne Versammlungen regieren, und die Beherrschung der öffentlichen Angelegenheiten durch den Adel provozierte neue Revolutionen. Folglich betrieb Frankreich im neunzehnten Jahrhundert die bürgerlichste Politik in ganz Europa, obwohl es zu keiner Zeit die führende Industriemacht war. Erklärungsbedürftig ist daher nicht die Entstehung einer neuen Produktionsweise oder einer ökonomischen Modernisierungsbewegung, sondern die Herausbildung einer politischen Kultur der Revolution.

Die Erfindung einer neuen politischen Kultur bedurfte einer Öffnung, der Schaffung eines Spielraums. Keine alternative Regierung nahm vor 1789 Gestalt an; es gab keine geheime revolutionäre Partei und keine politische Massenorganisation. Die republikanischen Ideen der Tugend, der Transparenz und sogar der Demokratie zirkulierten dank der *philosophes* und der amerikanischen Unabhängigkeitsbewegung. Aber niemand handelte danach, bevor die Monarchie zusammenzubrechen begann.[9] An dieser Stelle besitzen das politische Modernisierungsmodell und insbesondere Skocpols Analyse eine gewisse Anziehungskraft.[10] Die französische Monarchie zerfiel, weil sie die Konkurrenz mit England nicht durchzustehen vermochte. Der Krieg in Amerika war kostspielig, und die Krone verschuldete sich gewaltig. Entscheidend war jedoch, daß die Gläubiger eine erweiterte politische Mitbestimmung für die oberen Klassen verlangten. Das Ergebnis war die Einberufung der Generalstände. Diese ursprüngliche Öffnung war jedoch nicht wirklich ökonomisch bedingt. Mit den Schulden hätte man fertig werden können; der englische Staat verschuldete sich noch tiefer. Die Öffnung kam vielmehr zustande, weil die politische Kultur des Ancien régime zusammenbrach; adlige Finanziers, Magistrate und Offiziere verlangten grundlegende Veränderungen in der Organisation der Politik, und diese »politischen« Forderungen führten zu einer Eskalation der Ereignisse.

Der Zusammenbruch der Monarchie angesichts der »aristokratischen Revolution« war nur der erste Akt. Was die Französische Revolution vom Amerikanischen Unabhängigkeitskrieg und vom Englischen Bürgerkrieg des siebzehnten Jahrhunderts unterschied, war die Intensität der Konkurrenz innerhalb der Elite des Ancien régime. In den beiden früheren Beispielen eröffnete der Zusammenbruch der Regierung die Möglichkeit politischer, sozialer und kultureller Auseinandersetzungen, aber diese Öffnung wurde niemals institutionalisiert. In Amerika und England erkannte die politische Elite rasch die Gefahren, die der Demokratie und der Mobilisierung des Volkes innewohnten, und sie schloß die Reihen, um die Herrschaft der Besitzenden – und in Amerika auch der Sklavenhalter – zu verteidigen. Tocqueville erkannte, welche

Bedeutung der demokratische Impuls in Frankreich hatte, und führte seine Kraft auf eine Kombination politischer, sozialer und psychologischer Faktoren zurück. Als Reaktion auf die erfolgreiche politische Entmachtung des Adels durch den König machte der Adel sich daran, seine sozialen Privilegien bis zum letzten zu verteidigen, und als der Adel sich immer mehr zu einer Kaste entwickelte, begann auch die Bourgeoisie, sich entschiedener von den unteren Klassen abzugrenzen.[11] Die Folge war ein ungewöhnlich stark ausgeprägter Wunsch nach sozialer Nivellierung; fast jede Gruppe der französischen Gesellschaft hatte Gründe, anderen Gruppen mit Ressentiment zu begegnen.

Trotz des Scharfsinns seiner Interpretation hat Tocqueville zwei wesentliche Elemente der französischen Situation unterschätzt. Auch wenn die Adligen die »aristokratischen« Funktionen des gesellschaftlichen Paternalismus und der politischen Verantwortung verloren hatten, so waren sie doch immer noch stark genug und überdies fest entschlossen, dem Dritten Stand die Kontrolle über die Generalstände zu verwehren. Ihr Widerstand als Stand und nicht so sehr ihre Schwäche führte unmittelbar zu der Verfassungsinitiative des Dritten Standes – zur Erfindung der Assemblée Nationale als Versammlung von individuellen Bürgern statt von Ständen. Angesichts der königlichen Armeen, die den Widerstand des Adels stützten, fand der Dritte Stand Rückhalt bei den in Stadt und Land mobilisierten Volksmassen. Der Adel war also stärker und kohärenter, als Tocqueville es sich vorstellte, und der Dritte Stand zeigte eine größere Bereitschaft, soziale Schranken zu durchbrechen.

Wie die Konkurrenz zwischen König und Adel und dann zwischen Adel und Drittem Stand 1789 einen politischen Spielraum eröffnete, so beschleunigte die Konkurrenz innerhalb des Dritten Standes zwischen 1789 und 1794 die politische Mobilisierung. Der Spielraum für eine breite politische Betätigung des Volkes wuchs, und die zugehörigen politischen

Organisationen – Sektionskomitees, Klubs und sogar reorganisierte Einheiten der Nationalgarde und der Armee – wurden zu einer wichtigen Kraft in der politischen Arena. Zwar bemühten sich viele bürgerliche Führer in erster Linie um die Schaffung eines gesetzlichen und politischen Rahmens für individuelle Rechte – einschließlich der Eigentumsrechte –, doch viele andere gaben den Erfordernissen einer neuen nationalen Gemeinschaft den Vorrang.[12] Sie entfalteten die Rhetorik der Innovation, der Regeneration und der Tugend. Die Konkurrenz zwischen beiden Lagern – zwischen Feuillanten und Jakobinern, zwischen Girondisten und Jakobinern und selbst später noch zwischen den Anhängern des Direktoriums und den Jakobinern – hielt die Möglichkeit einer Mobilisierung des Volkes und eines organisierten, kollektiven politischen Handelns offen. Das jahrelange Experimentieren mit der politischen Organisierung des Volkes, das an die Stelle der Hungeraufstände mehr oder weniger organisierte politische Demonstrationen setzte, ließ die Franzosen die »frühmodernen« Grenzen politischen Handelns überschreiten. Das Experiment währte so lange, wie die politische Elite geteilt war. Natürlich gab es zur selben Zeit auch in England und Amerika Jakobinerklubs und Volksgesellschaften, doch sie wurden niemals offiziell gefördert, und die meisten wurden vom Staat unterdrückt. Ihr Spielraum war sehr eng, weil sie zu keiner Zeit die offene Unterstützung eines Teils der herrschenden Elite genossen.

Tocqueville hat klarer als irgend jemand sonst die Notwendigkeit erkannt, die Ursachen der Revolution in den Besonderheiten der politischen Kultur Frankreichs von 1789 zu suchen. Er untersuchte die Ideenverknüpfungen, die sozialen Beziehungen, die Sozialpsychologie und die Politik, um herauszufinden, wie es möglich war, daß die Revolution so vollkommen unerwartet kam.[13]

An allen kritischen Punkten legte er das Hauptgewicht nicht so sehr auf die Sozialstruktur oder auf die Politik an sich, sondern vielmehr auf die Wechselwirkung zwischen politischen Plänen, sozialen Beziehungen, intellektuellen Ansprüchen und sogar der Psychologie der Menschen. Weniger erfolgreich ist seine Interpretation indessen, wenn es um die Frage geht, warum die Revolution sich so entwickelte, wie sie es tat, als sie erst einmal begonnen hatte. Die demokratische Republik, die Schreckensherrschaft und der Sozialismus zum Beispiel folgten nicht unausweichlich aus den Strömungen, die sich *vor 1789* in der politischen Kultur Frankreichs abzeichneten. Die strukturelle Schwäche, die der politischen Kultur des Ancien régime eigen war, förderte jene Spaltung der Elite, die es den neuen politischen Formen und Prinzipien ermöglichte, sich freier zu entfalten als anderswo. Als diese Formen und Prinzipien aber erst einmal entstanden waren, wurden sie durch ihre Einbettung in eine neue politische Kultur geprägt, d. h. durch die Rhetorik, die Symbole und die Praxis der neuen politischen Klasse. Schreckensherrschaft und Sozialismus waren nicht unvermeidlicher als Konservatismus und autoritäre Herrschaft.

Die Historiker haben sich immer über die Frage gestritten, wann denn die Revolution nun wirklich begonnen hat und wann sie zu Ende ging; das war schon in den neunziger Jahren des achtzehnten Jahrhunderts so. Langfristig betrachtet, gab es drei Stränge in der politischen Kultur Frankreichs, die sich während der Revolution herausbildeten: die demokratische Republik, den Sozialismus und die autoritäre Herrschaft. Alle drei nahmen ihren Ausgang in je spezifischer Weise beim überkommenen royalistischen Modell. Ich habe mich auf den ersten Strang konzentriert, und zwar zum Teil deshalb, weil die demokratische Republik bei der Interpretation der Französischen Revolution gewöhnlich zu kurz kommt. Die Marxisten betonen zumeist die Entwicklung von der Demokratie über die Schreckensherrschaft zum Sozialismus, während die Modernisierungstheoretiker einschließlich Tocqueville sich auf den Übergang von der Demokratie zur Schreckensherrschaft und zur autoritären Herrschaft konzentrieren. Beide Ergebnisse sind nicht zu bestreiten, aber dasselbe gilt auch für die fortwirkende Kraft des demokratisch-republikanischen Denkens. In vielerlei Hinsicht war der republikanische Gedanke sogar das wichtigste Ergebnis der Revolution, und zwar sowohl in seinem unmittelbaren Einfluß als auch in seinen langfristigen Auswirkungen.

Alle drei Ergebnisse lassen sich in gewisser Weise aus den Grundsätzen der revolutionären Rhetorik und aus den Spannungen ableiten, die der politischen Praxis der Revolution innewohnten. Demokratie, Schreckensherrschaft, Sozialismus und autoritäre Herrschaft wurden sämtlich ermöglicht durch die Erweiterung des politischen Spielraums und durch die organisierte Beteiligung des Volkes. Die Schreckensherrschaft wäre ohne die vorausgegangene Erfahrung der Demokratie undenkbar gewesen; sie war die auf Disziplin bedachte Seite des demokratischen Gemeinwesens, der man sich in Zeiten der Not zuwandte und die durch die Erfordernisse der Tugend und der nationalen Verteidigung gerechtfertigt wurde. Die Regierung setzte den Terror ein, um die Kontrolle über die Volksbewegung zu erlangen; doch ohne die Volksbewegung gab es keine Notwendigkeit für den Terror.

Der revolutionäre Sozialismus war, soweit es seine Ursprünge betrifft, eine der Lehren, die man aus dem Fehlschlag der Schreckensherrschaft und der demokratischen Republik ziehen konnte. Nach Ansicht Babeufs und seiner Anhänger im Jahre 1796 konnten wahre Demokratie und wahre Gleichheit nur durch einen anderen Aufstand verwirklicht werden, durch einen Aufstand, der *im geheimen* von einer »Verschwörung der Gleichen« organisiert wurde.[14] Ihr primitiver Agrarkommunismus stammte aus Aufklärungsquellen, aber sie fügten eine neue Dimension von Aufstand und Volksdiktatur hinzu, die im neunzehnten Jahrhundert noch beträchtlichen Einfluß erlangen sollte. Die autoritäre Herrschaft war eine weitere Lehre, die aus der institutionalisierten Mobilisierung des Volkes gezogen wurde. Bonaparte ersetzte die Wahlen durch Plebiszite, er verbat die Klubs und erweiterte die Dienstverpflichtung in der Armee. Zwar hielt er am Grundsatz der Volkssouveränität fest, aber er machte sich selbst zum einzig wirklichen politischen Handlungsträger und beseitigte damit die gefährliche Unvorhersagbarkeit einer organisierten Mobilisierung des Volkes.

Es ist zwar interessant und wichtig, daß die Revolution die Entstehung der ersten sozialistischen und sogar protoleninistischen Ideen revolutionären Handelns förderte, aber man kann nicht behaupten, der Sozialismus habe insgesamt eine wesentliche organisatorische oder ideologische Rolle in der Revolution gespielt. Babeuf hatte nur eine Handvoll Anhänger, und die meisten von ihnen vertraten keine kommunistischen Ideen; sie waren eher am Aufstandsaspekt der »Verschwörung« interessiert. Als die Verschwörer erst einmal verraten waren, konnte die Direktorialregierung die Anführer rasch verhaften. Der nachfolgende Prozeß verschaffte Babeuf mehr Publizität, als er sich je hätte erhoffen können. Ein Historiker schrieb dazu: »Die Versuche der Regierung, eine ›rote Gefahr‹ zu beschwören, erschienen kläglich angesichts dieser Handvoll unfähiger Träumer.«[15]

Das zweite unter den genannten Ergebnissen der Französischen Revolution, die autoritäre Herrschaft, war dagegen durchaus keine bloße Phantasie und bedarf der Erklärung. Wie war Bonapartes Aufstieg möglich angesichts der Stärke und fortdauernden Wirkung des republikanischen Denkens? War der autoritäre Staat lediglich eine Fortentwicklung der demokratischen Republik – immerhin folgte er ihr zeitlich gesehen –, oder war er etwas ganz anderes? Oder allgemeiner gefragt: Weshalb war die liberale parlamentarische Tradition in Frankreich so schwach? Bonapartes Regime ist fast ebenso unterschiedlich interpretiert worden wie das Revolutionsjahrzehnt, das seinem Aufstieg zur Macht voranging, doch hier ist nicht der Ort, diese Geschichte zu untersuchen. Dennoch darf keine Darstellung des Revolutionsjahrzehnts Napoleons Machtergreifung übergehen, zeigt sich darin doch das Scheitern, das der demokratischen Republik auf kurze Sicht beschieden war.

In mancherlei Hinsicht bedeutete Bonapartes Staatsstreich von 1799 keinen scharfen Bruch. Das Direktorialregime hatte bereits zwei oder je nach Definition auch drei Staatsstreiche erlebt, und einer davon – der von 1797 gegen die Rechte – war unter dem Schutz eines wohlwollenden Generals erfolgt.[16] Das neue Regime bezeichnete sich als Republik, und Napoleon bekundete seine Loyalität gegenüber den Prinzipien der Revolution. In seiner ersten Proklamation erklärte er: »Ich habe es abgelehnt, ein Mann der Parteien zu sein.« Er versicherte der französischen Nation, »bewahrende, beschützende und liberale Ideen sind wieder in ihre Rechte eingetreten, nachdem der Parteigeist vertrieben ist, der die Räte in seinem Griff hielt«.[17] In den ersten Monaten und selbst in den ersten Jahren kultivierte das neue Regime die Ambivalenz seiner Absichten – bewahrend, beschützend und liberal zugleich –, um so viele Gruppen wie möglich anzusprechen.

Angesichts der Wirren des vorangegangenen Jahrzehnts kam Bonapartes Aufnahme in das neugeschaffene Konsulat kaum unerwartet. In ihren Grundzügen ist die Geschichte bekannt: Nach 1796 verfolgte das Direktorium eine *politique de bascule* (Schaukelpolitik); jedesmal wenn die Mitte bei den Wahlen keine Mehrheit zustande brachte, führte das fünfköpfige Direktorium Säuberungsaktionen durch, die sich entweder gegen die Rechte oder gegen die Linke in den beiden Räten richteten. Die Instabilität der Legislative, die wachsende Wahlmüdigkeit, eine unflexible Verfassung, die fortdauernde Agitation in den Provinzen über den Status der katholischen Kirche, die Inflation und die Aushebungen standen in scharfem Gegensatz zu den Erfolgen der französischen Armeen in Italien und den deutschen Staaten. Die Generäle und

17 Bonaparte im Rat der Fünfhundert am 18. Brumaire. Der Stich zeigt den angeblichen Versuch, General Bonaparte im Sitzungssaal des Rates in St. Cloud zu ermorden. Einige Deputierte versuchen, ihn für vogelfrei erklären zu lassen. Schließlich rettete Napoleons Bruder Lucien die Situation, und der Staatsstreich wurde trotz Napoleons verpfuschten Auftritts ein Erfolg

vor allem Napoleon Bonaparte nutzten die Unsicherheit der heimischen Situation, um sich im Felde eine nahezu unbeschränkte Autonomie zu sichern. Während die Volksvertretung an Ansehen verlor, nahm das der Generäle zu und bereitete damit den Boden für Bonapartes Beteiligung am berühmten Staatsstreich vom 18. Brumaire des Jahres VIII (siehe Abbildung 17).

So gesehen erwies sich die fortdauernde Konkurrenz innerhalb des Dritten Standes als fatal für die Aussichten des liberalen, repräsentativen Staates. Dieselben Bedingungen, die das Aufblühen der Volksorganisationen ermöglichten, untergruben auch die liberale Republik. Fundamentale Spaltungen innerhalb der politischen Klasse erleichterten nicht gerade die Stabilisierung der Regierung. Dennoch vermag dieses Argument nicht ganz zu befriedigen, denn es vernachlässigt einen wichtigen Aspekt: Während des Staatsstreichs wäre Bonaparte beinahe wegen seines eigenen Ungestüms gescheitert.[18] Hätte sein Bruder Lucien als Präsident des Rates der Fünfhundert nicht eingegriffen und die Soldaten in der Umgebung des Ratsgebäudes zum Handeln bewegt, wäre das Spiel verloren gewesen. Und selbst dann noch hätte der Putsch scheitern können, wenn die Deputierten nur willens oder in der Lage gewesen wären, organisierten Widerstand zu leisten. Nach sieben Jahren einer repräsentativen Republik, die trotz der Gespaltenheit der politischen Klasse und trotz mehrmaliger Veränderung der Verfassung überlebt hatte, zerfiel die Republik von innen her. Die wenigen, die in Saint Cloud »Nieder mit dem Diktator!« riefen, blieben ohne Resonanz.

Letztlich wurde der Erfolg der autoritären Lösung 1799 durch die Schwäche der revolutionären politischen Kultur ermöglicht. Die Aufstände wegen der Nahrungsmittelknappheit und der Aushebungen, die Kämpfe um die Religion und die Säuberungen in der Legislative, das alles lag vor 1799, und die Republik hatte dennoch überlebt. Die Krise von 1793 war in vielem weitaus gefährlicher als die Krise von 1799. Der Krieg hatte sich gerade auf mehrere Fronten ausgebreitet, die Armeen der Republik waren unerfahren, die Mobilisierung des Volkes hatte ihren Höhepunkt erreicht, die Entchristianisierung stieß bei einem großen Teil der Bevölkerung auf Unwillen, der König war gerade getötet worden, und die Regierung handelte kaum über den Tag hinaus. Es waren nicht die Umstände der Krise, die die Republik 1799 zu Fall brachten.

Zu einem Teil waren die Schwächen der revolutionären politischen Kultur schon frühzeitig vorhanden gewesen. An vorderster Stelle ist hier die rhetorische Ablehnung der Parteipolitik zu nennen. Das Direktorium hielt an den Grundsätzen des repräsentativen Staates fest; jedes Jahr wurden nationale Wahlen abgehalten, und das Wahlrecht war weit gefaßt. Die

18 Napoleons Siegel als Konsul

19 Napoleons Siegel als Kaiser

Regierung unterließ es jedoch, eine Partei der Mitte aufzubauen, und verhinderte die Entstehung jeglicher organisierter Opposition.[19] Wie das Direktoriumsmitglied La Revellière-Lépeaux meinte, war es besser, »ehrenvoll bei der Verteidigung der Republik und seiner Regierung zu sterben als im Morast der Parteien und als Spielball der Fraktionen unterzugehen oder gar zu leben«.[20] Liberale Politik, eine Politik im Sinne der Vertretung unterschiedlicher Interessen, konnte sich angesichts dieses rhetorischen Rahmens nicht entwikkeln. Die Mitte vermochte sich nur zu halten, wenn sie die Gewichtsverteilung innerhalb der Legislative künstlich manipulierte und ihre Gegner aus den Räten entfernte, nachdem diese gewählt worden waren. Bonaparte profitierte von dem schlechten Ruf, in den die Politik der Legislative geraten war, und rechtfertigte seinen Eintritt in die Politik mit denselben Prinzipien revolutionärer Rhetorik; er stand über den Parteien und Fraktionen und versprach, die Nation von deren häßlichen politischen Machenschaften zu befreien. Liberale Politik wurde also von Anfang an vereitelt; Napoleon führte den Prozeß nur einen Schritt weiter und beseitigte die Wahlen nahezu vollständig.

Einen ähnlichen Gebrauch machte Bonaparte von den politischen Symbolen der Revolution. Er schätzte die Macht der Symbole wie jedermann, und in den ersten Monaten und sogar Jahren seiner Herrschaft hielt er an den heiligsten Symbolen der Republik fest. Er war Mariannes Schutzherr. Wie sein Siegel verkündete (Abbildung 18), sprach er für das französische Volk (*au nom du peuple français*). Er war der Garant der Republik (Abbildung 20), selbst wenn er sie nun mit seinem eigenen Bild versah. Schließlich trat er selbst an Mariannes Stelle (Abbildung 19) und wurde zur Personifikation der französischen Nation. Sein Profil zierte die Münzen und das Siegel des Kaiserreichs, geradeso wie die Könige einst die Münzen und Siegel der Monarchie geschmückt hatten.[21] Die Spannungen, die der Bildwelt der Revolution innewohnten, erleichterten Napoleon die Aufgabe; das Volk war unter dem Direktorium nicht mehr direkt in Bildern repräsentiert worden, und Marianne war zu einem entfernteren und weniger aktiven Symbol geworden. Napoleon konnte ihr Bild und den Namen der Republik beibehalten und gab dem Volk wieder eine Stimme, seine Stimme. Auch der revolutionäre Drang, die Politik zu symbolisieren und sie über Symbole herauszuarbeiten, war Napoleon sehr dienlich; fast konnte man die Entleerung von jeglichem politischen Inhalt übersehen. Proteste gegen die Wiederbelebung der Oligarchie und das Ende einer politischen Beteiligung der Massen ließen sich nur schwer vorbringen, wenn die Symbole der Revolution von der neuen »moralischen und konstitutionellen Bewegung« übernommen wurden.[22]

20 Fünf-Centime-Stück aus dem Jahr VIII

Die Anziehungskraft des autoritären Staates beruhte indessen nicht nur auf Rhetorik und Symbolen. Erfolgreich war Bonaparte nicht so sehr, weil er eine gewaltige Anhängerschaft besessen hätte – man denke nur an seinen raschen Sturz 1814 und dann nochmals 1815 –, sondern weil die Anhängerschaft seiner potentiellen Opposition so gering war. Die Rhetorik und die Bilder der radikalen Revolution fanden trotz ihres rationalisierenden, universalistischen und auf die Nation hin orientierten Inhalts nicht überall Anklang. Die Erfahrung der Jahre 1792 bis 1799 zeigte, daß die Idee der demokratischen Republik durchaus nicht fest verankert war; die Lehrzeit hatte gerade erst begonnen. Einer Bewegung, die ihre größten Erfolge an der Peripherie, in armen, illiteraten ländlichen Regionen fern der Hauptstadt feierte, mußte es schwerfallen, sich auf nationaler Ebene zu behaupten. Als die politischen Aktivisten in Paris und die Deputierten der Jakobiner verhaftet und hingerichtet oder zum Schweigen gebracht worden waren, zog sich das demokratische Republikanertum überall in die Defensive zurück. Die meisten Städte und modernen Regionen des Landes waren schon vor 1799 ins rechte Lager übergewechselt; Bonaparte brauchte diese Entwicklung nur noch zu verallgemeinern. Eine Bewegung, die bei Außenseitern, Minderheiten, Zugewanderten und Mittelsleuten Anklang fand, hatte es schwer, den Widerstand der Insider, ihrer Klientel und all derer zu überwinden, die sich durch die Heraufkunft einer neuen Ordnung bedroht fühlten. Bonaparte versprach ein Gemisch aus Altem und Neuem und beruhigte damit eine Zeitlang die allermeisten, mit Ausnahme der überzeugtesten Anhänger einer demokratischen Republik.

Zugleich offenbarte Bonapartes Erfolg auch die Schwäche des Royalismus in Frankreich. Die Republik hatte genügend Anhänger gewonnen, um 1799 eine Rückkehr zum *status quo ante* unmöglich zu machen. Eine Monarchie nach absolutistischem Vorbild war unannehmbar. Erst nach einem langen Krieg und der abschließenden Niederlage, nach einer Wiederbelebung der Aristokratie unter neuem Namen und aufgrund ausländischer Intervention war eine Monarchie irgendeiner Art in Frankreich wieder möglich. Und auch dann hielt sie sich nur kurze Zeit. Die revolutionäre politische Klasse – jene Tausende von Kaufleuten, Juristen, Ärzten, Handwerkern und Kleinhändlern, die die Frustrationen und Möglichkeiten öffentlicher Ämter und der Mitgliedschaft in politischen Organisationen erfahren hatten – war nicht willens, die Uhr zurückzudrehen. Für sie hatte eine neue Zeit begonnen, und sie waren zu viele, als daß man sie hätte ignorieren können.

In erster Linie jedoch profitierte Bonaparte von der Auflösung der politischen Mitte in Frankreich. Bis 1799 waren die Jakobiner sowohl im Land als auch in der Legislative an die Peripherie gedrängt.[23] Auch der Royalismus war trotz eines kurzen Wiederauflebens 1797, trotz der fortdauernden Agitation im Westen und trotz periodischer Demonstrationen in den Städten unter Kontrolle. Sämtliche royalistisch inspirierten Invasionen scheiterten kläglich. Die wichtigsten Veränderungen nach 1797 wurden von der Mehrheit innerhalb der Legislative getragen. Aufgrund des prinzipiellen Widerstandes gegen jegliche Bildung von Parteien – selbst einer Regierungspartei – und der daraus resultierenden Säuberungen in der Legislative bestanden die beiden Räte des Direktorialregimes einerseits aus neuen Männern mit halbherziger republikanischer Überzeugung und andererseits aus Parlamentsveteranen, die obsessiv darauf achteten, daß die Republik nicht nach links abdriftete. Im Jahr VII (1799) betrug der Anteil der Deputierten, die noch im Konvent gesessen hatten, 12 Prozent, und nur 5 Prozent hatten damals für den Tod des Königs gestimmt. Gerade 16 Prozent hatten überhaupt vor 1795 schon einmal der Legislative angehört; mehr als die Hälfte der 1799 gewählten Deputierten wurde in diesem Jahr erstmals gewählt. Ohne Erfahrung in der nationalen Politik, wa-

ren diese Männer besonders empfänglich für die Anschauungen Sieyès' und anderer »Revisionisten«. Nur wenige Deputierte waren bereit, ihr Leben für die Republik einzusetzen.
Die Bedeutung der Mitte läßt sich auch aus der Zusammensetzung der »brumairianischen Elite« ersehen. In seiner Untersuchung der 498 hohen Amtsträger aus der Zeit des Konsulats, die ihr Amt im Jahr III, unmittelbar nach Napoleons Staatsstreich, innehatten, fand Werner Giesselmann heraus, daß 77 Prozent von ihnen unter dem Direktorium ein Abgeordnetenmandat ausgeübt hatten – 83 Prozent waren nach 1789 Deputierte gewesen.[24] Ein großer Teil von ihnen war erstmals entweder 1798 (15 Prozent) oder 1799 (16 Prozent) gewählt worden. Die hohe Zahl von Parlamentsneulingen in den Direktorialräten hatte demnach direkte Auswirkungen auf die politische Situation: Es war nicht nur so, daß die Neulinge keinen Widerstand gegen den Wechsel des Regimes leisteten, sie beteiligten sich auch aktiv an dessen Verwaltung. Es bestand eine beträchtliche Kontinuität zum Direktorialregime, eine Kontinuität, die sich hauptsächlich auf die Mitte und die Rechte erstreckte. Giesselmann kommt zu dem Schluß, der Staatsstreich »eliminiert die linksorientierte ›jakobinische‹ Minderheit der Elite des ausgehenden Direktoriums«.
Jedes weitere demokratische Experiment wurde im Interesse der »bürgerlichen Autorität« unterbunden.[25] Der Kern der napoleonischen Elite bestand aus ernüchterten Republikanern, die eine auf Stabilität bedachte Modernisierung den Wirren und Ungewißheiten breiter politischer Partizipation vorzogen.
Zu demselben Schluß führt eine Untersuchung der kleinen Gruppe von Deputierten in jener Kommission, die den Übergang zur Konsulatsregierung vorbereitete.[26] Im Unterschied zu den 59 angeblichen Jakobinern, die zur selben Zeit verhaftet wurden[27] kamen die Bonapartisten aus Departements mit hohem Urbanisierungs-[28] und Alphabetisierungsgrad[29] und

beträchtlichem Wohlstand.[30] Interessanterweise stammten sie außerdem eher aus Departements, in denen entweder die Rechte oder die Linke oder auch beide zuvor einmal stark gewesen waren. Der Anteil der Kommissionsmitglieder an den Departementsdelegationen korreliert 1797[31] positiv mit dem Erfolg der Rechten und 1798[32] mit dem Erfolg der Linken. Mit anderen Worten, die Bonapartisten kamen aus Departements, in denen die Wahlen einst annulliert worden waren; sie waren das Produkt der *politique de bascule* des Direktoriums. In der jakobinischen Opposition fand sich keines dieser Merkmale.

Giesselmanns Analyse der napoleonischen Elite zeigt, daß der Staatsstreich einen neuen Aufbruch markierte. Obwohl viele Führer des neuen Regimes Revolutionäre und Republikaner der einen oder anderen Richtung gewesen waren, hatte ihre Rekonstituierung als Elite einer neuen Ordnung weitreichende Folgen. Sie schlossen die Linke aus der politischen Klasse aus, sie ließen die Demokratie als Bestandteil des Republikanertums fallen, und sie trugen dazu bei, daß der alte Adel Aufnahme in eine neue Oligarchie von Notablen fand.[33]

Die Notablenherrschaft, von der »revisionistische« Historiker glauben, daß sie vor 1789 in Entstehung begriffen war, wurde erst unter der Schirmherrschaft des autoritären Staates verwirklicht. In diesem Sinne waren Napoleon und seine Anhänger die eigentlichen Erben der nach Modernisierung strebenden Monarchie. Sie hatten Verbindungen zum Republikanertum des Revolutionsjahrzehnts, doch sie repräsentierten lediglich einen Typ der Devolution des ursprünglichen Ideals.

Kapitalismus, Sozialismus, Notablenherrschaft, ein starker zentralistischer Staat und das demokratische Republikanertum – sie alle waren in gewissem Sinne Ergebnisse der Französischen Revolution, denn sie folgten ihr. Den Kern der revolutionären Erfahrung bildete indessen die demokratische

Republik, und dies trotz ihrer unvorhersehbaren Neuartigkeit, ihrer Fehlschläge und ihrer Schwächen. Die demokratische Republik war nicht die unmittelbare Folge eines Widerspruchs zwischen verschiedenen Produktionsweisen, einer Krise der sozialen Mobilität oder der Ausbreitung von Aufklärungsidealen. Diese ökonomischen, sozialen und geistigen Strömungen und Konflikte waren seit der Mitte des achtzehnten Jahrhunderts präsent gewesen. Die Ursprünge der demokratischen und revolutionären Republik sind vielmehr in der politischen Kultur zu suchen, in der sämtliche Strömungen des politischen Lebens zusammenflossen. Möglich wurde die demokratische Republik aufgrund von Widersprüchen innerhalb der politischen Kultur des Ancien régime; Gestalt nahm sie jedoch erst während der Revolution an, als eine neue politische Klasse ihr Form und Sprache verlieh, eine Klasse, die selbst durch ihre Reaktion auf neue Ideen und Symbole geprägt wurde. Die demokratisch-revolutionäre Republik in Frankreich führte nicht unmittelbar zum Kapitalismus, zum Sozialismus, zur Notablenherrschaft oder zum starken Zentralstaat. Monarchien und Kaiserreiche förderten den Kapitalismus, die Notablenherrschaft und den starken zentralisierten Staat im neunzehnten Jahrhundert, und das radikale Republikanertum wetteiferte bis ins zwanzigste Jahrhundert hinein mit dem Sozialismus um Wählerstimmen und Anhänger. Das demokratisch-republikanische Denken hatte seine eigenen und oft eigentümlichen Vermächtnisse und Traditionen.

Die Tatsache, daß die demokratische Republik erstmals und kraftvoll im Zusammenhang mit der Revolution in Frankreich auftrat, hatte bedeutsame Folgen für die politische Entwicklung des Landes während des neunzehnten und zwanzigsten Jahrhunderts. In den Köpfen ihrer Anhänger wie auch ihrer Gegner war sie mit revolutionärem Handeln assoziiert. Der »Übergang« zur demokratischen Republik erfolgte daher abrupt und unter Schwierigkeiten. Sie war weit mehr als nur eine unter verschiedenen politischen Möglichkeiten: Sie signalisierte eine tiefgreifende Umwälzung; wer an sie dachte, der dachte an heftigen Streit und an Spaltung. In diesem Sinne erschwerte die Revolution den Erfolg der republikanisch-repräsentativen Staatsform. Auch erfuhr die Republik damit eine nachhaltige Verknüpfung mit der sozialistischen und kommunistischen Bewegung, selbst wenn sie von diesen Bewegungen des Scheiterns bezichtigt wurde. Auch die Republik war revolutionär gewesen; die Republikaner hatten das Handwerk der Revolution als erste gelernt. Der Übergang zur Republik war in Frankreich letztlich erst erfolgreich, als die Städte und moderneren Agrarregionen des Landes für jene Ideale gewonnen waren, die zunächst nur an der weniger modernen Peripherie Anklang gefunden hatten. Allerdings feiert die demokratische Linke ihre größten Erfolge bis heute in ähnlichen Regionen, wenn nicht sogar an denselben Orten wie während des Revolutionsjahrzehnts. Der französische Sozialismus der Fünften Republik hat immer noch starke Verbindungen zum Republikanertum der Ersten.

Auch wenn die Französische Revolution unbestreitbar zum Vorbild revolutionärer Politik wurde, war sie in ihren Ursprüngen, Folgen und Erfahrungen ein spezifisch französisches Ereignis. Paradoxerweise verdankte sie ihre Originalität zu einem Gutteil der Überzeugung ihrer Protagonisten, einen Bruch mit der Erfahrung der europäischen Vergangenheit zu vollziehen. Die Ablehnung religiöser Bezüge und historischer Übereinkünfte resultierte in vielem aus Besonderheiten der französischen politischen Kultur, durch die sich die französischen Revolutionäre von den Radikalen in England und Amerika unterschieden. Zugleich drängten gerade diese Besonderheiten sie zu einem universalistischen Denken, das ihnen, wie Tocqueville richtig erkannte, eine messianische Wirkung verlieh.[34] Aufgrund des angloamerikanischen Glaubens an Gewohnheitsrecht und Präzedentien und möglicherweise auch aufgrund des Puritanismus war der angloamerikanische Radikalismus weniger verallgemeinerungsfähig. Die Französische Revolution verwirrt uns noch heute, weil sie so viele zentrale Merkmale moderner Politik hervorgebracht hat. Sie war nicht lediglich ein Beispiel für die Gewalt und Instabilität, die durch den Modernisierungsprozeß ausgelöst werden können, oder ein wesentlicher Schritt auf dem Weg zum Kapitalismus oder ein Glied im Prozeß der Herausbildung des autoritären Staates, obwohl sie zu alledem beigetragen haben dürfte. Wichtiger ist die Tatsache, daß sie den Augenblick kennzeichnet, da die Politik als eine Tätigkeit mit gewaltigen Möglichkeiten, als Agent zielstrebiger Veränderung, als Gußform für Charakter, Kultur und soziale Beziehungen erkannt wurde. Aus dieser Entdeckung ließen sich viele verschiedene Schlußfolgerungen ziehen, und sie wurden tatsächlich gezogen. Trotz seines Abscheus vor den »dunklen« Seiten dieser Erfahrung kam Tocqueville zu dem Schluß, die französische Nation sei »die glänzendste und die gefährlichste der Nationen Europas und mehr als irgendeine dazu geschaffen, abwechselnd ein Gegenstand der Bewunderung, des Hasses, des Mitleids, des Schreckens, aber nie der Gleichgültigkeit zu werden«.[35]

Anhang

Zeittafel der Französischen Revolution 1789–1799

1788 8. August: Der König willigt ein, die Generalstände einzuberufen, die seit 1614 nicht mehr getagt haben.

12. August: Das Parlament von Paris empfiehlt, die Generalstände sollten nach denselben Regeln verfahren wie 1614.

1789 5. Mai: Eröffnung der Generalstände in Versailles.

17. Juni: Der Dritte Stand beschließt, sich selbst zur Nationalversammlung zu erklären.

11. Juli: Der König entläßt den populären Minister Necker.

14. Juli: Sturm auf die Bastille.

5.–6. Oktober: Während der »Oktoberereignisse« marschiert eine große Volksmenge nach Versailles, um den König und seine Familie in die Hauptstadt zurückzubringen.

1790 12. Juli: Zivilkonstitution des Klerus.

14. Juli: Föderationsfest zur Feier des Jahrestages des Sturms auf die Bastille.

27. November: Dekret über den Treueeid der Geistlichen.

1791 20. Juni: Der König versucht, in Verkleidung zu fliehen, und wird in Varennes gefangengenommen.

1. Oktober: Die neugewählte gesetzgebende Versammlung tritt erstmals zusammen.

1792 20. April: Kriegserklärung an Österreich.

20. Juni: Ein Mob dringt in die Tuilerien ein.

10. August: Die Erhebung in Paris und der Angriff

auf die Tuilerien führen zur Suspendierung des Königs.

2. September: Verdun wird von den preußischen Truppen genommen.

2.–6. September: »Septembermorde« – Ermordung von Gefangenen.

21. September: Der neugewählte Nationalkonvent tritt erstmals zusammen und erklärt die Monarchie für abgeschafft.

1793 14.–17. Januar: Prozeß gegen den König.

21. Januar: Hinrichtung des Königs.

1. Februar: Kriegserklärung an England und die Niederlande.

10. März: Die Einrichtung des Revolutionstribunals.

11. März: Beginn des Aufstandes in der Vendée.

4. Mai: Erste Höchstpreisfestlegung für Getreide.

31. Mai–2. Juni: Aufstand führt zur Festnahme der »Girondisten« im Konvent.

27. Juli: Robespierre wird in den Wohlfahrtsausschuß gewählt.

5. September: Demonstration im Konvent führt zur Einrichtung der »Schreckensherrschaft«.

5. Oktober: Einführung des Revolutionskalenders.

16. Oktober: Hinrichtung Maria-Antoinettes.

1794 4. Februar: Abschaffung der Sklaverei in den französischen Kolonien.

13.–24. März: Verhaftung, Aburteilung und Hinrichtung der »Hébertisten«.

30. März–5. April: Verhaftung, Aburteilung und Hinrichtung der »Dantonisten«.

8. Juni: Fest des höchsten Wesens.

27. Juli: »Der 9. Thermidor« – Verhaftung Robespierres, Saint-Justes und ihrer Anhänger (Hinrichtung am 28. und 29. Juli).

12. November: Schließung des Pariser Jakobinerklubs.

24. Dezember: Aufhebung der Höchstpreisfestsetzung.

1795 1.–2. April: Volkserhebung in Paris.

20.–23. Mai: Zweite Volkserhebung in Paris, die gleichfalls scheitert.

Mai–Juni: »Weißer Terror« im Süden gegen ehemalige Anhänger der »Schreckensherrschaft«.

22. August: Der Konvent nimmt die Verfassung des Jahres III an.

5. Oktober: Rechtsgerichtete Erhebung in Paris gegen die neue Verfassung wird niedergeschlagen.

26. Oktober: Einsetzung des Direktoriums nach den Wahlen des Jahres IV (im Oktober 1795).

1796 April–Oktober 1797: Serie von Siegen Bonapartes in Italien.

1797 März–April: Die Wahlen des Jahres V bringen Gewinne für die Royalisten.

27. Mai: Hinrichtung Babeufs.

4. September: »Staatsstreich vom 18. Fructidor des Jahres V«, bei dem die gesetzgebende Versammlung von angeblichen Royalisten gesäubert wird.

1798 März–April: Die Wahlen des Jahres VI zeigen ein Wiedererstarken der Jakobiner.

11. Mai: »Staatsstreich vom 22. Floréal des Jahres VI« gegen die Jakobiner in den Räten.

Mai–Oktober: Bonaparte in Ägypten und im Mittleren Osten.

1799 9.–10. November: Bonapartes Staatsstreich vom 18. und 19. Brumaire.

Korrelationsmatrix ausgewählter politischer, ökonomischer und demographischer Variablen

Quellen

STADT 1806 = Anteil der Bevölkerung des Departements, die 1806 in Städten mit mehr als 2000 Einwohnern lebte; die Angaben erfolgten 1809 aufgrund einer ministeriellen Anfrage, sie stellen die verläßlichsten und vollständigsten Daten für die Revolutionszeit dar. René Le Mée, »Population agglo-

	STADT 1806	LESEN	TERROR	EMIGRAT	ANTI 93	TOD	GIRONDE
STADT 1806	1.000	0.007	0.263	0.267	–0.218	0.188	0.151
LESEN	0.007	1.000	–0.179	–0.010	–0.112	–0.210	0.107
TERROR	0.263	–0.179	1.000	0.039	–0.048	0.091	0.067
EMIGRAT	0.267	–0.010	0.039	1.000	–0.136	0.154	–0.075
ANTI 93	–0.218	–0.112	–0.048	–0.136	1.000	–0.257	0.213
TOD	0.188	–0.210	0.091	0.154	–0.257	1.000	–0.351
GIRONDE	0.151	0.107	0.067	–0.075	0.213	–0.351	1.000
FRUCTI	0.641	0.023	0.263	–0.033	–0.088	0.143	0.229
FLOR	0.411	–0.096	0.158	–0.075	–0.035	0.218	0.055
ANTBON	0.172	–0.075	0.213	0.177	–0.058	0.128	0.121
PROBON	0.414	0.299	0.073	–0.164	–0.167	–0.142	0.127
PCFONC	0.279	0.301	–0.007	–0.097	–0.214	0.106	0.074
PCOPM	0.653	0.131	0.257	–0.078	–0.156	0.158	0.123
AGPROD	–0.102	–0.052	0.050	–0.187	–0.093	0.049	0.218
EID	0.009	0.064	–0.227	–0.263	–0.033	–0.044	–0.041
BEV 98	0.355	0.149	0.262	–0.061	–0.127	0.086	0.360
DICHTE	0.661	0.248	0.291	–0.020	–0.095	0.173	0.012
PROTBEV	0.105	0.014	–0.027	–0.131	0.218	–0.217	–0.022
MAURER	0.463	0.053	0.153	0.183	–0.067	0.037	0.410
AKADEMIE	0.326	0.218	0.042	–0.082	–0.175	–0.004	0.308
SEELEUTE	0.194	–0.176	0.288	0.096	0.096	0.110	0.356
WÄHLER	0.113	–0.066	–0.132	0.076	0.071	0.201	–0.142
DISTPAR	–0.042	–0.395	–0.085	0.169	0.298	–0.091	–0.033
AGERTRAG	0.585	0.367	0.160	0.075	0.254	0.132	0.282

mérée, population éparsée au début du dix-neuvième siècle«, *Annales de démographie historique,* 1971, S. 455–510. Le Mées Zahlen korrelieren recht hoch (r = .81) mit denen, die Marcel Reinhard in *Etude de la population pendant la Révolution et l'Empire* (Gap 1961), S. 48 f., angibt.

LESEN = Zusammengesetzter Mittelwert der Lese- und Schreibfähigkeit (Literalität/Alphabetisierungsgrad) bei Männern und Frauen 1786–1790. Michel Fleury und Pierre Valmary, »Le Progrès de l'instruction élémentaire de Louis XIV à Napoléon III, d'après l'enquête de Louis Maggiolo (1877–1879)«, *Population 12* (1957), S. 71–92.

TERROR = Rate der Todesurteile auf 100 000 Einwohner während der Schreckensherrschaft. Die Daten über die To-

FRUCTI	FLOR	ANTBON	PROBON	PCFONC	PCOPM	AGPROD	EID
0.641	0.411	0.172	0.414	0.279	0.653	–0.102	0.009
0.023	–0.096	–0.075	0.299	0.301	0.131	–0.052	0.064
0.263	0.158	0.213	0.073	–0.007	0.257	0.050	–0.227
–0.033	–0.075	0.177	–0.164	–0.097	–0.078	–0.187	–0.263
–0.088	–0.035	–0.058	–0.167	–0.214	–0.156	–0.093	–0.033
0.143	0.218	0.128	–0.142	0.106	0.158	0.049	–0.044
0.229	0.055	0.121	0.127	0.074	0.123	0.218	–0.041
1.000	0.459	0.028	0.350	0.320	0.645	–0.187	0.085
0.459	1.000	–0.131	0.243	0.167	0.433	–0.057	0.033
0.028	–0.131	1.000	–0.136	–0.157	–0.088	0.171	–0.234
0.350	0.243	–0.136	1.000	0.301	0.518	0.182	0.132
0.320	0.167	–0.157	0.301	1.000	0.741	0.273	0.338
0.645	0.433	–0.088	0.518	0.741	1.000	–0.007	0.213
–0.187	–0.057	0.171	0.182	0.273	–0.007	1.000	–0.092
0.085	0.033	–0.234	0.132	0.338	0.213	–0.092	1.000
0.331	0.328	0.237	0.369	0.127	0.320	0.381	–0.325
0.643	0.487	–0.044	0.483	0.304	0.812	–0.236	0.013
0.088	–0.036	–0.102	0.131	–0.036	–0.016	–0.067	–0.033
0.226	0.158	0.370	0.198	0.173	0.130	0.404	–0.165
0.193	0.070	0.149	0.290	0.187	0.217	0.265	–0.088
0.057	–0.140	0.302	0.116	–0.272	–0.045	0.214	–0.250
0.007	–0.018	0.038	–0.098	0.219	0.077	–0.147	0.372
–0.210	–0.101	0.206	–0.221	–0.569	–0.393	–0.155	–0.164
0.457	0.352	0.170	0.503	0.461	0.644	0.199	–0.120

desurteile stammen aus Donald Greer, *The Incidence of the Terror during the French Revolution* (Cambridge, Mass., 1935), S. 145–147. Zu den Daten über die Bevölkerung der Departements siehe unter BEV98.

EMIGRAT = Emigrationsrate auf 100 000 Einwohner. Die Emigrantenzahlen stammen aus Donald Greer, *The Incidence of the Emigration during the French Revolution* (Gloucester, Mass., 1966), S. 109–111. Zu den Daten über die Bevölkerung der Departements siehe unter BEV98.

ANTI 93 = Summe der Nein- und bedingten Ja-Stimmen, geteilt durch die Gesamtzahl der 1793 bei der Volksabstimmung über die Verfassung abgegebenen Stimmen. Zahlenangaben aus René Baticle, »Le Plébiscite sur la constitution de 1793«, *La Révolution française* 58 (1910), S. 5–30, 117–155, 193–237, 385–410.

TOD = Zusammengesetzte Variable nach Angaben aus Alison Patrick, *The Men of the First French Republic* (Baltimore 1972), S. 317–339. Die Stimmen für Tod entsprechen dem Anteil der »radikalen« Stimmen an der Gesamtzahl der stimmberechtigten Deputierten bei drei Abstimmungen: gegen den *appel au peuple,* für das Todesurteil und gegen einen Aufschub der Vollstreckung.

GIRONDE = Zahl der girondistischen Deputierten nach M. J. Sydenham, *The Girondins* (London 1961), S. 222–226.

FRUCTI = Anteil der Departementsdelegation, der beim Staatsstreich vom 19. Fructidor des Jahres V zur Deportation verurteilt wurde. Liste entnommen aus *Réimpression de l'Ancien Moniteur* 28, S. 1419 (24. Fructidor, Jahr V). Gezählt wurden 53 Deputierte der beiden Räte und der Direktor Carnot, ein ehemaliger Deputierter.

FLOR = Anteil der Departementsdelegation, der beim Staatsstreich vom 22. Floréal des Jahres VI als angebliche Jakobiner ausgeschlossen wurde. Gezählt wurden 84 Männer, die bei Jean-René Suratteau, *Les Elections de l'an VI et le »coup d'état du 22 floréal« (11. Mai 1798)* (Paris 1971), S. 370–382, als Jakobiner verzeichnet sind.

ANTBON = Anteil der Departementsdelegation, die nach dem Staatsstreich vom 18. Brumaire des Jahres VIII als angebliche Jakobiner aus dem Rat der Fünfhundert ausgeschlossen wurde. Gezählt wurden 59 Deputierte, die in *Réimpression de l'Ancien Moniteur* 31, S. 200 (21. Brumaire, Jahr VII), angeführt werden.

PROBON = Anteil der Departementsdelegation, der für den »Interimsausschuß« ausgewählt wurde, welcher die Verfassung des Konsulats vorbereiten sollte. Die 50 ausgewählten Deputierten sind ebenda verzeichnet.

PCFONC = Pro Kopf *contribution foncière* für 1791 aus P. E. Herbin de Halle (Hg.), *Statistique générale et particulière de la France et de ses colonies* (Paris 1803), Bd. 2, S. 390–397. Daten durch BEV98 (siehe unten) geteilt. Die *contribution foncière* (Grundsteuer) wurde auf Nettoeinkünfte aus Grundbesitz erhoben. Die Gesamtsummen für die einzelnen Departements wurden von der Nationalversammlung auf der Grundlage der für die letzten Jahre des Ancien régime festgesetzten Steuern bestimmt; die Zahlen stimmen daher nur in Annäherung.

PCOPM = Pro Kopf *contribution personnelle et mobilière* für 1791–1792 aus Maurice Minoret, *La Contribution personnelle et mobilière pendant la Révolution* (Paris 1900), S. 709 f. Daten durch BEV98 (siehe unten) geteilt. Diese Steuer wurde auf der Basis externer Vermögensindikatoren festgelegt: Dienstboten, Pferde und Maultiere, Wagen, Einkünfte, gezahlte Grundrenten. Die Gesamtsummen für die einzelnen Departements wurden von der Nationalversammlung in derselben bestimmt wie bei PCFONC (siehe oben).

AGPROD = Zusammengesetzte Variable auf der Basis der Anbau- bzw. Weideflächen für die Erzeugung von Getreide, Wein, Fleisch und Wolle im Jahre 1812 als Maß für die gesamte landwirtschaftlich genutzte Fläche; aus Thomas D. Beck, *French Legislators, 1800–1834: A Study in Quantitative History* (Berkeley 1974), S. 154–157.

EID = Anteil des Klerus, der 1791 den Eid ablegte. Die Zahlenangaben stammen von Timothy Tackett. Seine Daten korrelieren hoch (.82) mit den Angaben in Michel Vovelle, *Religion et Révolution: La Déchristianisation de l'an II* (Paris 1976), S. 63.

BEV98 = Bevölkerung des Departements im Jahre 1798; aus Reinhard, *Etude,* S. 48 f.

DICHTE = BEV98, geteilt durch Fläche; nach den Angaben ebenda.

PROTBEV = Zahl der Protestanten, geteilt durch BEV98; aus Emile G. Léonard, *Le Protestant français* (Paris 1955), S. 21. Die auf ca. 1760 bezogenen Zahlenangaben für die Provinz wurden auf Departements umgerechnet, in dem die Zahl für die Provinz durch die Anzahl der Departements geteilt wurde.

MAURER = Zahl der Freimaurerlogen; aus Alain Le Bihan, *Loges et chapitres de la Grande Loge et du Grand Orient de France* (Paris 1967).

AKADEMIE = Variable, die zwischen den Departements mit eigener Akademie und solchen ohne Akademie unterscheidet; aus Daniel Roche, »Milieu académiques provinciaux et société des lumières«, in: G. Bollème u. a., *Livre et société dans la France du XVIIIe siècle* (Paris 1805), Bd. 1, S. 95.

SEELEUTE = Maritime Bevölkerung, geteilt durch BEV98; aus Jacques Peuchet, *Statistique élémentaire de la France* (Paris 1805), S. 253–255 (Daten für 1803).

WÄHLER = Wahlberechtigte Bürger 1791, geteilt durch BEV98; aus Reinhard, *Etude,* S. 26–28.

DISTPAR = Entfernung von Paris in *lieus;* aus Peuchet, *Statistique.*

AGERTRAG = Landwirtschaftlicher Ertrag pro Hektar für das Jahr 1812; aus Beck, *French Legislators,* S. 154–157.

Hinweis: In der Korrelationsmatrix sind jeweils die Korrelationskoeffizienten angegeben. Die Ergebnisse der Signifikanztests werden nicht mitgeteilt, doch alle Korrelationen über .2 waren auf dem .05-Niveau signifikant. Mit Ausnahme von LESEN (mit N = 76) liegt die Zahl der Fälle für sämtliche Variablen zwischen 81 und 83.

Abkürzungen

Archive und Bibliotheken

A.N.	Archives nationales
A.D.	Archives départementales
A.M.	Archives municipales
B.N.	Bibliothèque nationale
B.M.	Bibliothèque municipale
PRO	Public Record Office (London)

Analyse der beruflichen Stellung von Stadträten in Amiens, Bordeaux, Nancy und Toulouse

Viele Autoren haben die Auffassung vertreten, daß die Berufsbezeichnungen im Revolutionsjahrzehnt vage und wechselhaft gewesen seien; Beamte hätten sich »Juristen« genannt, Kaufleute hätten den Status von Handwerkern für sich in Anspruch genommen, wenn ihnen dies ratsam erschien, und Hausierer hätten sich zu Kaufleuten aufgeschwungen. (Siehe Alfred Cobban, *The Social Interpretation of the French Revolution,* Cambridge 1964, S. 56 f., sowie Martyn Lyons, *Revolution in Toulouse: An Essay on Provincial Terrorism,* Bern 1978, S. 168 f.) Glücklicherweise waren die meisten Männer, die in die Stadträte dieser vier großen Städte gewählt wurden, zu bekannt, als daß sie einer korrekten Einordnung hätten entgehen können, und ihre Berufsbezeichnungen ließen sich in verschiedenen Quellen verifizieren, so daß die berufliche Einordnung in diesem Falle äußerst genau sein dürfte.

Einige Abgrenzungen bleiben indessen dennoch unscharf. An erster Stelle wäre hier die Unterscheidung von Handel und Manufaktur einerseits, Handwerk und Einzelhandel andererseits zu nennen. Zur ersten Kategorie gehören Großhändler, Bankiers, Manufakturbesitzer, Reeder und Tuchfabrikanten (*fabricants*). Nur wenige Männer bezeichneten sich selbst als *fabricants,* und obwohl das Spektrum des Wohlstands in dieser Gruppe sehr breit gewesen sein dürfte, zahlten jene wenigen, die gewählt wurden, hohe Steuern. In manchen Fällen war auch die Abgrenzung zwischen Manufakturbesitzern und Handwerkern bzw. zwischen Groß- und Einzelhändlern schwierig; die Zahlen für diese beiden Gruppen müssen daher als Annäherungswerte gelten.

Das Beispiel der *épiciers* (Gemischtwarenhändler) in Amiens zeigt die Unsicherheiten bei der Zuordnung dieses Berufsstandes. Aus den Steuerakten geht hervor, daß zwei von ihnen wahrscheinlich Textilgroßhändler waren, doch ein dritter zahlte nur wenig Steuern, und der vierte war auf den Steuerlisten gar nicht verzeichnet (Nachweis siehe unten). Da die Steuerakten unvollständig und vielfach unzuverlässig sind, erfolgte die Einordnung ausschließlich auf der Grundlage des Berufes. Die meisten Gemischtwarenhändler waren Einzelhändler mit nur bescheidenem Reichtum. In Toulouse zum Beispiel wurde der durchschnittliche Heiratsvertrag eines Großhändlers dreimal so hoch bewertet wie der eines *épicier* (Jean Sentou, *Fortunes et groupes sociaux à Toulouse sous la Révolution (1789–1799): Essai d'histoire statistique*, Toulouse 1969, S. 153, 294). Trotz der Zuordnungsprobleme war die soziale Identifikation zur Zeit der Revolution präzise genug, um solche Unterscheidungen plausibel zu machen.

In den Tabellen 4 bis 8 wurden nur die Bürgermeister, *procureurs* und *officiers municipaux* gezählt. In den ersten Jahren der Revolution hatte jede Stadt auch eine Reihe von *notables*, doch diese waren weniger bedeutsam als die *officiers*, deren Zahl recht groß war. Informationen über Wahlen waren vielfach unvollständig und variierten manchmal auch je nach Quelle. Wo dies möglich war, haben wir die Ergebnisse in verschiedenen Quellen verglichen. Die besten Quellen sind: A. Janvier, *Livre d'or de la municipalité amiénoise*, Paris 1893; Gaston Ducannès-Duval, *Ville de Bordeaux: Inventaire-Sommaire des Archives municipales: Période révolutionnaire (1789–an VIII)*, 4 Bde., Bordeaux 1896–1929; Christian Pfister, *Les Assemblées électrorales dans le département de la Meurthe, le district, les cantons et la ville de Nancy: Procès-verbaux originaux*, Paris 1912; und J. Mandoul, »Les Municipalités de Toulouse pendant la Révolution«, *Recueil de législation de Toulouse,* 2. Serie (1906), S. 348–409.

Informationen über Alter, Adresse, Vermögen und politische Laufbahnen wurden in einer Vielzahl unterschiedlicher Quellen nachgeprüft, die von Stadt zu Stadt, je nach Vorhandensein, variierten. Die wichtigsten Quellen seien im folgenden genannt:

AMIENS

A.D., Somme, 2C 703–710, Tables alphabétiques des contrats de mariages, 1749–1792.

A.M., Amiens, 1G 2.11, Contribution foncière, Table alphabétique des noms, 1791.

BORDEAUX

A.D., Gironde, 4L 117, Emprunt forcé, an II.

A.D., Gironde, 12L 19, Société des Amis de la Constitution.

NANCY

A.D., Meurthe, 3M 1, Consulat: Listes de notabilités communales, an IX–an XII.

Charles Bernardin, *Notes pour servir à l'histoire de la Francmaconnerie à Nancy jusqu'en 1805,* 2 Bde., Nancy 1910.

TOULOUSE

Almanach historique du département de la Haute-Garonne, 1791–1793.

A.M., Toulouse, 1G 38–53, Contribution foncière, 1791.

Anmerkungen

Anmerkungen zur Einführung

1 Jean-Jacques Rousseau, *Œuvres complètes* 1, Dijon 1959, S. 404 f.; deutsch: *Die Bekenntnisse*, München 1978, S. 399.

2 *Rapport sur l'ouverture d'un concours pour les livres élémentaires de la première éducation, par Grégoire* (Séance du 3 pluviôse an II).

3 Nützliche Literaturübersichten finden sich bei William Doyle, *Origins of the French Revolution*, Oxford 1980, und bei Geoffrey Ellis, »Review Article: The ›Marxist Interpretation‹ of the French Revolution«, *English Historical Review* 93 (1978), S. 353–376.

4 Jean Bruhat, »La Révolution française et la formation de la pensée de Marx«, *Annales historiques de la Révolution française* 38 (1966), S. 125–170.

5 Albert Soboul, »L'Historiographie classique de la Révolution française: Sur des controverses recentes«, *Historical Reflections: Réfexions historiques* 1 (1974), S. 141–168, hier S. 142; wiederabgedruckt in ders., *Comprendre la Révolution: Problèmes politiques de la Révolution française (1789–1797)*, Paris 1981.

6 Siehe dazu Albert Soboul, *Précis de l'histoire de la révolution française*, Paris 1962; deutsch: *Die Große Französische Revolution. Ein Abriß ihrer Geschichte (1789–1799)*, 2 Bde., 1973.

7 Alfred Cobban, *The Social Interpretation of the French Revolution*, Cambridge 1964.

8 Der aktuellste Überblick über die umfangreiche Literatur zum Thema findet sich bei William Doyle, *Origins of the French Revolution*, a.a.O. Die wichtigsten Spezialstudien sind: George V. Taylor, »Non-Capitalist Wealth and the Origins of the French Revolution«, *American Historical Review* 72 (1967), S. 469–496; David D. Bien, »La Réaction aristocratique avant 1789; L'Exemple de l'armée«, *Annales: Economies. Sociétés. Civilisations* 29 (1974), S. 23–48; und Guy Chaussinand-Nogaret, *La Noblesse au XVIIIe siècle: De la féodalité aux lumières*, Paris 1976.

9 Denis Richet, »Autour des origines idéologiques lointaines de la Révolution française: Elites et despotisme«, *Annales: Economies. Sociétés. Civilisations* 24 (1969), S. 1–23; und, spezifischer auf die Zeit von 1788–1789 bezogen: Elizabeth L. Eisenstein, »Who intervened in 1788? A Commentary on the Coming of the French Revolution«, *American Historical Review* 71 (1965), S. 77–103.

10 François Furet, »Le Catéchisme de la Révolution française«, *Annales: Economies. Sociétés. Civilisations* 26 (1971), S. 255–289; wiederabgedruckt in ders., *Penser la Révolution française*, Paris 1978; deutsch unter dem Titel »Der revolutionäre Katechismus« in ders., *1789 – Vom Ereignis zum Gegenstand der Geschichtswissenschaft*, Frankfurt und Berlin 1980, S. 97–148; und Colin Lucas, »Nobles, Bourgeois and the Origin of the French Revolution«, *Past and Present* 60 (1973), S. 84–126.

11 Ebenda, S. 120 f.

12 Zu einer wirklichen Verschmelzung dürfte es kaum vor 1848 gekommen sein; siehe dazu Guy Chaussinand-Nogaret, Louis Bergeron und Robert Forster, »Les Notables du ›Grand Empire‹ en 1810«, *Annales: Economies. Sociétés. Civilisations* 26 (1971), S. 1052–1075.

13 Ich übertreibe hier Kohärenz und Einheit der revisionistischen Argumentation, weil ich das Grundschema möglichst deutlich herausstellen möchte. Die umfassendste Darstellung dieser Auffassung findet sich bei François Furet und Denis Richet, *La Révolution française*, 2 Bde., Paris 1965; deutsch: *Die Französische Revolution*, Frankfurt 1987. Andere Revisionisten mögen dabei durchaus in einzelnen Punkten anderer Auffassung sein.

14 Alexis de Tocqueville, *L'Ancien régime et la Révolution*, Paris 1856; deutsch: *Der alte Staat und die Revolution*, München 1978.
Ein hilfreicher Aufsatz über Tocqueville findet sich in François Furet, *1789 – Vom Ereignis zum Gegenstand der Geschichtswissenschaft*, a.a.O., auch wenn Furet in seiner Einleitung die Unterschiede zwischen Tocqueville und den »narrativen« Historikern ein wenig überstrapaziert.

15 Theda Skocpol, *States and Social Revolutions: A Comparative Analysis of France, Russia, and China*, Cambridge 1979.

16 Ich habe Barrington Moore, Jr., in diesem Zusammenhang nicht berücksichtigt, obgleich seine Darstellung zahlreiche Ähnlichkeiten mit Skocpols Ansatz aufweist. Der entscheidende Punkt liegt darin, daß seine Interpretation das Schwergewicht gleichfalls auf Ursprünge und Folgen legt, insbesondere auf die Ergebnisse der Modernisierung; siehe Barrington Moore, *Social Origins of Dictatorship and Democracy: Lord and Peasant in the Making of the Modern World*, Boston 1966; deutsch: *Soziale Ursprünge von Diktatur und Demokratie. Die Rolle der Grundbesitzer und Bauern bei der Entstehung der modernen Welt*, Frankfurt 1969, insbes. S. 138 f.

17 Die Forschung zum Revolutionsjahrzehnt ist natürlich gleichfalls weitergegangen, aber es läßt sich nicht leugnen, daß der Brennpunkt des theoretischen und empirischen Interesses sich vom Revolutionsjahrzehnt auf die Zeiten davor und danach verlagert hat. Überdies hat die Forschung zum Revolutionsjahrzehnt die geschichtswissenschaftliche Debatte um die Revolution kaum beeinflußt. Die wichtigsten Forschungsfelder für den Bereich der Revolutionsdekade waren Studien zur Geschichte der Presse, Untersuchungen zu diversen Formen kultureller

Revolution (Bildung, Feste, Dechristianisierung) und Arbeiten zur Lokalgeschichte.

18 Die wichtigsten Ergebnisse finden sich bei David Bien, »La Réaction aristocratique avant 1789«, a.a.O. Für den Bereich der Kultur siehe Daniel Roche, *Le Siècle des lumières en province: Académies et académiciens provinciaux, 1680–1789*, 2 Bde., Paris 1978; und Jean Quéniart, *Culture et société urbaines dans la France de l'Ouest au XVIIIe siècle*, Paris 1978. Etwas abseits der Forschung zum sozialen Milieu stehen neuere Studien über die geistigen Ursprünge der Revolution. Ein Überblick findet sich bei Keith Michael Baker, »On the Problem of the Ideological Origins of French Revolution«, in Dominick LaCapra und Steven L. Kaplan (Hg.), *Modern European Intellectual History: Reappraisals and New Perspectives*, Ithaca, N. Y., 1982, S. 197–219.

19 Chaussinand-Nogaret, Bergeron und Forster, »Les Notables du ›Grand Empire‹«, a.a.O.; Louis Bergeron und Guy Chaussinand-Nogaret, *Les »Masses de granit«: cent mille notables du Premier Empire*, Paris 1979; und Thomas D. Beck, *French Legislators, 1800–1834: A Study in Quantitative History*, Berkeley 1978.

20 Claude Mazauric, »Quelques voies nouvelles pour l'histoire politique de la Révolution française«, *Annales historiques de la Révolution française* 47 (1975), S. 134–173.

21 Alfred Cobban legte die Grundlagen für die Betonung dieser anderen Formen sozialer Teilung in seinem Buch *The Social Interpretation of the French Revolution*, a.a.O.

22 Claude Mazauriac, »Quelques voies nouvelles pour l'histoire politique de la Révolution française«, a.a.O.

23 Alexis de Tocqueville, *Das alte Reich und die Revolution*, a.a.O., S. 12 und 20.

24 Richard C. Cobb, *The Police and the People: French Popular Protest, 1789–1820*, Oxford 1970; zum Beispiel: »Der *Sansculotte* ist also kein soziales oder ökonomisches Wesen; er ist ein politischer Zufall« (S. 120).

25 George V. Taylor, »Non-Capitalist Wealth and the Origins of the French Revolution«, a.a.O., S. 491.

26 François Furet, *1789 – Vom Ereignis zum Gegenstand der Geschichtswissenschaft*, a.a.O., S. 34.

27 Siehe meine Rezension in *History and Theory* 20 (1981), S. 313–323.

28 Die Betonung solcher Unterschiede findet sich vor allem bei Historikern, die von Richard Cobb und Alfred Cobban beeinflußt sind, z. B. bei Martyn Lyons, *Revolution in Toulouse: An Essay on Provincial Terrorism*, Bern 1978; und Gwynne Lewis, *The Second Vendée: The Continuity of Counterrevolution in the Department of the Gard, 1789–1815*, Oxford 1978.

29 Maurice Agulhon, *Marianne au combat: L'Imagerie et la symbolique républicaine de 1789 à 1880*, Paris 1979.

30 Mona Ozouf, *La Fête révolutionnaire, 1789–1799*, Paris 1976.

Anmerkungen zum ersten Kapitel

1 Jean-François La Harpe, *Du Fanatisme dans la langue révolutionnaire ou de la persécution suscitée par les Barbares du dix-huitième Siècle, contre la Religion Chrétienne et ses Ministres*, 3. Ausgabe, Paris 1797, S. 14.

2 Claude Bellanger und andere: *Histoire générale de la presse française. 1: Des origines à 1814*, Paris 1969, S. 434.

3 Eine aufschlußreiche Analyse des Theaters während der Schreckensherrschaft findet sich bei Beatrice F. Hyslop, »The Theater during the Crisis: The Parisien Theater during the Reign of the Terror«, *Journal of Modern History* 17 (1945), S. 332–355. Emmet Kennedy arbeitet an einer Revision zahlreicher Thesen, die Beatrice Hyslop zu diesem Fragenkreis entwickelt hat. Ein weiterer Indikator für die quantitative Zunahme der Wörter und insbesondere der Wörter mit politischer Bedeutung liegt in der ständig wachsenden Zahl neuer politischer Lieder, die zwischen 1789 und 1794 entstanden: 116 im Jahr 1789, 261 im Jahr 1790, 308 im Jahr 1791, 325 im Jahr 1792, 590 im Jahr 1793 und 701 im Jahr 1794. Danach ging die Zahl rasch auf 137 im Jahr 1795 und auf nur noch 25 im Jahr 1800 zurück; siehe Robert Brécy, »La Chanson révolutionnaire de 1789 à 1799«, *Annales historiques de la Révolution française* 53 (1981), S. 279–303.

4 Mona Ozouf, *La Fête révolutionnaire, 1789–1799*, Paris 1976.

5 Die wichtigste Quelle ist hier Ferdinand Brunot, *Histoire de la langue française des origines à 1900*, Band 9 (La Révolution et l'Empire, 2 Teile), Paris 1976.

6 Zitiert nach Bronislaw Baczko, *Lumières de l'Utopie*, Paris 1978, S. 366 f.

7 Jean-François La Harpe, *Du Fanatisme . . .*, a.a.O., S. 71.

8 Jean Starobinski, *1789: Les Emblèmes de la Raison*, Paris 1979; deutsch: *1789: Die Embleme der Vernunft*, Paderborn 1981, S. 79.

9 Karl Marx, »Der achtzehnte Brumaire des Louis Bonaparte«, in ders., *Ausgewählte Schriften*, Band 1, Berlin 1970, S. 227.

10 Nicos Poulantzas, *Pouvoir politique et classes sociales*, 2 Bände, Paris 1971; deutsch: *Politische Macht und gesellschaftliche Klassen*, Frankfurt 1974, S. 177, Fußnote.

11 Jacques Guilhaumou, »L'Idéologie du Père Duchesne: Les Forces adjuvantes (14 juillet–6 septembre 1793)«, *Le Mouvement social* 85 (1973), S. 115. Der »Père Duchesne« war eine volkstümliche Karnevalsfigur, mit der sich so mancher führende Revolutionär gern schmückte. Die Schrift, die den größten und nachhaltigsten Einfluß ausübte, war der *Père Duchesne* des Radikalen Hébert. Zum Hintergrund siehe F. Braesch, *Le Père Duchesne d'Hébert. 1: Les Origines – La Constituante*, Paris 1938.

12 Siehe dazu Jacques Guilhaumou und Régine Robin, »Sur la Révolution française«, *Bulletin du Centre d'Analyse du Discour de l'Université de Lille* III, Villeneuve d'Ascq 1975, S. 1–14.

13 Régine Robin, *Histoire et linguistique*, Paris 1973, S. 22.

14 Alexis de Tocqueville, *L'Ancien régime et la Révolution*, Paris 1856; deutsch: *Der Alte Staat und die Revolution*, München 1978, S. 128, 130. Zu einer Analyse der Sprache Tocquevilles siehe Linda Orr, »Tocqueville et l'histoire incompréhensible: *L'Ancien régime et la Révolution*«, *Poétique* 49 (1982), S. 51–70.

15 François Furet, *Penser la Révolution française*, Paris 1978; deutsch: *1789 – Vom Ereignis zum Gegenstand der Geschichtswissenschaft*, Frankfurt und Berlin 1980, S. 62. Ich habe Furets semiologische Interpretation ausführlicher diskutiert in meinem Aufsatz in *History and Theory* 20 (1981), S. 313–323.

16 Zum Beispiel: »Die Fähigkeit der Gesellschaft, sich zu vergotten oder Götter zu erschaffen, ist nirgends deutlicher zu sehen als in den ersten Jahren der Französischen Revolution.« (Emile Durkheim, *Les Formes élémentaires de la vie religieuse*, Paris 1968; deutsch: *Die elementaren Formen des religiösen Lebens*, Frankfurt 1981, S. 294.)

17 Mona Ozouf, *La Fête révolutionnaire*, a.a.O., S. 35 und 339; sowie dies., »De Thermidor à Brumaire: Le Discours de la Révolution sur elle-même«, *Revue historique* 243 (1970), S. 31–66.

18 Eine funktionalistische Analyse, die die Wechselwirkung zwischen Sprecher und Hörer in den Mittelpunkt stellt, findet sich bei Hans Ulrich Gumbrecht, *Funktionen parlamentarischer Rhetorik in der Französischen Revolution*, München 1978. Gumbrecht verwendet die »Rezeptionstheorie«, um drei rhetorische Beispiele zu analysieren: Mirabeaus Ansprache an den König vom 16. Juli 1789, die Entwicklung von Gruppenidentitäten während des Prozesses gegen den König und die Verteidigung der institutionalisierten Einmütigkeit in den Nachrufen auf Marat. Seine Arbeit demonstriert die präzise Anwendung literaturwissenschaftlicher Methoden. Eine funktionalistische Untersuchung der revolutionären Musik findet sich bei Adelheid Coy, *Die Musik der Französischen Revolution: Funktionsbestimmung von Lied und Hymne*, München 1978.

19 Jean-François La Harpe, *Du Fanatisme ...*, a.a.O., S. 13 f.

20 Als Ausgangspunkt empfiehlt sich Kenneth Burke, *A Rhetoric of Motives*, Berkeley 1969. Neuere Aufsätze mit interessanten Implikationen für die Geschichtswissenschaft finden sich bei W. J. T. Mitchell, *On Narrative*, Chicago 1981, sowie bei Susan R. Suleiman und Inge Crosman, *The Reader in the Text: Essays on Audience and Interpretation*, Princeton 1980. Eine nützliche Übersicht über poststrukturalistische Positionen findet sich bei Josué V. Harari, *Textual Strategies: Perspectives in Post-Structuralist Criticism*, Ithaca, N. Y., 1979.

21 Auf die Bedeutung des Für-die-Nation-Sprechens verweist Furet in seinem Buch *1789 – Vom Ereignis zum Gegenstand der Geschichtswissenschaft*, a.a.O., S. 60–67.

22 Archives nationales, F^{1C} III Meurthe 15, Correspondance et divers, 1789 – an V, Zitat aus dem »Discours prononcé à l'ouverture des séances du

Comité des Sans-Culottes, par Marat-Mauger, président de ce Comité, et commissaire du Conseil exécutif près le département de la Meurthe«, 4 Seiten (ohne Datum, doch nach Inhalt und Kontext offensichtlich aus dem Spätsommer 1793). Man beachte, daß Mauger seinen Namen in Marat-Mauger umgeändert hatte, um seine Verbundenheit mit dem kurz zuvor ermordeten radikalen Journalisten und Deputierten Marat zu demonstrieren. Zur Rolle, die Männer wie Mauger auf lokaler Ebene spielten, siehe das sechste Kapitel.

23 E. P. Thompson, *The Making of the English Working Class*, London 1963; deutsch: *Die Entstehung der englischen Arbeiterklasse*, 2 Bände, Frankfurt 1987; siehe insbesondere Teil 1.

24 Nach Starobinski vollzieht die Eidesgeste »sich als von einem Körper, der die Zukunft durch die Erhöhung eines Augenblicks begründet«, die Geste folgte jedoch auch einem alten Vertragsmodell; Jean Starobinski, *1789: Die Embleme der Vernunft*, a.a.O., S. 80.

25 Mona Ozouf, *La Fête révolutionnaire*, a.a.O., S. 199–222.

26 Ebenda, S. 330 f. Zum Bildungshintergrund siehe Harold Talbot Parker, *The Cult of Antiquity and the French Revolutionaries*, Chicago 1837.

27 *Gazette de Paris*, 15. und 16. Juli 1790.

28 Am 15. Juli 1790 zum Beispiel besprach der konservative *Ami du Roi, des françois, de l'ordre, et surtout de la vérité, par les continuateurs de Féron* (der Herausgeber war der Abbé Royou) ein Pamphlet, das die Parallelen zwischen den Ereignissen von 1358 und denen von 1789 untersuchte. Der Artikel kam zu dem Schluß, beide »Revolutionen« hätten ihre Ursache in finanziellen Problemen gehabt; daher »irren sich jene, die glauben, die Revolution, deren Zeuge wir sind, sei mit keiner der Revolutionen vergangener Jahrhunderte vergleichbar« (Nr. 45). Die Verwendung historischer Präzedenzfälle in der konservativen Rhetorik läßt sich auch in einer Rede studieren, die Abbé Maury am 15. Juli 1790 vor der Nationalversammlung hielt. Anlaß war ein Streit um den Aufbewahrungsort der Nationalfahne. Abbé Maury begann mit der Feststellung: »ein kurzer historischer Überblick genügt, um uns zu zeigen, wie wir damit verfahren sollten«. Sein Vorschlag lautete, die Fahne dem König als dem militärischen Oberbefehlshaber anzuvertrauen; siehe *L'Ami du Roi* Nr. 46 (16. Juli 1790).

29 »Instruction Adressée aux Autorités Constitués des Départements de Rhône et de Loire, par la Commission Temporaire«, Lyon, 16. November 1793; französisch und deutsch unter dem Titel: »Instruktion an die republikanischen Behörden der Departements Rhône und Loire, erlassen durch die Einstweilige Kommission«, abgedruckt in Walter Markov und Albert Soboul (Hg.), *Die Sansculotten von Paris: Dokumente zur Geschichte der Volksbewegung, 1793–1794*, Berlin 1957, S. 224.

30 Wiederabgedruckt in M. J. Guillaume (Hg.), *Procès-verbaux du Comité d'instruction publique de l'Assemblée législative*, Paris 1889, S. 200.

31 Ich stütze diese Beobachtung auf meine Untersuchung revolutionärer Drucke in den Sammlungen der Bibliothèque nationale und des Musée

Carnavalet in Paris. Siehe auch Maurice Agulhon, *Marianne au combat: L'Imagerie et la symbolique républicaines de 1789 à 1880*, Paris 1979, S. 7–53; Hannah Mitchell, »Art and the French Revolution: An Exhibition at the Musée Carnavalet«, *History Workshop Journal* 5 (1978), S. 123–145; sowie Lynn Hunt, »Engraving the Republic: Prints and Propaganda in the French Revolution«, *History Today* 30 (1980), S. 11–17.

32 Das Zitat stammt aus dem März 1794; zitiert nach G. Brégail, »L'Eloquence révolutionnaire dans le Gers«, *Bulletin de la Société archéologique du Gers* 20 (1919), S. 119.

33 Der symbolische Vatermord wird kurz erörtert in Michel Vovelle, *Idéologies et mentalités*, Paris 1982, S. 301.

34 Michael Walzer, *The Revolution of the Saints: A Study in the Origins of Radical Politcs*, Cambridge, Mass., 1965.

35 J. R. Pole, *Political Representation in England and the Origins of the American Republic*, Berkeley 1966; Gordon S. Wood, *The Creation of the American Republic, 1776–1787*, New York 1969, insbesondere Kapitel 1; sowie J. G. A. Pocock, »1776: The Revolution against Parliament«, in ders., *Three British Revolutions: 1641, 1688, 1776*, Princeton 1980, S. 265–288.

36 Marc-Eli Blanchard, *Saint-Just & Cie: La Révolution et les mots*, Paris 1980, S. 42–51.

37 Peter France, *Rhetoric and Truth in France: Descartes to Diderot*, Oxford 1972, S. 10 f. France beschreibt darin die rhetorische Ausbildung, die in den Schulen des Ancien régime vermittelt wurde. Jedem, der einige Parlamentsreden aus der Zeit der Revolution liest, wird die gemeinsame Grundstruktur auffallen.

38 Einige hilfreiche Beobachtungen zu diesem Thema bietet Marc-Eli Blanchard, *Saint-Just & Cie*, a.a.O., S. 25–68. Siehe auch Roger Chartier und andere, *L'Education en France du XVIe au XVIIIe siècle*, Paris 1976, S. 196–199.

39 Kingsley Martin, *The Rise of French Liberal Thought: A Study of Political Ideas from Bayle to Condorcet*, 2. Ausgabe, New York 1954, S. 2.

40 Bailey Stone, *The Parlement of Paris, 1774–1789*, Chapel Hill, N. C., 1981, insbesondere die Kapitel 3 und 6. Jacques Godechot dagegen ist der Auffassung, daß »la Nation« erst in der Wahlkampagne von 1789 mit revolutionärer Bedeutung aufgeladen wurde; siehe seinen Aufsatz »Nation, patrie, nationalisme et patriotisme en France au XVIIIe siècle«, *Annales historiques de la Révolution française* 43 (1971), S. 481–501, insbesondere S. 495.

41 J. G. A. Pocock, *The Machiavellian Moment: Florentine Political Thought and the Atlantic Republican Tradition*, Princeton 1975.

42 Siehe das Stichwort »Revolution« in *The Compact Edition of the Oxford English Dictionary*, 1971.

43 Northrup Frye, *Anatomy of Criticism: Four Essays*, Princeton 1957;

deutsch: *Analyse der Literaturkritik*, Stuttgart 1964, S. 165–188. Ein weiterer Historiker, der Fryes Kategorien aufgenommen hat, ist Hayden White; siehe sein Buch *Metahistory: The Historical Imagination in Nineteenth-Century Europe*, Baltimore 1973, insbesondere S. 1–42.

44 Anonym, *Description fidèle de tout ce qui a précédé, accompagné et suivi la cérémonie de la Confédération nationale du 14 juillet 1790*, Paris o. J., S. 16.

45 Anonym, *Description de la Fête du Pacte fédératif, du 14 juillet, fixée par la ville, avec le réglement de la police*, Paris o. J.

46 *L'Ami du Roi*, Nr. 56 vom 26. Juli 1790 und Nr. 57 vom 27. Juli 1790.

47 Northrup Frye, *Analyse der Literaturkritik*, a.a.O., S. 190.

48 Aus einer Rede von Jacob Dupont, wie sie in einem Bericht über die Sitzung des Nationalkonvents am 14. Dezember 1792 wiedergegeben wird; *Réimpression de l'Ancien Moniteur* 14, Paris 1847, Nr. 744 vom 16. Dezember 1792.

49 Northrup Frye, *Analyse der Literaturkritik*, a.a.O., S. 213.

50 Aus seiner Rede »Sur les rapports des idées religieuses et morales avec les principes républicains, et sur les fêtes nationales«, in *Œuvres de Maximilien Robespierre*, Band 10, Discours: 27 juillet 1793–27 juillet 1794, Paris 1967, S. 445. Vovelle bemerkt, daß die Revolution von ihren Protagonisten als tragisch erlebt wurde; siehe sein Buch *Idéologies et mentalités*, a.a.O., S. 301.

51 Bernard Bailyn, *The Ideological Origins of the American Revolution*, Cambridge, Mass., 1967.

52 Gordon S. Wood, *The Creation of the American Republic*, a.a.O.; und J. R. Pole, *Political Representation in England ...*, a.a.O.

53 François Furet, *1789 – Vom Ereignis zum Gegenstand der Geschichtswissenschaft*, a.a.O., S. 67 f.

54 Aus einem anonymen »hebertistischen« Plakat, das der Polizei am 9. März 1794 zur Kenntnis gebracht wurde; wiederabgedruckt in Walter Markov und Albert Soboul (Hg.), *Die Sansculotten von Paris*, a.a.O., S. 303.

55 Richard Cobb, »Quelques aspects de la mentalité révolutionnaire (avril 1793–thermidor an II)«, in ders., *Terreur et subsistances, 1793–1795*, Paris 1965, S. 20 f.

56 Georges Lefebvre, »Foules révolutionnaires«, wiederabgedruckt in ders., *Etudes sur la Révolution française*, 2. Ausgabe, Paris 1963, S. 371–392.

57 Eine kurze Darstellung findet sich in Steven L. Kaplan, *Bread, Politics and Political Economy in the Reign of Louis XV*, 2 Bände, Den Haag 1976.

58 Archives nationales, W 306, »Dossier de l'abbé de Champagne«, Brief des Camusat de Belombre, Deputierter des Dritten Standes des Bezirks Troyes, vom 24. Juni 1789.

59 Ebenda.

60 *Gazette de Paris*, 4. und 6. Januar sowie 15. April 1792.

61 W. J. Murray, »The Right-Wing Press in the French Revolution (1789–1792)«, Dissertation (Ph. D.) an der Australian National University, 1971. Murray geht diesem Thema nicht weiter nach, aber er bietet aufschlußreiche Beispiele.

62 Zur protestantischen Verschwörung siehe das Sourdat aus Troyes zugeschriebene Buch *Les Véritables auteurs de la Révolution de France de 1789*, Neufchâtel 1797; zur Freimaurerverschwörung siehe Abbé Barruel, *Mémoires pour servir à l'histoire du jacobinisme*, 5 Bände, Hamburg 1798. Ein Überblick findet sich in Jacques Godechot, *La Contre-révolution. Doctrine et action, 1789–1804*, Paris 1961.

63 Ich habe von vielen erhellenden Beobachtungen über die Stilunterschiede zwischen radikalen, gemäßigten und konservativen oder konterrevolutionären Zeitschriften profitiert, die sich in einer Arbeit von Suzanne Desan finden, welche die Autorin mir freundlicherweise überlassen hat: »›Avec des plumes‹: Parisian Journalism in 1791–1792«, unveröffentlichte Senior Thesis, Princeton University, April 1979. Siehe auch Jack Richard Censer, *Prelude to Power: The Parisian Radical Press, 1789–1791*, Baltimore 1976.

64 »Rapport sur la conjuration ourdie pour obtenir un changement de dynastie; et contre Fabre d'Eglantine, Danton, Philippeaux, Lacroix et Camille Desmoulins«, *Œuvres complètes de Saint-Just*, mit Einführung und Anmerkungen von Charles Vellay, 2 Bände, Paris 1908, Band 2, S. 305–332; Zitat auf S. 319.

65 Furet verweist auf die Bedeutung religiöser Gefühle für die Entstehung von Verschwörungstheorien in seinem Buch *1789 – Vom Ereignis zum Gegenstand der Geschichtswissenschaft*, a.a.O., S. 68.

66 Ebenda, S. 68 f.

67 Zur amerikanischen Situation siehe Gordon S. Wood, *The Creation of the American Republic*, a.a.O.

68 Für Amerika siehe J. R. Pole, *Political Representation in England ...*, a.a.O. Bemerkenswerterweise gibt es keine vergleichbaren Studien über die ideologische und politische Entwicklung während der Ersten Republik in Frankreich.

69 Eine solche Betonung der Macht des gesprochenen Wortes findet sich sowohl bei François Furet, *1789 – Vom Ereignis zum Gegenstand der Geschichtswissenschaft*, a.a.O., als auch bei Marc-Eli Blanchard, *Saint-Just & Cie*, a.a.O.

70 J. R. Pole, *Political Representation in England ...*, a.a.O., S. 511.

71 Den Begriff der Transparenz habe ich aus Jean Starobinskis Buch *Jean-Jacques Rousseau*, Paris 1957; deutsch: *Rousseau. Eine Welt von Widerständen*, München 1988, übernommen. Furet benutzt den Ausdruck bei seiner Erörterung des Verhältnisses zwischen Volk und Macht – oder Representationen von Macht –, aber er dehnt den Begriff nicht auf das Verhältnis der Bürger untereinander aus (siehe *1789 – Vom Ereignis zum Gegenstand der Geschichtswissenschaft*, a.a.O., S. 75 und 90 f.). In seiner Einleitung zu J. G. Fichtes *Considérations destinées à rectifier les*

jugements du public sur la Révolution française, Paris 1974, S. 10, schreibt Marc Richir: »In einem tiefen Sinne ist das ganze ›revolutionäre Denken‹ von der Überzeugung geprägt, daß die Gesellschaft im Augenblick der Revolution sich selbst transparent sei.«

72 F. Braesch, *Le Père Duchesne d'Hébert*, a.a.O., Nr. 72, S. 751.

73 Pierre Trahard, *La Sensibilité révolutionnaire (1789–1794)*, Paris 1936, S. 189.

74 Ebenda, S. 186. Siehe auch F.-A. Aulard, *Les Orateurs de la Révolution: L'Assemblée Constituante*, Paris 1905.

75 Jean Starobinski, *Rousseau ...*, a.a.O.

76 Siehe zum Beispiel »Réglement pour la Société populaire de la Section de la République«, französisch und deutsch unter dem Titel »Satzung der Volksgesellschaft der Sektion ›République‹«, wiederabgedruckt in Walter Markov und Albert Soboul (Hg.), *Die Sansculotten von Paris*, a.a.O., S. 258–267.

77 Albert Soboul, *Les Sans-culottes parisiens en l'an II*, 2. Ausgabe, Paris 1962; deutsch: *Französische Revolution und Volksbewegung: Die Sansculotten*, herausgegeben von Walter Markov, 1978, S. 169 bis 182.

78 Maximilien Robespierre, »Rapport sur les principes de morale politique qui doivent guider la Convention nationale dans l'administration intérieure de la République«, 5. Februar 1794, in ders., *Œuvres*, Band 10, a.a.O., S. 356 f.

79 Für Furet ist die Schreckensherrschaft die logische Folge des revolutionären Diskurses und seiner »Illusion des Politischen« (*1789 – Vom Ereignis zum Gegenstand der Geschichtswissenschaft*, a.a.O., insbesondere S. 188 und 216). Patrice Higonnet vertritt eine ähnliche Auffassung wie Furet, jedoch ohne die Tocquevilleschen Anklänge; er betont den Widerspruch zwischen dem »bürgerlichen Individualismus« und der Gemeinschaftsorientierung des »bürgerlichen Universalismus«; siehe Patrice Higonnet, *Class, Ideology, and the Rights of Nobles during the French Revolution*, Oxford 1981.

80 J. L. Talmon, *The Origins of Totalitarian Democracy*, New York 1960; deutsch: *Die Ursprünge der totalitären Demokratie*, Köln und Opladen 1961. In seinem Urteil über die Schreckensherrschaft scheint Furet Talmon nahezustehen, doch die Erklärung, die er dafür gibt, ist eine andere. Talmon betont die geistigen Wurzeln des Totalitarismus, dessen Herleitung aus der Aufklärungsphilosophie. Furet legt das Schwergewicht auf die philosophischen Probleme, die sich (nach Tocqueville und Cochin) aus der demokratischen Praxis ergeben.

81 Zahlreiche erhellende Bemerkungen zu diesem Thema finden sich bei Crane Brinton, *The Jacobins: An Essay in the New History*, New York 1930; zum Beispiel: »Als die Jakobinerklubs nicht mehr in Opposition zur Regierung und einer Bürokratie standen, die nun vollkommen von ihren eigenen Mitgliedern gestellt wurde, hörte sie auf, jene Taktiken anzuwenden, die mit ihrem Namen assoziiert wurden [...]; man könnte

sagen, am Ende entwickelten sich die Klubs zu Hilfsorganen der staatlichen Verwaltung« (S. 129).

82 Der Deputierte Crassous, zitiert in Isser Woloch, *Jacobin Legacy: The Democratic Movement under the Directory*, Princeton 1970, S. 15 f.

83 Ausführlich wird diese Frage diskutiert in dem Aufsatz von Lynn Hunt, David Lansky und Paul Hanson, »The Failure of the Liberal Republic in France, 1795–1799: The Road to Brumaire«, *Journal of Modern History* 51 (1979), S. 734–759, insbesondere S. 755.

84 Ebenda.

85 Die hier vorgestellte Analyse des revolutionären politischen Textes läßt sich mit Derridas Analyse des Schreibens in seiner *De la Grammatologie*, Paris 1967, deutsch: *Grammatologie*, Frankfurt 1974, insbesondere Teil II, vergleichen. Derridas »Metaphysik der Gegenwart« und die Bedrohung durch die Gewalt des Schreibens stehen im selben Spannungsverhältnis zueinander wie die »mythische Gegenwart« – die Transparenz des Gemeinwesens, die Fülle der Rede – und die Gewalt konspirativer Politik. In diesem Sinne zersetzte die revolutionäre Rhetorik sich beständig selbst, indem sie die Möglichkeit eines politikfreien Gemeinwesens behauptete und zugleich alles für politisch erklärte.

86 Einige aufschlußreiche Hinweise finden sich in der Besprechung des Furetschen Buches von Claude Lefort, »Penser la révolution dans la Révolution française«, *Annales: Economies. Sociétés. Civilisations* 35 (1980), S. 334–352.

87 Zur Erfindung dieses Begriffs siehe Pierre Goubert, *L'Ancien régime*, 2 Bände, Paris 1969–1972.

88 Es wäre fruchtbar, wenn man Pococks »Machiavellische Bewegung« einmal im französischen Kontext untersuchte.

89 Zitiert in Louis Trenard, »Manuels scolaires au XVIIIe siècle et sous la Révolution«, *Revue du Nord* (1973), S. 107. Siehe auch Jean-François Chassaing, »Les Manuels de l'enseignement primaire de la Révolution et des idées révolutionnaires«, in Jean Morange und Jean-François Chassaing, *Le Mouvement de réforme de l'enseignement en France, 1760–1798*, Paris 1974, insbesondere S. 142 f.

Anmerkungen zum zweiten Kapitel

1 Archives nationales, F^{1C} III Isère 9, Correspondance, 1791–1853, »Adresse du Commissaire du pouvoir exécutif près l'administration centrale du département de l'Isère«, 2e jour complémentaire an V.

2 Ein Überblick zur Politisierung alltäglicher Gegenstände findet sich in Serge Bianchi, *La Révolution culturelle de l'an II: Elites et peuple (1789–1799)*, Paris 1982.

3 Benjamin Constant, *De la force du gouvernement actuel de la France et de la nécessité de s'y rallier*, 1797, S. 10.

4 Clifford Geertz, »Centers, Kings, and Charisma: Reflections on the

Symbolics of Power«, in Joseph Ben David und Terry Nichols Clark (Hg.), *Culture and Its Creators: Essays in Honor of Edward Shils*, Chicago 1977, S. 150–171. Diese »Überlegungen« werden weiterentwikkelt (wenn auch mit etwas weniger Relevanz für Europa) in Clifford Geertz, *Negara: The Theatre State in Nineteenth-Century Bali*, Princeton 1980.

5 Maximilien Robespierre, »Rapport sur les principes du gouvernement révolutionnaire«, 25. Dezember 1793, in *Œuvres de Maximilien Robespierre*, Band 10, Discours: 27 juillet 1793–27 juillet 1794, Paris 1967, S. 274.

6 Siehe dazu das aufschlußreiche Buch von Clive H. Church, *Revolution and Red Tape: The French Ministerial Bureaucracy, 1770–1850*, Oxford 1981.

7 Eine ausgezeichnete Studie über die städtische Regierung während der Revolution ist Christiane Derobert-Ratels Buch *Institutions et vie municipale à Aix-en-Provence sous la Révolution, 1789 – an VIII*, Aix-en-Provence 1981.

8 Dieses Motiv hat François Furet überzeugend in seinem Buch *Penser la Révolution française*, Paris 1978, beschrieben; deutsch: *1789 – Vom Ereignis zum Gegenstand der Geschichtswissenschaft*, Frankfurt und Berlin 1980, S. 63: »Die Französische Revolution ist jene Gesamtheit von neuen Praktiken, die den politischen Bereich mit politischen Bedeutungen überfrachten.« Furet analysiert jedoch kaum, worin diese »neuen Praktiken« bestanden haben.

9 Michel Foucaults Analyse der Macht birgt in diesem Zusammenhang größere Möglichkeiten als die Tocquevillesche, doch Foucault untersucht die Macht nirgendwo in ihrer politischen Bedeutung. Im vorliegenden Kapitel habe ich so etwas wie eine Foucaultsche Analyse der Politik als Schaffung neuer Strategien und Taktiken der Machtausübung versucht. Die Französische Revolution ist in meinen Augen ein besonders hervorragendes Beispiel für diesen Prozeß. Zu Foucaults Definition von Macht siehe sein Buch *Histoire de la sexualité. 1: La volonté de savoir*, Paris 1976; deutsch; *Sexualität und Wahrheit. Der Wille zur Macht*, Frankfurt 1977, insbesondere S. 101 ff.

10 Public Record Office, London, FO 27, France, 32, May–August 1789, letter no. 39.

11 Ebenda, letter no. 42.

12 Ebenda, letter no. 39 (16 July 1789). Dorset behauptete, Grün sei durch Rot und Weiß ersetzt worden, weil dies die Farben des Herzogs von Orléans waren. Die meisten nehmen jedoch an, daß die dreifarbige Kokarde oder Rosette die Farben der Monarchie mit denen der Stadt Paris verband. Siehe zum Beispiel Albert Mathiez, *Les Origines des cultes révolutionnaires, 1789–1792*, Paris 1904, S. 30. Aus welchem Grunde die Farbzusammenstellung auch zustande gekommen sein mag, jedenfalls ist die Kokarde ein gutes Beispiel für jene Erfindung revolutionärer Symbole, die Mathiez folgendermaßen beschreibt: »Die revolutionäre Sym-

bolik, die sich gleichsam zufällig, ohne vorgefaßte Idee und ohne Gesamtplan mit bemerkenswerter Spontaneität in den Jahren 1789, 1790 und 1791 entwickelte, war das gemeinsame Werk der Bourgeoisie und des Volkes« (S. 29).

13 Zitat aus dem Artikel »Détails du 3 au 10 octobre 1789: Conjuration formée par les aristocrates contre notre liberté: Preuves et suite de cette conjuration«, *Révolutions de Paris*, Nr. 13 (dem Artikel war der Stich aus Abbildung 4 beigegeben), Band 1.

14 Mona Ozouf, *La Fête révolutionnaire, 1789–1799*, Paris 1796, S. 280–290.

15 Zur Ausbreitung revolutionärer Symbole generell siehe Maurice Dommanget, »Le Symbolisme et le prosélytisme révolutionnaire à Beauvais et dans l'Oise«, *Annales historiques de la Révolution française* 2 (1925), S. 131–150; 3 (1926), S. 47–58, S. 345–362; 4 (1927), S. 127–134, 5 (1928), S. 46–47, S. 442–456; 6 (1929), S. 372–391; 7 (1930), S. 41–53, S. 411–422.

16 Ebenda, 3 (1926).

17 Mona Ozouf, *La Fête révolutionnaire*, a.a.O. Siehe auch Michel Vovelle, *Les Métamorphoses de la fête en Provence de 1750 à 1820*, Paris 1976.

18 Anonym, *Description de la Fête du Pacte fédératif, du 14 juillet, fixée par la ville, avec le réglement de la police*, Paris o. J.

19 Die vollständigste Interpretation der revolutionären Ikonographie findet sich bei Jules Renouvier, *Histoire de l'art pendant la Révolution considéré principalement dans les estampes*, Paris 1863. Siehe auch Maurice Dommanget, »Le Symbolisme ...«, a.a.O.

20 David Lloyd Dowd, *Pageant-Master of the Republic: Jacques-Louis David and the French Revolution*, Lincoln, Neb., 1948.

21 Jules Renouvier, *Histoire de l'art pendant la Révolution*, a.a.O., S. 401.

22 Michel Hennin, *Histoire numismatique de la Révolution française*, 2 Bände, Paris 1826, Band 1, S. 32 f.

23 Maurice Agulhon, *Marianne au combat: L'Imagerie et la symbolique républicaine de 1789 à 1880*, Paris 1979.

24 Mit diesen Worten beschrieb ein Beobachter des Föderationsfestes im Jahre 1790 »cette fête bisarre [sic] instituée à l'avènement au trône« (diese seltsame Krönungszeremonie). Anonym, *Description fidèle de tout ce qui a précédé, accompagné et suivi la cérémonie de la Confédération nationale du 14 juillet 1790*, Paris o. J.

25 Meine Parallelen zur religiösen Gegenreformation stützen sich auf Keith Phillip Luria, »Territories of Grace: Seventeenth-Century Religious Change in the Diocese of Grenoble«, Dissertation (Ph. D.), University of California, Berkeley 1982.

26 Siehe die Analyse in F.-A. Aulard, *Le Culte de la Raison et le culte de l'Etre Suprême (1793–1794)*, Paris 1892. Siehe auch M. J. Guillaume (Hg.), *Procès-verbaux du Comité d'Instruction publique de la Convention Nationale*, Band 2: 3 juillet 1793 – 30 brumaire an II (20. November 1793), Paris 1894, S. 803–806.

27 Nach Guillaume (*Procès-verbaux du Comité d'Instruction publique*, a.a.O.) war die einzige gute Beschreibung des Festes die in den *Révolutions de Paris;* sie wird Momoro zugeschrieben, einem Departementsadministrator und Mitorganisator des Festes. Zitat aus M. J. Guillaume (Hg.), *Procès verbaux du Comité d'Instruction publique*, a.a.O., Band 2, S. 805.

28 Die Entscheidung der Kommune wurde mitgeteilt im *Feuille du salut public*, Zitat ebenda, S. 803 f.

29 In der Provinz markierten die Feste zu Ehren der Vernunft den Höhepunkt der Dechristianisierungskampagne. Häufig wurden sie begleitet vom öffentlichen Abfall einiger Priester, von Priesterhochzeiten, dem Verbrennen religiöser Bücher und Gegenstände, kurz: von gezielten Angriffen auf den Katholizismus und von Bemühungen um die Schaffung eines neuen, weltlichen Kultes. Eine detaillierte Beschreibung findet sich bei F.-A. Aulard, *Le Culte de la Raison . . .*, a.a.O., S. 112–194.

30 Mona Ozouf, *La Fête révolutionnaire*, a.a.O., S. 116 f.

31 *Les Révolutions de Paris*, Nr. 215 (23–30 brumaire an II), Band 17.

32 Judith Schlanger, »La Représentation du bien«, wiederabgedruckt in dies., *L'Enjeu et le débat*, Paris 1979, insbesondere S. 123–127.

33 Archives municipales, Toulouse, 2D4, »Correspondance de l'administration municipale«, Brief vom 7. Prairial des Jahres VII. Zur Geschichte der Statue siehe Abbé Degert, »Origine de la Vierge noire de la Daurade«, *Bulletin de la Société archéologique du Midi de la France* 31 (1903), S. 355–358.

34 Archives nationales, F^7 3677^9, Police générale, Gironde, »Arrêté de l'administration centrale du département de la Gironde, qui prohibe les Masques et les Travestissements: Séance du 21 nivôse an V de la République française, une et indivisible«.

35 Archives nationales, C 400 (no. 290), 402 (no. 327), 432 (no. 175).

36 Brief von Jacques Vasse an die örtliche rechtsgerichtete Zeitung, *L'Anti-Terroriste, 2 messidor an III* (20. Juni 1795).

37 *Rapport sur l'instruction publique considéré dans son ensemble, suivi d'un projet de décret . . . présentés à la Convention Nationale, au nom du comité d'instruction publique, par G. Romme*, Paris 1793.

38 Die beste Zusammenfassung zur Gesetzgebung bezüglich der Grundschulbildung findet sich bei Maurice Gontard, *L'Enseignement primaire en France de la Révolution à la loi Guizot (1789–1833)*, Lyon 1959, S. 79–188.

39 Eine allgemeine Diskussion zur Frage der Katechismen findet sich bei Jean-François Chassaing, »Les Manuels de l'enseignement primaire de la Révolution et les idées révolutionnaires«, in Jean Morange und Jean-François Chassaing, *Le Mouvement de réforme de l'enseignement en France, 1760–1798*, Paris 1974, S. 97–184. Siehe auch Emmet Kennedy, »The French Revolutionary Catechisms: Ruptures and

Continuities with Classical, Christian, and Enlightenment Moralities«, *Studies on Voltaire and the Eighteenth Century* 199 (1981), S. 353–362.

40 Zur historischen Realität der Schulausbildung siehe G. Chianéa, »L'Enseignement primaire à Grenoble sous la Révolution«, *Cahiers d'histoire* 17 (1972), S. 121–160. Eine in jeder Hinsicht positivere Beurteilung der diesbezüglichen Errungenschaften der Revolution findet sich bei Emmet Kennedy und Marie-Laurence Netter, »Les Ecoles primaires sous le Directoire«, *Annales historiques de la Révolution française* 53 (1981), S. 3–38.

41 Jean-Paul Bertaud, *La Révolution armée: Les Soldats-Citoyens et la Révolution française*, Paris 1979, S. 194–229.

42 Marc Martin, *Les Origines de la presse militaire en France à la fin de l'Ancien Régime et sous la Révolution (1770–1799)*, Paris 1975, S. 149–227.

43 Der Leutnant forderte vor allem den *Père Duchesne* und *L'Ombre de Marat* an; siehe Arthur Chuquet, *Lettres de 1793*, Paris 1911, S. 162 f.

44 Archives nationales, F^{1C} III Vendée 7, Correspondance et divers, 1789–1815, Brief vom 28. Prairial des Jahres VI.

45 Eine kurze Darstellung findet sich bei Serge Bianchi, *La Révolution culturelle de l'an II*, a.a.O., S. 198–203. Nach dem Revolutionskalender begann das Jahr am 22. September. In den Jahren VIII und IX am 23. September. Die Monatsnamen lauteten (angefangen mit September): Vendémiaire, Brumaire, Frimaire, Nivôse, Pluviôse, Ventôse, Germinal, Floréal, Prairial, Messidor, Themidor und Fructidor. Die fünf zusätzlichen Tage (jeder Monat hatte 30 Tage) nannte man *jours complémentaires*. Im Jahr II wurden sie als *sans-culottides* gefeiert.

46 M. J. de Rey-Pailhade, »Etude historique sur l'emploi du calendrier républicain et sur le temps décimal à Toulouse pendant la Révolution«, *Bulletin de la Société de Géographie de Toulouse* 27 (1908), S. 429–457.

47 Lynn Hunt, *Revolution and Urban Politics in Provincial France: Troyes and Reims, 1786–1790*, Stanford 1978, S. 81 f.

48 Das Departement Gers zum Beispiel erließ im November 1793 eine ausführliche Verordnung über den Lehrplan an Grundschulen; siehe G. Brégail, *L'Instruction publique dans le Gers pendant la période révolutionnaire*, Auch 1899, S. 3–6.

49 Pierre Bécamps, »La Société patriotique de Bordeaux (1790–1792)«, *Actes du 82e Congrès-National des sociétés savantes. Bordeaux 1957*, Paris 1958, S. 255–283, insbesondere S. 257.

50 Siehe Michel Foucaults Analyse in seinem Buch *Surveiller et punir. La naissance de la prison*, Paris 1975; deutsch: *Überwachen und Strafen. Die Geburt des Gefängnisses*, Frankfurt 1976, insbesondere S. 173–250. Die Mikrotechniken der politischen Machtausübung lassen sich mit Foucaults »tausend kleinen Züchtigungstheatern« (ebenda,

S. 145) vergleichen, sofern man dabei berücksichtigt, daß diese Techniken während der Französischen Revolution ein ebenso großes Potential zur Befreiung wie zur Einkerkerung besaßen.

51 Maximilien Robespierre, *Œuvres*, Band 10, a.a.O., S. 278.

52 Zitiert nach Alfred Cobban, »The Political Ideas of Robespierre, 1792–5«, in ders., *Aspects of the French Revolution*, New York 1968, S. 192.

53 Madame de Staël, *Des Circonstances actuelles qui peuvent terminer la Révolution et des principes qui doivent fonder la République en France*, herausgegeben von John Viénot, Paris 1906, S. 33.

54 Judith Schlanger, »Le Peuple au front gravé«, in dies., *L'Enjeu et le débat*, a.a.O., S. 163 f.

55 Zum Verhältnis zwischen Worten und Bildern siehe Roland Barthes, »Rhéthorique de l'image«, in ders., *L'obvie et l'obtrus. Essais critiques* 3, Paris 1982, S. 25–42.

56 *Costume de Cérémonie de Messieurs les Députés des trois Ordres aux Etats-généraux*, Paris 1789.

57 John Moore, *A View of the Causes and Progress of the French Revolution*, 2 Bände, London 1795, Band 1, S. 150.

58 Mit der religiösen Tracht befaßte man sich im Oktober und November 1790 sowie im März und August 1792. Der Erlaß über die Schärpe der städtischen Beamten kam am 20. März 1790 heraus. Siehe dazu Yves-Claude Jourdain, *Table générale alphabétique des matières contenues dans les décrets rendus par les assemblées nationales de France, depuis 1789, jusqu'au 18 brumaire an 8*, Paris an X.

59 Jennifer Harris, »The Red Cap of Liberty: A Study of Dress Worn by French Revolutionary Partisans, 1789–1794«, *Eighteenth-Century Studies* 14 (1981), S. 283–312.

60 Ebenda, S. 299. Archives nationales, AF II 66, Comité de Salut Public, Esprit public, Dossier 489: »Arts, Caricatures, Costume national, 1793 – an III«, no. 15, unterschrieben von Barére, Collot d'Herbois, Prieur, Carnot, Billaud-Varenne und Robespierre.

61 Jennifer Harris, »The Red Cap of Liberty ...«, a.a.O., S. 307.

62 Archives nationales, AF II 66, no. 19.

63 Jennifer Harris, »The Red Cap of Liberty ...«, a.a.O., S. 307.

64 Archives nationales, AF II 66, no. 40–50.

65 Der Deputierte Boissier eröffnete die Sitzung mit einem neuen Vorschlag des Comité d'Instruction publique bezüglich der Amtstracht, doch man warf dem Entwurf vor, daß er der Kleidung der Jakobiner ähnele. Chénier erklärte, die übliche Kleidung sei nicht ausreichend: »Gemälde und Statuen ertrügen niemals unsere heutige Kleidung, der es an Opulenz und Faltenwurf mangelt. Diese Eigenheit unserer Kleidung hätte die Ausführung des schönen Gemäldes ›Der Treueschwur im Jeu de Paume‹ beinahe unmöglich gemacht.« Chéniers Auffassung enthüllt viel von dem Denken, das hinter der Auseinandersetzung um die Amtstracht stand; die Deputierten hielten es für erforderlich, sich als große Männer zu kleiden,

und das war nur möglich in Kostümen aus alter Zeit. Nach Chéniers Ansprache entschied der Konvent sich für Grégoires Entwurf. *Réimpression de l'Ancien Moniteur* 26, S. 165, 12 brumaire an IV (3. November 1795).

66 *Du Costume des fonctionnaires publiques: Rapport fait par Grégoire (Séance du 28 fructidor an III).*

67 Ebenda.

68 Ebenda.

69 Archives nationales, C 519 (no. 194), »Extrait du procès-verbal des séances du Conseil des Cinq-Cents«, 29 brumaire an VI.

70 Die Umhänge wurden versehentlich in Lyon als englische Konterbande beschlagnahmt. Archives nationales, C 521 (no. 225), »Résolutions du Conseil des Cinq-Cents approuvées par le Conseil des Anciens«, 27 nivôse an VI.

71 *Réimpression de l'Ancien Moniteur* 29, S. 158, 3 ventôse an VI (21. Februar 1798).

72 Henri Meister, *Souvenirs de mon dernier voyage à Paris (1795)*, Paris 1910, S. 106.

73 Mitgeteilt im *Moniteur* vom 15. Frimaire des Jahres VII (5. Dezember 1798) und vom 7. Nivôse des Jahres VII (27. Dezember 1798).

74 Gezeichnet Beauvert, an VI.

75 *Rapport sur les inscriptions des monuments publiques, par le citoyen Grégoire (séance du 22 nivôse an 2).*

76 Joseph Butwin, »The French Revolution as Theatrum Mundi«, *Research Studies* 43 (1975), S. 141–152, insbesondere S. 144 f.

77 Die Sitzungen der beiden Räte waren zwar öffentlich, doch die Zahl der Zuschauer war auf die Hälfte der Deputiertenzahl beschränkt. *Projet de Constitution pour la République française et discours préliminaire prononcé par Boissy-d'Anglas, au nom de la Commission des Onze, dans la séance du 5 Messidor an III*, Niort o. J., S. 93 f.

Anmerkungen zum dritten Kapitel

1 Clifford Geertz, »Centers, Kings, and Charisma: Reflections on the Symbolics of Power«, in Joseph Ben-David und Terry Nichols Clark (Hg.), *Culture and its Creators: Essays in Honor of Edward Shils*, Chicago 1977, S. 150–171.

2 Ebenda; sowie Edward Shils, *Center and Periphery: Essays in Macrosociology*, Chicago 1975.

3 Damit will ich nicht sagen, daß der kulturelle Rahmen des Ancien régime statisch gewesen wäre, denn auch er machte eine lange Entwicklung durch. Siehe zum Beispiel Ernst H. Kantorowicz, *The King's Two Bodies: A Study in Mediaeval Political Theology*, Princeton 1957. Kantorowicz zeigt, welche zentrale Bedeutung der Leib des Königs im kulturellen

Rahmen der Monarchie besaß; er stand im Mittelpunkt des größten Teils der »politischen« Diskussion.

4 *Gazette de Paris*, 6. Januar 1792.

5 Ebenda.

6 Archives Parlementaires, 1ère serie, 52, S. 81 (Hervorhebungen von mir).

7 Ebenda (Hervorhebungen im Original).

8 Der *Moniteur* erwähnte diesen Beschluß über das Siegel erst am 26. September, und dann berichtete er auch nur, das »Staatssiegel wird ein Rutenbündel mit einer Freiheitsmütze darauf« tragen; die weibliche Figur erwähnte die Zeitung nicht; *Réimpression de l'Ancien Moniteur* 14, 26. September 1792. Die Darstellung im *procès-verbal* stimmt mit der in den *Archives Parlementaires* überein; in beiden Berichten bleibt allerdings das Steuerruder, das auf dem Siegel erscheint, unerwähnt. Siehe jedoch die Darstellung bei Maurice Agulhon, *Marianne au combat: L'Imagerie et la symbolique républicaine de 1789 à 1880*, Paris 1979, S. 29.

9 Corps législatif, *Rapport fait au Conseil des Cinq-Cents, sur les sceaux de la République, par Grégoire: Séance du 11 pluviôse an IV* (31. Januar 1796).

10 Zitiert nach E. H. Gombrich, »The Dream of Reason: Symbolism of the French Revolution«, *British Journal for Eighteenth-Century Studies* 2 (1979), S. 190. Das Zitat stammt aus einem Artikel in den *Annales Patriotiques*.

11 *Rapport ... sur les sceaux ... 11 pluviôse an IV*, a.a.O.

12 Maurice Agulhon, »Esquisse pour une archéologie de la République: L'Allégorie civique féminine«, *Annales: Economies. Sociétés. Civilisations* 28 (1973), S. 5–34; und ders., *Marianne au combat ...*, a.a.O.

13 Hannah Mitchell, »Art and the French Revolution: An Exhibition at the Musée Carnavalet«, *History Workshop Journal* 5 (1978), S. 123–145; und Lynn Hunt, »Engraving the Republic: Prints and Propaganda in the French Revolution«, *History Today* 30 (1980), S. 11–17.

14 Hier stimme ich nicht mehr mit Agulhons ansonsten bewundernswerter Analyse überein. Er stellt Marianne als eine nahezu unvermeidliche Figur dar.

15 Der Ausschuß für Volksbildung und der Ausschuß für das Geldwesen sollten bei der Frage der Siegel und Münzen zusammenarbeiten. Zunächst favorisierte der Ausschuß für Volksbildung den Verfassungsbogen und der Ausschuß für das Geldwesen die weibliche Figur. Davids Vorschlag beendete den Streit zumindest für eine gewisse Zeit. M. J. Guillaume (Hg.), *Procès-verbaux du Comité d'Instruction publique de la Convention Nationale*, Band 2: 3 juillet 1793 – 30 brumaire an II (20. November 1793), Paris 1894, S. 667 f., 714, 742, 772, 778 f., 808–811.

16 Ebenda, Band 3: 1 frimaire an II (21. November 1793) – 30 ventôse an II (20. März 1794), Paris 1897, S. 465, 493, 499; sowie Band 4: 1er germi-

nal an II (21. März 1794) – 11 fructidor an II (28. August 1794), Paris 1901, S. 107–110.

17 Die Sammlung Dupré in den nichtzugänglichen Beständen des Musée Carnavalet bildete die wesentliche Grundlage für dieses Kapitel.

18 Archives nationales, Sammlung der *Bulletins des lois*. Das Siegel ähnelt in allen ikonographischen Aspekten der Dupréschen Skizze in Abbildung 12.

19 *Procès-verbaux du Comité d'Instruction publique*, Band 2, a.a.O., S. 779 (Davids Rede vom 17. Brumaire des Jahres II (7. November 1793). Eine etwas abweichende Version geben die *Révolutions de Paris*, Nr. 217 (10–18 frimaire an II): »Dieses Bild, das Volk, das sich erhoben hat, darstellend, sollte in der Hand jene schreckliche und reale Keule halten, für die die Keule des antiken Herkules allenfalls das Symbol war.«

20 *Recueil complet de tout ce qui s'est passé à la Fête de l'Unité et l'Indivisibilité de la République Française*, Paris o. J., Bibliotheque nationale, unter 8° Z Le Senne 9.438. In seinem ersten Teil gibt das Pamphlet Davids Programm für das Fest wieder.

21 Marc-René Jung, *Hercule dans la littérature française du XVIe siècle: De l'Hercule courtois à l'Hercule baroque*, Genf 1966, insbesondere S. 129–131. Siehe auch Leopold D. Ettlinger, »Hercules Florentinus«, *Mitteilungen des Kunsthistorischen Institutes in Florenz* 16 (1972), S. 119–142, insbesondere S. 127.

22 *Mémoires et Journal de J.-G. Wille, graveur du Roi*, 2 Bände, Paris 1857, Band 2, S. 387.

23 Ebenda.

24 *Procès-verbaux du Comité d'Instruction publique*, Band 2, a.a.O., S. 775–782. Zum allgemeinen historischen Hintergrund siehe Georges Lefebvre, *La Révolution française*, Paris 1963, insbesondere das zweite Kapitel.

25 Eine kurze Darstellung findet sich bei Serge Bianchi, *La Révolution culturelle de l'an II: Elites et peuple (1789–1799)*, Paris 1982, S. 198–203.

26 *Procès-verbaux du Comité d'Instruction publique*, Band 2, a.a.O., S. 806–811.

27 Ebenda, S. 778 f. und 806–811.

28 Maximilien Robespierre, »Sur les rapports des idées religieuses et morales avec les principes républicains, et sur les fêtes nationales«, *Œuvres de Maximilien Robespierre*, Band 10, Discours: 27 juillet 1793–27 juillet 1794, Paris 1967, S. 455.

29 Das Zitat stammt aus einer Deklaration Fouchés an die Bürger des Departements Aube vom 29. Juni 1793 (Troyes); *Archives Parlementaires* 68, S. 73 (Sitzungsberichte des Nationalkonvents, 2. Juli 1793).

30 Jean Mistler, François Blaudez und André Jacquemin, *Epinal et l'imagerie populaire*, Paris 1961.

31 Der Bogen wird beschrieben in Lawrence M. Bryant, »*Parlementaire* Political Theory in the Parisian Royal Entry Ceremony«, *Sixteenth Century*

Journal 7 (1976), S. 15–24. Ich danke dem Autor für diesen Hinweis. Dieses frühe Auftreten der Herkulesfigur ist nicht erwähnt in J.-B. Gaignebet, »Essai sur le cheminement d'Hercule au cours de l'histoire de France«, *Provence historique* 25 (1975), S. 111–124.

32 Marc-René Jung, *Hercule dans la littérature française*, a.a.O., insbesondere S. 73–93.

33 J.-B. Gaignebet, »Essai sur le cheminement d'Hercule...«, a.a.O., S. 121.

34 Ebenda. Das war nicht Duprés einziger Beitrag zur Kunst der amerikanischen Revolution. Siehe die Medaille, die bei Joshua C. Taylor, *The Fine Arts in America*, Chicago 1979, S. 30, abgebildet ist. Zu Duprés vorrevolutionärer Karriere siehe Charles Saunier, *Augustin Dupré: Orfèvre, Médailleur, et Graveur-Général des Monnaies*, Paris 1894.

35 Frank H. Sommer, »Emblem and Device: The Origin of the Great Seal of the United States«, *Art Quarterly* 24 (1961), S. 57–76, insbesondere S. 65–67.

36 Ebenda, S. 73 f.

37 Bibliothèque nationale, Réserve. *Iconologie ou Traité de la Science des Allégories à l'usage des Artistes en 350 Figures, Gravées, d'après les dessins de M. M. Gravelot et Cochin: Avec les explications relatives à chaque sujet*, Paris o. J. Nach dem »Avis de l'Editeur« wurde das Werk 1791 veröffentlicht.

38 Ebenda, Band 2, S. 55. Die weibliche Darstellung der »Kraft« erscheint als Pik-Dame in einem revolutionären Kartenspiel, das 1792 herauskam; siehe Henri-René d'Allemagne, *Les Cartes à jouer, du XIVe siècle au XXe siècle*, 2 Bände, Paris 1906, Band 1, S. 131.

39 Zitiert nach Jane Abray, »Feminism in the French Revolution«, *American Historical Review* 80 (1975), S. 57. Siehe auch Darline Gay Levy, Harriet Branson Applewhite und Mary Durham Johnson, *Women in Revolutionary Paris, 1789–1795*, Urbana, Ill., 1979. Levy hat mich erstmals auf diese Tatsache aufmerksam gemacht und darauf hingewiesen, daß ein Zusammenhang zum Erscheinen der Herkulesfigur bestehen könnte. Eine provokante Auffassung hinsichtlich einer ähnlich revolutionären Situation im Jahre 1848 findet sich bei Neil Hertz, »Medusa's Head: Male Hysteria under Political Pressure«, *Representations* 4 (1983), S. 27–54.

40 Siehe zum Beispiel Geneviève Bollème, *La Bibliothèque bleue: Littérature populaire en France du XVIIe au XIXe siècle*, Paris 1971.

41 Auguste Prudhomme, *Histoire de Grenoble*, Grenoble 1888, S. 640 f. Dieselbe Darstellung findet sich bei Albin Gras, *Deux années de l'histoire de Grenoble, depuis la suspension de Louis XVI (10 août 1792) jusqu'à la chute de Robespierre (9 thermidor an II)*, Grenoble 1850, S. 65 f.

42 Einige interessante Bemerkungen zum Maibaum finden sich in J. Boutier, »Jacqueries en pays croquant: Les Révoltes paysannes en Aquitaine (décembre 1789 – mars 1790)«, *Annales: Economies. Sociétés. Civilisations* 34 (1979), S. 760–786, insbesondere S. 764.

43 Ebenda.

44 In seiner ersten Rede vor dem Konvent am 7. November 1793 erwähnte David die Inschrift »Arbeit« nicht; jedenfalls steht davon nichts in dem Bericht des *Moniteur*. Doch zehn Tage später heißt es in dem offiziellen Erlaß: »auf den Händen Arbeit«; *Procès-verbaux du Comité d'Instruction publique*, Band 2, a.a.O., S. 778 f. Bei Judith Schlanger findet sich eine faszinierende Diskussion der »ideographischen Dimension des geschriebenen Wortes« in ihrem Aufsatz über diesen Aspekt des Davidschen Entwurfs: »Le peuple au front gravé«, in dies., *L'Enjeu et le débat*, Paris 1979, S. 155–168.

45 Maximilien Robespierre, »Rapport sur les principes de morale politique qui doivent guider la Convention nationale dans l'administration intérieure de la République«, 5. Februar 1794, *Œuvres*, Band 10, a.a.O.

46 Colin Lucas, »Nobles, Bourgeois and the Origins of the French Revolution«, *Past and Present* 60 (1973), S. 84–126, insbesondere S. 88.

47 *Recueil complet de tout ce qui s'est passé ...*, a.a.O.

48 *Révolutions de Paris*, Nr. 217 (10–18 frimaire an II). Später erschienen zu diesem Text auch Stiche, die in die gebundenen Bände eingefügt wurden.

49 »Die Sansculotten, selbst wenn sie in anderen Dingen eine freiere Auffassung vertraten, schlossen sich hierin dem Standpunkt der Jakobiner an, daß die Frauen in die ›eng umgrenzte Sphäre des Haushalts‹ eingeschlossen bleiben müßten«; Albert Soboul, *Les Sans-Culottes parisiens en l'an II*, 2. Ausgabe, Paris 1962; deutsch: *Französische Revolution und Volksbewegung: Die Sansculotten*, herausgegeben von Walter Markov, Frankfurt 1978, S. 125.

50 Ein Wettbewerb um diverse Monumente, darunter auch die »Figur des französischen Volkes« aus dem Fest vom 10. August, wurde zwar ausgeschrieben, zu einer abschließenden Wertung kam es jedoch nicht. Am 29. November 1794, mehrere Monate nach dem Sturz Robespierres, schlug Thibaudeau vor, die Künstler sollten selbst eine Jury benennen. Obwohl dieser Vorschlag angenommen wurde, kam er meines Wissens nie zur Ausführung. Siehe *Procès-verbaux du Comité d'Instruction publique*, Band 4: 1 germinal an II (21 mars 1794) – 11 fructidor an II (28 août 1794), S. 253–258.

51 M. Chastonnet-Desfosses, *Paris en 1794: La Fête de l'Etre suprême*, Paris 1883, Bibliothèque nationale, 8° Le Senne 6790.

52 Eine detaillierte Liste der Ausgaben für das Fest des höchsten Wesens umfaßt auch 12 Tage Maurerarbeiten für die Fundamentierung und Aufstellung der Figur auf der Säule links des Berges. Wer immer die Figur geschaffen haben mag, dieser Bericht zeigt, daß es sich um eine Version der Davidschen Figur gehandelt hat; siehe Archives nationales, F^{16} I 84, *Fêtes publiques*, an II – an IV, dossier II, 14 juillet (26 messidor an II).

53 Im Florenz der Renaissance wurde Herkules häufig mit dem biblischen David in Verbindung gebracht; siehe Leopold D. Ettlinger, »Hercules

Florentinus«, a.a.O. Überdies war David ein großer Bewunderer Michelangelos; siehe David Lloyd Dowd, *Pageant-Master of the Republic: Jacques-Louis David and the French Revolution*, Lincoln, Neb., 1948, S. 10.

54 Bronislaw Baczko, *Lumières de l'Utopie*, Paris 1978, S. 361 f. Nach den Stichen zu urteilen, folgte das Dekor des Siegesfestes in etwa dem einige Monate zuvor abgehaltenen Fest des höchsten Wesens. Siehe dazu den Stich, der als Abbildung 34 in dem Buch von Marie-Louise Biver, *Fêtes révolutionnaires à Paris*, Paris 1979, wiedergegeben ist.

55 Ebenda, S. 101.

56 *Procés-verbaux du Comité d'Instruction publique*, Band 6: 6 germinal an III (26 mars 1795) – 4 brumaire an IV (26 octobre 1795), Paris 1907, S. 818, 861, 869.

57 *Rapport ... sur les ... sceaux ... 11 pluviôse an IV*, a.a.O.

58 Siehe zum Beispiel *Procès-verbal des séances du Conseil des Cinq-Cents, nivôse an IV*, Paris o. J. Von Anfang an hatte man während der Revolution ein Gutteil der abstrakten Symbole bewußt oder unbewußt freimaurerischen Quellen entnommen; siehe Jules Renouvier, *Histoire de l'Art pendant la Révolution considéré principalement dans les estampes*, Paris 1863.

59 Michel Hennin, *Histoire numismatique de la Révolution française*, 2 Bände, Paris 1826, Band 1, S. 519 f.

60 Ebenda, S. 519.

61 *Journal des débats*, Bericht über die Sitzung des Conseil des Cinq-Cents vom 3. Floréal des Jahres VI.

62 Ebenda, Bericht über die Sitzung des Conseil des Anciens vom 27. Messidor des Jahres VI.

63 Ebenda. Siehe auch die Diskussion am 12. Messidor des Jahres VI. Die Münze mit dem Herkules war mindestens bis ins Jahr IX im Umlauf; siehe P. Ciani, *Les Monnaies françaises de la Révolution à la fin du premier empire, 1789–1815*, Paris 1931, S. 122.

64 Barbara Ernst, *Les Monnaies Françaises depuis 1848: Die Französischen Münzen seit 1848*, Braunschweig 1968, S. 20, 33, 54. In dieser späteren Zeit wurde Duprés ursprünglicher Entwurf zumeist ohne größere Veränderungen übernommen; nur die Inschrift »Einheit und Stärke« ersetzte man durch »Freiheit, Gleichheit, Brüderlichkeit«.

65 Eric Hobsbawm, »Man and Woman in Socialist Iconography«, *History Workshop Journal* 6 (1978), S. 121–138.

66 Siehe die Kritik von Maurice Agulhon sowie von Sally Alexander, Anna Davin und Eve Hostettler in *History Workshop Journal* 8 (1979), S. 167–182.

67 Eric Hobsbawm, »Man und Woman in Socialist Iconography«, a.a.O., S. 129.

68 John Foster, *Class Struggle and the Industrial Revolution: Early Industrial Capitalism in Three English Towns*, London 1974, S. 101.

69 Gustave Flaubert, *L'Education sentimentale*, Paris 1869; deutsch: *Lehrjahre des Herzens*, München 1957, S. 39.

70 Agulhons Kritik an Hobsbawm erinnert an zahlreiche Themen aus seinem Buch *Marianne au combat*, a.a.O.: »On Political Allegory: A Reply to Eric Hobsbawm«, *History Workshop Journal* 8 (1979), S. 167–173.

71 Im französischen Original: Gustave Flaubert, *L'Education sentimentale*, a.a.O., S. 49; deutsch: *Lehrjahre des Herzens*, a.a.O., S. 39.

72 Maximilien Robespierre, »Rapport sur les principes de morale politique qui doivent guider la Convention nationale dans l'administration intérieure de la République«, 5. Februar 1794, *Œuvres*, Band 10, a.a.O.

73 Die Erklärung dieser Allegorie findet sich in *Collection de Vinck*, Band 4: Napoléon et son temps, Paris 1969, S. 3 f.

74 Marie-Louise Biver, *Fêtes révolutionnaires*, a.a.O., S. 148.

Anmerkungen zum vierten Kapitel

1 Aus Edmund Burke, *Thoughts on French Affairs*, in A. Smith (Hg.), *Burke on Revolution*, New York 1968, S. 190. Zu Burkes Auffassung siehe J. G. A. Pocock, »The Political Economy of Burke's Analysis of the French Revolution«, *Historical Journal* 25 (1982), S. 331–349.

2 *Projet de Constitution pour la République française et discours préliminaire*, Paris an II, S. 7.

3 Lynn Hunt, David Lansky und Paul Hanson, »The Failure of the Liberal Republic in France, 1795–1799: The Road to Brumaire«, *Journal of Modern History* 51 (1979), S. 734–759.

4 Zitiert ebenda, S. 737.

5 Die Wahlverfahren werden beschrieben in Jacques Godechot, *Les Institutions de la France sous la Révolution et l'Empire*, 2. Ausgabe, Paris 1968. Die Schwierigkeiten einer Analyse der Wahlen hebt Jean-René Suratteau hervor: »Heurs et malheurs de la ›sociologie électorale‹ pour l'époque de la Révolution française«, *Annales: Economies. Sociétés. Civilisations* 28 (1968), S. 556–580.

6 Ein Vergleich mehrerer veröffentlichter Resultate findet sich in Melvin Edelstein, »Vers une ›sociologie électorale‹ de la Révolution française: Citadins et campagnards«, *Revue d'histoire moderne et contemporaine* 22 (1975), S. 508–529.

7 Siehe zum Beispiel Paul Bois, *Paysans de l'Ouest: Des structures économiques et sociales aux options politiques depuis l'époque révolutionnaire dans la Sarthe*, Le Mans 1960.

8 Im Jahre 1792 wurde das Wahlrecht auf nahezu alle erwachsenen Männer ausgedehnt. Nach 1795 wurden wieder bestimmte Vermögensvoraussetzungen für Wähler eingeführt; siehe Jacques Godechot, *Les Institutions de la France*, a.a.O. Doch auch mit diesen Beschränkungen und selbst unter der konstitutionellen Monarchie 1790–1791, als das Wahl-

recht an ein bestimmtes Steuerniveau geknüpft war, war das Wahlrecht während der Revolution sehr viel breiter als in der Zeit von 1800 bis 1847.

9 Michael L. Kennedy, *The Jacobin Clubs in the French Revolution: The First Years*, Princeton 1982, insbesondere S. 210–223. Isser Woloch, *Jacobin Legacy: The Democratic Movement under the Directory*, Princeton 1970, S. 241–271.

10 W. R. Fryer, *Republic or Restoration in France? 1794–97*, Manchester 1965.

11 Zu den Bemühungen der Regierung siehe Jean-René Suratteau, *Les Elections de l'an VI et le »coup d'état du 22 floréal«* (11. Mai 1798), Paris 1971.

12 Max Frey, *Les Transformations du vocabulaire français à l'époque de la Révolution (1789–1800)*, Paris 1925, S. 138–167.

13 Ferdinand Brunot, *Histoire de la langue française*, Band 9: La Révolution et l'Empire, S. 769 f.; und Max Frey, *Les Transformations du vocabulaire français*, a.a.O., S. 46.

14 Archives nationales, F^{1C} III Somme 9, Correspondance et divers, 1789 – an IX, Wahlpamphlet mit dem Titel »Aux Amis de la République«, gezeichnet Caron-Berquier, gedruckt im Departement Somme.

15 Ebenda, Pamphlet des Verfassungszirkels von Amiens, datiert vom 26. Pluviôse des Jahres VI, gezeichnet Caron-Berquier, Druckerei des Verfassungszirkels.

16 Mittels einer statistischen Methode, die als Diskriminantenanalyse bezeichnet wird, ist es möglich, die Ergebnisse der Parlamentswahlen aufzuzeigen (siehe Karte 1). Die Karte, die zusammen mit einer früheren Fassung dieses Kapitels in *The Journal of Interdisciplinary History* 14 (1984), S. 535–559, veröffentlicht wurde, verzeichnete nur jene Departements, die mit einem hohen Maß an Wahrscheinlichkeit eingeordnet werden konnten. Einundzwanzig Departements entfielen, weil Informationen zu einer der in die Diskriminantenanalyse aufgenommenen Variablen fehlten. In der vorliegenden Karte sind die Departements sämtlich der Kategorie mit der größten Wahrscheinlichkeit zugeordnet, auch wenn einzelne Variablen fehlten; die niedrigste Wahrscheinlichkeit betrug .63. Für die weitere Analyse wurden jedoch Departements mit fehlenden Variablen oder zu geringer Sicherheit der Zuordnung (< .99) ausgeschlossen. Siehe Tabellen 1–3. Wer sich für die technischen Aspekte der Analyse interessiert, sei auf den oben genannten Aufsatz verwiesen.

17 Alison Patrick, *The Men of the First French Republic: Political Alignments in the National Convention of 1792*, Baltimore 1972; und Jean-René Suratteau, *Les Elections de l'an VI*, a.a.O., mit Karten der Wahlergebnisse für die Jahre 1795, 1797 und 1798, S. 298–300.

18 Das statistische Verfahren nimmt alle diese Informationen über die Deputierten auf und setzt daraus eine Funktion oder mehrere Funktionen zusammen, welche die einzelnen Departements auf einem Kontinuum anordnen, so daß sie sich in verschiedene Gruppen unterteilen lassen.

Mit anderen Worten, die Delegation des Departements in der Gesetzgebenden Versammlung dient als Indikator für die politische Färbung des betreffenden Departements.

19 Jean-René Suratteau, *Les Elections de l'an VI*, a.a.O.

20 Die Diskriminantenanalyse zeigt, daß »links« und »rechts« keine künstlichen Kategorien sind, denn die mit diesem Verfahren abgeleiteten Funktionen waren statistisch signifikant. Das statistische Programmpaket für die Sozialwissenschaften, in dem die Diskriminantenanalyse nur ein Teilprogramm darstellt, führt zahlreiche Signifikanztests durch. Als Standardsignifikanzniveau wurde .05 verwendet. Siehe auch William R. Klecka, *Discriminant Analysis*, Sage University Papers Nr. 19, Beverly Hills 1980.

21 Eine Karte der Jakobinerklub-Gründungen zeigt, daß zahlreiche Klubs im Departement Nord, im Südwesten (und in gewissem Maße auch im Südosten) des Landes existierten; siehe Michel de Certeau, Dominique Julia und Jacques Revel, *Une politique de la langue: La Révolution française et les patois: L'Enquête de Grégoire*, Paris 1975, S. 37. Die Karte der parlamentarischen Tendenzen sollte auch verglichen werden mit Richard Cobbs Darstellung der politischen Geographie des »Ultrarassismus und revolutionären Extremismus«, die sich wie ein großer Halbmond von Perpignan und Toulouse bis zur Nièvre und von dort das Rhônetal hinunter erstreckten. Cobb beschreibt die Zeit der Schreckensherrschaft; sein Bild stimmt daher nicht ganz mit dem meinen überein. Doch sowohl die Karte der Verteilung des Jakobinertums als auch Cobbs Geographie des Extremismus zeigen, daß der Radikalismus vor allem im Süden beheimatet war. Siehe Richard Cobb, *The Police and the People: French Popular Protest, 1789–1820*, Oxford 1970, S. 127 f.

22 Hervé Le Bras und Emmanuel Todd, *L'Invention de la France: Atlas anthropologique et politique*, Paris 1981, Karte auf S. 348.

23 Siehe die Wahlergebnisse in *Le Monde* vom 16. Juni 1981, S. 6 f.

24 Die Diskriminantenanalyse zeigt, daß die politischen Loyalitäten bis in die Zeit der Ersten Republik zurückreichen. Die klassische Studie ist François Goguel, *Géographie des élections françaises de 1870 à 1951*, Paris 1951. Die provozierende Analyse von Le Bras und Todd, *L'Invention de la France*, a.a.O., bezieht die Erste Republik nicht mit ein. Die Autoren behaupten indessen, daß die politische Aufspaltung Frankreichs weit zurückreichende Ursprünge in regionalen Familienstrukturen habe. Sie unterscheiden drei Typen: Regionen mit Kernstrukturen (Normandie, die Region westlich von Paris, Champagne, Lothringen, Burgund, Franche-Comté, die Region um Orléans); Regionen mit komplexen Strukturen und geringer Kontrolle der Heiratsbeziehungen (Südwesten, Provence, Departement Nord) sowie Regionen mit komplexen Strukturen und kontrollierten Heiratsbeziehungen (Bretagne, Baskenland, der Süden des Zentralmassivs, Savoyen, Elsaß). Jedem dieser Typen entspricht eine politische Struktur: Den Kernfamilien entspricht das Streben nach Unabhängigkeit und Isolation; dem Komplex mit geringer Kon-

trolle der Heiraten entspricht der Wunsch nach Gemeinschaft und Abhängigkeit; dem Komplex mit starker Kontrolle der Heiraten entspricht das autoritäre Denken. Obwohl dieses Schema zahlreiche Probleme und einiges an künstlicher Analyse enthält, eröffnet es interessante Forschungsfragen. So scheint es, daß die rückständige Bretagne einige wichtige Unterschiede gegenüber dem rückständigen Südwesten aufwies, die politische Konsequenzen hatten. Die Familienstrukturen mögen da nur ein Beispiel gewesen sein. Eine monokausale Interpretation wie den Marxismus (Klassenkampf) durch eine andere monokausale Deutung (über die Familienstruktur) zu ersetzen ist zwar anregend, aber aus denselben Gründen ebenso unbefriedigend; so zeigt Karte 1, daß der Südwesten und die Provence sich trotz der Ähnlichkeiten in der Familienstruktur politisch nicht in identischer Weise entwickelten.

25 Siehe die Karte bei Maurice Agulhon, *1848 ou l'apprentissage de la République, 1848–1852*, Paris 1973, S. 174. Der Vergleich wird ausführlicher diskutiert in Lynn Hunt, »The Political Geography ...«, a.a.O. Der Vergleich mit 1848 ist deshalb aufschlußreich, weil sich die Wahlen in der Zweiten Republik wegen des umfassenden Wahlrechts noch am ehesten mit den Wahlen in der Ersten Republik vergleichen lassen. In den zwanziger und dreißiger Jahren des neunzehnten Jahrhunderts stellte das regionale Muster sich offenbar anders dar; siehe Thomas D. Beck, *French Legislators, 1800–1834*, Berkeley 1974; und Patrick-Bernard Higonnet, »La Composition de la Chambre des Députés de 1827 à 1831«, *Revue historique* 239 (1968), S. 351–378. Ein Vergleich mit der Zeit zwischen den beiden Republiken ist allerdings schwierig, weil das Wahlrecht sehr viel enger gefaßt war als in den Republiken. Die republikanische Linke war daher wahrscheinlich gar nicht vertreten, und die Opposition entsprach wohl der republikanischen Rechten.

26 Agulhon diskutiert die Revolutionszeit nicht ausführlich; deshalb bleiben die Gründe für den Wechsel im Departement Var unklar; siehe Maurice Agulhon, *La Vie sociale en Provence intérieure au lendemain de la Révolution*, Paris 1970; und ders., *La République au village*, Paris 1970.

27 Marcel Reinhard, *Le Département de la Sarthe sous le régime directorial*, St. Brieuc 1935.

28 Ein interessanter Versuch, die regionalen Unterschiede für die moderne Zeit zu erklären, findet sich bei William Brustein, »A Regional Mode-of-Production Analysis of Political Behavior: The Cases of Western and Mediterranean France«, *Politics and Society* 19 (1981), S. 355–398. Er stützt sich auf die Ergebnisse der nationalen Wahlen in den Jahren 1849, 1885, 1936 und 1978 und konzentriert sich dabei insbesondere auf die Ergebnisse der Rechten im Westen und die der Linken in den Mittelmeerdepartements. Dadurch verringert sich der Nutzen eines Vergleichs mit der Revolutionszeit, weil die Linke in den Gebieten zwischen diesen beiden Regionen am stärksten war. Brustein räumt selbst ein, daß sein Modell der Auswirkungen der Produktionsweise am besten für die Wahlen von 1936 und 1978 funktioniert (S. 396). Mit seiner Betonung der ratio-

nalen Kalkulation materieller Interessen steht er in deutlichem Widerspruch zu Yves-Marie Bercé, die in ihrem Buch *Croquants et Nu-pieds: Les Soulèvements paysans en France du XVIe au XIXe siècle*, Paris 1974, vor allem auf die Dauerhaftigkeit des regionalen Rebellentums im Südwesten hinweist. Die Karte der Bauernaufstände des siebzehnten Jahrhunderts überschneidet sich in beträchtlichem Maße mit der Karte der linken Wahlerfolge während der Revolution. Bercé selbst sagt allerdings nur wenig über die Revolutionszeit. Zu den Quellen für Tabelle 1 siehe im ersten Anhang: OATH, EMIPER, TERPER. Nur die Departements mit zuverlässigen Angaben tauchen hier in der Tabelle auf.

29 In manchen Regionen war die Religion allerdings tatsächlich ein Faktor; siehe Timothy Tackett, »The West in France in 1789: The Religious Factor in the Origins of the Counterrevolution«, *Journal of Modern History* 54 (1982), S. 715–745. Zu den Quellen für die Tabelle 2 siehe die Korrelationsmatrix im Anhang: DISTPAR, TOTLIT, URB1806, PCFONC.

30 r = –.04.

31 r = –.26 bzw. r = –.23.

32 Der Mittelwert stammt aus René LeMée (siehe die Korrelationsmatrix im Anhang, Erläuterung zu STADT1806). Der Durchschnitt für die 83 einbezogenen Departements beträgt 17 Prozent. Die durchschnittliche Urbanisierungsquote für ganz Frankreich betrug 18,8%.

33 33,3% für alle Departements. Der Alphabetisierungsgrad wurde als Durchschnitt der Alphabetisierung bei Männern und Frauen gebildet. Die Korrelation zwischen dem Alphabetisierungsgrad der Männer und dem Gesamtalphabetisierungsgrad liegt bei .98, die Korrelation zwischen dem Alphabetisierungsgrad der Frauen und dem Gesamtalphabetisierungsgrad bei .96.
Zu den Quellen für die Tabelle 3, siehe Anmerkungen 28 und 29.

34 Außerdem wiesen die Departements, die nach links wechselten, eine geringere landwirtschaftlich genutzte Fläche auf. Der Durchschnittswert betrug 42 000 Hektar bei den Departements, die nach links wechselten; 55 000 Hektar bei den linken Departements; 61 000 Hektar bei den rechten Departements und 53 000 Hektar bei den Departements, die nach rechts wechselten (siehe Korrelationsmatrix im Anhang unter AGERTRAG).

35 Edward Whiting Fox, *History in Geographical Perspective: The Other France*, New York 1971.

36 Charles Tilly, *The Vendée*, Cambridge, Mass., 1964.

37 Die Bedeutung der Urbanisierung wird ebenda hervorgehoben sowie in Gilbert Shapiro, John Markoff und Sasha R. Weitman, »Quantitative Studies of the French Revolution«, *History and Theory* 12 (1973), S. 163–191.

38 Siehe die Korrelationsmatrix im Anhang.

39 r = .64.

40 r = .41.

41 r = .41.

42 Archives nationales, F^{1C} III Vendée 7, Correspondance et divers, 1789–1815, Schreiben des Direktorialbeauftragten an die Departementsverwaltung vom 19. Ventôse des Jahres VI.

43 Einige erhellende Kommentare zu den Klientenbeziehungen innerhalb der föderalistischen Bewegung finden sich bei Richard Hanson, »The Federalist Revolt of 1793: A Comparative Study in Caen and Limoges«, Dissertation (Ph. D.), University of California, Berkeley 1981, insbesondere S. 337–423.

44 Zu Lyon siehe Archives nationales, F^7 6759, Police générale: Troubles à Lyon.

45 Archives nationales, F^7 6216, Affaires politiques, an V – 1830, no. 3963, »Conspiration de la Gironde«, Bericht des Polizeiministeriums an das Direktorium.

46 »Résumé des comptes-rendus au Ministre de l'Inérieur par les Commissaires du Directoire exécutif près les administrations centrales des départements, pendant le mois de floréal an VII«, wiederabgedruckt in Félix Rocquain, *L'Etat de la France au 18 brumaire*, Paris 1874, S. 380.

47 Albert Soboul, *Les Sans-culottes parisiens en l'an II*, 2. Ausgabe, Paris 1962; deutsch: *Französische Revolution und Volksbewegung: die Sansculotten*, herausgegeben von Walter Markov, Frankfurt 1978. Michel Vovelle berührt diese Frage nur kurz in seinem Aufsatz »Le Prolétariat flottant à Marseille sous la Révolution française«, *Annales de démographie historique* (1968), S. 111–138.

48 Gaston Ducannès-Duval, *Ville de Bordeaux: Inventaire-Sommaire des Archives municipales: Période révolutionnaire (1789 – an VIII)*, 4 Bände, Bordeaux 1896–1929, Band 3, S. 37 (Dokument mit Datum vom 8. Vendémaire des Jahres V).

49 Siehe zum Beispiel Gwynne Lewis, *The Second Vendée: The Continuity of Counterrevolution in the Department of the Gard, 1789–1815*, Oxford 1978.

50 Isser Woloch, *Jacobin Legacy*, a.a.O., S. 283.

51 Paul Bois, *Paysans de l'Ouest*, a.a.O.

52 Marcel Reinhard, *Le Département de la Sarthe*, a.a.O.

53 Zitiert nach Roger Doucet, *L'Esprit public dans le département de la Vienne pendant la Révolution*, Paris 1910, S. 263.

54 G. Brégail, »Le Gers pendant la Révolution«, *Bulletin de la Société d'histoire et d'archéologie du Gers 30* (1929), S. 89–120, 224–259, 354–377.

55 G. Arnaud, *Histoire de la Révolution dans le département de l'Ariège (1789–1795)*, Toulouse 1904, S. 309.

56 Zu den Unterschieden zwischen Stadt und Land siehe François Furet und Jacques Ozouf, *Lire et écrire: L'Alphabétisation des français de Calvin à Jules Ferry*, Paris 1877, S. 229–245.

57 Siehe Korrelationsmatrix im Anhang und Lynn Hunt, David Lansky und Paul Hanson, »The failure of the Liberal Republic«, a.a.O. Wir wissen nicht genug über die sozioökonomischen Strukturen, um ein genaueres

Urteil zu fällen. Ein systematischer Vergleich der Verkäufe von verstaatlichtem Land könnte aufschlußreich sein. Bois hat gezeigt, daß darin einer der zentralen Unterschiede zwischen den östlichen und westlichen Bezirken des Departements Sarthe lag: In den westlichen, gegenrevolutionären Bezirken gab es mehr Kirchenland, und ein größerer Teil davon wurde von nicht ortsansässigen Städtern gekauft. George Lefebvre fand heraus, daß die Bauern im Departement Nord beträchtliche Mengen Land aufkaufen konnten; allerdings untersucht er diese Käufe nicht im Zusammenhang mit dem Wahlverhalten. Siehe Georges Lefebvre, *Les Paysans du Nord pendant la Révolution française*, Bari 1959, insbesondere S. 514–523. Leider befassen sich die meisten Studien zum Thema Landkauf mit Nordfrankreich, und die Wirkung auf die Bauern erwies sich als äußerst unterschiedlich. Siehe Michel Vovelle, *La Chute de la monnaie, 1787–1792*, Paris 1972, S. 195.
Seit der Arbeit von André Siegfried haben viele auf den Einfluß von Form und Verteilung des Grundbesitzes hingewiesen, doch ein Gesamtmuster aufzuzeigen erwies sich als ausgesprochen schwierig. Siehe den Überblick bei Theodore Zeldin, *France, 1848–1945: Politics and Anger*, Oxford 1979, S. 1–28. Brustein versucht, die Variable systematisch für die französische Politik des neunzehnten und zwanzigsten Jahrhunderts zu erkunden. Siehe William Brustein, »A Regional Mode-of-Production Analysis of Political Behavior«, a.a.O. In stärker lokaler Orientierung betont auch T. J. A. Le Goff diesen Faktor in seinem Buch *Vannes and its Region: A Study of Town and Country in Eighteenth-Century France*, Oxford 1981. Bislang ist es niemandem gelungen, diesen Faktor für das ganze Land zu verallgemeinern.
In einer neueren Studie über die Preise während der Revolution hat Dominique Margairaz eine interessante Überschneidung mit der oben angeführten politischen Landkarte aufgezeigt: Der landwirtschaftliche Norden hatte niedrige Getreide-, aber hohe Fleischpreise; der Südosten hatte hohe Getreide-, aber niedrige Fleischpreise, und der Südwesten hatte niedrige Fleisch- und veränderliche Getreidepreise. Margairaz führt diese Unterschiede auf Entwicklungsunterschiede zurück; siehe Dominique Margairaz, »Dénivellations des prix et inégalités de développement régional dans la France de 1790: Essai de cartographie«, *Annales historiques de la Révolution française* 53 (1981), S. 262–278.

58 Im fünften Kapitel wird dieser Prozeß für Toulouse beschrieben.

59 Siehe die Karte bei Ran Yedid-Halévi, »La Sociabilité maçonnique et les origines de la pratique démocratique«, *Thèse de 3e cycle*, Paris: Ecole des hautes études en sciences sociales, 1981.

60 Michael L. Kennedy, *The Jacobin Clubs in the French Revolution*, a.a.O., S. 5–7.

Anmerkungen zum fünften Kapitel

1 Siehe insbesondere Albert Soboul, *Les Sans-culottes parisiens de l'an II*, Paris 1962; deutsch: *Französische Revolution und Volksbewegung: die Sansculotten*, herausgegeben von Walter Markov, Frankfurt 1978.

2 Alfred Cobban, *The Social Interpretation of the French Revolution*, Cambridge 1964, insbesondere S. 54–67.

3 Richard Cobb, *The Police and the People: French Popular Protest, 1789–1820*, Oxford 1970, S. 200.

4 Zu einer umfangreichen Kontroverse führte zum Beispiel der Aufsatz von Elizabeth Eisenstein, »Who Intervened in 1789? A Commentary on *The Coming of the French Revolution*«, *American Historical Review* 71 (1965), S. 77–103. Ein Mangel an empirischen Daten bestand vor allem in der Anfangszeit des Streits um die marxistische oder soziale Interpretation.

5 Alfred Cobban, *The Social Interpretation of...*, S. 61; ders., *Aspects of the French Revolution*, New York 1970, S. 108–111.

6 Lynn Hunt, David Lansky und Paul Hanson, »The Failure of the Liberal Republic in France, 1795–1799: The Road to Brumaire«, *Journal of Modern History* 51 (1979), S. 734–759, insbesondere S. 746.

7 Für die Verfassunggebende Nationalversammlung siehe Edna-Hindie Lemay, »La Composition de l'Assemblée nationale constituante: Les Hommes de la continuité?«, *Revue d'histoire moderne et contemporaine* 24 (1977), S. 341–363, insbesondere S. 345. Für den Konvent siehe Alison Patrick, *The Men of the First French Republic: Political Alignments in the National Convention of 1792*, Baltimore 1972, S. 260 (Deputierte aus dem Kreis der »Geschäftsleute« = 9 Prozent). Die Zahl für die Direktorialräte (3 Prozent, jedoch 4 Prozent, wenn die mit unbekanntem Beruf aus der Grundgesamtheit ausgeschlossen werden) basiert auf einer Zufallsauswahl von 100 Deputierten aus Auguste Kuscinski, *Les Députés au Corps législatif, Conseil des Cinq Cents, Conseil des Anciens, de l'an IV à l'an VIII*, Paris 1905.

8 Eine zusammenfassende Darstellung der Altersverteilung für drei Gesetzgebende Versammlungen findet sich in Lynn Hunt, David Lansky und Paul Hanson, »The Failure of the Liberal Republic«, a.a.O., S. 745.

9 Zu den Quellen siehe die Analyse der beruflichen Stellung im Anhang. Altersangaben wurden für 71 Prozent der Stadträte aus den Jahren 1790–1799 gefunden. Für die Jahre 1790, 1793 und 1795 ist jeweils das Alter sämtlicher Amtsträger bekannt. Die Stadträte waren nicht älter als die einfachen politisch aktiven Bürger. Martyn Lyons hat zum Beispiel herausgefunden, daß die revolutionären *commissaires* in Toulouse 1793 im Durchschnitt 45 Jahre alt waren; siehe Martyn Lyons, *Revolution in Toulouse: An Essay on Provincial Terrorism*, Bern 1978, S. 188.

10 Für den Nationalkonvent siehe Alison Patrick, *The Men of the First French Republic*, a.a.O., S. 204. Für die Deputierten der Direktorialzeit

siehe Lynn Hunt, David Lansky und Paul Hanson, »The Failure of the Liberal Republic«, a.a.O., S. 750.

11 Quatremère de Quincy, *La Véritable liste des candidats, précédée d'observations sur la nature de l'institution des candidats, et son application au gouvernement représentatif*, 2. Ausgabe, Paris 1797, S. 37 und 39.

12 Alison Patrick macht keine Angaben über die Zahl lokaler Amtsträger unter den *conventionnels;* der Wert von 86 Prozent wurde aus seiner Tabelle in *The Men of the First French Republic*, a.a.O., S. 203, errechnet (die Deputierten ohne Erfahrung wurden zu jenen hinzugezählt, die nur Klubmitglieder oder Journalisten gewesen waren; die Summe wurde sodann von der Gesamtzahl der Deputierten abgezogen). Die Zahl für die Deputierten der Direktorialräte stammt aus Lynn Hunt, David Lansky und Paul Hanson, »The Failure of the Liberal Republic«, a.a.O., S. 747.

13 Die Zahlenangaben für das Departement Allier basieren auf einer Liste in G. Rougeron, *Les Administrations départementales de l'Allier (1790–an VIII)*, Montluçon 1957. Für das Departement Marne siehe die Namen in Raymond Nicolas, *L'Esprit public et les élections dans le département de la Marne de 1790 à l'an VIII*, Châlons-sur-Marne 1909. Für das Departement Haute-Saône siehe Jean Girardot, *Le Département de la Haute-Saône pendant la Révolution*, 3 Bände, Vesoul 1973.

14 G. Rougeron, *Les Administrations départementales de l'Allier*, a.a.O.

15 Roland Marx, *Recherches sur la vie politique de l'Alsace pré-révolutionnaire et révolutionnaire*, Straßburg 1966, S. 165–167.

16 Die Zahlenangaben basieren auf der Liste in G. Rougeron, *Les Administrations départementales de l'Allier*, a.a.O. Diese Arbeit gehört zu den wenigen, die das gesamte Jahrzehnt abdecken und umfangreiches biographisches Material über sämtliche Amtsinhaber liefern. Die meisten Studien bieten nur allgemeine Charakterisierungen statt quantitativer Daten oder quantifizierbarer Informationen.

17 Raymond Nicolas, *L'Esprit public ... département de la Marne*, a.a.O., Anhang III; und Jean Girardot, *Le Département de la Haute-Saône*, a.a.O., Band 2, Anhang V, sowie Band 3, Anhang I. Nach 1790 gaben die Amtsinhaber im Departement Meurthe nur noch ihre Revolutionsämter an; siehe Henry Poulet, »L'Administration centrale du département de la Meurthe de l'établissement des départements à la création des préfectures (1790–1800)«, *La Révolution française* 52 und 53 (1906 und 1907), insbesondere S. 446 f.

18 Eine zusammenfassende Aufschlüsselung der Deputierten nach Herkunftsregionen findet sich in Lynn Hunt, David Lansky und Paul Hanson, »The Failure of the Liberal Republic«, a.a.O., S. 744.

19 Louis Bergeron und Guy Chaussinand-Nogaret, *Les »Masses de granit«: Cent mille notables du Premier Empire*, Paris 1979, S. 29.

20 Die Berechnung der Zahlenangaben über die königlichen Beamten basiert auf Henry Poulet, »L'Administration dans le département de la Meurthe«, a.a.O.; Marcel Bruneau, *Les Débuts de la Révolution dans les*

départements du Cher et de l'Indre (1789–1791), Paris 1902, S. 143–149; Jean Girardot, *Le Département de la Haute-Saône*, a.a.O., Band 2, Anhang V; Eugène Dubois, *Histoire de la Révolution dans l'Ain*, 6 Bände, Bourg 1931–1935, insbesondere Band 1, S. 204 f.; und G. Rougeron, *Les Administrations départementales de l'Allier*, a.a.O., S. 8–10 und 39 f. Die Ablehnung der königlichen Beamten setzte sich offenbar auch in der Napoleonischen Zeit fort; nur 7 Prozent der Notablen des Jahres 1810 hatten Positionen in der Zivilverwaltung des Königreichs innegehabt; siehe Louis Bergeron und Guy Chaussinand-Nogaret, *Les »Masses de granit«*, a.a.O., S. 29.

21 Louis Méry und F. Guindon (Hg.), *Histoire analytique et chronologique des actes et des déliberations du corps et du conseil de la municipalité de Marseille*, 8 Bände, Marseille 1841–1873, Band 5, S. 37. Wenn man die Unbekannten nicht aus der Grundgesamtheit in Angers ausschließt, kam es dort zu einem Zuwachs von 29 auf 37 Prozent. Die Berechnungen basieren auf Listen in F. Uzureau, »La Municipalité d'Angers pendant la Révolution«, *Andegaviana* 13 (1913), S. 272–284.

22 Ein Überblick über diese Fragen, allerdings auf amerikanische Städte bezogen, findet sich in David C. Hammack, »Problems in the Historical Study of Power in the Cities and Towns of the United States, 1800–1960«, *American Historical Review* 83 (1978), S. 323–349.

23 Roger Agache und andere, *Histoire de la Picardie*, Toulouse 1974, insbesondere Kapitel 12: »Forces et faiblesses de l'Ancien Régime« von Pierre Deyon, S. 313–328. Siehe auch Charles Engrand, »Pauperisme et condition ouvrière au XVIIIe siècle: L'Exemple amiénois«, *Revue d'histoire moderne et contemporaine* 29 (1982), S. 376–410.

24 Archives nationales, F^{1C} III Somme 9, Correspondance et divers, 1789 – an IX, Brief von Scellier, Mitglied des Rates der Fünfhundert, an den Innenminister vom 30. Brumaire des Jahres IV.

25 A. Dubois, *Notes historiques sur Amiens, 1789–1803*, Amiens 1883; Albéric de Calonne, *Histoire de la ville d'Amiens*, 3 Bände, Amiens 1899–1900, insbesondere Band 2; und F. I. Darsy, *Amiens et le département de la Somme pendant la Révolution: Episodes historiques*, 2 Bände, Amiens 1878–1883, Band 1, S. 181.

26 Pierre Clémendot, *Le Département de la Meurthe à l'époque du Directoire*, Raôn-l'Etappe 1966, S. 502. Für die frühere Zeit siehe Albert Troux, *La Vie politique dans le département de la Meurthe d'août 1792 à octobre 1795*, 2 Bände, Nancy 1936.

27 Regnier, Jacqueminot und Boulay saßen in der Kommission, die den Übergang zum Konsulat vorbereitete; alle drei wurden im Kaiserreich zu Grafen erhoben. Ein weiterer Deputierter, Mallarmé, saß im Tribunat und wurde Baron; siehe Christian Pfister, »Les Députés du département de la Meurthe sous la Révolution (1791–1799)«, *Mémoires de la Société d'Archéologie de Lorraine*, 4. Folge, 11 (1911), S. 309–425.

28 Archives nationales, F^{1C} III Meurthe 15, Correspondance et divers, 1789 – an V, Brief von Saulnier vom 25. Brumaire; darin strich er das »Direc-

toire« im Briefkopf und unterzeichnete mit »Commissaire du Pouvoir Exécutif«.

29 William Doyle, *The Parlement de Bordeaux and the End of the Old Regime, 1771–1790*, New York 1974.

30 Alan Forrest, *Society and Politics in Revolutionary Bordeaux*, Oxford 1975. Zwischen Oktober 1793 und Juli 1794 wurden 302 Menschen von der Kommission zum Tode verurteilt; siehe Pierre Bécamps, *La Révolution à Bordeaux (1789–1794): J.-B. Lacombe, président de la Commission militaire*, Bordeaux 1953, S. 384.

31 Siehe zum Beispiel die Rede des Direktorialbeauftragten, in der dieser die organisierten »Räuberbanden« in der Gironde verurteilt; wiederabgedruckt in Gaston Ducannès-Duval, *Ville de Bordeaux. Inventaire-Sommaire des Archives municipales: Période révolutionnaire (1789 – an VIII)*, 4 Bände, Bordeaux 1896–1929, Band 3, S. 45 f. (sein Verzeichnis des Archives municipales, Bordeaux, D 155, 28 brumaire an V).

32 Martyn Lyons, *Revolution in Toulouse*, a.a.O.

33 Archives municipales, Toulouse, 2D4, Correspondance de l'administration municipale, 17 fructidor an V, »Observations analitiques [sic] de l'administration municipale de la commune de Toulouse sur les points du rapport du citoyen Saladin qui la concerne«.

34 Eine kurze Darstellung der Veränderungen in den örtlichen Verwaltungen findet sich in Richard Cobban, »Local Government during the French Revolution«, in ders., *Aspects of the French Revolution*, a.a.O., S. 112–130. Das Standardwerk für den institutionellen Aspekt ist Jacques Godechot, *Les Institutions de la France sous la Révolution et l'Empire*, Paris 1968.

35 Siehe Tabelle 4. Zu den Methoden bei der Erstellung der Tabellen siehe die Analyse der beruflichen Stellung im Anhang.

36 Aus *Thoughts on French Affairs*, in Robert A. Smith (Hg.), *Burke on Revolution*, New York 1968, S. 190.

37 Die Informationen über die Amtsträger stammen aus den im Anhang angegebenen Quellen. Philip Dawson kommt gleichfalls zu dem Schluß: »die Mehrzahl der *baillage*-Magistrate erwies sich während der Revolutionsjahre als unfähig zu demokratischer Politik, als nicht willens, sich am Streit der Parteiungen zu beteiligen, und als nicht in der Lage, ihre gewohnten Legalitätsvorstellungen aufzugeben«; siehe Philip Dawson, *Provincial Magistrates and Revolutionary Politics in France, 1789–1795*, Cambridge, Mass., 1972, S. 329.

38 Daniel Roche, *Le Siècle des lumières en province: Académies et académiciens provinciaux, 1680–1789*, 2 Bände, Paris 1978, Band 2, S. 347–356. Die Prozentangaben basieren auf den dort angegebenen Zahlen.

39 Marie-Yvonne Dessaux, »La Vie municipale à Amiens de 1782 à 1789«, U. E. R. de sciences historiques et géographiques, Amiens 1978.

40 Jean Sentou, *Fortunes et groupes sociaux à Toulouse sous le Révolution (1789–1799): Essai d'histoire statistique*, Toulouse 1969, S. 84 und

153. Zur Zahl der Kaufleute siehe Georges Marinière, »Les Marchands d'étoffe de Toulouse à la fin du XVIIIe siècle«, D. E. S., Toulouse 1958.

41 Die Zahlen basieren auf Angaben bei Daniel Roche, *Le Siècle des lumières*, a.a.O., Band 2, S. 363–372. Sämtliche von Roche herangezogenen Quellen haben ihre Mängel, doch die daraus abgeleiteten Indexzahlen zeigen durchaus die Größenordnung der Unterschiede zwischen den Städten. Für Toulouse liegt der Index bei 1.2 (d. h. 1.2 Kaufleute auf jedes Mitglied der oben genannten Gruppe der freien Berufe und der Inhaber öffentlicher Ämter, und zwar nach den Angaben in der Kopfsteuerliste des Jahres 1776), für Bordeaux liegt er bei 1.5 (Kopfsteuerliste von 1777), für Nancy beträgt er 0.5 (Veranlagung für 1789), und für Toulouse gleichfalls 0.5 (Heiratsverträge von 1788).

42 Jeffrey Kaplow, *Elbeuf during the Revolutionary Period: History and Social Structure*, Baltimore 1964, insbesondere die Tabellen auf S. 86, 87, 162, 167, 169, 170 und 171.

43 12 Prozent gegenüber 21 Prozent. Christiane Derobert-Ratel, *Institutions et vie municipale à Aix-en-Provence sous la Révolution (1789 – an VIII)*, Millau 1981, S. 602 f. und 590.

44 10 Prozent gegenüber 9 Prozent.

45 Zur sozialen Zusammensetzung des Stadtrats von Arles siehe Fabio Sampoli, »Politics and Society in Revolutionary Arles: Chiffonistes and Monnaidiers«, Dissertation (Ph. D.), Yale University 1982, S. 331 und 326 f. Zu den Handwerkern und Kleinhändlern in Aix-en-Provence siehe Christiane Derobert-Ratel, *Institutions et vie municipale*, a.a.O., S. 590.

46 Georges Castellan, *Une Cité provençale dans la Révolution: Chronique de la ville de Vence en 1790*, Paris 1978, S. 47–51. Bei der Februarwahl gab es keine Liste der »aktiven« Bürger, daher waren alle Haushaltsvorstände, die Steuern zahlten, wahlberechtigt.

47 Patrice Higonnet, *Pont-de-Montvert: Social Structure and Politics in a French Village, 1700–1914*, Cambridge, Mass., 1971, S. 85 und 87.

48 R. Rondot, *A Ormoy pendant la Révolution*, Besançon 1958, S. 41.

49 Francis Hirigoyen, »Bénesse-Maremne pendant la Révolution française«, *Bulletin de la Société de Borda* 103 (1978), S. 51–70.

50 Alain Signor, *La Révolution à Pont-l'Abbé*, Paris 1969, S. 132–135 und 216 f.

51 Albert Soboul, »Une Commune rurale pendant la Révolution: Les Authieux-sur-le-Port-Saint-Quen (Seine-Inférieure), 1789–1795«, *Annales historiques de la Révolution française* 25 (1953), S. 140–160.

52 In Lourmarin erscheinen Handwerker und *travailleurs* 1793 und 1794 in den Räten; siehe Thomas F. Sheppard, *Lourmarin in the Eighteenth Century: A Study of a French Village*, Baltimore 1971, S. 204. Sheppard bemüht sich, die soziale Bedeutung dieses Wechsels herunterzuspielen, doch ähnliche Entwicklungen zeigten sich zur selben Zeit in den meisten Dörfern.

53 Die Zahlen für die Adligen sind wahrscheinlich zu hoch gegriffen. In Amiens werden zwei Männer mitgezählt, die sich selbst zu *écuyers*

stilisierten, aber 1789 nicht an den Adelsversammlungen für den *baillage* von Amiens teilnahmen. Beide waren reiche Kaufleute. Die Namen der Adligen stammen aus Louis de la Roque und Edouard de Barthelemy, *Catalogue des gentilshommes en 1789 et des familles anobliés ou titrées depuis le premier empire jusqu'à nos jours*, 2 Bände, Paris 1866. In Aix-en-Provence, das gleichfalls ein *Parlement* besaß, erreichte der Anteil der Adligen in den Räten der Revolutionszeit 7 Prozent; siehe Christiane Derobert-Ratel, *Institutions et vie municipale*, a.a.O., S. 590.

54 Die Liste der revolutionären Stadträte wurde mit den Listen verglichen, die im *Almanach historique de la province de Languedoc, 1780–1790*, enthalten sind.

55 Christiane Derobert-Ratel, *Institutions et vie municipale*, a.a.O., S. 601.

56 Ausführlich dazu Lynn Hunt, *Revolution and Urban Politics in Provincial France: Troyes and Reims, 1786–1790*, Stanford 1978. Auf lokaler Ebene waren die Juristen nicht so aktiv, wie ihre Zahl es hätte erwarten lassen. Für Toulouse fand Lenard R. Berlanstein unter 276 *avocats* nur 54, die während der Revolution irgendein öffentliches Amt in der Stadt bekleideten, und die meisten von ihnen schieden während oder kurz nach der Schreckensherrschaft aus ihrem Amt; siehe Lenard R. Berlanstein, *The Barristers of Toulouse in the Eighteenth Century (1740–1793)*, Baltimore 1975, insbesondere S. 165 und 176.

57 Crane Brinton, *The Jacobins: An Essay in the New History*, New York 1930, S. 60.

58 Archives municipales, Toulouse, 1G 38–53, Contribution foncière, 1791. 44 Prozent der Ratsmitglieder erscheinen auf den Steuerlisten; für die Zeit der Schreckensherrschaft liegt der Anteil kaum niedriger, nämlich bei 40 Prozent. In seinem Vergleich von Mitgliedern der Revolutionskomitees fand Lyons heraus, daß »die Thermidorianer höhere Einkommen, ein größeres Vermögen und mehr Kapital hatten als ihre Jakobinerkollegen«; dennoch betont er, die sozialen Unterschiede seien »ausgelöscht« worden; siehe Martyn Lyons, *Revolution in Toulouse*, a.a.O., S. 172–174. Angesichts der Unterschiede bei den Stadträten sollte man vielleicht besser sagen: die sozialen Unterschiede waren real, aber nicht überwältigend.

59 Archives municipales, Toulouse, 1G 38–53.

60 Die angegebenen Zahlen gelten für jene Kaufleute, deren Steuerfestsetzung aufgefunden werden konnte. Die Steuerlisten von Amiens finden sich in: Archives nationales, Amiens, 1G 2.11, Contribution foncière, 1791.

61 Archives départementales, Somme, Mb 107529 bis, Liste de Notabilité du département de la Somme, an IX.

62 Die Prozentangaben beziehen sich auf die Gesamtheit der Ratsmitglieder, deren Berufsstand bekannt ist. Für Januar 1793 wurden nur Beamte und keine *notables* gezählt; für 2 der 20 konnte der Berufsstand nicht ermittelt werden. Beim Stadtrat vom September 1793 liegt die Zahl der

ungeklärten Fälle deutlich höher; für 18 der 50 Mitglieder konnte der Berufsstand nicht ermittelt werden. Forrest zählt bei seinen Angaben über den Rat vom Januar 1793 offenbar die *notables* mit; er spricht von 46 Geschäftsleuten, 12 Angehörigen der freien Berufe (darunter 5 Anwälte) und 7 Handwerkern oder Kleinhändlern; siehe Alan Forrest; *Revolutionary Bordeaux*, a.a.O., S. 122 f.

63 Francis Hirigoyen, »Bénesse-Maremne«, a.a.O.; und R. Rondot, *A Ormoy*, a.a.O., S. 14–16 und 41.

64 Wie viele Dorfstudien in Frankreich ist auch diese vom örtlichen Pfarrer geschrieben worden; F. Page, *Meximieux: Une commune pendant la Révolution*, Belley 1903.

65 Siehe oben Fußnote 9.

66 Michael L. Kennedy gibt einen Überblick über die vorhandenen Daten in seinem Buch *The Jacobin Club of Marseille, 1790–1794*, Ithaca, N. Y., 1973, S. 151.

67 Die einzige Liste, die für sämtliche Amtsträger Auskunft über den Berufsstand gab, ist die für den 4. Germinal des Jahres III; siehe Edouard Isambard, *Histoire de la Révolution à Pacy-sur-Eure*, 2 Bände, Pacy 1894, Band 2, S. 279.

68 Das ist die vollständigste Liste für Meximieux, siehe F. Page, *Meximieux*, a.a.O., S. 228.

69 Fabio Sampoli, »Politics and Society in Revolutionary Arles«, a.a.O., S. 58 und 331.

70 Christiane Derobert-Ratel, *Institutions et vie municipale*, a.a.O., S. 29 und 590.

71 Die Liste findet sich in: Archives Municipales, Nancy, D 14, Délibérations municipales, 15 prairial an III.

72 Bernadau aus Bordeaux nannte sie »diese Ansammlung von Schwätzern, die nicht mehr gebraucht werden«; siehe »Tablètes contemporaines, historiques et cryptografiques, de l'Ecouteur bordelais«, *Œuvres complètes de Bernadau*, Bibliothèque municipale. Bordeaux, ms. 713, Band 7, Eintrag unter 14 pluviôse an III.

73 Nur wenige Ratsmitglieder erschienen auf den 1794–1795 zusammengestellten Listen der »Terroristen«. Zu den vier Städten siehe: Archives municipales, Nancy, D 14, 15 prairial an III; Archives municipales, Amiens, 2I 19, »Liste des citoyens dénoncés au représentant du peuple Blaux«, 13 prairial an III; Archives municipales, Toulouse, 2I 26, »Liste des terroristes bien reconnus pour tels«; Archives municipales, Bordeaux, I 69, Police: Liste von 109 Bürgern, die zu entwaffnen sind, 14 prairial an III. In ihren sozialen Merkmalen ähneln die Männer, die in den vier Städten auf den Listen erscheinen, einander recht stark. Bei vielen wird der Berufsstand nicht genannt, doch bei den übrigen handelt es sich zumeist um Kanzlisten, Handwerker und Kleinhändler. Die Berufe, die auf der Liste von Bordeaux am häufigsten auftauchen, sind Schuhmacher, Perückenmacher und Schneider.

74 Crane Brinton, *The Jacobins*, a.a.O., S. 51. Er zählte nur die *négociants*

(reiche Großhändler) und warf Städte unterschiedlicher Größe zusammen. Für Le Havre (1791) weist er 22 Prozent Kaufleute aus; der Anteil der freien Berufe erreichte gerade die Hälfte davon (die Prozentangaben beziehen sich allein auf die Mitglieder mit bekanntem Beruf). In Straßburg stellten die Kaufleute 1793 40 Prozent der Klubmitglieder, doppelt so viele wie die freien Berufe. Siehe ebenda, S. 302 f. Danach war die Beteiligung der Kaufleute an den Jakobinerklubs in den Großstädten alles andere als unbedeutend, auch wenn sie wahrscheinlich zurückging, als die Revolution an Radikalität zunahm. Siehe dazu auch die Zahlenangaben bei Michel de Certau, Dominique Julia und Jacques Revel, *Une politique de la langue: La Révolution française et les patois: L'Enquête de Grégoire*, Paris 1975, S. 44; Michael L. Kennedy, *The Jacobin Club of Marseille*, a.a.O., S. 156; und Martyn Lyons, *Revolution in Toulouse*, a.a.O., S. 182 f.

75 Morris meint hier die Mitglieder der Nationalversammlung; siehe Beatrix Cary Davenport (Hg.), *A Diary of the French Revolution by Gouverneur Morris (1752–1816), Minister to France during the Terror*, Boston 1939, S. 68, 22. November 1790.

76 Hier ist nicht der Ort für eine vollständige Rekapitulation der verschiedenen Interpretationen von Marx oder des Marxismus im allgemeinen. Eine kritische Rezension neuerer Literatur zum Thema findet sich bei Frank Parkin, *Marxism and the Class Theory: A Bourgeois Critique*, New York 1979.

77 Karl Marx, »Der achtzehnte Brumaire des Louis Bonaparte«, in Karl Marx und Friedrich Engels, *Ausgewählte Schriften*, Band 1, Berlin 1970, S. 307.

78 Bei seiner Kennzeichnung der Mitglieder der Jakobinerklubs behauptet Brinton, sie »boten einen vollständigen Querschnitt durch die französiche Gesellschaft, wobei der alte Hofadel und das neue Industrieproletariat ausgeschlossen blieben«; Crane Brinton, *The Jacobins*, a.a.O., S. 68. Selbst die Pariser Sansculotten wurden von Kleinhändlern und Handwerkern mit einem gewissen Vermögen beherrscht; siehe Albert Soboul, *Französische Revolution und Volksbewegung: die Sansculotten*, a.a.O., S. 70–89.

79 Martyn Lyons, *Revolution in Toulouse*, a.a.O., S. 174.

80 Isser Woloch, *Jacobin Legacy: The Democratic Movement under the Directory*, Princeton 1970, insbesondere S. 149–186.

Anmerkungen zum sechsten Kapitel

1 Ich verwende den Begriff der »Schwelle« hier in dem Sinne, wie Victor Turner ihn in seinem Buch *The Ritual Process: Structure and Anti-Structure*, Ithaca, N. Y., 1969, definiert hat; siehe insbesondere S. 94–130.

2 Archives nationales, F^{1C} III Vendée 4, Comptes rendus administratifs,

1791 – an VIII, Brief aus St. Cristophe-du-Ligueron vom 1. Januar 1793.

3 Alan Forrest, *Society and Politics in Revolutionary Bordeaux*, Oxford 1975, S. 243.

4 Michel Vovelle, *Ville et campagne au 18e siècle: Chartres et la Beauce*, Paris 1980, S. 115.

5 Crane Brinton, *The Jacobins: An Essay in the New History*, New York 1930, S. 56 f. Zu Marseille siehe Michael L. Kennedy, *The Jacobin Club of Marseille, 1790–1794*, Ithaca, N. Y., 1973, S. 153.

6 Aus einer Rede von Bordas, wiedergegeben in *Le Moniteur universel*, Nr. 302 vom 2. Thermidor des Jahres III (20. Juli 1795), S. 1217.

7 Michel Vovelle, *Ville et campagne au 18e siècle*, a.a.O., S. 113. Ein Überblick über die Literatur zu den Wanderungsbewegungen findet sich in Jean-Pierre Poussou, »Les Mouvements migratoires en France et à partir de la France de la fin du XVe siècle au début du XIXe siècle: Approches et synthèse«, *Annales de démographie historique* (1970), S. 11–78.

8 Im *cahier de doléance*, das die Stadt Reims für die Generalstände abfaßte, wird wiederholt auf die Forderung vieler Zünfte hingewiesen, die Beschränkung der städtischen Ämter auf die in der Stadt geborenen Bewohner zu modifizieren; statt dessen schlug man vor, wer 15 Jahre in der Stadt wohnte, solle wählbar sein. Der Stadtrat gab seine Ablehnung dieses Vorschlags zu Protokoll; siehe Lynn Hunt, *Revolution and Urban Politics: Troyes and Reims, 1786–1790*, Stanford 1978, S. 60.

9 Ebenda, S. 23. Zu Amiens siehe Marie-Yvonne Dessaux, »La Vie municipale à Amiens de 1782 à 1789«, U. E. R. de sciences historiques et géographiques, Amiens 1978.

10 Alan Forrest, *Revolutionary Bordeaux*, a.a.O., S. 243–245.

11 Jean Beyssi, »Le Parti jacobin à Toulouse sous le Directoire«, *Annales historiques de la Révolution française* 22 (1950), S. 28–54, 109–133, insbesondere S. 37; Martyn Lyons, *Revolution in Bordeaux: An Essay on Provincial Terrorism*, Bern 1978, S. 186 f.; und Georges Marinière, »Les Marchands d'étoffe de Toulouse à la fin du XVIIIe siècle«, D. E. S., Toulouse 1958, S. 154–188.

12 Siehe in der Korrelationsmatrix im Anhang unter PROTBEV.

13 »Souvenir d'Abraham Furtado«, *La Révolution française* 69 (1916), S. 543–551; Zitat S. 549 und 547, Eintrag für den 14. Messidor des Jahres VII.

14 Lescouvés Einkünfte wurden für die *contribution foncière* auf 1295 Francs veranschlagt; der Durchschnitt aller Räte betrug 1164; entsprechende Steuerunterlagen wurden für 42 Prozent der Ratsmitglieder aufgefunden: Archives municipales, Amiens, 1G 2.11, Contribution foncière, 1791. Als er 1757 die Tochter eines Bauern heiratete, machte er einen bescheidenen Heiratsvertrag im Werte von nur 2000 Francs; Archives départementales, Somme, 2C Etude Morel, 28. Mai 1757. Diesem Vertrag läßt sich der Heiratsvertrag des Kaufmanns Pierre Guérard ent-

gegenstellen; er heiratete 1764, und sein Vertrag wurde mit 131 000 Francs bewertet. Siehe Archives départementales, Somme, 2C 705. Guérard wurde 1790 in den Stadtrat gewählt.

15 René Dubos, »Une Société populaire bordelaise: Les Surveillants de la Constitution«, *Revue historique de Bordeaux* 25 (1932), 26 (1933), 27 (1934) und 29 (1936). Nach Dubos bestand der Klub hauptsächlich aus Handwerkern und Kleinhändlern.

16 R. Brouillard, »Un Maire de Bordeaux inconnu: Pierre Thomas«, *Revue historique de Bordeaux* 11 (1918) und 12 (1919).

17 Archives municipales, Nancy, D 14, Délibérations municipales, 15 prairial an III.

18 Henry Poulet, »Le Sans-culotte Philip, président de la Société populaire de Nancy«, *Annales de l'Est et du Nord* 2 (1906), S. 248–283, 321–366 und 501–529.

19 Pierre Bécamps, *La Révolution à Bordeaux (1789–1794): J.-B. Lacombe, président de la Commission militaire*, Bordeaux 1953.

20 Sainte-Luce-Oudaille, *Histoire de Bordeaux pendant dix-huit mois ou depuis l'arrivée des représentants Tallien et Ysabeau, Beaudot et Chaudron-Rousseau, jusqu'à la fin de leur mission*, Paris o. J., S. 3.

21 Brinton trifft eine ähnliche Feststellung; siehe Crane Brinton, *The Jacobins*, a.a.O., S. 57.

22 Edouard Isambard, *Histoire de la Révolution à Pacy-sur-Eure*, 2 Bände, Pacy 1894, Band 2, S. 25 und 182 f.

23 Pierre Doudier, *Villages comtois sous la Révolution et l'Empire*, Dôle 1975, S. 138 f.

24 Albert Soboul, »Une Commune rurale pendant la Révolution: Les Authieux-sur-le-Port-Saint-Quen (Seine-Inférieure), 1789–1795«, *Annales historiques de la Révolution française* 25 (1953), S. 140–160, insbesondere S. 153–156.

25 Francis Hirigoyen, »Bénesse-Maremne pendant la Révolution française«, *Bulletin de la société de Borda* 103 (1978), S. 51–70, insbesondere S. 66 f.

26 Antoine Roquette, *Jean-Jacques Roquette ou la Révolution à Saint-Amans-des-Cots*, Paris 1978, S. 118–122.

27 Ebenda, S. 145–148.

28 Colin Lucas, *The Structure of the Terror: The Example of Javogues and the Loire*, Oxford 1973, Zitat S. 235. Lucas geht umfassend auf den Einsatz von *commissaires* ein, die die Botschaft der Revolution auf die Dörfer bringen sollten; siehe insbesondere S. 189–219.

29 Siehe Kapitel vier.

30 J. Brélot, *La Vie politique en Côte-d'Or sous le Directoire*, Dijon 1932, S. 42.

31 Archives nationales, F^{1b} II Garonne (Haute) 25, »Proclamation de la liste des cents plus imposés de la commune de Toulouse, an IX«.

32 Zu Delamorlières erster Heirat siehe: Archives départementales, Somme, 2C Etude Scribe, 15. Juli 1764. Zu seiner zweiten Heirat siehe:

Etude St. Germain, 21. Oktober 1788. Die Verträge enthalten auch Listen der Zeugen mit Angaben über deren Verwandtschaftsbeziehung zu den beiden Ehepartnern.

33 Albéric de Calonne, *Histoire de la ville d'Amiens*, 3 Bände, Amiens 1899–1900, Band 2, S. 415 f. (Liste von 36 Deputierten aus der Stadt).

34 Zu Massey siehe: Archives départementales, Somme, 2C Etude Machart, 8. Dezember 1779; zu Dupont siehe: Etude Delattre, 22. Januar 1792.

35 Zu Louis Lefebvre siehe: Archives départementales, Somme, 2C Etude Baudelocque, 5. November 1775. Der Notar Baudelocque war 1790 selbst Mitglied des Stadtrats, im Jahr III war er *notable* und nach Bonapartes Staatsstreich wiederum Stadtrat.

36 Zu Delaroche siehe: Archives départementales, Somme, 2C Etude Turbert, 19. April 1756.

37 Archives départementales, Mb 107529 bis, Mb 107547 und Mb 107574.

38 *Affiches du Département de la Somme*, 26. Januar 1793.

39 Siehe Tabelle 5.

40 Marc Edme Rigollot wurde in Boegevin (Haute-Marne) geboren; siehe Albéric de Calonne, *Histoire de la ville d'Amiens*, a.a.O., Band 2, S. 475.

41 Archives départementales, Somme, 2C Etude Morel, 28. Mai 1757.

42 Archives départementales, Somme, 2C Etude Baudelocque, 28. Juni 1783.

43 Siehe Karte 2.

44 »Les Registres de capitation d'Amiens au XVIIIe siècle«, *Revue du Nord* 42 (1960), S. 19–26, insbesondere S. 20 f.

45 Siehe dazu ausführlich Antonino de Francesco, »Le Quartier lyonnais de la Croisette pendant les premieres années de la Révolution (1790–1793)«, *Bulletin du Centre d'histoire économique et sociale de la région lyonnaise* Nr. 4 (1979), S. 21–64.

46 Acht Kaufleute im Rat wurden höher und fünf niedriger veranlagt als die beiden reichen Einzelhändler; Archives municipales, Amiens, 1G 2.11, Contribution foncière, 1791.

47 Albéric de Calonne, *Histoire de la ville d'Amiens*, a.a.O., Band 2, S. 462 f.

48 Eine unschätzbare Quelle für die Geschichte von Amiens in den ersten Jahren der Revolution sind die *Documents pour servir à l'histoire de la Révolution française dans la ville d'Amiens*, 5 Bände, Paris 1894–1902. Zur *fête des sayeteurs* und zu den Demonstrationen im Juli und August 1792 siehe Band 5, S. 189–298.

49 Archives municipales, Amiens, 2I 19, »Liste des citoyens dénoncés au représentant du peuple Blaux, comme ayant participé aux horreurs commises avant le 9 thermidor à Amiens«, 13 prairial an III. Die Liste umfaßte nur 16 Namen.

50 Die Angaben über die soziale Zusammensetzung der Logen stammt aus Daniel Roche, *Le Siècle des lumières en province: Académies et académi-*

ciens provinciaux, 1680–1789, 2 Bände, Paris 1978, Band 2, S. 419–424.

51 Zum Verhältnis zwischen Freimaurern und Jakobinern siehe Michael L. Kennedy, *The Jacobin Club in the French Revolution: The First Years*, Princeton 1982, S. 5–7.

52 Die Liste der Ratsmitglieder wurde mit den bei Charles Bernadin genannten Namen verglichen; siehe Charles Bernadin, *Notes pour servir à l'histoire de la Franc-maçonnerie à Nancy jusqu'en 1805*, Nancy 1910. Die Zahlen ähneln denen für Aix-en-Provence: 37 Prozent im Februar 1790; 4 Prozent im September 1793; 15 Prozent in der Spätzeit des Direktoriums; siehe Christiane Derobert-Ratel, *Institutions et vie municipale à Aix-en-Provence sous la Révolution (1789 – an VIII)*, Millau 1981, S. 602.

53 Einige Freimaurerlogen von Nancy und Toulouse kamen auch nach 1789 noch zusammen. Diese Kontinuität steht im Gegensatz zum Verschwinden der Logen in der Provence; siehe Maurice Agulhon, *Pénitents et Franc-Maçons de l'ancienne Provence*, Paris 1968.

54 36 Prozent der in den Rat gewählten Freimaurer waren Kaufleute, 41 Prozent waren Anwälte.

55 J. Gros, »Les Loges maçonniques de Toulouse (de 1740 à 1870)«, *La Révolution française* 40 (1901), S. 234–270 und 297–318. In Toulouse gab es 12 Logen, in Nancy 7 Logen.

56 Die Liste der Ratsmitglieder wurde verglichen mit den Mitgliederlisten in der Bibliothèque nationale, Fonds Maçonniques (M. N.)[2] 443, 444, 451, 454, 455, 458, 462, 464, 471, 478 und 479. Zweifellos sind nicht alle Freimaurer von Toulouse erfaßt, denn die Listen mancher Logen sind unvollständig. Für die Loge Encyclopédique wurden die Listen für 1786 herangezogen. Für Bordeaux erwiesen sich die in der Bibliothèque nationale vorhandenen Listen als noch unvollständiger; deshalb habe ich Bordeaux hier ausgelassen. 1789 gab es 12 Logen in Bordeaux; siehe G. Hubrecht, »Notes pour servir à l'histoire de la Franc-maçonnerie à Bordeaux«, *Revue historique de Bordeaux et du département de la Gironde*, Neue Folge 3 (1954), S. 143–150. Einige isolierte biographische Daten fanden sich auch bei Johel Coutura, *La Franc-Maçonnerie à Bordeaux (XVIIIe–XIXe siècles)*, Marseille 1978.

57 Maurice Agulhon, *Pénitents et Franc-Maçons*, a.a.O., S. 186.

58 Michel Taillefer, »La Franc-maçonnerie toulousaine et la Révolution française«, *Annales historiques de la Révolution française* 52 (1980), S. 59–90, insbesondere S. 72. Taillefer behauptet, die Freimaurer von Toulouse seien mit bestimmten politischen Richtungen verbunden gewesen; nach seinen Angaben waren 38 Prozent der Girondisten, 32 Prozent der Jakobiner und 30 Prozent der Royalisten Freimaurer. Nach meinen Informationen waren 25 Prozent der Jakobiner in den Stadträten Freimaurer.

59 J. Gros, »Les Loges maçonniques«, a.a.O., S. 264; Michel Taillefer, »La Franc-maçonnerie toulousaine«, a.a.O., S. 83–89.

60 Crane Brinton, *The Jacobins*, a.a.O.; Michael L. Kennedy, *The Jacobin Clubs*, a.a.O.

61 Alan Forrest, *Revolutionary Bordeaux*, a.a.O., S. 68.

62 Archives départementales, Gironde, 12L 19, undatierte Liste von etwa 400 Mitgliedern. Da es keine vollständige Mitgliederliste gibt, können die hier angegebenen Zahlen nur als Annäherungswerte gelten.

63 60 Prozent.

64 Alan Forrest, *Revolutionary Bordeaux*, a.a.O., S. 63–66.

65 Jean Beyssi, »Le Parti jacobin«, a.a.O., S. 46.

66 Es gibt keine einzige Liste der Mitglieder des Jakobinerklubs von Toulouse. Jean Beyssi stützte seine Analyse der »Jakobinerpartei« eher auf politische Loyalitätsbeziehungen zur Zeit des Direktoriums als auf Dokumente über die Klubmitgliedschaft (ebenda). Die hier benutzte Liste der Jakobiner basiert auf allen Namen, die in den Protokollen des Clubs erscheinen. Dieses Verfahren ist zwar fruchtbar (und wahrscheinlich präziser als Beyssis Methode), aber nicht ganz befriedigend, denn die Protokolle des Klubs reichen nur bis zum 24. August 1793; Archives départementales, Haute-Garonne, L 4542–4544. Die übrigen Verzeichnisse beziehen sich auf denselben Zeitraum (6. Mai 1790–24. August 1793), doch sie enthalten nur wenige Namen.

67 Archives municipales, Amiens, 2I 46, Registre de présence des membres de la société populaire, du 10 pluviôse an II au 7 frimaire an III. Die Anwesenheitsliste erstreckt sich auf den Höhepunkt der Schreckensherrschaft und die ersten Monate der Restauration (29. Januar 1794–27. November 1794). Dennoch fehlen wahrscheinlich Mitglieder, die in den ersten Jahren beitraten und dann ausschieden; der Anteil der Handwerker und Kleinhändler dürfte daher höher erscheinen, als er in Wirklichkeit war, da viele von ihnen dem Klub erst nach dem 10. August 1792 beitraten. Der Anteil der Jakobiner an den Stadträten von Aix-en-Provence war bemerkenswert stabil; er reichte von 51 Prozent während der thermidorianischen Reaktion bis 69 Prozent im November 1790 (in den übrigen Perioden lag er zwischen 51 und 58 Prozent); siehe Christiane Derobert-Ratel, *Institutions et vie municipale*, a.a.O., S. 602. In Aix war die Korrelation zwischen der städtischen Politik und der Position des örtlichen Jakobinerklubs äußerst hoch. In dieser Hinsicht zeigten Aix und Toulouse durchaus Ähnlichkeiten; doch die Gründe waren verschieden: In Aix waren Stadtpolitik und Jakobinerklub der Mitte zuzuordnen, während in Toulouse beide durchgängig im linken Spektrum angesiedelt waren.

68 Die Prozentangaben beziehen sich nur auf die Ratsmitglieder mit bekanntem Beruf, denn die Zahl der Mitglieder mit unbekanntem Beruf variierte beträchtlich zwischen den Städten. Für Toulouse zum Beispiel ließ sich der Berufsstand bei 11 Prozent der jakobinischen Ratsmitglieder nicht ermitteln. Von denen mit bekanntem Beruf waren 16 Prozent Anwälte, und 11 Prozent kamen aus anderen freien Berufen.

69 Gaston Ducaunnès-Duval, *Ville de Bordeaux: Inventaire-Sommaire des*

Archives municipales: Période révolutionnaire (1789 – an VIII), Bordeaux 1896–1929, Band 3, S. 66 und S. 76 f.; Archives municipales, Bordeaux, D 156, 1 messidor an V und 28 frimaire an VI.

70 Beatrix Cary Davenport (Hg.), *A Diary of the French Revolution by Gouverneur Morris (1752–1816), Minister to France during the Terror*, Boston 1939, S. 68, 22. November 1790.

71 Gaston Ducaunnès-Duval, *Ville de Bordeaux*, a.a.O., Band 3, S. 99–104; Archives municipales, Bordeaux, D 159, 20 thermidor an VII.

72 Mona Ozouf, *La Fête révolutionnaire, 1789–1799*, Paris 1976, S. 337.

73 Ebenda, S. 149–187. Zum Zusammenhang zwischen Festen und städtischem Leben siehe die quantitative Studie von Michel Vovelle, *Les Métamorphoses de la fête en Provence de 1750 à 1820*, Paris 1976, insbesondere S. 151–156.

74 Colin Lucas, »Violence thermidorienne et société traditionelle: L'Exemple du Forez«, *Cahiers d'histoire* 24 (1979), S. 3–43, Zitat S. 28.

75 T. J. A. Le Goff und D. M. G. Sutherland, »The Revolution and the Rural Community in Eighteenth-Century Brittany«, *Past and Present* 62 (1974), S. 96–119.

76 Thomas F. Sheppard, *Lourmarin in the Eighteenth Century: A Study of a French Village*, Baltimore 1971, S. 192.

77 Eugène Dubois, *Histoire de la Révolution dans l'Ain*, 6 Bände, Bourg 1931–1935, Band 6: Le Directoire, S. 203–205. Der Vorfall ereignete sich am 13. Januar 1799 in Seyssel.

78 Einige hilfreiche Kommentare zur Literatur finden sich in Reinhard Bendix, »Tradition and Modernity Reconsidered«, *Comparative Studies in Society and History* 9 (1967), S. 292–346.

79 Samuel P. Huntington, *Political Order in Changing Societies*, New Haven 1968, Zitat S. 265. In diesem Sinne ist Revolution eine spezielle Form von Gewalt und Instabilität.

80 Theda Skocpol, *States and Social Revolutions: A Comparative Analysis of France, Russia, and China*, Cambridge 1979, S. 286.

81 Ebenda, S. 170.

82 Charles Tilly, *The Vendée*, Cambridge, Mass., 1964, S. 11.

83 In dieser Lehrzeit der achtundvierziger Revolution unterscheidet Maurice Agulhon zwischen einer »Republik moralischen Zuschnitts und maximalen Inhalts« und einer stärker konservativen »Republik rein konstitutionellen Zuschnitts und minimalen Inhalts«. Diese Unterscheidung kennzeichnet auch den Unterschied zwischen den republikanischen Führern von Toulouse (Maximalprogramm) und denen von Amiens (Minimalprogramm); siehe Maurice Agulhon, *1848 ou l'apprentissage de la République, 1848–1852*, Paris 1973, S. 230.

84 Ich wende mich hier gegen die Modernisierungsvorstellung von Barrington Moore, *Social Origins of Dictatorship and Democracy: Lord and Peasant in the Making of the Modern World*, Boston 1966; deutsch:

Soziale Ursprünge von Diktatur und Demokratie. Die Rolle der Grundbesitzer und Bauern bei der Entstehung der modernen Welt, Frankfurt 1969, insbesondere Fußnote 112 auf S. 111.

Anmerkungen zum Epilog

1 Zur klassischen Argumentation hinsichtlich der Ursprünge demokratischer Formen siehe Augustin Cochin, *L'Esprit du Jacobinisme: Une interprétation sociologique de la Révolution française*, Paris 1979, insbesondere S. 128–136.

2 Chalmers Johnson, *Revolutionary Change*, 2. Ausgabe, Stanford 1982; deutsch: *Revolutionstheorie*, Köln und Berlin o. J., S. 76–107.

3 Eine Abwandlung dieser Argumentation findet sich bei E. Victor Wolfenstein, *The Revolutionary Personality: Lenin, Trotsky, Gandhi*, Princeton 1967.

4 Eine Diskussion zweier Typen von Ansätzen, die strukturellen Kräften den Vorzug geben, findet sich bei Theda Skocpol, *States and Social Revolutions*, Cambridge 1979.

5 Chalmers Johnson, *Revolutionstheorie*, a.a.O., S. 76–107.

6 Samuel P. Huntington, *Political Order in Changing Societies*, New Haven 1968.

7 Barrington Moore, *Social Origins of Dictatorship and Democracy: Lord and Peasant in the Making of the Modern World*, Boston 1966; deutsch: *Soziale Ursprünge von Diktatur und Demokratie. Die Rolle der Grundbesitzer und Bauern bei der Entstehung der modernen Welt*, Frankfurt 1969, S. 525, Fußnote 3.

8 Ein ausgezeichneter Überblick über soziale und ökonomische Entwicklungstrends findet sich bei Louis Bergeron, *L'épisode napoléonien*, Paris 1972. Bergeron hat eine Fülle von Literatur verarbeitet und bietet ausgezeichnete biographische Hinweise.

9 Eine vergleichende Übersicht der Literatur über die Ursprünge findet sich bei William Doyle, *Origins of the French Revolution*, Oxford 1980.

10 Theda Skocpol, *States and Social Revolutions*, a.a.O.

11 Alexis de Tocqueville, *L'Ancien régime et la Révolution*, Paris 1856; deutsch: *Der Alte Staat und die Revolution*, München 1978, S. 86–104.

12 Die Spannung zwischen diesen beiden »bürgerlichen« Vorstellungen (Individualismus und Universalismus) wird ausführlich behandelt in Patrice Higonnet, *Class, Ideology, and the Rights of Nobles during the French Revolution*, Oxford 1981.

13 Alexis de Tocqueville, *Der Alte Staat und die Revolution*, a.a.O., S. 19.

14 Eine detaillierte, aber einseitige Darstellung findet sich bei J. L. Talmon, *The Origins of Totalitarian Democracy*, New York 1960; deutsch: *Die Geschichte der totalitären Demokratie*, Köln und Opladen 1961, S. 153–224.

15 Martyn Lyons, *France under the Directory*, Cambridge 1975, S. 35.
16 Albert Meynier, *Les Coups d'état du Directoire*, 3 Bände, Paris 1928.
17 *Proclamation de général Bonaparte, le 19 brumaire, 11 heurs du soir.*
18 Das Standardwerk dazu ist Albert Vandal, *L'Avènement de Bonaparte*, 5. Ausgabe, Paris 1908, Band 1: La Genèse du Consulat, Brumaire, la Constitution de l'an VIII.
19 Dieses Argument wird ausführlich entwickelt in Lynn Hunt, David Lansky und Paul Hanson, »The Failure of the Liberal Republic in France, 1795–1799: The Road to Brumaire«, *Journal of Modern History* 51 (1979), S. 734–759.
20 *Mémoires de La Revellière-Lépeaux*, 2 Bände, Paris 1895, S. 379.
21 P. Ciani, *Les Monnaies françaises de la Révolution à la fin du premier empire, 1789 à 1815*, Paris 1931.
22 *Opinion de Boulay (de la Meurthe), sur la situation de la République, et sur le projet présenté par la commission chargé d'examiner la cause de ses maux, et d'indiquer les moyens de les faire cesser* (séance de la nuit du 19 brumaire an VIII, à Saint Cloud).
23 Dieser Absatz stützt sich auf Lynn Hunt, David Lansky und Paul Hanson, »The Failure of the Liberal Republic«, a.a.O.
24 Werner Giesselmann, *Die brumairianische Elite: Kontinuität und Wandel der französischen Führungsschicht zwischen Ancien Régime und Julimonarchie*, Stuttgart 1977, S. 111 f.
25 Ebenda, S. 430.
26 Siehe Korrelationsmatrix im Anhang unter PROBON.
27 Siehe Korrelationsmatrix im Anhang unter ANTBON.
28 r = .41 Urbanisierungsgrad.
29 r = .30 Alphabetisierungsgrad.
30 Grundsteuer r = .31; sonstige Steuer r = .52.
31 r = .35.
32 Die Diskriminantenanalyse hat allerdings ergeben, daß die Wahlen von 1798 nicht mit den Ergebnissen von 1795 und 1797 übereinstimmten; die Trennung der rechten und linken Departements erfolgte hier nicht auf dieselbe Weise; deshalb wurden die Wahlergebnisse von 1798 statistisch ausgeschlossen. Siehe Lynn Hunt, »The Political Geography of Revolutionary France«, *Journal of Interdisciplinary History* 14 (1984), S. 535–559. r = .24.
33 Werner Giesselmann, *Die brumairianische Elite*, a.a.O. Giesselmann diskutiert ausführlich den sozialen Hintergrund, die Ideologie und die politischen Karrieren. Leider geht er nur wenig auf die Herkunft aus den verschiedenen Departements ein.
34 »Sie hat den Bekehrungsdrang eingeflößt und die Propaganda entstehen lassen. Dadurch hat sie denn auch jenen Anschein einer religiösen Revolution zu gewinnen vermocht, der die Zeitgenossen so sehr in Schrecken gesetzt hat.« Alexis de Tocqueville, *Der Alte Staat und die Revolution*, a.a.O., S. 29.
35 Ebenda, S. 210–11.

Nachweis der Abbildungen

1 Stich aus »Révolutions de Paris«, Nr. 171. Photo: Lynn Hunt.

2 Photo: Cabinet des Estampes, mit freundlicher Genehmigung der Bibliothèque nationale.

3 Lithographie von Préval, 1849. Photo: Cabinet des Estampes, mit freundlicher Genehmigung der Bibliothèque nationale.

4 Stich aus »Révolutions de Paris«, Nr. 13. Photo: Photodienst der Bibliothek der University of California, Berkeley.

5 Photo: Mit freundlicher Genehmigung der Archives nationales.

6 Stich aus »Révolutions de Paris«, Nr. 215. Photo: Photodienst der Bibliothek der University of California, Berkeley.

7 Photo: Cabinet des Estampes, mit freundlicher Genehmigung der Bibliothèque nationale.

8 Photo: Cabinet des Estampes, mit freundlicher Genehmigung der Bibliothèque nationale.

9 Photo: Mit freundlicher Genehmigung der Bibliothèque nationale.

10 Photo: Mit freundlicher Genehmigung der Bibliothèque nationale.

11 Photo: Cabinet des Estampes, mit freundlicher Genehmigung der Bibliothèque nationale.

12 Aus der Sammlung des Musée Carnavalet. Photo: Lynn Hunt.

13 Aus der Sammlung des Musée Carnavalet. Photo: Lynn Hunt.

14 Aus der Sammlung des Musée Carnavalet. Photo: Lynn Hunt.

15 Aus der Sammlung des Musée Carnavalet. Photo: Lynn Hunt.

16 Photo: Cabinet des Estampes, mit freundlicher Genehmigung der Bibliothèque nationale.

17 Photo: Cabinet des Estampes, mit freundlicher Genehmigung der Bibliothèque nationale.

18 Photo: Mit freundlicher Genehmigung der Archives nationales.

19 Photo: Mit freundlicher Genehmigung der Archives nationales.

20 Aus: P. Ciani, *Les Monnaies françaises de la Révolution à la fin du premier empire, 1789 à 1815*, Paris 1931, S. 143. Photo: Photodienst der Bibliothek der University of California, Berkeley.

Register